Patrick O'Brian
INSELN DER VULKANE

Patrick O'Brian

INSELN DER VULKANE

Roman

Aus dem Englischen von
Jutta Wannenmacher

Ullstein

Der Ullstein Verlag ist ein Unternehmen der
Econ Ullstein List Verlag GmbH & Co. KG

Titel der englischen Originalausgabe:
Clarissa Oakes
Copyright © 1992 by Patrick O'Brian
Englische Originalausgabe by
HarperCollins Publishers Ltd., London
Copyright © der deutschen Ausgabe by
Econ Ullstein List Verlag GmbH & Co. KG
Das Buch erscheint im Ullstein Verlag
Alle Rechte vorbehalten
Satz: Pinkuin Satz und Datentechnik, Berlin
Gesetzt aus der Cochin
Druck und Verarbeitung: Wiener Verlag, Himberg
Printed in Austria 2001
ISBN 3 550 08350-5

FÜR MARY

in Liebe
und mit ganz besonderer
Dankbarkeit

ERSTES KAPITEL

∽∾∾

Auf die Heckreling der Fregatte gestützt, stand Jack Aubrey da und starrte in ihr Kielwasser, das sich auf der glatten, reinen, blaugrünen See weder sehr weit noch besonders eindrucksvoll achteraus erstreckte. Für diese leichte Brise war es trotzdem eine recht ansehnliche Furche. Sie hatten gerade gewendet und segelten jetzt mit Backbordschoten, und wie erwartet wies das Kielwasser einen seltsamen Knick auf, weil das Schiff beim Dichtholen und Belegen der Schoten immer jenen eigenwilligen kleinen Schlenker machte, ganz gleich, was der Rudergänger auch dagegen unternahm. Jack kannte die *Surprise* besser als jedes andere Schiff, auf dem er jemals gedient hatte, schon seit seiner Zeit als Kadett. Damals war er unten in der Kajüte quer über eine der Kanonen geworfen und wegen Aufsässigkeit ausgepeitscht worden. Und als er später ihr Kommandant geworden war, hatte auch er rohe Gewalt angewandt, um dem Offiziersnachwuchs den Unterschied zwischen Richtig und Falsch beizubringen. Viele Jahre lang war er auf der *Surprise* gefahren und liebte sie sogar noch mehr als sein erstes Kommando. Seine Liebe galt nicht so sehr dem Kriegsschiff, der Kampfmaschine, sondern vor allem ihren Segeleigenschaften. Dabei war sie schon damals, als er zum erstenmal den Fuß auf ihr Deck gesetzt hatte, weder ihrer Größe noch ihrer Stärke nach sonderlich bemerkenswert gewesen. Und jetzt, nach über zwanzig Jahren Krieg, da die üblichen Fregatten mit sechsunddreißig oder gar achtunddreißig Achtzehnpfündern bewaffnet waren und tausend Tonnen wogen, galt die *Surprise* mit ihren achtundzwanzig Neunpfündern und sechshundert Tonnen als hoffnungslos veraltet. Tatsächlich waren sie und die restlichen Schiffe ihrer Klasse längst von der Kriegsmarine ausgemustert oder abgewrackt worden. Kein einziges davon stand noch im Einsatz, obwohl die französischen und amerikanischen Werften so schnell, so erschreckend schnell, neue Einheiten ausstießen. Nein, er liebte die *Surprise* vor allem als tüchtigen Segler, als schnelles, ungemein handiges Schiff, das unter kundiger Führung jeden anderen Squarerigger aussegeln konnte, vor allem hart am Wind.

Außerdem hatte sie ihm geholfen, seine zerrütteten Vermögensverhältnisse zu reparieren, nachdem sie beide von der Navy verstoßen worden waren – er von der Offiziersliste gestrichen und sie unter dem Hammer versteigert. Damals hatte er sie mit einem Kaperbrief als Freibeuter gesegelt. Letzteres verlieh seiner Liebe allerdings nur eine gewisse unmittelbare Inbrunst, ihre stabile Basis jedoch blieb das objektive Entzücken über ihre Seetüchtigkeit und die vielen kleinen Eigenschaften, die den Charakter eines Schiffes ausmachen. Obendrein war er jetzt nicht nur ihr Kapitän, sondern auch ihr Eigner, denn Stephen Maturin, Bordarzt der Fregatte, hatte sie seinerzeit ersteigert und sich kürzlich bereit erklärt, sie ihm zu überlassen. Und das allerwichtigste: Beide, Mann ebenso wie Schiff, gehörten wieder der Navy an, Jack Aubrey durch seine Rehabilitierung nach einem außergewöhnlich brillanten Stoßtruppunternehmen und die *Surprise* als von Seiner Majestät gecharterte Fregatte – was für sie zwar keine vollgültige Wiederindienststellung war, aber doch ausreichte, um zur Zeit glücklich und zufrieden zu sein.

Ihre erste Mission auf dieser speziellen Reise war es gewesen, Aubrey und Maturin, der nicht nur als Schiffsarzt, sondern auch als Geheimagent arbeitete, zur Westküste Südamerikas zu bringen, dort die französischen Bündnisbestrebungen mit den Peruanern und Chilenen zu hintertreiben, welche die Unabhängigkeit von Spanien anstrebten, und statt dessen Sympathien für England zu wecken. Weil aber Spanien damals zumindest nominell mit Großbritannien verbündet gewesen war, mußte diese Mission unter dem Deckmantel der Freibeuterei vonstatten gehen, unter dem Vorwand eines Angriffs auf amerikanische Walfänger und Handelsschiffe oder auf jedes französische Schiff, auf das sie im östlichen Pazifik zufällig trafen. Dieser Plan war von einem an hoher, ja höchster Stelle plazierten, aber immer noch nicht entlarvten Verräter in Whitehall enttarnt worden und mußte verschoben werden.

Deshalb hatten sich Aubrey und Maturin auf eine ganz anders geartete Mission im Südchinesischen Meer begeben, in deren Verlauf sie sich auf der anderen Seite der Welt, am Eingang zur Salebabu-Straße in etwa 4° Nord und 127° Ost, zu einem diskreten Rendezvous mit der *Surprise* getroffen hatten, die in der Zwischenzeit von Jacks Erstem Offizier Tom Pullings befehligt wurde und natürlich noch mit seiner alten Freibeutercrew bemannt war. Von dort aus schickten sie ihre kürzlich erbeuteten Prisen nach Kanton, und zwar unter Bewachung durch die *Nutmeg of Consolation*, ein schmuckes kleines Vollschiff, das der Gouverneur von Java an Kapitän Aubrey ausgeliehen hatte. Danach segelte die *Surprise* nach Sydney in Neusüdwales, wo Jack seine Vorräte zu ergänzen hoffte und einige wichtige Reparaturen ausführen wollte, rechtzeitig vor ihrer Reise ostwärts nach Südamerika und weiter. Stephen Maturin hatte gehofft, dort die Naturwunder der Antipoden kennenzulernen, besonders den *Ornithorhynchus paradoxus*, das Schnabeltier.

Unglücklicherweise war der Gouverneur verreist, und die böswilligen Kolonialbeamten sorgten dafür, daß Jacks Erwartungen enttäuscht wurden. Stephens Hoffnung erfüllte sich zwar, doch kostete es ihn beinahe das Leben, weil das wütende Schnabeltier, mitten in seiner Balzzeremonie gepackt, beide giftige Sporen tief in den vorwitzigen Arm grub. Insgesamt war es ein unseliger Besuch gewesen, in einem unseligen, gottverlassenen Land.

Doch nun war die berüchtigte Strafkolonie längst im Westen versunken. Die Trennlinie zwischen See und Himmel verlief rundum ohne jede Unterbrechung, und Jack war mit der Rückkehr auf sein eigenes geliebtes Schiff wieder in seine vertraute Welt eingetaucht. Stephen erholte sich überraschend schnell von seinem alarmierenden Zustand (wüst aufgequollen, benommen, blind und starr), und sein bläulichgrau verfärbtes Gesicht nahm allmählich wieder das gewohnte blasse Gelb an. Zur Zeit hörte Jack ihn in der Kajüte auf seinem Cello spielen, und zwar eine ausnehmend vergnügliche Weise, die er zur Geburt seiner Tochter komponiert hatte. Jack lächelte – er war seinem Freund von Herzen zugetan –, sagte sich aber nach einigen Takten: »Warum Stephen sich so über das Baby freut, ist mir schleierhaft. Er war doch der geborene Junggeselle – ohne jeden Sinn für gemütliche Häuslichkeit und ein trautes Familienleben –, völlig ungeeignet als Ehemann, ungeeignet vor allem als Ehemann für Diana, die gewiß als Frau brilliert, hinreißend gut reitet und großartig Whist oder Billard spielt, die aber zur Exzentrik neigt und zum Übermaß – oft mehr trinkt, als sie verträgt –, die jedenfalls überhaupt nicht zu Stephen paßt – für Literatur nicht das geringste übrig hat – und sich viel lieber mit ihrer Pferdezucht abgibt. Und doch haben sie gemeinsam dieses Baby zustande gebracht, noch dazu ein Mädchen.« Das Kielwasser wuchs immer weiter achteraus, jetzt so schnurgerade wie eine straffe Leine. Nach einer Weile fuhr Jack fort:

»Ich weiß, daß er sich eine Tochter wünschte, und ich gönne sie ihm auch. Aber ich hoffe doch, daß sie sich nicht als sein zweites Schnabeltier entpuppt.« Vielleicht hätte er noch weitere Überlegungen angestellt, zur Ehe und zu den so oft unbefriedigenden Beziehungen zwischen Mann und Frau, zwischen Eltern und Kindern, hätte nicht Davidges Ruf: »Schießt auf die Enden!« seinen Gedankengang unterbrochen.

»Schießt auf die Enden!« Der Befehl war reine Routine und überflüssig: Denn die Surprises, die das Schiff gerade gewendet hatten (zwar schnell, aber doch mit mehr Geschrei als auf einem regulären Kriegsschiff üblich), waren natürlich längst dabei, die Enden des laufenden Guts, der Brassen und Bulins ordentlich so zu verwahren, wie sie es schon tausendmal zuvor getan hatten. Und doch hätte ohne diesen Ruf irgend etwas gefehlt, ein winziger Teil des maritimen Rituals, welches das Leben auf See in Gang hielt.

»Das Leben auf See: Es gibt nichts Schöneres«, sinnierte Jack. In der Tat genoß er zur Zeit dessen schönste Seiten, denn er besaß ein tüchtiges Schiff in recht guter Verfassung (der zurückgekehrte Gouverneur hatte in den wenigen noch verbleibenden Tagen sein Bestes getan) und dazu eine ausgezeichnete Crew aus ehemaligen Matrosen der Royal Navy, aus Freibeutern und Schmugglern, allesamt Profis vom Scheitel bis zur Sohle. Vor ihm lagen der direkte Kurs zur Osterinsel und noch viele tausend Meilen Blauwassersegeln. Aber vor allem freute ihn seine Wiederaufnahme in die Offiziersliste. Obwohl die *Surprise* strenggenommen nicht als Schiff des Königs galt, waren ihre und seine Zukunft doch so weit gesichert, wie Sicherheit auf diesem launischen Element reichte. Voraussichtlich würde er gleich nach seiner Heimkehr ein reguläres Kommando bekommen: leider keine Fregatte, denn dafür war er inzwischen zu alt, sondern wahrscheinlich ein Linienschiff. Vielleicht wurde er sogar Kommodore eines kleinen, unabhängig operierenden Geschwaders. Auf jeden Fall winkte ihm relativ bald eine eigene Flagge, denn der Stabsrang hing weniger ab von den Verdiensten des Kandidaten als vielmehr von seinem Überleben bis zum richtigen Dienstalter. Und der Umstand, daß er ein Mitglied des Parlaments war – für die schäbige Grafschaft Milport, vererbt von seinem Vetter Edward –, bedeutete, daß er diese Flagge, unabhängig von seinen Meriten, so gut wie sicher auf See setzen konnte, denn schäbig oder nicht, eine Wahlstimme blieb eine Wahlstimme.

Diese Gewißheit hatte ihn begleitet, seit in der *Gazette* die Notiz erschienen war: *Kapitän John Aubrey, Royal Navy, wird mit seinem früheren Rang und Dienstalter wieder in die Liste aufgenommen und zum Kommandanten der* Diane, *32 Kanonen, ernannt.* Seither erfüllte sie seine ganze stattliche Gestalt mit einem tiefen, bleibenden Glücksgefühl. Und jetzt, da sein Freund sich so erstaunlich schnell erholt hatte, besaß er noch einen zusätzlichen, aktuelleren Anlaß zur Freude. »Warum also bin ich bloß so verdammt gereizt?« fragte er sich.

Fünf Glasen. Der kleine Reade, Fähnrich der Wache, kam nach achtern zur Reling geschlittert, gefolgt vom Steuermannsmaat mit Logschiffchen und Spule. Das Log klatschte ins Wasser, die Vorläuferleine spulte sich gemächlich nach achtern ab. »Törn«, flüsterte der Maat mit vom Kautabak rauher Stimme, und Reade hob das 28-Sekunden-Glas ans Auge. »Stopp!« rief er schließlich hell und schrill, und der Steuermannsmaat krächzte: »Drei und einhalb, Jungchen.«

Reade warf dem Kommandanten einen Seitenblick zu, aber beim Anblick seines grimmigen, verschlossenen Gesichts ging er doch lieber nach vorn und meldete Davidge: »Wenn's beliebt, Sir: drei Knoten und einhalb Faden«, wobei er in Richtung Heckreling sprach, und das ziemlich laut.

Das Kielwasser nahm weiter an Länge zu, viel schneller, als Jack vorhergesagt hatte – daher der Seitenblick. »Morgens schlecht gelaunt und reizbar den ganzen Tag, ein richtig grantiger alter Kauz«, haderte Jack mit sich selbst. »Was für eine elende Schande!« Wieder gab er sich seinen Gedanken hin.

Seine starke Zuneigung zu Stephen Maturin schloß eine zeitweilige, ebenso starke Ungeduld mit ihm nicht aus: manchmal sogar eine anhaltende Ungeduld. Für eine schnelle und gründliche Überholung des Schiffs waren gute Beziehungen zur Kolonialverwaltung von höchster Wichtigkeit gewesen. Doch in dieser stark antiirischen und antikatholischen Umgebung (die Botany Bay war nach dem Aufstand von 1797 mit verbannten Iren überfüllt worden) erstickte die Gegenwart eines so reizbaren, halbirischen, überzeugten Katholiken wie Stephen jedes Wohlwollen schon im Keim. Genauer gesagt – und fairer ihm gegenüber: Schuld war nicht so sehr seine Gegenwart wie die Handgreiflichkeit, mit der er auf eine Beleidigung nach dem Dinner im Gouverneurspalast reagiert hatte – mit Blut überall auf den Muschelkalkstufen. Jack hatte danach wochenlange Behinderungen und Belästigungen durch die Behörden ertragen müssen – schikanöse Durchsuchungen seines Schiffs nach geflohenen Sträflingen, Blockaden seiner Boote und Arretierung seiner nur leicht betrunkenen Landurlauber. Erst nach Rückkehr des Gouverneurs hatte er diese Praktiken abstellen können, indem er ihm in die Hand versprach, daß die *Surprise* keinen Flüchtling von Port Jackson befördern würde.

Dem armen Stephen konnte man eigentlich keinen Vorwurf machen wegen der Nachteile seiner Geburt oder dafür, daß er eine derart grobe Beleidigung gerächt hatte. Aber man konnte ihm vorwerfen, was Jack auch tat, daß er die Flucht seines vormaligen Dieners Padeen Colman (eines fanatischen Papisten und noch fanatischeren Iren) ohne jede vorherige Rücksprache begünstigt hatte. Padeen hatte einem Apotheker Laudanum geraubt, wonach er als Stephens Assistent süchtig geworden war, und war dafür zum Tode verurteilt, aber begnadigt und nach Neusüdwales verbannt worden. Der Fall wurde Jack vorgetragen, als er vor lauter Arbeit und Vorbereitungen in letzter Minute total erschöpft gewesen war, außerdem zutiefst frustriert durch eine leichtlebige, gewissenlose Frau und überfressen nach einem offiziellen Dinner bei extremer Hitze. Deshalb eskalierte ihre Meinungsverschiedenheit in einem Maße, das ihre Freundschaft gefährdete.

Padeens Flucht gelang im Schutz des Durcheinanders, das auf Maturins Ringkampf mit dem Schnabeltier folgte, deshalb befand er sich jetzt an Bord; sie gelang auch dank der Billigung von Padeens Vorgesetztem und der gesamten Crew. Und man konnte Kapitän Aubrey eigentlich nicht nachsagen, daß er sein Wort gebrochen hatte, denn der Flüchtling kam nicht aus Port Jackson, sondern aus Woolloo-Woolloo, das eine Tagesreise weiter im Norden lag. Doch Jack für seinen Teil verwarf dieses Argument als Haarspalterei; jedenfalls kam er sich manipuliert vor, und das verabscheute er zutiefst.

Außerdem war es schon das zweite Mal, daß er manipuliert worden war. Im Verlauf ihrer ganzen Reise von Batavia nach Sydney war Jack Aubrey enthaltsam geblieben, zwangsläufig und mangels Gelegenheit. Auch während seiner nervösen, frustrierenden Verhandlungen in Sydney hatte er der Fleischeslust entsagt, wegen seiner totalen Erschöpfung am Ende jedes anstrengenden Tages. Doch nach der Rückkehr von Gouverneur Macquarie hatte sich vieles geändert: Bei mehreren offiziellen und inoffiziellen Anlässen begegnete er einer gewissen Selina Wesley, einer hübschen, vollbusigen Frau mit zweifelhaftem Ruf und hungrigem Blick. Zweimal waren sie Nachbarn beim Dinner, zweimal bei festlichen Abendessen. Selina besaß Beziehungen zur Marine, sehr weltläufige Ansichten und eine offene Art, sich auszudrücken, weshalb sie prächtig miteinander auskamen. Wie sie sagte, hatte sie kein Verständnis für katholische Mönche oder Nonnen; das Zölibat sei großer Quatsch und völlig widernatürlich. Und als sie ihn bat, sie in der Pause eines Konzertabends, der in einem Park bei Sydney stattfand, zu einer Senke voller Baumfarne zu begleiten, empfand er plötzlich ein so starkes pubertäres Verlangen nach ihr, daß er seiner Stimme kaum noch mächtig war. Sie ergriff seinen Arm und führte ihn diskret aus dem Lichtschein der Laternen, hinter ein Sommerhaus und einen Pfad hinunter. »Endlich sind wir Mrs. Macarthurs scharfen Augen entkommen«, sagte sie mit gurrendem Lachen, und ihr Griff um seinen Arm verstärkte sich.

Abwärts durch die Baumfarne, immer weiter abwärts. Und am Boden der Senke trat ein Mann aus dem Schatten. »Da bist du ja, Kendrick!« rief Mrs. Wesley. »Beinahe hätten wir uns verfehlt. Vielen Dank, Kapitän Aubrey. Den Rückweg finden Sie bestimmt allein, Sie können ja nach den Sternen navigieren. Kendrick, Kapitän Aubrey war so freundlich, mir auf dem dunklen Pfad bergab seinen Arm zu leihen.«

Er hatte noch mehr Gründe zur Gereiztheit, etwa die schwache und nur zu oft genau von vorn kommende Brise, in der Bird Island lange nicht außer Sicht kommen wollte; und danach den seltsam launischen Passat, der sie Tag um Tag zwang, mit dichtgeholten Schoten aufzukreuzen und dabei alle vier Stunden zu wenden. Andere Anlässe kamen hinzu, manche durchaus trivial: So hatte er nur zwei Offiziersanwärter von der *Nutmeg* auf die *Surprise* mitgenommen, zwei, für deren Ausbildung er sich besonders verantwortlich fühlte. Und beide benahmen sich jetzt ungemein anstößig. Reade, ein hübscher Junge, der in der Schlacht gegen die Dayak einen Arm verloren hatte, wurde von der Besatzung verhätschelt, was ihm gewaltig zu Kopf gestiegen war. Wohingegen sein Kamerad Oakes, ein stark behaarter Fähnrich von siebzehn oder achtzehn Jahren, mit einer Art Jungbullen-Übermut singend herumspazierte, was einem künftigen Offizier schlecht anstand.

Gnädig überging Jack sein Problem mit Reverend Nathaniel Martin, einem noch ungeweihten Geistlichen, der sehr belesen war, dazu lebhaft interessiert an den Naturwissenschaften, und der auf der *Surprise* als Hilfsarzt angeheuert hatte, um gemeinsam mit Maturin die Welt zu bereisen. Diesen durch und durch respektablen Mann konnte man unmöglich verabscheuen, obwohl ihn sein Spiel auf der Bratsche nirgendwo und niemandem empfohlen hätte. Trotzdem mochte Jack ihn nicht leiden. In vieler Hinsicht war Martin natürlich der bessere Gesellschafter für Stephen, aber er schien ihm doch allzuviel seiner Zeit zu stehlen, etwa wenn er über Primaten im Besantopp schwadronierte oder seine Sammlung von Käfern und mumifizierten Kröten in der Offiziersmesse ausbreitete. Das Thema behagte Jack wenig, deshalb ging er schnell zum nächsten Ärgernis über und kam damit zu dem seltsamen, unerklärlichen Verhalten seiner Leute.

Natürlich unterschieden sie sich von einer Royal-Navy-Crew, waren viel geschwätziger, respektloser und unabhängiger: eher Partner als Untergebene. Jack machte das nichts aus, er war daran gewöhnt und hatte geglaubt, sie dank ihrer gemeinsamen Freibeuterfahrten und der langen Reise von Salebabu nach Neusüdwales gründlich zu kennen. Aber seit Sydney schienen sie sich verändert zu haben. Nun wirkten sie belustigter als je zuvor, machten oft heimliche Andeutungen, die im Vorschiffslogis einen Sturm der Heiterkeit auslösten, und musterten ihn gelegentlich mit wissendem Grinsen. Auf jedem anderen Schiff hätte dies für sie Unheil bedeutet, aber hier legten auch seine Offiziere das gleiche seltsame Benehmen an den Tag. Mitunter schien sogar Tom Pullings, den er seit seinem ersten Kommando kannte, ihn mit fragendem Blick zu mustern, ihn zögernd ausforschen zu wollen.

Er hatte also wahrlich genug Gründe für seine Unzufriedenheit, und keiner fraß so stark an ihm wie Selinas Streich unter den Baumfarnen, keiner drängte sich beharrlicher in sein gedemütigtes Gemüt, das so brannte vor ungestilltem Verlangen. Aber selbst alle Gründe zusammen, so glaubte er, konnten nicht schuld sein an dieser wachsenden Verstimmung, an dieser Übellaunigkeit schon beim Erwachen, an dieser ständig lauernden Reizbarkeit, die ihn beim geringsten Anlaß explodieren ließ. In seiner Jugend war er nie in einer solchen Gemütsverfassung gewesen – war allerdings auch nie von einer schönen Frau zum Narren gehalten worden.

»Vielleicht sollte ich Stephen um eine blaue Pille bitten«, murmelte er. »Um mehrere blaue Pillen. Ich war seit einer Ewigkeit nicht mehr auf dem Lokus.«

Er schlenderte nach vorn, wobei sich die Luvseite des Achterdecks bei seinem Näherkommen leerte; als er am Steuerstand vorbeikam, wandten sowohl der Steuermannsmaat am Kompaß als auch der Rudergänger am Rad den Kopf nach ihm und sahen ihn an. Sofort ging die *Surprise* einen halben Strich höher an den Wind, die Luvlieken der Marssegel begannen warnend zu killen, und Jack brüllte: »Kurs halten, ihr vermaledeiten Traumtänzer! Was zum Teufel fällt euch ein, mich anzuglotzen wie die Mondkälber? Haltet Kurs, verstanden? Mr. Davidge, die Grogration für Krantz und Webber wird heute gestrichen!«

Auf dem Achterdeck setzte man die geziemend erschrockenen und ernsten Mienen auf, doch als Jack den Niedergang zu seiner Kajüte hinabstieg, hörte er vom Vorschiff her Gelächter. Unten spielte Stephen immer noch Cello, weshalb Jack auf Zehenspitzen eintrat, den Finger an die Lippen gelegt, und sich insgesamt so benahm wie jemand, der demonstrativ den Unsichtbaren spielt. Geistesabwesend nickte Stephen ihm zu, brachte seinen Satz zu Ende und meinte: »Aha, du kommst also runter.«

»Ja«, antwortete Jack. »Wenn's gestattet ist. Ich weiß, du hast jetzt keine Sprechstunde, aber falls du erlaubst, möchte ich dich konsultieren.«

»Jederzeit. Ich habe nur ein paar alberne Variationen zu einem wertlosen Thema entwickelt. Falls das, was du mich fragen willst, auch nur im geringsten den Intimbereich berührt, dann laß uns das Oberlicht schließen und auf der Heckbank Platz nehmen.« Ein Arzt wurde nämlich kurz nach dem Auslaufen des Schiffes meistens wegen Geschlechtskrankheiten konsultiert. Manche Matrosen schämten sich ihrer Infektion, andere nicht; doch die Offiziere zogen es in der Regel vor, ihren Zustand geheimzuhalten.

»Eigentlich handelt es sich um nichts Intimes.« Jack schloß trotzdem die Luken und setzte sich auf die Truhe unter den Heckfenstern. »Aber ich fühle mich so verdammt daneben – schon morgens gereizt und gründlich verstimmt. Gibt es eine Arznei für gute Laune und ein wohlwollendes Gemüt? Damit man wieder all das Gute schätzt, das einem zuteil wird? Ich dachte an eine deiner blauen Pillen, vielleicht mit einer Prise Rhabarber.«

»Zeig mir deine Zunge«, befahl Stephen. Und dann kopfschüttelnd: »Leg dich flach auf den Rücken.« Nach einer Weile fuhr er fort: »Dachte ich mir's doch, deine Leber ist der Schurke. Oder jedenfalls der Oberschurke. Sie ist geschwollen und leicht zu ertasten. Deine Leber gefällt mir schon lange nicht. Auch Dr. Redfern hat sie nicht gefallen. Dein Gesicht weist deutlich gallige Symptome auf, das Weiß der Augen ist schmutziggelb, und darunter hast du Ringe von gräulichem Purpur; dazu dieser Ausdruck hartnäckiger Unzufriedenheit. Aber natürlich ißt du zuviel – das sage ich dir schon seit Jahren –, du trinkst unmäßig und verschaffst dir nicht genug Bewegung. Beispielsweise ist mir aufgefallen, daß du auf dein morgendliches Bad in der See verzichtest, obwohl das Wasser seit Neusüdwales von köstlicher Glätte war, unser Schiff kaum Schrittgeschwindigkeit erreichte, und keine Haie uns besuchten – nicht der kleinste Hai, wie unermüdlich Martin und ich auch Ausschau hielten.«

»Mr. Harris sagte, in meinem speziellen Fall sei ein Bad schädlich: Es schließt die Poren und würde die gelbe Galle auf die schwarze werfen.«

»Wer ist Mr. Harris?«

»Ein Mann von außergewöhnlichen Talenten, der mir empfohlen wurde, als du auf deiner Exkursion im Busch warst. Er gibt dir nur Heilmittel, die in seinem eigenen Garten oder auf dem Land wachsen, und reibt dir das Rückgrat mit einem besonderen Öl ein. Damit hat er schon wunderbare Heilerfolge erzielt und ist in Sydney sehr gefragt.«

Stephen enthielt sich jeden Kommentars. Daß selbst hochgebildete Leute solchen Männern von außergewöhnlichen Talenten nachliefen, hatte er schon zu oft erlebt, als daß er noch protestiert, argumentiert oder mehr empfunden hätte als eine gelinde Verzweiflung. Also sagte er nur: »Ich lasse dich zur Ader und mixe dir morgen einen leichten Gallentrunk. Und da wir nun von Neusüdwales und dem Territorium deines Wunderheilers weit genug entfernt sind, rate ich dir, wieder regelmäßig in der See zu baden und täglich mit Schwung in den Toppmast zu klettern.«

»Also gut. Aber für heute gibst du mir keine Arznei, Stephen? Morgen haben wir Musterung, wie du dich erinnern wirst.«

Stephen wußte, daß für Jack Aubrey – wie für so viele Kapitäne und Admiräle seiner Bekanntschaft – Arznei einzunehmen bedeutete, so unglaubliche Mengen an Kalomel, Schwefelpulver und türkischem Rhabarber (oft in Selbstmedikation) zu schlucken, daß sie den ganzen folgenden Tag kaum vom Abort herunterkamen und keuchend, pressend, schwitzend ihren unteren Verdauungstrakt ruinierten. »Nein, diesmal nicht«, sagte er. »Nur eine Tinktur, mit einigen schonenden Einläufen verabreicht.«

Jack beobachtete, wie sein Blut stetig in die Schüssel floß. Er räusperte sich. »Ich nehme an, du hast auch Patienten mit – na ja – mit einem bestimmten Verlangen?« fragte er.

»Es wäre seltsam, wenn ich die nicht hätte.«

»Ich meine – vergib mir den rüden Ausdruck – Patienten mit einem lästigen Schwanz?«

»Ich hab dich schon verstanden. Gewiß. Doch leider bietet die Heilkunst dagegen nur wenig Abhilfe an. Manchmal«, er wedelte mit seinem Skalpell, »manchmal schlage ich solchen Patienten eine simple kleine Operation vor – ein momentaner Schmerz, vielleicht ein kurzes Aufseufzen, und danach lebenslange Befreiung, ruhiges Segeln auf ebenem Kiel, keine Stürme der Leidenschaft mehr, keine fleischlichen Versuchungen, Probleme oder Sünden. Aber wenn sie das ablehnen – was sie unweigerlich tun, obwohl sie vorher beteuert haben, daß sie alles darum geben würden, diese Qual loszuwerden – und wenn keine physische Anomalie vorliegt, dann kann ich ihnen nur empfehlen, ihre Gefühle zu beherrschen. Doch dabei obsiegen nur wenige, wogegen sich manche, so fürchte ich, zu seltsam wilden Extremen hinreißen lassen. Würde das auch für dich gelten, Bruderherz, der du doch tatsächlich eine eindeutige physische Anomalie aufweist, könnte ich dich nur daran erinnern, daß Plato und die Antike allgemein die Leber für den Sitz der Lust hielten: *Cogit amare jecur,* sagten die Römer. Deshalb wiederhole ich mein Plädoyer für regelmäßige kalte Bäder und Leibesübungen, vor allem aber für mehr Zurückhaltung bei Tisch, um deinem Organ schädliche Exzesse zu ersparen.« Er schloß Jacks Vene, wusch das Becken im Abort auf der Heckgalerie aus und fuhr fort: »Was nun die Depression betrifft, über die du klagst, so erwarte bitte nicht zuviel von meiner Heilkunst. Jugend und bedenkenloses

Glück gibt es nicht aus der Arzneiflasche, leider. Du solltest berücksichtigen, daß Melancholie und Reizbarkeit oft das zunehmende Alter begleiten. Eigentlich kann man sagen: je höher das Alter, desto größer die Verstimmung. Wenn ein Mann in die mittleren Jahre kommt, erfährt er, daß er gewisse Dinge nicht mehr tun kann, daß er das gute Aussehen verliert, dessen er sich vielleicht rühmen konnte, und daß er einen mächtig dicken Bauch ansetzt, weshalb er auf Frauen nicht mehr anziehend wirkt, auch wenn das Feuer in ihm immer noch brennt. Also rebelliert er. Doch Tapferkeit, Abgeklärtheit und Philosophie sind von höherem Wert als alle Pillen, ob rot, weiß oder blau.«

»Stephen, du willst doch nicht behaupten, daß ich in die mittleren Jahre komme, oder?«

»Seefahrer sind bekanntermaßen kurzlebig und erreichen das gesetzte Alter früher als die geruhsamen, sich mäßigenden Herren an Land. Jack, du hast das ungesündeste Leben geführt, das man sich vorstellen kann. Du warst ständig fallender Feuchtigkeit ausgesetzt, oft naß bis auf die Haut, und wurdest von dieser teuflischen Glokke zu jeder Tages- und Nachtstunde aufgescheucht. Du bist Gott weiß wie oft verwundet worden und grausam überarbeitet. Kein Wunder, daß du ergraut bist.«

»Ich bin nicht ergraut. Mein Haar ist blond, von einem sehr schmeichelhaften Weizenblond.«

Jack trug sein Haar lang und im Nacken von einem breiten schwarzen Band zusammengehalten. Stephen löste die Schleife und hielt ihm die Spitze einer Haarsträhne vor die Augen.

»Hol mich doch der Teufel!« Jack betrachtete die Strähne im Sonnenlicht. »Hol mich der Teufel, aber du hast recht. Da sind ja wirklich graue Haare drin, eine Menge grauer Haare. Entschieden grau meliert – wie eine Wolfsrute. Ist mir noch nie aufgefallen.«

Sechs Glasen.

»Soll ich dir was Erfreulicheres erzählen?« fragte Stephen.

»Ja bitte, unbedingt.« Mit diesem herzlich warmen Lächeln, das Stephen seit ihrer ersten Stunde an ihm kannte, blickte Jack von seinem Zopf auf.

»Zwei unserer Patienten kennen die beiden Inseln, an denen du vorbeilaufen willst. Philips war auf Norfolk und Owen auf der Osterinsel. Philips kannte Norfolk schon, bevor die Insel als Strafkolonie aufgegeben wurde, und zwar recht gut, weil er eine Weile dort lebte – ein Jahr lang, sagt Martin, mit dem er darüber sprach –, nachdem sein Schiff gestrandet war. Eine Fregatte, deren Namen ich vergessen habe.«

»Das muß die *Sirius* gewesen sein, unter Kapitän Hunt. Im Jahr '90 wurde sie von der Brandung auf ein Korallenriff gehoben, genau wie wir beinahe auf die Felsen von Inaccessible, damals bei unserer Ausreise. Noch nie im Leben hatte ich solche Angst. Du etwa nicht, Stephen?«

»Nicht die Spur. Ich bezweifle, daß mir irgendwer in der Marine das Wasser reichen kann, was Tapferkeit betrifft. Außerdem war ich, wie du dich erinnern wirst, unter Deck, spielte Schach mit dem armen Fox und merkte nichts davon, bis wir wieder freikamen. Aber was ich sagen wollte: Martin hat zu seinem Entzücken gehört, daß die Sturmtaucher inzwischen auf die Insel zurückgekehrt sein sollen. Er liebt Sturmvögel sogar noch mehr als ich. Und diese Taucher, mein Guter, gehören zur gleichen Spezies. Er hofft inständig, daß wir an Land gehen können.«

»Aber sicher. Den Gefallen tue ich ihm gern, wenn ein Anlanden überhaupt möglich ist. Denn manchmal steht dort eine fürchterliche Brandung. Ich werde mit Philips darüber sprechen. Und ich will Owen bitten, mir alles über die Osterinsel zu berichten. Falls dieser Wind durchsteht, sollte der Mount Pitt auf Norfolk morgen früh in Sicht kommen.«

»Hoffentlich können wir landen. Denn abgesehen von allem anderen gibt's auf dieser Insel auch die berühmte Norfolk-Araukarie, bei uns als Zimmertanne bekannt.«

»Oh, ich fürchte, die ist schon vor Jahren zerplatzt. Ihre riesigen Spieren konnten selbst mäßigem Winddruck nicht standhalten.«

»Ja, gewiß: Ich erinnere mich, daß uns Mr. Seppings im Somerset House ein exzellentes Referat darüber gehalten hat. Nein, worum es mir in Wirklichkeit geht: Ein so mächtiges und seltsames Gewächs wie die Norfolktanne müßte eigentlich ebenso große und seltsame Käfer beherbergt haben, die der Welt gleich rätselhaft geblieben sind wie ihr Wirt.«

»Da wir gerade von Martin sprechen«, sagte Jack, den Käfer, ob seltsam oder nicht, keinen Deut interessierten. »Gestern mußte ich zweimal an ihn denken. Das erste Mal, als ich mich mit Adams durch diesen Stoß Grundstückspapiere arbeitete, um wenigstens etwas System hineinzubringen – sie kamen von sieben verschiedenen Notaren, nachdem ich meines Vaters Hypotheken abgezahlt hatte, und die Kinder haben sie zerwühlt, um an die Briefmarken zu kommen. Adams wies mich darauf hin, daß mir jetzt drei kirchliche Pfründe gehören und eine vierte zum Teil, mit dem Recht, sie jedes dritte Mal mit einem Pastor zu besetzen. Ich frage mich, ob sich Martin dafür erwärmen könnte.«

»Sind sie denn von Wert?«

»Keine Ahnung. In meiner Kindheit hat Pastor Russell auf Woolcombe eine Kutsche unterhalten, aber schließlich besaß er Privatvermögen und die stattliche Mitgift seiner Frau. Von den anderen Patronaten weiß ich gar nichts, außer daß das traurige Vikariat von Compton damals eine schäbige kleine Pfarrei war. Du weißt ja, daß ich schon in Reades Alter zur See ging und danach kaum jemals zurückkehrte. Ich hatte gehofft, daß mich in Sydney Withers' Generalresümee erreichen würde: Das hätte mir bestimmt einen besseren Überblick gegeben.«

»Was war der zweite Umstand, der dich an Martin denken ließ?«

»Ich war gerade dabei, meine Geige neu zu besaiten, als mir einfiel, daß die Liebe zur Musik und begnadetes Spiel nichts mit dem Charakter zu tun haben. Martins Freunde, Standish und Paulton aus Oxford, sind dafür das perfekte Beispiel. Standish spielte besser als jeder Amateur, den ich je gehört habe, aber sonst ließ er viel zu wünschen übrig, verstehst du? Das sage ich nicht nur deshalb, weil er ständig seekrank war und uns verraten hat; ich halte ihn nicht für direkt bösartig. Aber er war einfach nicht ganz lupenrein. Wohingegen John Paulton, der sogar noch besser spielte, genau die Sorte Mann war, mit dem man ohne ein böses Wort oder einen giftigen Blick um die Welt segeln könnte. Mich erstaunt nur, daß Martin mit zwei so begnadeten Musikern spielen konnte, ohne daß sie ihn dazu brachten, seine Töne endlich mal genau zu treffen.« Kaum war ihm dies entschlüpft, bedauerte Jack auch schon die abfällige Bemerkung über Stephens Freund – sie klang so hinterhältig. Schnell fuhr er fort: »Und es ist seltsam, daß sie beide zu Papisten geworden sind.«

»Du findest es seltsam, daß sie zum Glauben ihrer Ahnen konvertierten?«

»Nein, überhaupt nicht«, rief Jack betreten. »Ich meinte nur, daß zwischen Rom und der Musik offenbar engere Beziehungen bestehen.«

Stephen wechselte das Thema. »Also ist morgen eine Musterung angesetzt?«

»Ja. Mir tut's leid, daß ich sie letzte Woche versäumt habe. Musterungen haben auch den Effekt, die Crew nach längerem Landaufenthalt wieder zusammenzuschweißen. Außerdem geben sie einem die Chance, sozusagen den Puls des Schiffes zu fühlen. Die Leute benehmen sich neuerdings sehr seltsam, kichern einfältig, machen alberne Gesten ...« Jack sprach in fragendem Ton, aber Stephen, der sehr genau wußte, warum die Leute kicherten und albern gestikulierten, antwortete nur: »Dann muß ich morgen daran denken, mich zu rasieren.«

Bei ihrem augenblicklichen Status fuhren auf der *Surprise* keine Seesoldaten mit, und auch die Crew war viel kleiner als auf einem regulären Kriegsschiff ihrer Klasse – es gab keine Landlubber, keine Schiffsjungen, und auch um Glanz und Gloria war es schlecht bestellt. Doch besaß sie immerhin eine Trommel, weshalb um fünf Glasen der Vormittagswache, als das Schiff unter Vollzeug und klarem Himmel mit einer stetigen, fast halb einkommenden Brise sanft dahinglitt, während sich in knapp siebzig Meilen Entfernung der Mount Pitt auf Norfolk schon scharf am Horizont abzeichnete, West als Offizier der Wache seinem Fähnrich Oakes befahl: »Trommelsignal zur Musterung.« Oakes wandte sich an Pratt, einen musikalisch begabten Matrosen, und sagte: »Trommelsignal zur Musterung«, worauf Pratt die bereits gezückten Stöcke mit schöner Entschlossenheit wirbeln ließ und das Signal dumpf durchs ganze Schiff dröhnte.

Was niemanden überraschte: Hemden und Leinenhosen waren schon am Freitag gewaschen und am Samstag getrocknet und hergerichtet worden; während des langen Frühstücks am Sonntag morgen war die Parole »Klar zur Musterung« ausgegeben worden, und für den unwahrscheinlichen Fall, daß sie doch jemand überhörte, hatte Bootsmann Bulkeley in alle Niedergänge gebrüllt: »Herhören! Vorn und achtern herhören: Klar zur Musterung um fünf Glasen!« Während seine Gehilfen sogar noch lauter überall ausriefen: »Alles herhören: Antreten mit sauberem Hemd und frisch rasiert um fünf Glasen!« Längst hatte die Vormittagswache ihre Kleidersäcke an Deck geschafft und achtern hinter dem Ruderrad in einem sauberen Viereck so gestapelt, daß über dem Skylight ein Platz frei blieb, damit weiterhin Licht in die Kajüte fiel. Bei vier Glasen hatte es ihnen die Freiwache nachgetan, ihre Säkke aber zu einer Pyramide auf der Gangway vor den Booten aufgehäuft, nicht ohne viel fröhliches Geschrei und Geschubse, Gelächter und Witzeleien über Mr. O. von der Mittelwache. So etwas wäre in der Royal Navy nie geduldet worden, weshalb einige der alten Kriegsschiffsmatrosen ihre Freibeuterkameraden auch zur Ruhe ermahnten. Doch bis ihre Offiziere sie aufgereiht und jeder seine Abteilung »vollzählig angetreten, ordentlich gekleidet und sauber, Sir« an Pullings gemeldet hatte, sahen sie alle recht präsentabel aus, so daß Pullings sich guten Gewissens an Kapitän Aubrey wenden, seinen Hut ziehen und feststellen konnte: »Alle Offiziere haben gemeldet, Sir.«

»Dann beginnen wir also mit der Runde durchs Schiff«, erwiderte Jack, und allgemeines Schweigen trat ein.

Die erste Abteilung war die Achterwache unter Davidge, der salutierend hinter seinem Kommandanten in Schritt fiel. Alle rissen sich die Hüte vom Kopf und standen so stocksteif und reglos da, wie sich das im heftigen Seegang bewerkstelligen ließ, während Jack langsam die Reihe abschritt und aufmerksam in die vertrauten Gesichter blickte. Die behielten ihre formellen Mienen bei – Killick bewahrte mit verkniffenem Mund Haltung und schien ihn nicht zu kennen –, und doch glaubte Jack, bei einigen einen Ausdruck zu entdecken, den er nicht näher definieren konnte. Belustigung? Besserwisserei? Zynismus? Jedenfalls ließen sie es an der gewohnt harmlosen, leeren Offenheit fehlen.

Weiter zu West – dem armen, nasenlosen West, einem Opfer der beißenden Kälte weit südlich von Kap Hoorn – und seiner Abteilung, der Kuhlbesatzung. Während Jack sie inspizierte, erzählte unten im Lazarett ein wegen Krankheit Entschuldigter aus ihrer Division, der ältliche Matrose Owen: »Da stand ich nun ausgesetzt auf der Osterinsel, meine Herren, während die *Proby* sich von der Leeküste freikämpfte, und brüllte verzweifelt meinen Kameraden nach, sie sollten mich nicht verlassen. Aber das war ein hartherziger Haufen, und sowie sie sich erst um die Landspitze geshangelt hatten, gingen sie vor den Wind – und faßten danach bis zum Äquator keine Schot mehr an, möcht' ich wetten. Aber hat's ihnen was genützt, was glauben Sie? Nein, meine Herren, nicht die Bohne. Sie wurden alle ermordet und skalpiert, durch die Krieger von Peechokee nördlich vom Nootka Sound, und ihr Schiff wurde abgefackelt, wegen dem Eisen.«

»Wie haben die Osterinsulaner Sie behandelt?« wollte Stephen wissen.

»Oh, recht gut, Sir, alles in allem. Sie sind kein bösartiges Volk, auch wenn sie stehlen wie die Elstern. Und ich muß zugeben, daß sie einander öfter auffraßen, als es unsereinem recht sein konnte. Ich bin nicht besonders heikel, aber es macht einen doch nervös, wenn einem 'ne Männerhand zum Abnagen gereicht wird. Oder irgendwas Undefinierbares. In der Not frißt der Teufel Fliegen, aber so 'ne Hand dreht einem doch den Magen um. Trotzdem sind wir gut miteinander ausgekommen. Schließlich konnte ich halbwegs ihre Sprache ...«

»Wie kam denn das?« fragte Martin.

»Na ja, Sir, sie klingt so ähnlich wie die Sprache auf Tahiti und den anderen Inseln, nur nicht so gefällig. Bißchen rauher, wie bei uns das Schottische.«

»Daraus schließe ich, daß Sie Polynesisch beherrschen?« fragte Stephen.

»Wie meinen, Sir?«

»Die Sprache der Südsee?«

»Halten zu Gnaden, Sir, aber ich war schon oft auf den Gesellschaftsinseln. Wenn man so lange im Pelzhandel fährt wie ich, rauf nach Nordwest-Amerika und im Winter, wenn der Handel ruht, rüber zu den Sandwiches, da lernt man's ganz von selbst. Klingt so ähnlich wie Neuseeländisch.«

»Jeder kann Südsee'sch sprechen«, warf Philips ein,

der Nachbarpatient an Steuerbord. »Ich kann auch Südsee'sch. Brenton kann's, und Scroby und Old Chucks – jeder, der auf 'nem Walfänger gefahren is.«

»Außerdem hatte ich 'ne Freundin auf der Insel, und die hat mir 'ne Menge Worte beigebracht. Wir wohnten in 'nem Haus, das ihre Altvordern vor langer Zeit gebaut haben. War schon ganz verfallen, nur unsere Seite nich. Ein Steinhaus, das aussah wie ein Kanu, aber hundert Fuß lang und zwanzig breit, mit fünf Fuß dicken Mauern.«

»Auf Norfolk hab' ich mit meinen Kumpels 'ne Tanne gefällt, die war hundertzehn Fuß lang und hatte 'nen Umfang von dreißig«, trumpfte Philips auf.

Draußen erreichte Kapitän Aubrey, begleitet vom Stückmeister Mr. Smith und Mr. Reade, das Ende der nächsten Abteilung, die aus den Stückführern, den Hilfskanonieren und dem Waffenmeister bestand; und als er aufmerksam den bärtigen Führer der Kanone namens *Sudden Death* musterte, einen gewissen Nehemiah Slade, machte das Schiff, von einem tückischen Kaventsmann angehoben, plötzlich einen mächtigen Satz nach Lee. Obwohl Jack schon seit seiner Kindheit zur See fuhr, konnte er doch noch, derart überrascht, die Balance verlieren, und so kam es, daß er, während die Kanoniere alle rücklings gegen die Hängematten sackten, an Slades Brust geworfen wurde.

Das löste ein allgemeines Aufbrüllen ehrlicher Heiterkeit aus und mochte auch verantwortlich sein für die Belustigung in der nächsten Abteilung: jene der Vormast-Toppgasten. Dies waren wie in jeder Besatzung die jüngsten, intelligentesten und am höchsten ausgezeichneten Matrosen; sie wurden von Mr. Oakes befehligt. Ein Durchschnittstyp mit fülligem Mondgesicht, schien dieser Mr. Oakes doch ungewöhnlich beliebt zu sein. Er war oft betrunken, immer ulkig und lebte seine animalischen Instinkte voll aus. Doch tyrannisierte er niemanden und schwärzte auch nie einen Sünder an. Und obwohl er als Seemann weder in Navigation noch in den Naturwissenschaften glänzte, kletterte er doch mit den gelenkigsten Toppgasten behende bis zur eisernen Saling hinauf und schaukelte dort kopfunter wie ein Affe.

»Und dann hat die Osterinsel noch was Besonderes«, fuhr Owen fort. »Das sind die Dinger, die sie dort Maus nennen.«

»Is' doch nix Besonderes an 'ner Maus«, sagte Philips.

»Halt dich zurück, Philips«, mahnte Stephen. »Weiter, Owen.«

»Jedenfalls heißen sie dort Maus oder so ähnlich«, beharrte Owen. »Sie stehen auf Plattformen, die sie am Hang errichtet haben, mit Mauern auf der Seeseite, die vielleicht dreihundert Fuß lang sind und dreißig Fuß hoch, gebaut aus sechs Fuß großen Felsblöcken. Auf diesen Plattformen stehen also mächtig große Figuren, irgendwo weiter oben aus grauem Stein gehauen und dann dort hingeschafft. Gewaltige Kerls, die siebenundzwanzig Fuß hoch sind und acht Fuß breit in den Schultern. Die meisten waren schon umgefallen, aber 'n paar standen noch und hatten riesige rote Steinhüte auf. Und so 'n runder Hut – das weiß ich, weil ich mit meiner Freundin auf 'nem runtergefallenen saß und ihn mit dem Daumen ausgemessen hab – so 'n Hut hat vier Fuß, sechs Zoll Durchmesser und ist vier Fuß, vier Zoll hoch.«

Mit einer gewissen Erleichterung erreichte Jack das Vorschiff, wo er vom Bootsmann Mr. Bulkeley und vom Zimmermann Mr. Bentley empfangen wurde. In ihren besten westenglischen Wolljacken wirkten sie ernst, aber kaum ernster als ihre Vorschiffsgasten, erstklassige Seeleute mittleren Alters. Nachdem sie vor dem Kommandanten den Hut gezogen hatten, strichen viele ihre spärlichen Strähnen über den Glatzen glatt, deren taillenlange Haarkränze zu meist schnurverstärkten Zöpfen geflochten waren. Hinter ihnen hätten zu der Zeit, als die *Surprise* noch im regulären Dienst gestanden hatte, die Schiffsjungen gewartet, gebändigt vom Waffenmeister. Aber ein Freibeuter hatte keinen Platz für Jungen, und an ihrer Stelle waren nun – drolligerweise und von noch geringerem Wert für ein Kriegsschiff – zwei kleine Mädchen angetreten: Sarah und Emily von der abgelegenen melanesischen Insel Sweeting. Sie waren die einzigen Überlebenden einer von Walfängern eingeschleppten Pockenepidemie, die ihr ganzes Dorf ausgelöscht hatte. Dr. Maturin hatte sie an Bord getragen, wo ihre Betreuung zwangsläufig Jemmy Ducks anheimfiel, dem Hühnerwart des Schiffes. Jetzt flüsterte er ihnen zu: »Zehen in Linie und knicksen!« Die kleinen Mädchen richteten ihre nackten schwarzen Zehen exakt an einem Plankenstoß aus, zupften die Röcke ihrer weißen Leinenkleidchen breit und machten einen Knicks.

»Sarah und Emily«, stellte der Kommandant fest. »Es geht euch hoffentlich gut?«

»Sehr gut, Sir, danke«, piepsten sie und starrten ängstlich zu ihm auf.

Weiter ging's in die Kombüse, wo das Kupfergeschirr wie die Sonne strahlte, zu dem gutgelaunten Smutje und seinem muffigen Hilfskoch Jack Nastyface, dessen Spitzname, wie bei Chips für den Zimmermann oder bei Jemmy Ducks, an das jeweilige Amt gekoppelt war. Und danach weiter ins untere Deck, wo bei Nacht die Hängematten schaukelten, das jetzt aber leer war, mit einer Kerze in jedem Verschlag und den vielen Seekisten, auf denen hübsch ordentlich Bilder oder anderer Schmuck ausgebreitet lagen. Nirgendwo auch nur eine Spur von Staub, nicht mal ein Sandkörnchen, das unter den Füßen knirschte, nur die schrägen Lichtstrahlen, die dekorativ durch die Grätings fielen. Jack wurde das Herz etwas leichter, während er weiterging zum Logis der Offiziersanwärter, diesen zu beiden Seiten des Schiffs abgeteilten

Kammern, die bis zur Offiziersmesse reichten. Hier war es immer zu eng gewesen, als die Fregatte noch zahlreiche Steuermannsgehilfen, Fähnriche und Kadetten beherbergte. Jetzt aber wirkte das Logis viel zu geräumig, weil nur Oakes und Reade darin hausten, wohingegen Stephens Assistent Martin, ebenso wie Kommandantenschreiber Adams, in der Offiziersmesse logierten, weil dort die Kammern des Zahlmeisters, des Segelmeisters und des Marinehauptmanns leerstanden.

In die Offiziersmesse schaute er nicht, obwohl sie der strengsten, schikanösesten Inspektion standgehalten hätte und sogar die Streben des Messetischs an ihrer Ober- und Unterseite poliert worden waren. Statt dessen stieg er hinunter ins Lazarett, das Stephen dem traditionelleren Orlop vorzog, weil es dort luftiger war. Allerdings war es auch lauter, und wohlwollenden Messekameraden fiel es hier leichter, die Patienten betrunken zu machen.

»Dann gibt's da noch was, das Euer Ehren gefallen wird«, erzählte Owen. »Das sind die Tölpel oder Seeschwalben, wie manche dazu sagen. Sie kommen zurück, wenn die Sterne und der Mond eine bestimmte Stellung erreicht haben, was die Eingeborenen auf den Tag genau vorhersagen können. Diese Vögel fallen mit viel Gekreisch zu Tausenden ein und nisten auf 'ner kleinen Insel vor der Küste, die wie der Bass Rock aus dem Meer ragt, nur viel steiler.«

»Auf Norfolk gibt's Abermillionen Möwen«, rief Philips dazwischen. »Wenn's abends dämmert, fallen sie wie Steine vom Himmel in ihre Erdlöcher. Sie leben nämlich in Höhlen. Und wenn man dicht vor ihrer Höhle ›ki-ki-ki‹ ruft, dann antworten sie ›ki-ki-ki‹ und stecken den Kopf raus. So haben wir jede Nacht zwölf- bis vierzehnhundert den Hals umgedreht.«

»Du und deine Möwen«, begann Owen. Doch dann hielt er inne und lauschte.

Jack öffnete die Tür. Stephen, Martin und Padeen erhoben sich. Die Patienten nahmen liegend Haltung an.

»Na also, Doktor«, begann der Kommandant, »ich hoffe, Sie haben festgestellt, daß unser Pumpen geholfen hat?« Seit Stephen den Gestank der *Surprise* mit *Nutmegs* Reinlichkeit verglichen hatte, waren ihre Bilgen allnächtlich mit Seewasser durchgespült worden, das morgens wieder ausgepumpt wurde.

»Es ist besser geworden, Sir«, antwortete Dr. Maturin. »Aber ich muß gestehen, daß sie eben keine *Nutmeg* ist. Manchmal erinnere ich mich daran, daß dieses Schiff hier ursprünglich französisch war und daß die Franzosen ihre Toten unter dem Ballast begraben. Dann frage ich mich doch, ob wir da unten nicht so etwas wie ein Beinhaus haben.«

»Ganz unmöglich. Der Ballast ist immer und immer wieder ausgetauscht worden: dutzendmal.«

»Um so besser. Trotzdem wäre ich dankbar für eine weitere Ventilationspumpe. In dieser stickigen Atemluft neigen die Patienten dazu, zänkisch zu werden, manche streiten sogar.«

»Sorgen Sie dafür, Captain Pullings«, befahl Jack. »Und falls sich danach noch einer einfallen läßt, einen Streit vom Zaun zu brechen, dann wird sein Name auf die Delinquentenliste gesetzt.«

»Hier, Sir«, fuhr Stephen fort, »das sind die Männer, von denen ich Ihnen sprach: Philips, der sich auf Norfolk auskennt, und Owen, der mehrere Monate auf der Osterinsel gelebt hat.«

»Aha. Na, Philips, geht's dir schon besser?«

»Eigentlich nicht, Sir, leider«, antwortete Philips mit schwacher, keuchender Stimme.

»Und Owen, wie steht's bei dir?«

»Ich beklage mich nicht, Sir. Aber dieses Brennen ist schon grausam.«

»Und warum, zum Teufel, gehst du dann ins Bordell, du

elender Narr? Ein Mann in deinem Alter! Und ausgerechnet in diese miesen Spelunken im finstersten Sydney, wo doch jeder weiß, daß man sich dort die schlimmste Krätze der Welt holt. Na klar brennt's dich. Und trotzdem machst du's immer wieder, in jedem gottverdammten Hafen ... Wenn die Arztkosten von deinem Sold abgezogen würden, wie bei den Geschlechtskranken in der regulären Marine, dann hättest du keinen Penny mehr zu kriegen, wenn du abmusterst, keinen roten Heller.«

Immer noch kurzatmig, fragte Kapitän Aubrey nach dem Befinden der anderen Patienten – allen ging es schon viel besser, Sir, besten Dank – und kehrte zu Philips zurück, um ihn zu fragen: »Du warst also auf der *Sirius*, als sie strandete. Gibt's denn auf Norfolk nirgends guten Ankergrund?«

»Nein, Sir.« Philips sprach jetzt wie ein normaler Christenmensch. »Es war schrecklich: rund um die Insel überall nur Felsen und Korallen.«

»Bei der Osterinsel war's noch viel schlimmer, Sir. Korallen bis weit hinaus, und danach gleich kein Grund mehr, nicht mal für die Tiefseeleine. Dazu 'ne mordsmäßige Brandung«, steuerte Owen bei, aber gedämpft.

»An der Südseite der Insel konnten wir nirgends ankern, Sir, deshalb gingen wir rum auf die Nordostseite. Dort lagen wir dann beigedreht bei leichter ablandiger Brise, und alle Mann angelten nach Makrelen. Von der Brigg *Supply*, die weiter draußen lag, wurde Kapitän Hunt angepreit, daß wir auf Land zu versetzt würden. Und das stimmte auch. Nun hieß es, alle Mann zum Segelsetzen, und schnell hatten wir Vollzeug oben. Aber dann kam die Flut – auf dieser Seite der Insel setzt sie von Nord nach Süd, Sir –, und bei der Strömung und dem Schwell kamen wir nicht dagegen an, nicht mal mit rauhem Wind. Wir warfen beide Buganker, aber die Korallen scheuerten sofort ihre Trossen durch. Dann warfen wir den Heckanker und auch das Reserveeisen, aber die rissen genauso. Und um ein Glasen der Nachmittagswache liefen wir auf, wurden immer weiter aufs Riff geschoben und verloren dabei beide Masten. Der Kommandant gab Befehl, die Achterluke zu öffnen und alle Rumfässer leck zu schlagen ...« Philips hatte fast ohne Pause erzählt, und als er jetzt Atem holen mußte, begann Owen: »Auf der Osterinsel, Sir ...«

»Doktor«, sagte Jack, »ich werde Mr. Adams bitten, sich getrennt mit diesen Männern zu unterhalten und ihre Berichte niederzuschreiben. Jetzt gehe ich nach vorn und sehe mir an, inwieweit das Pumpen sowohl gegen die Ratten als auch gegen den Gestank genützt hat. Colman, die Laterne dort.«

In seiner Hast stieß Padeen die Laterne um, zündete sie wieder an, ließ sie nochmals fallen und wurde als tolpatschiger, nichtsnutziger Holzkopf verflucht, und zwar mit einer zornigen Vehemenz, die man sonst von Kapitän Aubrey nicht gewohnt war, weshalb er Verblüffung und ein mißbilligendes Schweigen hinter sich zurückließ.

Stephen diskutierte mit niemandem über den Kommandanten, auch nicht in der Offiziersmesse. Doch konnte er sich sehr wohl über den Patienten Aubrey mit Martin unterhalten, der ein Mann von gesundem Menschenverstand und außergewöhnlicher Belesenheit war. Ins Lateinische wechselnd, sagte er: »Ich habe noch selten, vielleicht sogar nie, bei diesem speziellen Patienten einen so hohen Grad an Reizbarkeit, eine so hartnäckige und sich steigernde Verstimmung erlebt. Inzwischen steht fest, daß ich weder mit Einläufen noch mit Gallentropfen eine Besserung erzielen kann. Und diese ständig wachsende Verbitterung läßt mich befürchten, daß hier keine gewöhnliche Verstopfung der Gallengänge vorliegt, sondern irgendeine in Neusüdwales erworbene Krankheit.«

In seiner Eigenschaft als Mediziner kümmerten Martin nicht moralische Bewertungen, deshalb fragte er: »Wenn Sie von Krankheit sprechen, beziehen Sie sich dann auf jene, die man unter Seeleuten jedes Dienstgrads so häufig antrifft?«

»Nicht in diesem Fall, nein. Ich habe direkt gefragt: War ein Verkehr mit Venus erfolgt? Nein, selbstverständlich nicht, antwortete er überraschend heftig und fügte noch etwas hinzu, das ich nicht verstand. Hier geht etwas Seltsames vor. Und ich erinnere mich ernsthaft beunruhigt an den Bericht unseres verehrten Dr. Redfern über die verschiedenen Formen der Gelbsucht, denen er in der Kolonie begegnet ist, manchmal einhergehend mit hydatischen Zysten auf der Leber ... Er zeigte mir eine aus einem Patienten, der nur von Känguruhs und Rum gelebt hatte, und ich diagnostizierte eine Zirrhose höchsten Grades. Aber mehr Sorge bereitet mir in unserem Fall Dr. Redferns Anamnese, in der er eine lange Vorgeschichte von allgemeiner galliger Verstimmtheit, Melancholie, Verzweiflung, Lebensüberdruß und höchster Reizbarkeit schildert. Und das alles ohne feststellbare Ursache, obwohl bei der Obduktion ein vergrößerter linker Leberlappen zutage kam, besetzt mit gelben Pusteln von Erbsengröße. Er nannte es eine Botany-Bay-Leber, und ich befürchte, daß es diese oder eine der anderen typisch neuholländischen Krankheiten sein könnte, die unseren Patienten befallen hat. Das Symptom eines gequälten, mehr als gequälten Gemüts liegt mit Sicherheit vor.«

»Es ist schon tieftraurig, zu erleben, was Krankheit einem gesunden Geisteszustand, einem sonst gefestigten Charakter antun kann«, seufzte Martin. »Und manchmal sind unsere Heilmittel genauso schlimm. Ach, um wie vieles enger muß man doch die Grenzen unserer Willensfreiheit ziehen!«

»Der Doktor kann sagen, was er will, Tom«, meinte Kapitän Aubrey, »aber ich denke, die *Surprise* riecht mindestens genauso frisch wie die *Nutmeg*, wenn nicht besser.« Sie näherten sich jetzt dem Kabelgatt, denn die Fregatte besaß unten im Rumpf eine Laufplanke, über die man unbehindert von achtern nach vorn gelangen konnte, nach vorn bis ins Kabelgatt, wo die armdicken Leinen, Ankertrossen und Kabel ordentlich aufgeschossen verstaut waren. Diese kamen normalerweise triefend naß, oft stinkend und schleimbedeckt an Bord und tropften dann durch Ritzen in den Planken in die Bilge. Weil die *Surprise* aber in Sydney an einer Muring oder an Pfählen festgemacht hatte, waren sie jetzt alle warm und trocken. Jack erinnerte sich daran, wie genüßlich er in seiner Jugend auf diesen Bündeln geruht hatte, schläfrig nach der Morgenwache und dem Lärm des Fähnrichquartiers entkommen.

»Sie riecht bestimmt sauber, Sir«, antwortete Pullings. »Aber trotz allen Pumpens haben wir noch immer Ratten an Bord. Seit dem Lazarett sind sie mir in Mengen begegnet.« Hurtig trat er nach einer weitgereisten und besonders kühnen norwegischen Ratte, die in Sydney an Bord gekommen war, und beförderte sie in weitem Bogen über die Taubündel auf den Lattenrost dahinter. Da sprang, schrill aufkreischend, eine Gestalt hinter den Trossen empor und fegte die Ratte beiseite.

»Was zum Teufel machst du hier, Junge?« rief Jack. »Hast du nicht die Trommel zur Musterung gehört? Und wer bist du überhaupt, verdammt noch mal?« Seinen eisernen Griff etwas lockernd, trat er zurück und fragte: »Was soll das, Mr. Pullings?«

Pullings hob die Laterne und sagte in bemüht neutralem Ton: »Ich glaube, das ist eine junge Frau, Sir.«

»Sie trägt aber Kadettenuniform.« Jack übernahm die Laterne, in deren Schein er noch mächtiger wirkte als ohnehin, und musterte sein Gegenüber; Pullings hatte offenbar recht. »Wer hat dich an Bord geschmuggelt?« fragte er in kaltem Zorn.

»Ich bin ganz allein gekommen, Sir«, antwortete das Mädchen mit zitternder Stimme.

Das war totaler Unsinn und konnte im Handumdrehen

widerlegt werden. Doch Jack wollte sie nicht dazu zwingen, daß sie immer weiter log und erst am Ende, in die Ecke getrieben, den Namen preisgab.
»Machen wir weiter, Mr. Pullings«, sagte er.
»Was – und sie hier lassen?«
»Sie haben's gehört, Sir. Nehmen Sie die Lampe.«
Schweigend inspizierten sie das Segelgatt, die Lager des Bootsmanns, Zimmermanns, Stückmeisters und den Pechvorrat und kehrten schließlich an die frische Luft zurück, wo abermals alle Hüte gelüpft wurden, aber die Gesichter beim Anblick von Kapitän Aubreys bleicher, strenger Miene erstarrten.
»Diesmal werden wir keine Andacht halten, Kapitän Pullings«, verfügte er. »Die Verlesung der Kriegsartikel scheint mir jetzt angebrachter zu sein.«
Die Parade, soweit es eine war, löste sich auf, und die Leute drängten nach achtern, säumten das Achterdeck bis zum Niedergangsluk und ließen sich auf Bänken, Hockern oder umgedrehten Luntenzubern nieder. Für den Kommandanten und die Offiziere wurden Stühle in Luv aufgestellt, für die Fähnriche und Unteroffiziere in Lee.
Ein von der Flagge bedecktes Waffengestell mit den Kriegsartikeln obenauf stand vor Kapitän Aubrey. Und die ganze Zeit strahlte die Sonne vom klaren Himmel, eine warme Brise wehte von schräg vorn und gerade stark genug, um die große Fläche der Segel zu füllen. Der Wind strich fast lautlos durchs Rigg, der Rumpf glitt flüsternd durchs Wasser. Norfolk Island, das sich auf der langen, gleichmäßigen Dünung zu heben und zu senken schien, stand schon deutlich näher an Backbord voraus. Niemand sprach.
»Ruhe im Schiff!« rief Pullings. Kurz darauf erhob sich Jack, öffnete die Schatulle mit den Kriegsgesetzen und begann zu lesen. Es waren insgesamt sechsunddreißig Paragraphen, von denen neunzehn Verbrechen aufführten,

welche die Todesstrafe nach sich zogen, manchmal ergänzt durch die Worte: *Oder eine entsprechende andere Bestrafung, wie sie der Art und Schwere des Verbrechens entspricht und vom Kriegsgericht festzulegen ist.* Jack las langsam und betont, mit klarer, starker Stimme, wodurch die an sich schon feindseligen Formulierungen einen noch dunkleren, drohenderen Sinn bekamen. Als er zum Ende kam, herrschte nach wie vor tiefe Stille, aber die Atmosphäre wirkte unbehaglicher als zuvor.

Er schloß die Schatulle, sah kalten Blicks in die Runde und sagte:»Kapitän Pullings, wir nehmen die Royals weg und streichen den Außenklüver. Danach können die Leute zum Essen gehen.«

Es wurde eine stille Mahlzeit, ohne die munteren Zurufe und das ungeduldige Klappern des Geschirrs, mit dem sonst der Sonntagspudding und die Grogration begrüßt wurden. Während die Leute aßen, tigerte Jack wie schon so oft auf seinem Achterdeck auf und ab: siebzehn Schritte nach vorn, siebzehn Schritte nach achtern und eine Wende an dem Ringbolzen, den seine Schuhe schon blankpoliert hatten.

Jetzt ergaben natürlich die halblauten Witze, die heimlichen Anspielungen auf Mr. Oakes' Erschöpfung und seinen Bedarf an kräftiger Nahrung einen Sinn. Im Geiste beleuchtete Jack die Lage von allen Seiten; ab und zu trübte aufwallender Ärger sein Urteilsvermögen, doch als er unter Deck ging und nach dem Fähnrich schickte, hatte er sein Temperament völlig unter Kontrolle.

»Also, Mr. Oakes«, begann er, »was haben Sie mir zu sagen?«

»Nichts zu meiner Entschuldigung, Sir.« Oakes hielt das rotgefleckte Gesicht abgewandt. »Überhaupt nichts. Ich liefere mich Euer Gnaden völlig aus. Wir haben nur gehofft – ich habe gehofft –, Sie würden uns wegbringen von diesem schrecklichen Ort. Dort war sie todunglücklich.«

»Heißt das, sie war ein Sträfling?«

»Jawohl, Sir. Aber zu Unrecht verbannt, da bin ich ganz sicher.«

»Sie wissen genau, daß ich Dutzende von Sträflingen abgewiesen habe.«

»Und doch haben Sie Padeen an Bord gelassen, Sir«, sagte Oakes und rang, weiterer Worte unfähig, in stummer Verzweiflung die Hände.

»Verschwinden Sie nach vorne«, befahl Jack. »Weil heute Sonntag ist, treffe ich noch keine Entscheidung, keine Maßnahmen. Aber packen Sie besser schon Ihre Seekiste.«

Als er gegangen war, läutete Jack nach seinem Steward und fragte, ob man in der Offiziersmesse mit dem Essen fertig sei. »Nein, Sir«, antwortete Killick. »Ich glaube, sie hatten noch nicht mal ihren Pudding.«

»Sobald sie fertig gegessen haben – ganz fertig, wohlgemerkt –, bitten Sie Kapitän Pullings zu mir. Meine Empfehlung, und ich möchte ihn sprechen.«

Entschlossen zwang er sich dazu, die physikalischen Beobachtungen durchzusehen, die er für Humboldt festgehalten hatte: Aufzeichnungen über Temperatur und Salzgehalt der See in unterschiedlichen Tiefen, über Luftdruck und -temperatur laut nassem und trockenem Kugelthermometer – eine ganze Kette wertvoller Angaben, die um die halbe Welt reichten. Daraus bezog er eine gewisse Befriedigung. Schließlich hörte er Pullings' Schritt.

»Nehmen Sie Platz, Tom.« Er deutete auf einen Stuhl. »Ich habe Oakes gesprochen. Zur Begründung brachte er nur heraus, daß sie todunglücklich war. Und dann hat mir der verdammte Narr Padeen vorgehalten.«

»Sie wußten nichts von ihr, Sir?«

»Natürlich nicht. Sie etwa?«

»Ich dachte, es sei allgemein bekannt an Bord, wußte es aber nicht mit Bestimmtheit. Nachgefragt habe ich nicht. Ich hatte den Eindruck, daß Sie angesichts der heiklen Lage lieber nicht offiziell Kenntnis von ihr nehmen wollten, damit wir nicht in die Botany Bay zurückkehren mußten.«

»Wäre es nicht Ihre Pflicht als Erster Offizier gewesen, mich darüber zu informieren?«

»Mag sein. Und wenn ich mich falsch verhalten habe, bedaure ich das sehr. Auf einem regulären Kriegsschiff mit Dienstflagge, Seesoldaten, Profoß und Konstabler hätte ich eine offizielle Kenntnisnahme nicht vermeiden können und wäre pflichtgemäß gezwungen gewesen, es Ihnen mitzuteilen. Aber hier, ohne jeden Profoß oder Konstabler, hätte ich schon an den Türen horchen müssen, um mir Gewißheit zu verschaffen. Nein, Sir: Niemand wollte es uns wissen lassen, weder Sie noch mich, damit Sie, offiziell völlig im dunkeln, kein Vorwurf treffen konnte, bis es zu spät war. Damit Sie ruhigen Gewissens zur Osterinsel segeln konnten.«

»Glauben Sie etwa, daß es jetzt zu spät zur Umkehr ist?«

»Essen steht auf'm Tisch, Sir, wenn's beliebt«, meldete Killick an der Tür zum Speiseraum.

»Tom«, sagte Jack abschließend, »wir haben diese widerwärtige Dirne im Kabelgatt gelassen. Ich gehe davon aus, daß Oakes sie verpflegt hat, aber sie kann nicht Wache um Wache dort bleiben. Bringt sie besser vorn bei den kleinen Mädchen unter, bis ich entschieden habe, was mit ihr geschehen soll.«

Dieser Sonntag war einer der wenigen, an denen der Kommandant keine Tischgäste zu sich eingeladen hatte, weil er zu verärgert war; damit wurde es auch einer der wenigen Sonntage, an denen Dr. Maturin in der Offiziersmesse aß. So speiste Aubrey in einsamer Grandeur, wie sie viele Kommandanten bevorzugten, er aber verabscheute, weil er seine Offiziere und Fähnriche beim Essen gern um sich hatte, besonders aber seinen Schiffsarzt. Nicht daß man Stephen als Gast bezeichnen konnte, dazu hatten sie die Kajüte schon zu viele Jahre geteilt, und außerdem hatte das Schiff bis vor kurzem ihm gehört.

Man hätte ihn vielleicht zum Kaffee erwarten können, aber in Wahrheit sah Jack ihn erst abends wieder, als er mit Arznei und Klistier in der Hand eintrat. Er und Martin hatten die Nachmittagsstunden damit verbracht, die leichter verderbliche Ausbeute ihrer Exkursion wissenschaftlich zu beschreiben und Briefe an ihre Frauen abzufassen.

»Da haben wir die Bescherung«, rief ihm Jack entgegen. »Eine dreimal verfluchte, zum Himmel stinkende Bescherung. Mein Wort darauf.« Die Einsamkeit und ein dumpfer Nachmittagsschlaf hatten seine schlechte Laune noch verschlimmert, und die Farbe seines Gesichts gefiel Stephen überhaupt nicht. »Was ist passiert?« fragte er.

»Was passiert ist? Sie haben mein Schiff in ein Bordell verwandelt – Oakes hatte die ganze Zeit ein Mädchen im Kabelgatt versteckt, schon seit wir aus Sydney ausgelaufen sind – jeder an Bord wußte davon, außer mir – ich bin von meiner eigenen Besatzung zum Narren gehalten worden!«

»Ach, das? Bruderherz, das ist nicht weiter von Bedeutung. Auch ging es nicht darum, dich zum Narren zu halten. Eher haben dir die Leute damit ihre Zuneigung bewiesen, denn sie wollten verhindern, daß du in eine unangenehme Lage gerätst.«

»Du wußtest davon und hast mich nicht informiert?«

»Natürlich nicht. Ich konnte doch nicht meinen Freund Jack informieren, ohne gleichzeitig Kapitän Aubrey zu informieren, die Verkörperung der Autorität an Bord. Bitte ruf dir in Erinnerung, daß ich noch nie ein Informant war und auch niemals einer sein werde.«

»Jedermann weiß, daß ich es hasse, Frauen an Bord zu haben. Sie bringen noch mehr Unglück als Katzen oder Pfarrer. Abgesehen davon und ganz realistisch, Frauen an Bord machen nur Ärger, wie du selbst auf Juan Fernandez erlebt hast. Sie ist eine widerliche Dirne und er ein undankbarer Schuft.«

»Hast du sie denn überhaupt gesehen?«

»Ich habe im Kabelgatt einen Blick auf sie geworfen, kurz nachdem wir dich heute morgen verlassen hatten. Hast du?«

»Gewiß. Ich habe bei den kleinen Mädchen vorbeigeschaut, um mich nach ihrem Wohlergehen zu erkundigen und sie ihren Katechismus abzuhören, und fand bei ihnen einen Kadetten vor, einen jungen hübschen Kadetten, den ich noch nicht kannte. Dann merkte ich, daß es sich um eine junge Frau handelte, und bat sie, wieder Platz zu nehmen. Wir unterhielten uns kurz – ihr Name ist Clarissa Harvill –, wobei sie sich mit geziemender Bescheidenheit ausdrückte. Sie stammt eindeutig aus guter Familie und hat einige Bildung genossen: eben eine junge Dame.«

»Junge Damen werden nicht in die Botany Bay verbannt.«

»Unsinn. Erinnere dich an Louisa Wogan.«

Jack wischte die unselige Louisa beiseite und redete sich wieder in Wut. »Ein Bordell!« rief er aus. »Als nächstes füllen sie mir das Mannschaftslogis mit Portsmouth-Huren und stecken ein Weib in jede zweite Offizierskammer. Dann ist es aus mit der Disziplin, und wir haben Sodom und Gomorrha an Bord.«

»Mein lieber Jack«, sagte Stephen, »wenn ich nicht wüßte, daß deine Leber aus dir spricht und nicht dein Verstand oder – Gott behüte – dein Herz, dann würde mich diese selbstgerechte Empörung und dein Bierernst arg betrüben, ganz zu schweigen von dieser Breitseite aus zuerst geworfenen Steinen. Schäm dich. Wie du mir schon vor langer Zeit beigebracht hast, ist die Marine eine Art Echowand, an der Tratsch lange nachhallt, und es ist an Bord allgemein bekannt, daß du in Oakes' Alter degradiert wurdest und vor den Mast strafversetzt, weil du ebenfalls im Kabelgatt ein Mädchen versteckt hattest. Dir ist doch bestimmt klar, daß deine bigotte, scheinheilige Reaktion auch eine lächerliche und ziemlich unsympathische Seite hat?«

»Sag, was du willst, aber ich werde die beiden auf Norfolk Island aussetzen.«

»Bitte laß deine Hose runter und beug dich über diese Truhe da«, sagte Stephen und spritzte einen Strahl aus seinem Klistier durchs offene Heckfenster. Etwas später und in einer Position großer moralischer Überlegenheit fuhr er fort: »Was mich an der ganzen Sache so besonders überrascht, ist, wie gründlich du das Verhalten deiner Leute mißverstehst. Aber schließlich stehe ich ihnen als ihr Arzt ja auch in vieler Hinsicht näher als du. Mir scheint, du unterscheidest nicht klar genug zwischen dem Ethos auf einem Kriegsschiff und dem auf einem Freibeuter. Auf letzterem ist die beherrschende Atmosphäre und der Umgangston viel, viel demokratischer. Verlangt werden übereinstimmende Mehrheitsbeschlüsse. Und du kommandierst die *Surprise*, den Freibeuter *Surprise* – egal, was das Gesetz besagt –, nur dank des Respekts, den die Crew vor dir empfindet. Deine offizielle Befehlsgewalt hat hier nichts zu besagen, deine Autorität beruht einzig und allein auf ihrem Respekt und ihrer Wertschätzung. Falls du ihnen befehlen würdest, einen dummen Jungen und ein schwächliches Mädchen auf einer verlassenen Insel auszusetzen, und danach mit Padeen und mir weitersegeln würdest, ginge dir beides verloren. Vielleicht hast du ja viele alte Gefolgsleute an Bord, die sich sagen würden: Recht oder Unrecht, er ist mein Kommandant. Aber du hast keine Seesoldaten, und ich glaube nicht, daß deine Gefolgsleute die Oberhand behielten, nicht bei der augenblicklichen Verfassung unserer Gemeinschaft und ihrem empfindlichen Sinn für das, was fair und anständig ist ... Du kannst die Hose wieder anziehen.«

»Verdammt sollst du sein, Stephen Maturin.«

»Du auch, Jack Aubrey. Nimm diese Tropfen eine halbe Stunde vor dem Schlafengehen. Und diese Pillen nur, falls du nicht schlafen kannst, was ich aber bezweifle.«

ZWEITES KAPITEL

∽∘∽

WIE DIE MEISTEN Mediziner kannte Stephen Maturin die Auswirkungen einer Sucht, einer voll ausgebildeten, hartnäckigen Sucht, sei es nun nach Alkohol oder Opium. Und wie viele Mediziner wußte er auch aus eigener Erfahrung, wie stark eine solche Sucht war und wie übermenschlich raffiniert und spitzfindig ein nach seiner Droge verlangendes Opfer vorgehen konnte. Deshalb hatte er nur höchst widerwillig ein Medizinfläschchen mit Laudanum (in Alkohol gelöstem Opium) in seinen Arzneischrank aufgenommen. Früher war das Laudanum in Korbflaschen an Bord gekommen, und sein Mißbrauch bei Belastungen hätte um ein Haar Stephens und Padeens Leben ruiniert. Jetzt war er zwar seiner Selbstbeherrschung relativ sicher, traute aber Padeen nicht so ganz. Deshalb steckte das Fläschchen, oft mit einem Brechmittel oder anderem getarnt, in einer Stahlkassette und stand weit entfernt von den gebräuchlichen Arzneimitteln.

Allerdings mußte immer ein gewisser Vorrat Laudanum an Bord sein, und zwar für die Fälle, in denen nur Opium die Qualen lindern konnte. Das Fläschchen enthielt das kleinste vernünftige Quantum, das sich noch mit Stephens Gewissen vereinbaren ließ. »Es ist schon seltsam«, sagte er zu Martin, als er die Stahlkassette wieder verschloß, »daß ein Mann, der genau weiß, er darf seine Freunde anständigerweise nicht übers Ohr hauen, diesbezüglich in der Medizin keine Skrupel kennt. Wir geben ihnen grellbunte, stark riechende, aber physisch völlig unwirksame kleine und große Pillen oder Tropfen, um die Überzeugung des Patienten auszunutzen, daß es ihm nach ihrer Einnahme gleich bessergehen wird – eine Überzeugung, deren höchst günstige Auswirkungen wir oft erlebt haben. Im Fall dieses Patienten verschrieb ich die Tinktur in der ungewöhnlich hohen Dosis von fünfunddreißig Tropfen, kaschierte sie mit Teufelsdreck und ein wenig Moschus – und vor allem verschwieg ich ihre wahre Natur, weil der Patient einen Horror vor Opium hat. Gleichzeitig gab ich ihm zur Dämpfung der Stimulation, die häufig bei nicht an Opium Gewöhnten eintritt, vier unserer gewöhnlichen rosa Kalkpillen, die er bei Schlaflosigkeit einnehmen sollte. Im tröstlichen Bewußtsein dieser Hilfe wird der Patient die ersten zehn Minuten mit geruhsamen Betrachtungen verbringen, wobei ihm die leichte Stimulation völlig entgeht, und danach so tief wegsacken wie die Sieben Schläfer von Ephesus, vielleicht noch tiefer. Ich schmeichle mir zu glauben, daß dieser tiefe Schlaf und die Befreiung von Reizbarkeit und Ärger es den Organen erlauben wird, unbehindert ihre Funktion zu erfüllen, auf meine Arzneien zu reagieren, die bösartigen Stimmungen zu vertreiben und die frühere Ausgeglichenheit wiederherzustellen.«

Die Sieben Schläfer von Ephesus waren jedoch nicht von Kindheit an mit einer Schiffsglocke aufgewachsen. Beim zweiten Glasen in der Morgenwache schwang sich Jack Aubrey aus seiner nach Lee wegsackenden Koje und stolperte oben benommen und halb blind zur Kettenpumpe an Steuerbord, wo sich die Leute bereits versammelt hatten. Dort nahm er in der Morgendämmerung seinen Platz ein, eine hochgewachsene Gestalt im von der warmen Brise geblähten Nachthemd, wünschte seinen vage besorgten Nachbarn einen guten Morgen, spuckte in die Hände und rief: »Los geht's!«

Mit dieser gräßlichen Fron hatten sie schon vor langer Zeit begonnen, noch nördlich vom Wendekreis des Steinbocks. Sie war schon so lange Routine, daß die Besatzung nicht mehr Anstoß daran nahm, sondern sie als natürlichen Teil des Tagesablaufs empfand, als unvermeidlich und etwa so notwendig wie Trockenerbsen – so lange schon, daß Jacks Hände inzwischen die gleiche Hornhaut aufwiesen wie die seiner Bordkameraden. Stephens Hände wären gleichermaßen verhornt gewesen, denn als Urheber der ganzen Prozedur fühlte er sich moralisch verpflichtet, genauso früh aufzustehen und mitzuschuften. Tatsächlich pumpte er, bis er fast umfiel – und bis der Kapitän ihm freundlich zu bedenken gab, daß es seine Pflicht sei, so weiche und zarte Hände wie die einer Lady zu haben, damit er wie ein Künstler amputieren konnte und nicht wie ein Metzger.

»Los geht's!« rief Jack, und das Wasser schoß durch die Speigatten in hohem Bogen über die Seite. Mehr und noch mehr, eine schier überwältigende Flut. Nach einer halben Stunde troff Jack vor Schweiß und bekam wieder einen klaren Kopf, in dem sich die von Stephens fünfunddreißig Tropfen heraufbeschworenen Wolken verzogen. Die Ereignisse des Vortags fielen ihm wieder ein, erzürnten ihn aber nicht mehr. Aus dem Augenwinkel beobachtete er, wie die nasse Flut, gefolgt von Sand, dann von Scheuersteinen und schließlich von Feudeln, stetig nach achtern vorrückte. Schließlich meinte er: »Irgendein übereifriger Narr muß das Seewasserventil die halbe Wache lang offengelassen haben«, und begann, seine Pumpenschläge zu zählen. Er war fast bei vierhundert angekommen, als endlich der ersehnte Ruf erscholl: »Sie zieht Luft!«

Die Leute traten von den Pumpenschwengeln zurück und nickten einander schwer atmend zu. »Das Wasser kam so klar und sauber raus wie Jungfrauenpisse«, stellte einer fest. »Stimmt«, nickte Jack und sah sich um. Die

Surprise, immer noch auf demselben Bug und nur unter Marssegeln laufend, lag jetzt schon so dicht bei Norfolk Island, daß man von jedem Wellenkamm aus die Küste erkennen konnte; die Höhen wirkten gezackt wegen der Umrisse gewaltiger Bäume, die sich scharf vom hellen Himmel abhoben – von einem nach wie vor kristallklaren Himmel, an dem nur weit achteraus eine niedrige Wolkenbank stand. Und an dem das zarte Hellblau zu ihren Häuptern im Osten fast unmerklich in Aquamarin überging, während vereinzelte Federwölkchen im Gegenpassat langsam nach Südosten zogen und von einer stärkeren Luftströmung in der Höhe zeugten. Hier unten blieb der Wind so leicht wie bisher, nur der Seegang hatte etwas zugenommen.

»Guten Morgen, Mr. West«, sagte Jack und studierte die Logaufzeichnungen. »Sind Haie in der Nähe?« Er reichte das Logbrett zurück – er hatte darauf genau das Erwartete gelesen – und warf sein verschwitztes Nachthemd über die Reling.

»Guten Morgen, Sir. Hab keine gesehen. Frage an Vorschiff: Sind Haie in der Nähe?«

»Kein einziger, Sir. Nur unsere alten Delphine.« Im selben Augenblick, als der Antwortruf nach achtern drang, schob die Sonne einen schmalen, orangerot glühenden Splitter über den Horizont. Nur kurz konnten die Augen in seine Strahlen blicken, ohne geblendet zu werden. Eine Metapher drängte sich in Jacks Bewußtsein, ging aber unter, als er vom Schanzkleid hechtete und, mit auswehender Mähne eine lange Blasenbahn nach sich ziehend, ins klare Wasser tauchte, das gerade noch kühl genug war, um ihn zu erfrischen. Immer und immer wieder tauchte er unter, tobte sich aus in der See und fand sich einmal Nase an Nase mit zwei Delphinen, diesen heiteren Kreaturen, die neugierig, aber nicht aufdringlich wirkten.

Bis er wieder an Bord kletterte, stand die Sonne schon gut über der Kimm, und es war voller Tag, ein strahlend schöner Tag, der nichts mehr von jener anderen Welt an sich hatte. Und auch Killick war da, wartete auf ihn mit einem großen weißen Handtuch und machte ein mißbilligendes Gesicht. »Mr. Harris hat doch gesagt, das schließt die Poren und wirft die gelbe Galle auf die schwarze«, raunzte er, Jack in das Handtuch hüllend.

»Ist etwa an der London Bridge zur selben Zeit Hochwasser wie am Dodman?« erwiderte Jack, und nachdem er Killick damit schachmatt gesetzt hatte, fragte er, ob der Doktor schon auf sei. »Hab' ihn im Krankenrevier gesehn«, antwortete Killick verschnupft.

Jack Aubrey mußte einen mächtigen Körper bei Kräften halten, und das tat er, indem er zweimal frühstückte: zum erstenmal bei Sonnenaufgang mit etwas Toast und Kaffee und später, bei acht Glasen, sehr viel umfangreicher – mit frischem Fisch, falls er zur Hand war, mit Eiern, Schinken und manchmal Hammelkoteletts –, wozu er oft den Offizier der Wache mit seinem Kadetten einlud, während Dr. Maturin selbstverständlich immer zugegen war.

Stephen erschien noch vor Killick. »Dieser Kaffeeduft würde mich auch von den Toten auferwecken. Einen wunderschönen guten Morgen, mein Lieber. Wie hast du geschlafen?«

»Geschlafen? Mein Gott, ich bin verlöscht wie 'ne Kerze und kann mich an nichts mehr erinnern. Bin erst wieder aufgewacht, als das Schiff fast schon trockengepumpt war. Und danach bin ich geschwommen. Was für ein Spaß! Ich hoffe, du schließt dich mir morgen an. Ich fühle mich wie neu geboren.«

»Vielleicht komme ich mit«, sagte Stephen nicht sehr begeistert. »Wo bleibt nur dieser Sauertopf mit dem Kaffee?«

»Ich komm' ja schon, so schnell ich kann, oder?« rief Killick, das Kaffeetablett abstellend. »Jezebel war knickrig mit ihrer Milch.«

»Ich fürchte nur, heute kann ich nicht lange bleiben«, sagte Stephen nach seiner zweiten Tasse Kaffee. »Beim Glockenschlag müssen wir zwei Patienten zur Operation vorbereiten.«

»Oje«, meinte Jack, »hoffentlich nichts Ernstes?«

»Blasensteine. Falls keine Infektion dazukommt – und auf See sind Infektionen viel seltener als im Hospital –, überstehen es die meisten Männer recht gut. Natürlich braucht es Tapferkeit; jedes Zurückzucken vor dem Messer könnte fatal sein.«

Die Glocke schlug an. Stephen stopfte schnell drei weitere getoastete Laugenbrotscheiben in sich hinein, trank eine dritte Tasse Kaffee, prüfte sichtlich zufrieden Jacks Zunge und eilte davon.

Erst spät in der Vormittagswache erschien er wieder. Als er an Deck kam, stieß er auf die gewohnte Morgenprozession, die vom leewärtigen Seitendeck gerade das Achterdeck erreicht hatte: Jemmy Ducks mit drei Hühnerkäfigen, einer davon leer; Sarah mit der gefleckten Henne im Arm; und Emily mit der Ziege Jezebel an der Leine, allesamt unterwegs zu ihrer täglichen Freistunde achtern vom Ruderrad.

Man grüßte, lächelte und knickste; aber dann sagte Emily mit ihrer hellen Kinderstimme: »Die Miss vorn weint die ganze Zeit und ringt die Hände.«

Stephen dachte gerade darüber nach, wie zahm sich Tiere gegenüber Kindern benahmen: Die Ziege war sonst die Aufsässigkeit selbst und die gefleckte Henne ein übellauniges, bösartiges Biest, trotzdem ließen sich die beiden jetzt von den Mädchen brav tragen oder führen. So dauerte es eine Weile, bis er Emilys Bemerkung voll erfaßte. »Ja, schlimm«, antwortete er kopfschüttelnd. Sie zogen weiter mit ihrer Menagerie und wurden laut schnatternd von den Enten begrüßt, die schon in ihrem Verschlag steckten.

Stephen sinnierte gerade über die unglückliche Miss Harvill und über die schon ganz nahe Insel mit ihren Klippen und seltsam grotesken Baumriesen, als er Jacks Ruf: »Jolle bemannen!« hörte und die gespannte Atmosphäre auf dem Achterdeck bemerkte. Alle Offiziere waren zugegen und hatten ungewohnt ernste Mienen aufgesetzt. Vom Vorschiff und den Seitendecks aus spähten die Leute gespannt nach achtern. Es mußte schon eine ganze Weile so zugehen, denn auch nur eine kleine Jolle auszusetzen war mühsame Arbeit. Die Bootscrew kletterte auf ihre Plätze, der Mann im Bug hielt die Jolle mit dem Bootshaken fest, und dann starrten alle mit emporgewandten Gesichtern zum Schiff hinauf, das sich im Schwell hob und senkte.

»Da, da ist ein Norfolk-Sturmtaucher!« rief Martin an Stephens Seite, aber der widmete dem Vogel nur einen flüchtigen Blick.

»Mein Bootssteurer zu mir!« befahl Jack. Bonden meldete sich sofort. »Sir?«

»Bonden, bring die Jolle in diese Bucht zwischen der Landspitze und dem bewaldeten Inselchen und stelle fest, ob man dort trotz der Brandung anlanden kann.«

»Aye, aye, Sir.«

»Hin pullt ihr besser, zurück könnt ihr segeln.«

»Aye, aye, Sir: hin pullen, zurück segeln.«

Jack und Bonden fuhren schon viele Jahre gemeinsam zur See. Sie verstanden einander oft ohne Worte, und Stephen kam es jetzt so vor, als verberge sich hinter ihrem sachlichen Wortwechsel eine geheime Botschaft. Doch obwohl er beide Männer genau kannte, vermochte er diese Botschaft nicht zu entziffern.

Die Jolle ruderte davon, und sowie sie erst einige Wellenkämme zwischen sich und das Schiff gebracht hatte, verschwand sie in den Tälern, erschien wieder und verschwand erneut, jedesmal kleiner werdend. Entschlossen hielt sie auf das zwei Meilen entfernte Land zu. Weiß schäumte die Brandung an dem bewaldeten Inselchen, das der Küste im Osten vorgelagert war; weißes Wasser auch zwischen ihm und der unzugänglichen Hauptinsel; weißes Wasser an der westlichen Landspitze, und auch die Bucht dazwischen hatte einen weißen Gischtsaum. Doch während der Rest der Küste, so weit das Auge reichte, aus fast senkrecht aufragenden Klippen bestand, besaß diese Bucht wenigstens einen Strand, wahrscheinlich einen sandigen Strand, der sich landeinwärts in einem sanften Abhang fortsetzte. Und er schien von See aus halbwegs zugänglich zu sein.

Wortkarg und konzentriert beobachteten sie das Vorankommen der Jolle. Doch bei fünf Glasen wandte sich Jack abrupt von der Luvreling ab. »Captain Pullings«, sagte er, »wir wollen mit dem Schiff auf und ab stehen, bis die Jolle zurückkehrt.« Auf der Niedergangstreppe kurz innehaltend, fügte er hinzu: »Und lassen Sie auf dem landwärtigen Schlag die Wassertiefe loten.« Damit eilte er nach unten.

»Philips hat mir berichtet, daß es auf der Insel auch Papageien, Kakadus, Tölpel und Tauben gibt«, sagte Martin. »Ich hoffe inständig, daß wir an Land gehen können. Ob wir es wohl auf der anderen Seite versuchen, falls es hier nicht zu schaffen ist? Was meinen Sie?«

Ausnahmsweise ging Martin mit seinen Fragen Stephen auf die Nerven. War es denn möglich, daß der Mann nicht begriffen hatte, was eine Landung auf Norfolk mit einschloß? Doch ja, genaugenommen war das möglich. So, wie Kapitän Aubrey der letzte gewesen war, der von der Anwesenheit einer Frau an Bord erfahren hatte, so mochte es auch Nathaniel Martin entgangen sein, daß diese Frau und ihr Liebhaber jetzt Gefahr liefen, auf Norfolk ausgesetzt zu werden. Immerhin bestand diese Gefahr erst seit kurzem. In der Offiziersmesse war Kapitän Aubreys Drohung bisher nicht diskutiert worden, und aus dem Mannschaftslogis konnte sie Martin nicht erreicht haben, denn er besaß keinen eigenen Diener; und Padeen konnte ihn, selbst wenn er wollte, kaum ins Bild gesetzt haben. Andererseits mochte Martin, falls er dennoch davon erfahren hatte, die Gefahr nicht weiter ernst nehmen. Selbst Stephen fühlte sich unsicher. Manchmal las er in Jack Aubrey wie in einem offenen, sauber gedruckten Buch, und dann wieder blieb er ihm ein Rätsel; auch dieses formelle, öffentliche Aussenden der Jolle war Stephen unverständlich, schien es ihm doch einen krassen Widerspruch zu bilden zu dem heiteren, vertrauten, noch vom Meer nassen Jack beim Frühstück.

Die *Surprise* ging höher an den Wind, und Pullings gab Befehl, das Tiefseelog auszuwerfen. Stephen schlenderte auf dem Seitendeck nach vorn. Als er das Vorschiff erreichte, verstummten die ums Ankerspill versammelten Leute und verdrückten sich. Von der vorderen Reling aus hatte er freien Blick auf die Bucht und erkannte im Fernglas, daß die Jolle stetig weiter landwärts ruderte. Sie hatte über die Hälfte des Wegs zurückgelegt. Gerade steuerte Bonden das Boot um einen Unterwasserfelsen, der sich nur durch tückische Wirbel an der Oberfläche verriet. Das Schiff selbst machte kaum noch Ruderfahrt, und vorn herrschte Stille bis auf das Knirschen der Wanten im Schwell. Dann hörte er den Ruf: »Wahrschau dort, Wahrschau!«, als ein Lotgast nach dem anderen an der Reling seinen Abschnitt der Tiefseeleine fallen ließ. Zuletzt meldete Reade mit schriller Stimme: »Achtundsechzig Faden, Sir: Korallensand und Muscheln.«

Sechs Glasen. Die Jolle hatte drüben beim Inselchen den Rand der Brecher erreicht und arbeitete sich an der Küste entlang nach Westen vor. Das dreieckige Segel vor Stephens Nase, wahrscheinlich das Vorstengestagsegel, füllte sich mit Wind, und die *Surprise* begann ihre Drehung, um langsam seewärts zu halten. Martin, der den Wink verstanden hatte, war in den Besantopp geklettert, von wo aus man nun freien Blick auf Norfolk hatte, und Stephen überlegte, ob er ihm folgen sollte. Aber das Bedürfnis zu schweigen und die heftigen Bewegungen des

Toppmasts jetzt, da das Schiff direkt gegen den Schwell ansegelte, ließen ihn auf dem Achterdeck zögern. Er blieb an der Heckreling stehen und beobachtete das Boot, das jetzt auf die Landspitze zustrebte, welche die Bucht begrenzte. Dabei hielt es sich wohl außerhalb der Brecherzone, auch wenn es von Stephens niedrigem Standort so aussah, als sei es schon mittendrin und in akuter Kentergefahr.

Dort stand er immer noch und grübelte, als die Jolle das ferne Ende der Bucht erreichte, ein Segel setzte und auf See hinaus hielt. Und seine Gedanken nahmen ihn dermaßen in Anspruch, daß er erschreckt zusammenzuckte, als Jack ihm auf die Schulter schlug. »Sie sind ja tief in Gedanken, Doktor«, sagte er lächelnd. »Ich hab' Sie schon zweimal vergeblich gerufen. Wie geht es Ihren Patienten? Ich sehe –«, er deutete auf das getrocknete Blut an Stephens Händen, »daß Sie operiert haben.«

»Es geht ihnen relativ gut, danke. Sie leiden nicht mehr als erwartet, und mit Gottes Hilfe werden sie bald völlig schmerzfrei sein.«

»Prächtig, prächtig. Ich werde sie besuchen.« Und viel leiser fügte Jack hinzu: »Auch ich konnte mich endlich erleichtern. Ich nehme an, das interessiert dich.«

»Ja, und es freut mich sehr«, versicherte Stephen und stellte ihm noch einige direkte Detailfragen. Doch Jack Aubrey war in diesen Dingen prüder als erwartet und antwortete nur: »Wie ein Ackergaul.« Damit begab er sich außer Hörweite. Er befahl wieder eine Wende, um der Jolle entgegenzusegeln, aber Stephen blieb, wo er war. Mit der Drehung glitt die Insel außer Sicht, an ihre Stelle trat der weite, leere Ozean, begrenzt von einer messerscharfen, klaren Kimm. Nur in Südsüdwest hatte sich die frühmorgendliche Wolkenbank noch ausgedehnt und wuchs gegen den Wind empor, wie man es so oft bei Gewitterwolken und Böenwalzen erlebte, die alle natürlichen Wetterregeln des Landes außer Kraft setzten.

»Bitte um Vergebung«, meldete sich Reade bei Stephen. »Aber der Kommandant meint, Sie möchten vielleicht, daß ich dieses Wasser über Ihre Hände gieße.«

»Gott lohne es Ihnen, mein Guter«, rief Stephen. »Gießen Sie nur, und ich reibe sie dabei. Ich erinnere mich zwar, daß ich mich irgendwann gewaschen habe, aber danach mußte ich einen Verband erneuern. Zum Glück habe ich wenigstens die Manschetten zurückgeschlagen, sonst bekäme ich jetzt gräßlichen Ärger mit ...« Er unterbrach sich, weil Bonden an Deck kletterte.

»Nun, Bonden?« fragte Kapitän Aubrey auf dem schweigend lauschenden Achterdeck.

»Kein Durchkommen, Sir«, meldete Bonden. »Tückische Brecher und eine gefährliche Unterströmung, sogar jetzt bei Ebbe.«

»Das heißt, wir können nicht landen?«

»Ausgeschlossen, Sir.«

»Sehr gut. Kapitän Pullings, da eine Landung ausgeschlossen ist, setzen wir die Jolle wieder ein und gehen unter Vollzeug auf unseren alten Kurs.«

»An Deck!« rief der Ausguck im Masttopp. »Segel genau achteraus. Schratsegel, schätze ich.«

Jack griff sich das Wach-Teleskop und stieg schnell ins Rigg. »Welche Peilung, Trilling?« rief er von der Saling aus.

»Recht achteraus, Sir, am Rand dieser tückischen Sandbank«, antwortete Trilling, der auf der Rah nach außen gerutscht war.

»Ich sehe nichts.«

»Ehrlich gesagt, ich auch nicht mehr«, gestand Trilling in lockerem Konversationston, wie er eher einem Freibeuter entsprach als einem Kriegsschiff. »Sie kommt und geht im Schwell. Aber wenn's klarer wäre, könnte man sie auch schon von Deck aus sehen. Ist gar nicht weit entfernt.«

Wie er's schon als Kadett getan hatte, glitt Jack am

Backstag hinunter an Deck. »Also, Captain Pullings, setzen Sie alle Segel und gehen Sie auf unseren alten Kurs. Wir haben keine Minute zu verlieren.«

Die Jolle wurde eingeholt und gesichert. Angefeuert vom seltsam melodischen Singsang der Orkneyleute an Bord, wurden die Bramsegel gesetzt und geschotet und die Bulins mit: »Hiev weg, hiev weg!« durchgesetzt. Und Martin wandte sich an Stephen: »Ich bin sehr erstaunt zu hören, daß uns die Brandung am Landen gehindert hat. Ich könnte schwören, daß ich von meinem Aussichtspunkt oben diesseits des Kaps eine recht glatte Passage zum Strand gesehen habe. Hoffentlich sind Sie nicht allzu sehr enttäuscht, Maturin?«

»Du lieber Himmel, wenn ich bei jeder vielversprechenden Insel enttäuscht gewesen wäre, an der ich im Lauf meiner Marinekarriere vorbeigezerrt wurde, wäre ich längst ein melancholischer Irrer. Wenigstens haben wir den Sturmtaucher und die letzten monströsen Tannen gesehen. Nicht schade um sie. Für mich sind sie genauso häßlich, wie sie hoch sind. Die häßlichsten Gewächse unter der Sonne, mit Ausnahme der *Araucaria imbricata*, der Andentanne in Chile, der sie auch irgendwie ähneln.«

Sie unterhielten sich über die Koniferen, die sie in Neusüdwales gesehen hatten; sie beobachteten, wie die Toppgasten ins Rigg kletterten, um die Bramsegel zu setzen.

Und Martin fragte leise, sich dabei umblickend, ob auch niemand in Hörweite war: »Sagen Sie mir, Maturin, warum spricht man davon, daß sie fliegend gesetzt werden? *Fliegend?* Ich fahre jetzt schon so lange zur See, daß ich mich geniere, jemand anderen danach zu fragen.«

»Martin, Sie stützen sich dabei auf ein geknicktes Rohr: In der Beziehung sind wir im selben Boot, wie das bei Röhricht so oft der Fall ist. Wir wollen uns mit dem Gedanken trösten, daß andererseits kaum einer unserer Bordgenossen erklären könnte, warum ein Ablativus manchmal so ausgesprochen absolutus ist.«

»Sir«, rief West, der mit einem Teleskop in Lee an den Netzen stand, »ich glaube, ich kann sie auf den Kämmen erkennen. Sie könnte einen Marinewimpel führen; falls ja, dann ist sie der Kutter, von dem wir gehört haben.«

Pullings meldete dies dem Kommandanten und fügte hinzu: »In Sydney erwähnten sie einen schnellen Kutter von vierzehn Kanonen, die *Eclair*, die vom Van-Diemen's-Land heraufkommen sollte.«

»Ich hab' davon gehört.« Jack richtete sein Teleskop achteraus. »Aber ich sehe immer noch nichts.«

Es wurde Mittag. Die Offiziere nahmen die Sonnenhöhe, und Pullings meldete, daß die Sonne über dem Meridian stand; Jack bestätigte, daß es zwölf Uhr mittags war und damit ein neuer Tag auf See begann. Acht Glasen: Die Leute eilten zum Essen und machten dabei seltsame Geräusche. Es war nicht die gedämpfte Besorgnis des Vortags, aber sie wirkten immer noch bedrückt und irgendwie verschwörerisch.

Als der Lärm verklungen und die Mahlzeit vielleicht zur Hälfte vorbei war (Haferbrei, Zwieback und Käse, denn Montag war ein fleischloser Tag), wiederholte West, daß er sich bei dem Kutter seiner Sache jetzt sicher sei, ebenso der Kriegsflagge.

»Da könnten Sie recht haben«, antwortete Jack, »obwohl ich ihn noch immer nicht erkennen kann. Jedenfalls ist es nichts Besonderes, daß ein Kriegskutter nach Norfolk geschickt wird. Auf der Insel gibt es immer noch eine Menge Vorräte der Regierung und auch einige Bewohner, wie ich hörte.«

»Aber jetzt haben sie doch bestimmt ein Signal gesetzt, Sir?« rief West kurz darauf.

»Ich sehe keins, Sir«, antwortete Jack kühl. »Außerdem habe ich keine Zeit für eitles Geschwätz mit einem Kutter.« Und Davidge, der schneller von Begriff war als sein Kamerad, murmelte: »*Tace* heißt auf lateinisch Maul halten, alter Junge.«

Als die Besatzung und mit ihr die Offiziersanwärter ihr Mittagsmahl beendet hatten, ging Jack in seine Kajüte und schickte nach Oakes. »Nehmen Sie Platz, Mr. Oakes«, begann er. »Ich habe mich gefragt, was aus Ihnen werden soll. Zwar steht fest, daß wir uns trennen müssen – abgesehen von allem anderen dulde ich keine Frauen an Bord –, trotzdem werde ich Sie nicht abmustern, ehe wir einen anständigen christlichen Hafen in Chile oder Peru erreichen, von wo aus Sie ohne weiteres eine Passage in die Heimat buchen können. Über die Mittel dazu werden Sie verfügen: Sie haben nicht nur Ihren angesammelten Sold, sondern wahrscheinlich auch künftiges Prisengeld. Falls wir keine Prise erobern sollten, schieße ich Ihnen den nötigen Betrag vor.«

»Vielen Dank, Sir.«

»Ich gebe Ihnen auch eine Empfehlung mit, die Sie jedem Marineoffizier Ihrer Wahl vorlegen können. Darin werde ich Ihr gutes und seemännisches Verhalten unter meinem Kommando erwähnen. Doch damit bleibt immer noch Ihre – Ihre Begleiterin. Sie steht unter Ihrem Schutz, nehme ich an?«

»Jawohl, Sir.«

»Haben Sie entschieden, was aus ihr werden soll?«

»Jawohl, Sir. Wenn Sie die große Güte hätten, uns zu trauen, bekäme sie ihre Freiheit zurück. Und falls dann die Leute von diesem Kutter an Bord kämen, könnten sie uns am A... Könnten wir ihnen ins Gesicht lachen.«

»Haben Sie ihr schon einen Antrag gemacht?«

»Noch nicht, Sir. Ich habe angenommen ...«

»Dann holen Sie das sofort nach. Falls sie einwilligt, bringen Sie sie her, damit sie es vor mir bestätigt. Ich will verdammt sein, wenn ich auf meinem Schiff eine Zwangsheirat dulde. Falls sie ablehnt, müssen wir irgendwo einen Platz für ihre Hängematte finden. Also los, machen Sie schon. Ich habe noch eine Menge zu tun. Übrigens, wie heißt sie?«

»Clarissa Harvill, Sir.«

»Aha, Clarissa Harvill. Machen Sie weiter, Mr. Oakes.« Atemlos kamen die beiden alsbald nach achtern gerannt, und Oakes schob Clarissa durch die Tür in die Kajüte. Ihr war nicht entgangen, daß ihr Liebhaber zum Kommandanten zitiert worden war; sie hatte Zeit gehabt, das Bestmögliche für ihre Kleidung, ihr Haar und ihr Gesicht zu tun. Nun stand sie da, den blonden Kopf gesenkt, schlank und knabenhaft in ihrer Uniform, und sah recht präsentabel aus.

Jack erhob sich. »Miss Harvill«, begann er, »nehmen Sie bitte Platz. Oakes, holen Sie sich einen Stuhl und setzen Sie sich daneben.« Mit gesenktem Blick, die Hände im Schoß, saß sie da und bemühte sich, so auszusehen, als trüge sie einen Rock. »Mr. Oakes ließ mich wissen, daß Sie bereit seien, ihn zu heiraten«, fuhr Jack fort. »Trifft das zu, oder ist da der Wunsch der Vater des Gedankens – will sagen: Oder macht er sich da was vor?«

»Nein, Sir. Ich bin gern bereit, Mr. Oakes zu heiraten.«

»Aus eigenem freiem Willen?«

»Jawohl, Sir. Und wir wären Ihnen für Ihre Güte ewig dankbar.«

»Danken Sie nicht mir. Wir haben einen Geistlichen an Bord, deshalb wäre es für einen Laien ungehörig, Sie zu trauen. Besitzen Sie noch andere Kleidung?«

»Nein, Sir.«

Jack überlegte. »Jemmy Ducks und Bonden könnten Ihnen ein Kleid aus Segeltuch anfertigen, aus der dünneren Sorte Nr. 8, die wir für Bram- und Royalsegel verwenden. Allerdings«, fuhr er nach einer Denkpause fort, »würde Segeltuch etwas zu leger wirken. Nicht feierlich genug.«

»Bestimmt nicht, Sir«, murmelte Miss Harvill.

»Ich besitze ein paar alte Hemden«, sagte Oakes, »die könnten wir zusammenstückeln.«

Jack runzelte die Stirn, holte Luft und rief mit Stentorstimme: »Killick! He da, Killick!«

»Sir?«

»Bring mir den Ballen roter Seide, den ich in Batavia gekauft habe.«

»Aber da müssen wir den ganzen Nachmittag kramen, mein Macker und ich«, raunzte Killick. »Außerdem brauchen wir zwei Leute zum Umstauen. Das is stundenlange harte Arbeit.«

»Unsinn«, erwiderte Jack. »Der Ballen liegt neben dem Lackschränkchen in meinem Vorratsraum, in blaue Serge und in Binsenmatten eingeschlagen. Das kostet dich keine zwei Minuten.«

Killick öffnete schon den Mund, um zu widersprechen. Aber dann schätzte er Kapitän Aubreys momentane Stimmung richtig ein und schloß ihn wieder, gab seinem abgrundtiefen Abscheu nur mit einem undeutlichen Grunzen Ausdruck und verschwand.

Jack wandte sich wieder an Miss Harvill. »Ich nehme doch an, daß Sie nähen können?«

»O weh, Sir, höchstens gerade Nähte und die nur mit großen Stichen. Das geht ganz langsam, für einen Meter brauche ich bestimmt den ganzen Nachmittag.«

»So wird das nichts. Das Kleid muß bis acht Glasen fertig sein. Mr. Oakes, Sie haben zwei junge Leute in Ihrer Abteilung, die ihre Hemden auffallend schmuck bestickt haben...«

»Willis und Hardy, Sir.«

»Richtig. Die können sich jeder einen Ärmel vornehmen. Jemmy Ducks braucht für den Rock höchstens eine halbe Stunde und Bonden soll den – soll das Oberteil nähen.« Eine Verlegenheitspause entstand, und um sie zu füllen, fragte Jack, der in Gegenwart von Frauen meist gehemmt war: »Sie finden das Wetter hoffentlich nicht zu heiß, Miss Harvill? Wenn sich ein Gewitter zusammenbraut, wird es meist sehr schwül.«

»O nein, Sir«, antwortete Miss Harvill mit mehr Lebhaftigkeit, als sie sich in ihrer Bescheidenheit bisher gestattet hatte. »Auf einem so wunderschönen Schiff wird es einem nie zu heiß.« Die Antwort klang idiotisch, aber der Wunsch zu gefallen wurde wohlwollend vermerkt. Und mit einem Kompliment an das Schiff ging man nie fehl.

Killick trat ein, so verkniffen vor Mißbilligung, daß er sich zu keiner Bemerkung überwinden konnte, außer: »Hab' die Matten abgenommen.«

»Danke, Killick«, sagte Jack und wickelte den Ballen aus seiner blauen Sergehülle. Die Seide trat zutage, schwere, kostbar schimmernde Seide von einem tiefen Rot, das in den schräg einfallenden Sonnenstrahlen zu glühen schien. »Mr. Oakes«, sagte er, »bringen Sie diesen Ballen Jemmy Ducks. Er ist einen Faden breit und vom Liek am Stoffende aus gemessen so lang, daß sich die junge Dame von Kopf bis Fuß darein hüllen kann. Setzen Sie Jemmy ins Bild und fragen Sie ihn, ob es noch bessere Schneider an Bord gibt. Falls ja, soll er mit ihrer Hilfe weitermachen: Wir wollen keine Minute vergeuden. Miss Harvill, ich habe hoffentlich das Vergnügen, Sie um acht Glasen wiederzusehen.« Er öffnete ihr die Tür, sie setzte zu einem Knicks an, begriff, wie absurd das wäre, und warf ihm statt dessen einen um Verzeihung heischenden Blick zu. »Ich kann Ihnen gar nicht genug danken, Sir«, stammelte sie. »Mein Gott, das ist die schönste, die allerschönste Seide, die ich in meinem ganzen Leben gesehen habe.«

Das Gespräch, so kurz es war, hatte Jack seltsamerweise angestrengt, deshalb setzte er sich mit einem Glas Madeira eine Weile auf die Heckbank und starrte hinaus. Durchs offene Oberlicht drangen die gewohnten Schiffsgeräusche herein: Davidge rief als Offizier der Wache nach einer stärker durchgesetzten Vorbrambulin; Dirty Edwards, der Steuermannsmaat am Kompaß, befahl dem Rudergänger: »Fall ein bißchen ab, Billy, dann taste dich wieder an den Wind und bleib da.« Und wieder Davidge:

»Ich weiß auch nicht, wo das hin soll, Mr. Bulkeley. Warten Sie damit, bis der Kommandant an Deck kommt.«

Jack trank den Wein aus, reckte sich und ging nach oben. Sowie er, in die grelle Sonne blinzelnd, an Deck erschien, sprach Davidge ihn an: »Sir, Mr. Bulkeley möchte wissen, wo er die Hochzeitsgirlande setzen soll.«

»Die Hochzeitsgirlande?« Jack blickte in die Kuhl hinab und in die emporgewandten Gesichter einiger Männer aus Mr. Oakes' Abteilung. Stumm hielten sie ihm die traditionelle Reifenkette entgegen, die mit Bändern und Tangzweigen geschmückt war. Tja, wohin damit? Wäre Oakes ein Matrose gewesen, hätte man sie an dem Mast hochgezogen, zu dessen Gang er gehörte. Hätte er das Schiff befehligt, wäre sie am Großbramstengestag vorgeheißt worden. Aber in diesem Fall? »Setzt sie am Topp der Vorbramstenge«, rief er hinunter und schlenderte nach achtern. Diese Girlande war nicht in der letzten halben Stunde entstanden; der Tang wirkte nicht mehr ganz frisch. Die vermaledeiten Strolche mußten gewußt haben, wie er reagieren würde – hatten seine Entscheidung vorausgesehen – hatten ihn abermals zum Narren gehalten. »Der Teufel hole sie alle«, murmelte er, nicht allzu wütend. »Ich muß so leicht zu durchschauen sein wie Glas.« Doch dann wurde er abgelenkt durch den Anblick Stephens, der Reade die außerordentlich schnelle und exakte Schrittfolge eines irischen Hochzeitstanzes vorführte. »Sehen Sie?« sagte er. »So tanzen wir das Paar in den Ehestand. Man muß dabei die Arme steif halten, und das Gesicht darf überhaupt kein Gefühl verraten. Schon gar nicht darf man dabei Juchzer ausstoßen, wie das manche irregeleiteten Völker tun. Das wäre ordinär. Aber da kommt der Kapitän persönlich: Er wird Ihnen erklären, warum es sich nicht ziemt, beim Tanz zu jauchzen.«

»Es ist doch wie verhext«, sagte Jack, nachdem Reade sich zurückgezogen hatte, »aber ich scheine dieses Schiff mit nichts überraschen zu können. Die Leute müssen die

Girlande schon seit unserem Auslaufen fertig gehabt haben, und nun finde ich dich hier vor, wie du dem jungen Reade den Hochzeitstanz zeigst, obwohl diese Heirat erst vor zehn Minuten arrangiert wurde. Wahrscheinlich werde ich nicht einmal Mr. Martin überraschen können, wenn ich ihn um die Trauung bitte. Er speist heute mit uns, wie du dich erinnern wirst.«

»Hoffentlich verspätet er sich nicht: Mein Magen knurrt schon erbärmlich. Obwohl das auch eine Wirkung des Schrecks sein kann. Du hast doch bestimmt bemerkt, daß uns ein Schiff verfolgt? Ein Schiff unter Dienstflagge?«

»Ich will's dir nachsehen, daß du einen Kutter als Schiff bezeichnest, aber erlaube mir, mich an dem Wort ›verfolgt‹ zu stoßen. Gewiß, er segelt auf ungefähr gleichem Kurs; und ebenso gewiß würde er uns wahrscheinlich gern sprechen. Aber er steuert höchstwahrscheinlich die Nordwestseite Norfolks an, eine Bucht in Lee der Insel, um irgendeinen offiziellen Auftrag zu erfüllen. Und obwohl er angeblich eine Dienstflagge führt, kann ich diese ungestraft ignorieren. Für eitles Geschwätz habe ich keine Zeit, und wir sind weit genug von ihm entfernt, daß es nicht nach absichtlicher Beleidigung aussieht, jedenfalls nicht nach kriegsgerichtlich relevanter Absicht. Und mit Sicherheit werden wir unseren Vorsprung bis zur Dunkelheit beibehalten.«

»Könnten wir ihn nicht aussegeln? Einfach davonlaufen?«

»Natürlich nicht, Stephen. Wie kommst du auf diese Idee? Beide Fahrzeuge machen etwa die gleiche Fahrt durchs Wasser, aber während wir als Squarerigger, als rahgetakeltes Schiff, nur bis sechs Strich an den Wind gehen können, schafft er fünf Strich, deshalb muß er uns schließlich überholen. Es sei denn, natürlich, wir gehen vor den Wind, was uns schnell aus seiner Reichweite bringen, aber auch wie eine kriminelle Flucht aussehen würde. Falls er morgen früh immer noch da ist – also nicht ins Lee von Norfolk ging – und das Wetter sich nicht drastisch verändert hat, dann werde ich beidrehen müssen. Anhalten müssen«, erläuterte er, um sich einem Menschen verständlich zu machen, der nach so vielen Jahren auf See einen Kutter immer noch als Schiff bezeichnete. »Aber bis dahin wird Oakes' Begleiterin eine verheiratete, freie Frau sein, wenn Martin sein Geschäft mit Bibel, Glocke und Kerzen erledigt hat.«

»Du würdest doch bestimmt nicht Padeen vergessen?« fragte Stephen leise.

»Nein.« Jack lächelte. »Das würde ich nicht. Auch haben wir keinen Judas an Bord, denke ich. Aber selbst wenn – dieser Kutterkommandant müßte schon sehr frech sein, um ihn an Bord meines Schiffes aufzuspüren.« Einige Minuten lang studierte er im Fernglas die fragliche *Eclair*. Sie wurde gut geführt und mochte tatsächlich etwas schneller sein als die *Surprise*, weil sie höher an den Wind gehen konnte. Auch war ihre Dienstflagge klar erkennbar, seit sie gewendet hatte. Aber bis Einbruch der Nacht konnte sie ihn keinesfalls einholen, und es war auch unwahrscheinlich, daß sie ihm an Norfolk vorbei auf den offenen Ozean folgen würde, selbst wenn sie ihn suchte. Er schob das Teleskop zusammen. »Weißt du«, sagte er, »es ist schon überraschend, welche Macht eine junge Frau ausübt, wenn sie nur ruhig und beherrscht dasitzt, bescheiden dreinsieht und höflich antwortet – nicht wie ein dummes Gänschen, Stephen, beileibe nicht – höflich, aber nicht unterwürfig. Als Mann kann man mit solch einem Mädchen nicht grob umgehen, wenn man kein ausgesprochener Barbar ist. Selbst Admiral Jarvey könnte da nicht grob werden.«

»Ich weiß schon lange, Bruderherz, daß dein Frauenhaß ein rein theoretischer ist.«

»Ja.« Jack wiegte den Kopf. »Es stimmt schon, ich mag Frauen, aber nur an ihrem richtigen Platz. Komm, Stephen, wir müssen uns umziehen. Tom und Martin werden in fünf Minuten hiersein.«

Und tatsächlich erschienen ein prächtig uniformierter Kapitän Pullings und Mr. Martin in seinem besten schwarzen Rock nach fünf Minuten in der Kajüte. Sogleich wurden ihnen appetitanregende Drinks angeboten (was zu dieser Tageszeit völlig überflüssig war), und mit dem Glockenschlag nahmen sie ihre Plätze ein. Im ersten Teil des Tischgesprächs bemühten sich die beiden Seeleute, den Medizinern zu erklären, schlüssig zu erklären, warum ein Fahrzeug, das bis fünf Strich an den Wind gehen konnte, ein anderes auf gleichem Kurs überholen mußte, das nur sechs Strich schaffte. Als der Hammelbraten, jetzt bloß noch ein Skelett, abgetragen wurde, schickte Jack in seiner Verzweiflung um Reade und wies ihn an, von Mr. Adams ein Stück Karton zu besorgen und daraus zwei gleichschenklige Dreiecke zu schneiden, das eine mit einem Scheitelwinkel von 135°, das andere mit 112° 30'.

Bis die Dreiecke gebracht wurden, war das Tischtuch entfernt, und Jack hätte auf der hochglanzpolierten Platte mit Portwein Linien gezogen, um Windrichtung und Kreuzschläge zu veranschaulichen, wäre Killick nicht dazwischengegangen und in den Verzweiflungsschrei ausgebrochen: »O nein, Sir, bitte nicht! Lassen Sie mich lieber weißes Takelgarn spannen!«

Das Garn wurde gespannt, und Jack erklärte: »Also, meine Herren, der Wind weht hier genau durch die Mitte, von des Doktors Weste zu meiner hin. Die beidseitigen Parallelen zeigen ungefähr an, wo die Fahrzeuge wenden müssen, wenn sie gegenan segeln, auf den Doktor zu. Jetzt lege ich das Dreieck des Sechsstrichers an die linke Linie, mit seiner Basis im rechten Winkel zur Windrichtung. Dann fahre ich damit seinen Kurs nach, den es dichtgeholt bis zur rechten Linie hält, wo er wenden muß. Diese Stelle markiere ich mit einem Zwiebackkrümel. Das gleiche wiederhole ich auf jedem Kreuzschlag, bis ich die sechste Wendeposition erreiche, die ich mit dieser toten Made markiere. Jetzt nehme ich mir das Fünf-Strich-Dreieck des Kutters vor und verfahre damit ebenso. Und wie Sie sehen, fällt schon der vierte Wendepunkt des Kutters fast exakt auf den sechsten der Fregatte. Die nach Luv gutgemachte Distanz entspricht vier Einheiten gegen drei zugunsten des schratgetakelten Fahrzeugs.«

»Das läßt sich nicht bestreiten.« Aufmerksam studierte Stephen die tote Made. »Aber mein Kopf ist überzeugter davon als mein Herz. Ein so herrlich anzusehender Vollrigger, der schon so viele überlegene Feinde ausgesegelt hat...«

»Wäre Ihnen eine trigonometrische Beweisführung lieber?« erkundigte sich Tom Pullings.

Stephen schüttelte den Kopf und zog die Made heimlich näher an seinen Teller heran. »Ich habe mal einen Blick in ein Buch über Trigonometrie geworfen«, gestand Martin. »Es hieß: *Einfache Anleitung zur Dreiecksberechnung, unerläßlich für Gebildete, Landvermesser und Marineoffiziere, adaptiert für den blutigen Anfänger.* Aber ich mußte davor kapitulieren. Manche Anfänger sind wohl noch blutiger, als sich der Autor offenbar vorstellen konnte.«

»Jedenfalls kapitulieren wir nicht vor diesem köstlichen Portwein«, sagte Stephen. »Auf Ihr Wohl, mein Herr.«

»Auf das Ihre.« Martin trank aus. »Der Wein ist wirklich köstlich. Trotzdem muß dies mein letztes Glas sein. Wie Sie wissen, habe ich in einer Stunde eine Trauung zu vollziehen, und dabei möchte ich mich nicht durch die Bibel stammeln und stottern müssen.«

Stephen, der niemals an anglikanischen Gottesdiensten teilnahm, außer an Beerdigungen, zog sich nach dem Essen ins Krankenrevier zurück, wo ihm Owen, der ehemalige Pelzhändler, über seine Reisen zum nordwestamerikanischen Festland und dessen Inseln berichtete, dann über die Sandwich-Inseln, besonders Hawaii, bis hin nach Kanton und anschließend heimwärts, entweder über Kap

Hoorn oder das Kap der Stürme, vielleicht mit einem Stopp bei Mas Afuera für Seehundfelle. Er erzählte auch von anderen Südseegebieten, die er bereist hatte, besonders von der Osterinsel, die Stephen mehr interessierte als der Rest, vor allem wegen der mächtigen Steinfiguren auf ihren exakt behauenen Sockeln, errichtet von einem verschollenen Volk, das auf Holztafeln unlesbare Zeugnisse hinterlassen hatte, verfaßt in rätselhafter Schrift und unbekannter Sprache. Owen war ein intelligenter, klarsichtiger Mann, der sein Vergnügen darin fand, Dimensionen zu messen und Entfernungen abzuschreiten, und der sich, obwohl fast sechzig Jahre alt, eines guten Gedächtnisses rühmen konnte. Er sprach immer noch, wenn auch inzwischen ziemlich heiser, und Stephen stellte immer noch seine Fragen, als Martin zu ihnen herunterkam, für die abendliche Arzneiausgabe und die Verbandswechsel. »Wie gern würde ich die Osterinsel kennenlernen«, gestand ihm Stephen. »Owen hier hat mir viel darüber erzählt. Wissen Sie noch, wie weit sie entfernt ist?«

»Ich glaube, der Kapitän sprach von fünftausend Meilen. Aber ehrlich gesagt, die Flasche kreiste nach der Trauung so viele Male, daß Sie sich da nicht auf mich verlassen sollten, ha, ha, ha.«

Ihr Assistent Padeen war natürlich ebenfalls zugegen. Seit der Kutter gesichtet worden war, quälten ihn jämmerliche Angstzustände, und als sie sich jetzt in die Medikamentenkammer begaben, beugte er sich zu Stephens Ohr hinab und flüsterte: »Um Gottes willen, Euer Ehren, Sie werden mich doch nicht vergessen? Ich flehe Sie an ...«

»Auf keinen Fall, ich schwör's dir. Und auch der Kapitän hat mir sein Wort darauf gegeben«, antwortete Stephen leise und fragte Martin in normaler Lautstärke: »Wie war die Trauung? Ist hoffentlich alles gutgegangen?«

»O ja, vielen Dank. Abgesehen davon, daß wir alle schwankten und zweimal fast umgefallen wären, hätte es auch eine ganz gewöhnliche Trauung in einem Privatsalon sein können. Der Kapitän war ein sehr korrekter Brautführer; der Waffenschmied hat aus einer Guinee einen Ring für sie angefertigt; alle Offiziere waren zugegen, und die Eheschließung wurde ins Logbuch eingetragen und unterzeichnet. Zuerst erschrak ich etwas, weil die Braut in einem scharlachroten Kleid erschien, aber als ich ihr nach der Zeremonie gratulierte, hat sie sich ganz züchtig bedankt.«

»Hatten Sie sie denn noch nie gesehen?«

»Doch, natürlich. Ich habe sie zuvor aufgesucht, um mit ihr über die Bedeutung der Zeremonie zu sprechen und mich zu vergewissern, daß sie alles versteht – ich hatte sie für eine primitive Frau gehalten, für eine Analphabetin vielleicht. Da trug sie immer noch die Kleidung, in der sie an Bord gekommen war. Ich muß schon sagen, so gut sie als Braut auch aussah, in ihrer Kadettenuniform hat sie mir besser gefallen. Ihre schmächtige, aber nicht reizlose Figur hat bei mir wenn schon keine Nachsicht für die Knabenliebe, so doch ein besseres Verständnis dafür geweckt.«

Stephen war überrascht. Er hatte noch nie erlebt, daß sich Martin so ungehemmt, ja fast zügellos ausdrückte. Vielleicht hatte in ihm inzwischen der Mediziner die Oberhand über den Geistlichen gewonnen. Und vielleicht, überlegte Stephen, während sie ihre Pillen drehten und Padeen die Bandagen aufrollte, war dies auch eine der Wirkungen, die eine Frau auf eine zölibatäre Männergesellschaft ausübte. Er war kein Chemiker, hatte aber einige davon in seinem Bekanntenkreis und einmal mit angesehen, wie ein schwedischer Wissenschaftler einen einzigen Tropfen als Reagens in eine bisher ungetrübte, stille Flüssigkeit fallen ließ, die sofort aufschäumte, sich zersetzte und in feuerroten Partikeln ausflockte.

»Kommen Sie«, sagte Martin, »wir dürfen uns nicht verspäten. Im Vorschiff zeichnen sich große Ereignisse ab: Es gibt Sketches und Tänze nach den alten Volksweisen, etwa *Der verrückte Hahnrei* oder *Ein alter Mann ist im Bett ein Haufen Knochen*. Danach haben wir oft getanzt, als ich noch zur Schule ging.«

»Was könnte auch passender sein?« fragte Stephen.

Die *Surprise* war schon immer ein tanz- und sangesfreudiges Schiff gewesen, aber noch nie in einem solchen Ausmaß wie an diesem Abend, als die Menge auf dem Vordeck die Reihen der Volkstänzer beklatschte, die – trotz des Schwells perfekt im Takt – vorrückten, wieder zurückwichen und ihre Sprünge vollführten, während die Fiedeln, Hörner, Maultrommeln und Pfeifen fast ohne Pause dazu aufspielten. Daneben tanzten mehrere zugleich den Hornpipe oder den Jig, angefeuert von ihren jeweiligen Abteilungen; und die Orkneyleute führten zu rhythmischem Geheul ihre seltsamen Verrenkungen aus.

»Sie haben ihren Spaß, Sir«, stellte Pullings fest.

»Laßt sie die Feste feiern, wie sie fallen«, sagte Jack. »Der alte Lampion da oben ist am Erlöschen. Sie werden eine Dusche abbekommen, noch ehe die Wache wechselt.« Alle blickten durch die Wolken der Segel zum Himmel auf, der sich bezogen hatte und weder Mond- noch Sternenlicht mehr durchließ. »Aber mir soll's recht sein. Dieser verdammte Kutter wird gleich ein zweites Blaulicht hochschießen, bloß daß wir's auch diesmal nicht erkennen werden.«

Und tatsächlich stiegen auf dem frenetischen Höhepunkt des letzten Hornpipe weit achteraus zwei schwache blaue Lichter in die Höhe; doch das dritte, welches das Signal erst komplettiert hätte, war anscheinend auch beim besten Willen nicht zu erkennen.

»Jedenfalls«, sagte Jack, »lassen wir um acht Glasen alles Tuch stehen. Der Bursche dort hinten wird bestimmt für die Nacht Segel kürzen, schließlich hetzt er ja nicht hinter einer dicken fetten Prise her. Zwei geflohene Sträflinge ohne ausgesetztes Kopfgeld sind wahrlich keine lohnende Beute.«

»Vielleicht hat er's auf eine Beförderung abgesehen, Sir.«

»Kann sein. Aber zwei unbedeutende Flüchtlinge zu schnappen würde ihm keinen Lorbeer einbringen. Wenn er jedoch so weiterprescht, Bruch macht und unter Juryrigg heimhinken muß, dann bekommt er angesichts der Materialverknappung in Sydney ein paar gallenbittere Worte zu hören. Nein. Unter Bram- und Royalsegeln werden wir ihm nachts so weit davonlaufen, daß ihn nicht mal die Aussicht auf Beförderung zu uns aufschließen läßt. Wie dem auch sei, ich bin sicher, daß er binnen einer Stunde abfallen und die Nordseite der Insel ansteuern wird.« Jack hielt inne, schnüffelte in den Wind und summierte im Geiste all die vielen starken Belastungen, die auf sein Schiff einwirkten. »Trotzdem, bei soviel Tuch oben und einem aufziehenden Unwetter ...«, ein greller Doppelblitz erschreckte die Tänzer, und ein erster warmer Regenschauer verstimmte die Saiten der Fiedeln, »... wär's mir lieber, wenn Sie die Mittelwache übernehmen würden«, schloß er.

In der Beurteilung einer Lage auf See ging Kapitän Aubrey nur selten fehl, aber diesmal hatte er sich geirrt. In der ersten Morgendämmerung schreckte ihn der Knall einer fernen Kanone aus dem Schlaf, und im nächsten Augenblick baute sich Reade im Zwielicht vor seiner Koje auf. »Empfehlung von Kapitän Pullings, Sir«, meldete er, »und der Kutter steht eine halbe Meile an Steuerbord querab. Er hat ein Signal gehißt und einen Schuß nach Lee abgefeuert. Und er setzt ein Boot aus.«

»Was besagt das Signal?«

»Wir können es bei dem schwachen Licht nicht ganz lesen, glauben aber, die Worte *Gouverneur* und *Depeschen* entziffert zu haben.« An Deck sagte ein ziemlich zerknirschter Pullings: »Tut mir leid, Sir, Sie so bald wieder wecken zu müssen, aber da haben wir den Salat: Er hat genausowenig Segel gekürzt wie wir und muß unser Kielwasser gegen vier Glasen gekreuzt haben.«

»Da kann man nichts machen. Bereiten Sie sich darauf vor, den Besuch möglichst höflich zu empfangen. Bemannen Sie die Pforte und klarieren Sie das Deck. Ich muß Uniform anlegen. Und Sie, Mr. Reade, ziehen diese drekkige Hose aus. Die da drüben laden anscheinend eine Unmenge Pakete über die Reling.«

Unten scheuchte er Stephen Maturin auf. »Wenn du willst, kannst du mich jetzt einen Puddingschädel schimpfen, aber dieser Kutter liegt auf gleicher Höhe, und ich muß seinen Kommandanten empfangen. Ich werde ihn zum Frühstück einladen. Falls du dazukommen willst, dann vergiß bitte nicht, dich zu rasieren. Zieh ein frisches Hemd und deinen guten Rock an und setz deine Perücke auf. Killick bringt dir heißes Wasser.« Anschließend brüllte er nach seinem Steward. »Meine Uniform! Und der Koch soll ein den Gästen zumutbares Frühstück richten und darauf gefaßt sein, daß sie bis zum Mittagessen bleiben. Dann ruf mir Bonden.« Als dieser erschien, wies er ihn leise an: »Padeen soll sich verstecken.« Beide, Jack ebenso wie sein Bootssteurer, besaßen viel Erfahrung darin, aus Handelsschiffen Leute zu pressen, und kannten die raffiniertesten Verstecke. Deshalb waren sie zuversichtlich, daß niemand – es sei denn, man hätte ihm gestattet, das Schiff mit Schwefeldämpfen auszuräuchern – Padeen auf der *Surprise* aufspüren würde.

Das fremde Boot kam nur langsam näher, denn bei den vielen Paketen an Bord bemühte man sich, so trocken wie möglich zu rudern. Doch schließlich betrat ein Leutnant, gefolgt von einem Kadetten, unter dem Zwitschern der Bootsmannspfeifen das Deck der *Surprise*. Er salutierte zum Achterdeck hin, wo man seinen Gruß erwiderte, und schritt, den Hut unterm Arm und ein in Wachstuch eingeschlagenes Päckchen in der Linken, auf den Kommandanten zu. »Kapitän Aubrey, Sir?« fragte er. »Ich bin M'Mullen, Kommandant der *Eclair*, und fühle mich geehrt, Ihnen auf Befehl Seiner Exzellenz dies hier persönlich aushändigen zu dürfen.«

»Danke, Mr. M'Mullen.« Gebührend gravitätisch nahm Jack das offizielle Päckchen entgegen und schüttelte M'Mullen die Hand.

»Außerdem, Sir, bringe ich eine Menge Post für die *Surprise*. Sie kam mit zwei dicht aufeinanderfolgenden Schiffen an, kurz nachdem Sie ausgelaufen waren.«

»Das wird meine Leute bestimmt sehr freuen. Mr. West, bitte lassen Sie die Postsäcke an Bord schaffen. Sie werden doch hoffentlich mit mir frühstücken, Sir?«

»Mit dem größten Vergnügen, Sir.« Das junge runde Gesicht M'Mullens, bisher so feierlich und offiziell, strahlte mit einemmal wie die Sonne.

»Und, Mr. West«, ergänzte Jack mit einem Blick zu *Eclairs* langbeinigem Kadetten an der Pforte, »ich verlasse mich darauf, daß die Offiziersmesse den jungen Herrn bewirtet und daß die Bootscrew anständig versorgt wird.«

In der Kajüte blickte sich M'Mullen höchst aufmerksam um und schüttelte Stephen nach der Vorstellung lang und kräftig die Hand. Während des Frühstücks gestand er: »Ich habe mir schon immer gewünscht, einmal an Bord der *Surprise* zu sein und ihren Arzt kennenzulernen, denn mein Vater John M'Mullen hatte diesen Posten im Jahr '99 inne.«

»Im Jahr der *Hermione*?«

»Jawohl, Sir. Und er hat mir so viele Einzelheiten erzählt, daß ich mich an Troja erinnert fühlte und die Männer und Schauplätze für mich etwas Heroisches bekamen.«

»Mr. M'Mullen wird mich korrigieren, falls ich irre«, sagte Stephen. »Aber ich erinnere mich nicht, in der Ilias von derart konzentriertem Heldenmut gelesen zu haben.

Schließlich hatten die Griechen zehn Jahre Zeit, um ihre Taten zu vollbringen, der *Surprise* jedoch blieben 1799 nicht einmal zehn Stunden.«

»Ich wäre der letzte, der Dr. Maturin widerlegen könnte«, versicherte M'Mullen. »Denn er spricht mir damit nicht nur aus der Seele, sondern mein Vater hat auch immer mit dem größten Respekt von ihm berichtet. Wie er sagte, Sir, hält er Ihr Buch *Über die Krankheiten der Seeleute* für das erhellendste, tiefgreifendste Werk zu diesem Thema, das er jemals gelesen hat.«

»Damit schmeichelt er mir unverdientermaßen. Darf ich Ihnen eine Scheibe Schinken vorlegen und dieses appetitlich gebratene, doppeldottrige Ei?«

»Sehr freundlich, Sir, danke.« M'Mullen hielt ihm seinen Teller hin. Als er ihn geleert hatte, wandte er sich an Jack. »Kapitän Aubrey«, begann er, »darf ich Sie um einen Gefallen bitten? Ich habe vor, in einer halben Stunde wieder Richtung Festland aufzubrechen. Wenn ich die restlichen Minuten mit einem Rundgang durch Ihr Schiff verbringen dürfte, geführt von einem Ihrer Offiziersanwärter, wenn ich mir die Takelage, die Gefechtsstationen und vor allem – um meinem Vater eine Freude zu machen – das Lazarett ansehen dürfte, wäre ich der glücklichste Mann der Welt.«

»Aber bleiben Sie denn nicht zum Mittagessen?« rief Jack.

»Sir, ich bedaure unendlich, denn nichts wäre mir eine größere Freude«, antwortete M'Mullen. »Aber ich bin nicht Herr meiner Zeit.«

»Na ja, dann...« Jack hob die Stimme. »Killick! Heda, Killick«, rief er laut.

»Wo ich doch direkt hinter Ihnen stehe«, raunzte Killick in seinem Rücken.

»Dann ruf mir Mr. Oakes«, befahl Jack mit bedeutsamem Blick, der besagte: »Und er soll sich anständig anziehen, damit er dem Schiff keine Schande macht.«

Sowie Mr. M'Mullen mit Oakes die Kajüte verlassen hatte, erschien Tom Pullings. »Sir, die Besatzung liegt mir in den Ohren«, sagte er. »Ich soll Sie dringend bitten, die Post zu verteilen.«

»Dazu muß mich niemand drängen, Tom«, sagte Jack und eilte hinaus aufs Halbdeck, wo ihn ein überraschend großer Haufen Säcke und Pakete erwartete. Enttäuscht erkannte er, daß ein Großteil davon aus Gerichtspapieren in amtlich versiegelten und verschnürten Kassetten bestand. Er packte sie auf die Seite und wandte sich den willkommeneren Postsäcken zu. Nachdem er deren Siegel aufgebrochen hatte, kippte er ihren Inhalt auf den breiten Wandschrank unter den Heckfenstern und durchwühlte ihn nach Umschlägen mit Sophies vertrauter Handschrift. »Mr. Adams«, sagte er dabei, »bitte sortieren Sie den Rest. Die Post für die Crew soll sofort nach vorn gebracht werden.«

Seinen eigenen kleinen Stapel Post und die amtlichen Papiere nahm er mit sich in seinen Schlafraum. Dort öffnete er aus Pflichtbewußtsein zuerst M'Mullens in Wachspapier eingeschlagenen Umschlag. Wie erwartet enthielt er drei dicke Admiralitätssendungen für Stephen, zusammen mit einem an den Kommandanten gerichteten Begleitbrief des Gouverneurs – zweifellos voller Höflichkeitsfloskeln. Auch sie legte er beiseite und nahm sich seine Privatbriefe vor. Die gute Sophie hatte endlich gelernt, ihre Umschläge zu numerieren, so daß er sie in der richtigen Reihenfolge lesen konnte. Das tat er denn auch mit einem glücklichen Lächeln auf den Lippen, im Geist zehntausend Meilen weit weg: So verfolgte er die Fortschritte, die sein Sohn unter Reverend Beales in Latein machte und im Reiten unter seiner Kusine Diana (diesem weiblichen Zentaur), ebenso die Fortschritte seiner Töchter in Geschichte, Geographie und Französisch unter Miss O'Mara sowie in Tanz, Zeichnen und gutem Benehmen im Institut einer gewissen Mrs. Hawker in Portsmouth – Fortschritte, die alle drei mehr oder weniger begeistert in ihrer eigenen Handschrift kommentierten, was zumindest bewies, daß sie sich schriftlich halbwegs ausdrücken konnten.

Doch Jacks Lächeln erlosch abrupt, als er zu einer Nachschrift Sophies kam, die ihre Kusine Diana betraf, Stephens Frau. Sophie war es schon immer schwergefallen, über jemanden etwas Abträgliches zu sagen, und bei ihrer Kusine umschrieb sie alles Nachteilige so umständlich, relativierte und entschärfte jede Kritik so lange, bis ihr Sinn fast ganz verlorenging. Jack merkte, daß etwas nicht stimmte, erfaßte die Bedeutung jedoch auch beim zweiten Durchlesen nicht und fand für ein drittes Mal keine Zeit, denn Oakes erschien, um zu melden: »Entschuldigen Sie bitte die Störung, Sir, aber Mr. M'Mullen wünscht von Bord zu gehen.«

»Danke, Mr. Oakes. Sagen Sie dem Bootsmann Bescheid.« Jack stieg an Deck und fand M'Mullen aufbruchbereit an der Pforte, während seine *Eclair* in Pistolenschußweite beigedreht lag.

»Ich danke Ihnen von ganzem Herzen«, sagte der junge Kapitänleutnant, »und gratuliere Ihnen zum schönsten Schiff sechster Klasse, das ich jemals gesehen habe; schöner noch, als mein Vater es mir beschrieben hat.«

Sie trennten sich wie gute Freunde. Der Kutter ging vor den Wind und breitete seine Schwingen aus. Als sie ihn das letzte Mal sahen, setzte er gerade die Leesegel der Royals und preschte davon, wahrscheinlich einer jungen Frau entgegen, die in Sydney wartete. Aber lange davor war Jack wieder in die Achterkajüte zurückgekehrt, gefolgt von allen Offizieren, denen er endlich ihre Post aushändigte. Danach erklärte er: »Meine Herren, obwohl uns Mr. Oakes wahrscheinlich im nächsten passenden Hafen Südamerikas verlassen wird, weil die *Surprise* keine Ehefrauen befördert, bleibt er bis dahin doch ein Offiziersanwärter und ist von allen Leuten mit jenem Respekt zu behandeln, der einem Mitglied der Schiffsführung gebührt. Das gleiche gilt natürlich auch für Mrs. Oakes. Ich habe vor, beide heute zum Essen einzuladen, und würde mich über Ihre Teilnahme sehr freuen.«

Alle verbeugten sich, erklärten sich hocherfreut einverstanden und eilten davon, um ihre Post zu lesen. Jack gab Stephen die umfangreiche Sendung der Admiralität, verschwand wieder in seinem Schlafraum und wollte innerlich schon nach Ashgrove Cottage und dem Problem Diana zurückkehren, als ihm auffiel, daß der an *Kapitän Aubrey, Royal Navy, MP, FRS, etc, etc* adressierte Begleitbrief des Gouverneurs dicker war als üblich.

Ja, in der Tat. Er enthielt neue Befehle, streng offiziell und direkt. Und wie die meisten Befehle ließen sie die Tür sozusagen einen Spaltbreit offen, damit der Mann, der sie auszuführen hatte, im Fall eines Mißerfolgs dafür belangt werden konnte, daß er diesen Spalt entweder geöffnet oder ganz geschlossen hatte.

Auf Moahu, einer Insel im Süden der Sandwichgruppe, hatte es Ärger gegeben. Britische Schiffe waren festgehalten und britische Seeleute mißhandelt worden. Anscheinend bekriegten sich die Königin, die den südlichen Teil Moahus beherrschte, und ihr Rivale aus dem Norden. Kapitän Aubrey sollte auf dem schnellsten Weg nach Moahu segeln und geeignete Maßnahmen ergreifen, um die britischen Schiffe und ihre Besatzungen zu befreien. Die beiden Kriegsparteien schienen gleich stark zu sein, doch das Eintreffen eines neuen Schiffes Seiner Majestät würde zweifellos das Patt aufheben. Nach reiflicher Abwägung sollte Kapitän Aubrey entscheiden, welche der beiden Seiten eher dazu bereit war, die britische Souveränität anzuerkennen und einen dort stationierten Berater samt angemessener Schutztruppe zu akzeptieren; dann sollte er seinen Einfluß zugunsten dieser Partei geltend machen. Zu wünschen sei, daß die britische Regierung es nur mit einem einzigen örtlichen Herrscher zu tun bekäme.

Obwohl unnötiges Blutvergießen zu vermeiden sei,

sollte Kapitän Aubrey auch energischere Schritte in Betracht ziehen, falls mit moralischem Druck keine Einigung erzielt wurde. Denn auch Moahu war natürlich britisches Hoheitsgebiet, seit Kapitän Cook den Archipel 1779 in Besitz genommen hatte. Und Kapitän Aubrey müsse sich unbedingt der Bedeutung bewußt sein, die das Eiland als Basis für den Pelzhandel zwischen Nordwestamerika und Kanton einerseits und für den potentiell noch viel wichtigeren Handelsverkehr mit Korea und Japan andererseits besaß. Ebenso habe er die Vorzüge zu betonen, von denen die Bewohner unter britischem Schutz profitieren würden: geordnete Verwaltung, Befreiung von blindem Aberglauben und barbarischen Sitten, medizinische Versorgung, Volksbildung, Missionsstationen, ein Aufblühen des Handels ... Jack überflog die letzten Zeilen nur, bemerkte aber doch, daß sie hastig geschrieben waren und daß der Satz: *Der Zweck heiligt die Mittel* zwar nachträglich verworfen, aber nur flüchtig durchgestrichen worden war, weil die Zeit offenbar nicht für eine Neuschrift gereicht hatte. So verlieh das Gekritzel den letzten Worten etwas Gespenstisches.

Also nach Moahu. Jack kehrte an den Tisch in seiner Tageskajüte zurück und studierte die Seekarte. Danach ging er aufs Achterdeck hinaus und sagte: »Mr. Davidge, wir ändern den Kurs auf Nordnordost. Lassen Sie Spriet- und Toppsegel setzen, dazu die üblichen Stagsegel.«

Die Gäste – es waren nur sieben – versammelten sich im Vorraum der Achterkajüte, wo Stephen normalerweise schlief, falls er dazu nicht seine winzige Kammer vorzog, die von der Offiziersmesse abging und ihm als ständiger Arbeitsraum diente, in einem Vorraum, der nun gewienert und geschrubbt war, und als Stephen selbst erschien, sagte Martin zu ihm: »Es tut mir so leid, daß wir nicht die Osterinsel anlaufen.«

»Mir auch«, antwortete Stephen. »Ich war zutiefst enttäuscht, als mir der Kommandant das eröffnete, aber inzwischen halte ich es lediglich für einen weiteren Rückschlag in einem grundsätzlich miserablen Leben. Und ich tröste mich damit, daß die Vogelwelt auf diesen neuen Inseln noch kaum erforscht ist. Wie ich höre, liegt Moahu nicht weit von Hawaii entfernt, von dem man weiß, daß dort eine ungeheure Vielfalt von Kolibris beheimatet ist und sogar ein Wasserhuhn mit roter Stirn.«

»Richtig. Und in Kürze wird Ihnen ein weiterer Trost zuteil: Sie werden Mrs. Oakes in dieser sensationellen scharlachroten Robe sehen, von der ich Ihnen erzählte.«

Die Tür ging auf, aber keine scharlachrote Robe erschien. Die blaue Serge, die Jacks Seidenballen geschützt hatte, war mit Gott weiß wieviel Talent und Mühe in ein Kleid verwandelt worden, das dank eines schwarzen Barcelonatuchs, wie es die Matrosen beim Landgang trugen, als Fichu sehr proper aussah. Jack trat vor, um Mrs. Oakes und ihren Mann zu begrüßen, und führte sie, gefolgt von den anderen, in die große Achterkajüte. Sie wirkte noch prächtiger als sonst, denn die lange weiße Tafel, für acht gedeckt, funkelte vor Silber, und das vom Kielwasser und von der See gespiegelte Sonnenlicht füllte den luftigen Raum mit tanzenden Reflexen, strömte in breiten Bahnen durch die kristallklare Batterie der Heckfenster und verwandelte die Kajüte in den festlichsten Raum der Welt. Clarissa Oakes blickte sich mit sichtlichem Wohlgefallen um, sagte aber kein Wort, während der Kommandant sie zu seiner Rechten plazierte und die restlichen Stühle sich zu füllen begannen: Davidge saß ihr gegenüber und Reade rechts von ihr, mit Martin als seinem Gegenüber. Tom Pullings nahm natürlich an der unteren Schmalseite Platz und hatte Oakes zu seiner Rechten sowie Stephen zu seiner Linken. Bedient wurden sie von einigen wenigen Matrosen, denn es gab keine rot uniformierten Seesoldaten, nur Killick hinter Jacks Stuhl, Padeen hinter Stephens und je einen jungen

Toppgast für Pullings und Davidge. Aber die ganze Szene strahlte eine maritime Grandeur aus, bei der die beiden Zwölfpfünder auf jeder Seite überhaupt nicht aus dem Rahmen fielen.

»Heute morgen, Madam, hatten wir einen angenehmen Besuch«, eröffnete Jack das Gespräch, während er die Suppe austeilte. »Und zwar den Kommandanten der *Eclair*. Er war ungewöhnlich erpicht darauf, das Schiff zu besichtigen, denn sein Vater hatte im Jahr '99 an Bord gedient, im Jahr ihres berühmten Gefechts bei Puerto Cabello. Na ja, ich nenne es berühmt – ein wenig Sherry, Madam? Es ist ein unschuldiger kleiner Tropfen –, weil es in der Marine großes Aufsehen erregte. Aber ich glaube nicht, daß Sie an Land von Puerto Cabello oder der *Hermione* gehört haben, wie?«

»Wahrscheinlich nicht, Sir, obwohl mich Seegefechte immer fasziniert haben, schon seit meiner Kindheit. Ach bitte, erzählen Sie mir doch von Puerto Cabello. Ein Bericht aus erster Hand wäre für mich von höchstem Interesse.«

»Leider war ich nicht selbst dabei, was ich sehr bedaure. Zwar fuhr ich einst als Kadett auf der *Surprise*, aber das war einige Jahre davor. Trotzdem kann ich Ihnen eine Zusammenfassung geben. Mr. Martin, bitte bedienen Sie sich, und reichen Sie die Flasche dann weiter, Sir. Also, die *Hermione* war in die Hände der Spanier gefallen, die zu der Zeit als Verbündete Frankreichs unsere Feinde waren. Ich will nicht darauf eingehen, wie sie erobert wurde, denn das gehört nicht zur Sache. Aber da lag sie nun in Puerto Cabello, einem Hafen auf dem südamerikanischen Festland, vermurt an Bug und Heck und zwischen zwei starken Festungsbatterien, die den Hafeneingang bewachten, die Rahen vierkant, die Segel angeschlagen, alles klar zum Auslaufen.

Kapitän Hamilton – *Edward* Hamilton, nicht sein Bruder Charles –, der damals die *Surprise* befehligte, führte sie hinein, um einen Blick auf die *Hermione* zu werfen. Sie war eine Fregatte von zweiunddreißig Kanonen, mit dreihundertfünfundsechzig Mann Besatzung. Die *Surprise* hatte nur achtundzwanzig Kanonen und hundertsiebenundneunzig Mann, Schiffsjungen mit eingerechnet. Trotzdem beschloß er, sie herauszuhauen, und seine Leute stimmten zu. In seinen sechs Booten hatte er nur Platz für hundertdrei Mann, deshalb arbeitete er einen sehr sorgfältigen Angriffsplan aus und erklärte ihn der Besatzung, so genau er konnte. Etwa eine Stunde nach Sonnenuntergang brachen sie auf – alle in Dunkelblau, nirgends ein Fetzchen Weiß –, und zwar in zwei Abteilungen: Der Kommandant mit dem Stückmeister in der Pinasse, dazu ein Kadett und sechzehn Matrosen; dann die Barkasse mit dem Ersten Offizier – wer war damals Erster auf der *Surprise*, Kapitän Pullings?«

»Frederick Wilson, Sir. Und der Kadett war Robin Clerk, jetzt Segelmeister auf der *Arethusa*.«

»Aye. Und dann hatten sie noch die Jolle mit dem zweiten Kadetten, dem Zimmermann und acht Leuten. Die zweite Abteilung bestand aus der Gig, befehligt vom Bordarzt, dem Vater unseres Freundes M'Mullen, und bemannt mit sechzehn Leuten … Aber ich will nicht zu ausführlich werden. Jedenfalls sechs Boote im ganzen, die zwei Kutter mit eingeschlossen. So zogen sie dahin, von der *Surprise* geschleppt, und jedes Boot hatte seine spezielle Aufgabe. Die Leute aus der Jolle zum Beispiel sollten die *Hermione* über das Steuerbord-Achterschiff entern, die Muringtrosse kappen und zwei Mann in den Besanmast schicken, um das Segel zu setzen. Es war eine dunkle Nacht mit glatter See und ablandiger Brise, und alles lief gut, bis sie auf eine Meile heran waren. Da wurden sie von zwei spanischen Wachbooten entdeckt, die ihre Runden um die *Hermione* zogen. ›Zur Hölle mit ihnen!‹ sagte Hamilton, kappte die Schlepptrosse, rief dreimal hurra und preschte direkt auf die Fregatte zu, im Vertrauen darauf, daß der Rest ihm folgen würde. Aber einige waren so versessen darauf, den Spaniern eins überzubraten, daß sie die beiden Wachboote angriffen. Deshalb war Kapitän Hamilton mit seiner Bootscrew fast allein, als sie über den Steuerbordbug enterten und das Vorschiff freiräumten. Unter ihren Füßen war ein Riesenkrawall zugange, und sie stellten zu ihrem Erstaunen fest, daß die Spanier unten auf Gefechtsstationen waren und mit ihren großen Kanonen auf einen imaginären Feind feuerten, der noch gar nicht eingetroffen war. Also drangen die Surprises auf dem Seitendeck bis zum Achterschiff vor, wo sie allerdings auf heftigen Widerstand stießen. Inzwischen aber waren auch der Doktor und die Crew der Gig über den Backbordbug an Bord geklettert, nahmen sich die Spanier auf ihrem Seitendeck vor und massakrierten sie fürchterlich. Doch der auf dem Achterdeck isolierte Hamilton wurde niedergeschlagen. Zum Glück stürzten einige Surprises nach achtern, retteten ihn, und im nächsten Augenblick quollen die Seesoldaten übers Backbord-Seitendeck, nahmen Aufstellung, feuerten eine Salve in den achteren Niedergang und gingen danach mit aufgepflanzten Bajonetten gegen die Spanier vor.

Aber es war immer noch eine Menge davon an Bord, und die Sache stand auf Messers Schneide, bis die Surprises endlich die Bugtrosse kappen und das Fockbramsegel setzen konnten, worauf die *Hermione* im Schlepp der restlichen Boote auf See hinaushielt. Natürlich feuerten die Landbatterien auf sie, solange sie in Reichweite war, aber sie schossen ihr nur die Gaffel und einiges im Rigg weg. Und gegen zwei Uhr morgens waren sie außerhalb ihrer Reichweite und hatten alle Gefangenen an Bord eingesperrt. Bei diesem Gefecht gab es auf der *Surprise* nur zwölf Verwundete und keine Toten, obwohl der arme Stückmeister – ich kannte ihn gut –, der die *Hermione* aus dem Hafen steuerte, schrecklich zugerichtet wurde. Von den dreihundertfünfundsechzig Spaniern wurden hundertneunzehn getötet und siebenundneunzig verwundet. Kapitän Hamilton wurde danach geadelt und der *Surprise* ein dritter Leutnant zugestanden, was irregulär war, aber eine gebräuchliche Vergünstigung.«

»Mein Gott, Sir, welch ein grandioser Sieg!« rief Mrs. Oakes und klatschte in die Hände.

»Ganz recht, Madam«, sagte Jack. »Gestatten Sie, daß ich Ihnen noch eine Scheibe Schweinskopfsülze vorlege? Mr. Martin, die Flasche steht vor Ihnen. Doch in gewisser Weise ist ein laufendes Gefecht, zum Beispiel bei rauher See und unter Vollzeug den Kanal hinunter, mit einer Leeküste in Schußweite, gegen einen gleich starken Feind, der das pausenlose Feuer aus allen Rohren erwidert, sogar noch grandioser. Mr. Davidge, würden Sie uns vielleicht von der *Amethist* und der *Thetis* erzählen, die im Jahr acht solch ein Gefecht austrugen? Herrgott, war das grandios!«

»O ja, bitte, Mr. Davidge«, flehte Mrs. Oakes. »Nichts würde ich lieber hören.«

Jack prostete ihm zu. »Ein Glas Wein mit Ihnen, Mr. Davidge, während Sie sich sammeln«, sagte er und schenkte gleichzeitig Mrs. Oakes nach.

»Also gut, Madam.« Davidge wischte sich den Mund ab. »Im Herbst jenes Jahres standen wir dicht vor der bretonischen Küste, bei Wind aus Ostnordost und unter Bramsegeln, als wir spätabends ein Schiff sichteten – eine schwere Fregatte, wie sich herausstellte –, das sich aus Lorient geschlichen hatte und jetzt Kurs Südwest hielt. Sofort wendeten wir und machten uns an die Verfolgung...«

So folgte eine Erzählung der anderen, jede ausgeschmückt mit Details, Namen und den Erinnerungen der Offiziere am Tisch, ein lebhaft dahinströmendes Gespräch, das jedoch niemals vom zentralen Thema abwich. Und Jack füllte nach alter maritimer Tradition stets von neuem die Gläser. Als er Pullings über die ganze Länge der Tafel hin fragte, wer das gewesen sei, der den Franzosen seinerzeit die *Eclair* abgenommen hatte, wandte sich Mrs. Oakes dezent an ihren Nachbarn und fragte leise: »Mr. Reade, meine Unwissenheit ist beklagenswert, aber ich habe noch nie mit der Royal Navy diniert. Deshalb weiß ich nicht, ob sich die Damen auch bei Ihnen irgendwann zurückziehen.«

»Das tun sie wohl, Madam«, flüsterte Reade mit einem Lächeln, »aber erst nach dem Toast auf unseren König. Und wie Sie vielleicht wissen, trinken wir im Sitzen auf sein Wohl.«

»Hoffentlich halte ich bis dahin durch«, antwortete sie. Doch sie saß immer noch kerzengerade, ohne zu wanken, mit kaum gerötetem Gesicht und keinesfalls allzu geschwätzig (was man von ihrem Mann nicht behaupten konnte), als die Portweinflasche wieder zu ihnen kam und Jack nach einem förmlichen Räuspern ausrief: »Mr. Pullings, auf den König!«

»Meine Dame, meine Herren«, antwortete Pullings, »trinken wir auf das Wohl des Königs!«

»Und nun, Sir«, sagte Clarissa Oakes zu Jack, nachdem sie ihre Untertanenpflicht erfüllt hatte, »werde ich Sie nach diesem wundervollen Festessen verlassen. Aber wenn ich darf, möchte ich zuvor noch einen Toast aussprechen: Ich trinke aufs Wohl der tapferen *Surprise*, auf daß sie die Feinde des Königs noch lange überraschen möge!«

DRITTES KAPITEL

∽∼∽

NACH DIESER HÖCHST gelungenen Veranstaltung verlor Stephen Maturin Clarissa Harvill oder vielmehr Clarissa Oakes etwas aus den Augen. Zwar sah er sie bei schönem Wetter täglich – und die *Surprise* segelte auf ihrem Nordnordostkurs durch eine herzerfrischende Schönwetterperiode, ehe sie nach Tagen die Kalmen am Äquator erreichte –, wenn sie ziemlich weit hinten auf der Leeseite des Achterdecks saß und die frische Luft genoß oder wenn sie sich auf dem Vorschiff mit den beiden kleinen Mädchen unterhielt, die ihr Flechtarbeiten zeigten. Zwar sah er sie, nickte ihr zu und wechselte auch einige Worte mit ihr, doch wurde er zu dieser Zeit voll von seiner Geheimdienstarbeit beansprucht und noch mehr von dem Versuch, Dianas Briefe zu entziffern. Er suchte zu durchschauen, was wirklich hinter ihrer geringen Zahl, Wortkargheit und Sprunghaftigkeit steckte. Er liebte seine Frau von ganzem Herzen und war auch gern bereit, seine noch nie gesehene Tochter mit der gleichen Wärme zu lieben. Doch durch den Schleier aus Worten konnte er weder zu der einen noch zu der anderen ganz durchdringen. Diana war noch nie eine talentierte Briefeschreiberin gewesen, sie beschränkte sich gewöhnlich auf die Ankunft, die Abfahrt und die Namen der eingeladenen Gäste, streifte nur kurz ihre Gesundheit – »bin wohlauf« oder »brach mir eine Rippe, als Tomboy vor Draytons

Oxer scheute«. Aber ihre Notizen und Briefe hatten bisher immer frank und frei geklungen. Nie hatte es diesen Mangel an echter Kommunikation gegeben – diese Auflistung von Pferden, Stammbäumen und Qualitäten, die ganze Seiten füllten und ihm überhaupt nichts sagten.

Nach einem kurzen Bericht über die Geburt – »sehr unangenehm, eine langweilige Agonie, bin froh, daß es vorbei ist« – schrieb sie nur wenig über die kleine Brigid, in erster Linie lediglich die Namen pflichtvergessener Kindermädchen und die knappen Worte: »Sie kommt mir ziemlich dumm vor; erwarte bloß nicht zuviel.« Im Gegensatz zu Sophie numerierte Diana ihre Briefe weder, noch datierte sie diese und setzte höchstens den Wochentag darüber. Obwohl es nicht viele waren, fiel es Stephen deshalb schwer, sie in einleuchtender Reihenfolge zu ordnen. Deshalb ertappte er sich oft dabei, daß er, wenn er eigentlich die langen Memoranden von Sir Joseph Blaine, dem Chef des Marinegeheimdienstes, hätte dekodieren sollen, die Sequenz von Dianas Briefen neu arrangierte, wodurch ihre vieldeutigen Bemerkungen einen ganz anderen Sinn bekamen. Dennoch wurde er sich über zwei oder drei Umstände klar: daß sie nicht glücklich war; daß sie und Sophie sich gestritten hatten, weil Sophie und deren Mutter den Standpunkt vertraten, daß die Ehefrauen abwesender Marineoffiziere nur selten ausgehen sollten, keinesfalls auf Bälle, und noch seltener Gäste einladen sollten, höchstens Familienmitglieder und sehr enge Freunde. Und drittens, daß Diana viel Zeit statt in Ashgrove Cottage auf Barham Down verbrachte, einem großen, abgelegenen Haus mit ausgedehnten Wiesen und hochgelegenen Weiden, das sie für ihre Araber gekauft hatte, wobei sie sich selbst in ihrem neuen grünen Landauer hin und zurück kutschierte.

Stephen hatte gehofft, daß die Mutterrolle Diana verändern würde. Es war nur eine vage Hoffnung gewesen, aber er hätte doch niemals damit gerechnet, daß sie eine so gleichgültige Mutter sein würde, wie sie sich in ihren Briefen darstellte, in diesen seltsam beunruhigenden Briefen.

Sie beunruhigten ihn mit dem, was sie aussagten, und vielleicht noch mehr mit dem, was sie verschwiegen. Und auch Jacks Benehmen machte Stephen nervös. Wenn Post von daheim eintraf, lasen sie einander gewöhnlich ganze Abschnitte aus den Briefen vor. Jack tat das zwar und informierte Stephen damit über den Zustand seiner Kinder, seines Gartens und der Pflanzungen, aber er tat es gehemmt: kaum ein Wort fiel über Barham Down oder Diana, so daß es nicht zu dem gewohnten ehrlichen und offenen Austausch kam.

Als Jack sich systematisch durch Sophies Briefe arbeitete, merkte er, daß ihr starkes Widerstreben gegen abträgliche Äußerungen allmählich nachließ, und am Ende erfuhr er, daß das Baby »vielleicht ein wenig seltsam« war und daß Diana zuviel trank. Doch wurde ihm nachdrücklich eingeschärft, keinesfalls darüber zu sprechen; daß Sophie sich bezüglich Brigids vielleicht irrte – Babys wirkten anfangs oft seltsam und entwickelten sich später zu ganz bezaubernden Wesen – und daß Diana sich ändern mochte, sobald Stephen erst wieder wohlbehalten daheim war. Jedenfalls wäre es sinnlos und grausam, ihn für den Rest der Reise damit zu quälen, und Sophie verließ sich darauf, daß Jack darüber schwieg.

Das war schlimm. Doch schon vor Jahren hatte es zwischen Jack und seinem Freund eine Periode des Verschweigens gegeben, auch was Diana betraf, bevor sie und Stephen heirateten. Andererseits hatte Jack von ihrem ersten Tag auf See an in puncto Seekriegsführung nichts vor Stephen geheimhalten müssen: Nachrichtendienst und Kampf ergänzten einander, und Kapitän Aubrey war oft sogar offiziell angewiesen worden, sich mit Dr. Maturin zu besprechen und seinen Rat zu suchen. Diesmal jedoch wurde Stephen in den Befehlen überhaupt nicht erwähnt. War diese Auslassung Absicht oder einfach durch die Tatsache begründet, daß die neuen Befehle aus Sydney kamen statt aus Whitehall? Wahrscheinlich traf letzteres zu, weil der Anlaß dafür, der Ärger auf Moahu, erst in jüngster Zeit entstanden war. Und doch bestand die entfernte Möglichkeit, daß Sydney nach Aufklärung durch Whitehall nun genausoviel über Dr. Maturins Ansichten über Kolonisation, erzwungenen »Schutz« und die Beherrschung einer Nation durch eine andere wußte wie Jack selbst, der oft genug gehört hatte, wie Stephen vom Leder zog gegen »diesen übereifrigen, sich überall einmischenden Narr Kolumbus«, diesen »infernalischen Borgia-Papst«, diesen »infamen Alexander«, den »Schuft Julius Caesar« und jetzt am heftigsten gegen diesen »machtgierigen Buonaparte«. Jack hatte den Eindruck, daß er Stephen auf jeden Fall kränken mußte, entweder durch die Aufforderung zur Kollaboration bei einer Maßnahme, die auf ihn wie Annexion wirken mußte, oder dadurch, daß er ihn demonstrativ davon ausschloß. Mit der Zeit mochte sich ein höchst willkommener Kompromiß ergeben, doch im Augenblick war die Situation belastend.

Auch war es nicht das einzige, was Jack Sorgen bereitete. Vor nicht allzu langer Zeit war er in den Genuß zweier Erbschaften gekommen: Die erste hatte ihm nach seines Vaters Tod den stark verschuldeten Landsitz Woolhampton eingebracht und die zweite den viel umfangreicheren Besitz seines hochbetagten Vetters Edward Norton, der den Kreis Milport mit einschloß und Jack auch den Parlamentssitz verschafft hatte (es gab nur siebzehn Wahlmänner, und alle waren Vetter Edwards Pächter). Solch eine Erbschaft, vor allem Grundbesitz, brachte eine Unmenge amtlicher Prozeduren mit sich, etwa zu zahlende Steuern und neu zu leistende Vereidigungen. Dessen war sich Jack stets bewußt gewesen, hatte sich aber damit getröstet, »daß sich Mr. Withers des ganzen Krams schon annehmen wird«. Withers in Dorchester war der Notar der Familie und hatte sich seit Jacks Kindheit um beide Besitzungen gekümmert.

Doch während sich Jack auf hoher See aufhielt – genauer gesagt, in der Straße von Makassar –, war Mr. Withers gestorben, und seinem Nachfolger war nichts Dümmeres eingefallen, als den ganzen Papierkram an Jack zu schicken und um Anweisungen zu bitten, und das in hunderterlei Angelegenheiten, von denen Jack nicht die geringste Ahnung besaß. Mit Hilfe seines Schreibers Adams versuchte er nun, Ordnung in die Vorgänge zu bringen, trotz der ständigen Widersprüche, fehlenden Urkunden, Besitztitel und Belege.

»Zumindest«, sagte er, mit einem Stoß Papier in der Hand Stephens Kammer betretend, »habe ich jetzt die Bestimmungen betreffs der kirchlichen Pfründe, von denen ich dir neulich erzählt habe. Sag, ist Martin eine passende Person?«

»Passend wozu?«

»Ach, einfach passend. Zwei dieser Pfründe, falls man sie überhaupt so nennen kann, sind vakant. Und dieses Schreiben besagt, daß ich dafür eine passende Person zu benennen habe.«

»Was kirchliche Pfründe betrifft, könnte niemand passender oder geeigneter sein als Martin, denn er ist anglikanischer Geistlicher.«

»Richtig. Das war mir entfallen. Hier also die Einzelheiten dieser Patronate: Fenny Horkell und Up Hellions stehen leer und hätten schon längst besetzt werden sollen. Weil ich aber im aktiven Marinedienst bin, muß der Bischof damit bis zu meiner Heimkehr warten. Obwohl sie so weit auseinanderliegen, gehören sie doch zur selben Diözese. Ich fürchte, keine von beiden könnte auch nur im entferntesten einträglich genannt werden, aber Fenny Horkell hat wenigstens ein anständiges Wohnhaus, das ein reicher Pfarrer vor vierzig Jahren erbaute, weil er dort angeln wollte. Das würde Martin bestimmt gefallen. Dazu gehören sechzig Morgen Pfarrland, meist saurer, unfruchtbarer Sumpf, aber er wird auf ganzer Länge vom River Test durchflossen. Der Kirchenzehnte beläuft sich nur auf 47,15 Pfund, obwohl es dort dreihundertsechsundfünfzig Pfarrkinder gibt. Das zweite Patronat, Up Hellions, ist etwas besser, es bringt 160 Pfund im Jahr und hat sechsunddreißig Morgen Pfarrland – ausgezeichneten Weizenboden – dazu einen Überfluß an Feldhasen – und hat nur hundertsiebenunddreißig Seelen, um die sich Martin kümmern müßte. Falls er interessiert ist, könnte er für Hellions einen Kaplan bekommen, genau wie sein Vorgänger.« Weil Stephen schwieg, fuhr Jack fort: »Ich nehme nicht an, daß du ihm den Vorschlag unterbreiten möchtest? Es ist mir peinlich, ihm etwas direkt zuzuschanzen, weil es wie eine Gnade aussehen könnte, wenn auch eine sehr schäbige, besonders bei unseren horrenden Einkommensteuern. Vielleicht würde er auch lieber auf Yarell warten, das dreimal soviel einbringt. Dort sitzt im Augenblick noch der Reverend Cicero Rabbetts aus Bath, aber er ist schon ein uralter Herr.«

»Nimm dir ein Herz, mein Bester, und mach ihm selbst das Angebot. Zeig ihm die Papiere und laß ihm Zeit, über die Sache nachzudenken.«

»Also gut«, antwortete Jack nicht sehr begeistert und empfahl sich. Sowie sich die Tür hinter ihm geschlossen hatte, kehrte Stephen zu seinem Antwortbrief zurück, einem jener geschwätzigen Heimatbriefe, wie er so oft von Seeleuten verfaßt wurde, die fünftausend Meilen und mehr von daheim oder dem nächsten Postamt entfernt waren. Inzwischen hatte er sich etwas beruhigt, vor allem mit der Überlegung, daß Sophies stille, gefestigte, provinzielle Mittelklasse-Welt Dianas Verhalten stets mißbilligt hatte; daß Sophie Pferde als gefährliche, stinkende, unberechenbare Tiere verabscheute und daß sie keinen Geschmack an Wein fand, sondern im Sommer lieber Lin-

denblütenlimonade und im Winter Holundersaft trank.
Gästen mußte sie natürlich Wein kredenzen, war aber der
Ansicht, daß eine Dame sich mit einem einzigen Glas zu
begnügen hätte: ein Standpunkt, den Diana verachtete.
Eigentlich war es erstaunlich, wieviel von Mrs. Williams'
frühkindlichem Einfluß sich bei ihrer Tochter immer noch
bemerkbar machte, die nicht wie Diana ihr Vergnügen
fand an einem aktiven Gesellschaftsleben und ihre Leidenschaft für Fuchsjagden oder ihre Gewohnheit, den
neuen grünen Landauer selbst zu kutschieren, mißbilligte. Stephen grübelte eine Weile über die Prägung der englischen Klassengesellschaft, die es mit sich brachte, daß
zwei nahe verwandte Kusinen ganz unterschiedlichen
Kulturkreisen angehörten, was Disharmonie von vornherein unvermeidlich machte, auch wenn Diana eine aufopfernde Mutter gewesen wäre, was sie aber eindeutig
nicht war. Disharmonie – und als natürliche Konsequenz
selbst bei einer so gutartigen Frau wie Sophie ein unausgewogenes Urteil, zwar ohne die Spur einer ausgesprochenen Lüge, aber insgeheim doch unwahr.

Stephen tauchte seine Feder ein und schrieb weiter:

In der kurzen Notiz, für die ich nur Zeit fand, bevor uns die Eclair verließ, habe ich Dir wohl erzählt, wie ich entdeckte, daß das Schnabeltier (ein warmherziges, scheues, defensives Wesen mit weichem Pelz und ohne Gebiß) doch überraschende Waffen besitzt, nämlich Sporen wie der Fang einer Schlange und genauso giftig – und wie ich diese Entdeckung überlebte. Auch sprach ich, vielleicht allzu ironisch, über des guten Jack erste bewußte Auseinandersetzung mit dem fortschreitenden Alter. Aber ich habe Dir wohl noch nicht von dem neuen Mitglied unserer Gemeinschaft erzählt, einer jungen Person, die als Knabe verkleidet von unserem Fähnrich an Bord geschmuggelt und versteckt wurde, bis es für Jack zur Umkehr zu spät war und er sie nicht mehr den Behörden dieser schändlichen Strafkolonie ausliefern konnte, was er

pflichtgemäß hätte tun müssen, wäre Neusüdwales nicht schon zu weit entfernt gewesen. Anfangs geriet der Ärmste darüber in fürchterliche Wut und drohte immer wieder lauthals, die beiden auszusetzen. Um den notwendigen Schein zu wahren, verhielt er sich tags darauf so, als wolle er dieses grausame Urteil auch vollstrecken, und die Leute machten sich tiefernst daran, den Strand auf jener Seite der Insel zu inspizieren, die der Brandung am stärksten ausgesetzt war, wo sie natürlich feststellten, daß eine Landung nicht in Frage kam. Jack war höchst aufgebracht über das Dämchen – er haßt Frauen an Bord, hält sie für Unglücksbringer und Unruhestifter, die es wagen, Süßwasser zum Waschen ihrer Kleider zu verschwenden –, aber sie ist eigentlich recht hübsch, bescheiden und wohlerzogen, gar nicht so liederlich, wie zu erwarten stand, und jetzt hat er sich mit ihrer Anwesenheit abgefunden. Er ließ das Pärchen in seiner Kajüte von Nathaniel Martin trauen, und so wurde aus Miss Clarissa Harvill Mrs. Oakes. Mr. Oakes nahm (obwohl er demnächst abmustern muß) seinen Dienst wieder auf, und seine Frau, die durch die Heirat ihre bürgerliche Freiheit zurückgewann, wird jetzt sogar auf dem Achterdeck geduldet.
Ich nenne hier indiskret ihre vollen Namen, weil dies nur der Schatten eines richtigen Briefes ist, meine Liebe: wahrscheinlich wird er nie vollendet und auch nie abgesandt werden. Aber ich liebe es so sehr, mich mit Dir auszutauschen, wenn auch nur im Geiste und auf dem Papier. Also sitzt sie nun auf dem Achterdeck, bei schönem Wetter unter einem Sonnendach und, wie ich höre, auch bei Nacht, wenn ihr Mann seine Wache geht. Richtig kennengelernt habe ich sie noch nicht, weil die Arbeit meine Zeit fast ganz beansprucht, aber ich habe schon bemerkt, daß sie zwei Gesichter hat. Nichts Ungewöhnliches, wirst Du sagen. Aber in so starker Ausprägung habe ich dies noch nie erlebt. Normalerweise bemüht sie sich, akzeptiert zu werden, und stimmt jedem zu; ihr ganzes Wesen, besonders die bescheidene Kopfhaltung, drückt allgemeine Verbindlichkeit aus; sie ist eine gute Zuhörerin und unter-

bricht andere niemals. Alle Offiziere behandeln sie mit dem gebührenden Respekt, aber genau wie ich fragen sie sich, was dieser jungen, ehrbaren Dame die Verbannung in die Botany Bay eingetragen hat. Von ihrem Mann können sie nur erfahren, was er selber weiß: daß sie in einem Haus am Rand von Sydney den Kindern Französisch, Musik und den Gebrauch des Globus beibrachte, als er sie kennenlernte. Diese Auskunft stellt natürlich keinen zufrieden, und sie hören nicht auf zu bohren. Wenn dies geschieht, weicht alle Verbindlichkeit von ihr, und das andere Gesicht der Frau kommt zutage. Einmal fragte Jack sie zu meiner Überraschung etwas beharrlicher über ihre Hinreise aus – hatte sie südlich des Kaps irgendwelche Eisberge gesehen? –, und plötzlich trat Medea an die Stelle von Clarissa Oakes. Sie sagte nur: »Ich bin Ihnen zu großem Dank verpflichtet, Sir, aber diese Zeit war sehr schmerzlich für mich, und ich bitte Sie um Verständnis, wenn ich nicht daran erinnert werden möchte.« Aber ihr Blick war weitaus beredter, und Jack wich sofort zurück. Davidge, der ähnliche Erkundigungen anstellte, erfuhr nur, daß ihre Reaktion bei aufdringlichen Fragen ziemlich heftig war – wie genau, weiß ich nicht, aber es war von »vulgärer Neugier« die Rede. Ich glaube, seither hat man sie nicht mehr belästigt.

Immer weiter segelte die Fregatte nach Ostnordost, brachte es aber nur selten auf mehr als hundert Meilen pro Tag, trotz aller Aufmerksamkeit, mit der ihre Wolke von Segeln getrimmt wurde. Endlich, am Sonntag, unmittelbar nach der Andacht, besann sich der Südostpassat wieder auf seine Pflicht und erweckte die *Surprise*, obwohl die Royals und Flieger sofort eingeholt wurden, zu einem Leben, das sie seit der Bucht von Sydney nicht mehr gekannt hatte. Sie legte sich über, drückte die Backbordseite tief in die Seen und zerteilte sie in breiten, rauschenden Bahnen aus weißer Gischt. Der Gesang ihres Riggs – ein Chor der ganz unterschiedlichen Stimmen von Stagen, Wanten und Pardunen – wurde lauter und lauter, bis er während der ersten Hundewache jene triumphierende Note erreichte, die Stephen mit zehn Knoten Fahrt verband. Der Wind brachte unter einem wunderhübsch weißgesprenkelten, strahlend blauen Himmel fliegende Gischt an Bord und eine neue Frische. Bei zwei Glasen wurde das Log ausgeworfen, und danach hörte Stephen mit heimlicher Genugtuung, wie Oakes meldete: »Zehn Knoten und ein Faden, Sir, wenn's beliebt.«

Diese Genugtuung war allgemein verbreitet. Die Leute liebten es, wenn ihr Schiff schnelle Fahrt machte, wenn der Rumpf sich eifrig hob und senkte und das Wasser laut gurgelnd an der Bordwand abfloß. Und wenn der Steven eine hohle Bugwelle aufwarf, die sich erst auf halber Schiffslänge brach und den Kupferbeschlag sehen ließ. Es war nicht ganz das richtige Wetter für ein Tänzchen auf dem Vordeck, aber sie säumten alle die Luvreling, grinsten einander zu und machten zufriedene Gesichter.

Clarissa Oakes stimmte in die Heiterkeit der *Surprise* mit ein. Ihr Sonnendach war längst abgeschlagen worden, aber sie saß lächelnd in ihrem an die Heckreling gelaschten Stuhl, das Haar bis auf einige wehende Strähnen mit einem Matrosenhalstuch gebändigt, und ihr sonst ziemlich blasses Gesicht zeigte lebhaftere Farben als je zuvor. Ausnahmsweise war sie allein, deshalb trat Stephen zu ihr und fragte nach ihrem Befinden. »Es geht mir sehr gut, Sir, vielen Dank«, antwortete sie. Und fuhr fort: »Ihr Kommen freut mich sehr: Ich war fast schon entschlossen, Ihnen eine Notiz mit der Frage zu schicken, ob ich Sie konsultieren dürfte. Aber vielleicht liegen weibliche Beschwerden weit außerhalb der Zuständigkeit eines Schiffsarztes?«

»Zwangsläufig bekommt er wenig damit zu tun. Aber ich bin außerdem Internist und deshalb allwissend. Wenn Sie Zeit haben, stehe ich Ihnen gern zur Verfügung – auch sofort, falls es Ihnen paßt, weil das Licht jetzt gut und meine Abendvisite noch nicht fällig ist. Vielleicht möchte Ihr Mann dabei anwesend sein?«

»O nein.« Sie erhob sich. »Wollen wir gehen?« Und als sie am Kompaßhaus vorbeikamen, rief sie: »Billy, der Doktor ist so nett, mich gleich dranzunehmen.«

»Wie freundlich von ihm«, antwortete Oakes und lächelte Stephen dankbar zu.

»Was nun den Ort der Untersuchung betrifft«, sagte Stephen auf der Niedergangsleiter, »so kommt das Krankenrevier natürlich nicht in Frage. Und in Ihrer eigenen Kammer ist es nicht hell genug, während Laternen bei dieser Hitze unangenehm wären. Vieles spricht für meine Kammer, aber ihr fehlt es an Schalldämmung. Jedes darin geäußerte Wort könnte an Deck gehört werden – damit will ich nicht sagen, daß meine Bordkameraden absichtlich lauschen, aber es ist eine Tatsache: Keinen Meter entfernt von meinem Oberlicht steht der Rudergänger – manchmal sind es auch zwei –, und dazu der Steuermannsmaat, um nur die Regulären zu nennen.«

»Vielleicht können wir französisch sprechen?« schlug Clarissa vor. »Ich beherrsche es ziemlich fließend.«

»Sehr gut.« Stephen öffnete ihr seine Tür und verriegelte sie von innen.

»Übrigens«, sagte sie, mit der Hand am Verschluß ihres Kleides innehaltend, »es gilt doch auch auf See, daß Mediziner niemals über ihre Patienten sprechen?«

»Es gilt in bezug auf Offiziere und ihre Ehefrauen. Aber unter den Matrosen gibt es Krankheiten, die gemeldet werden müssen. Wenn ich privat konsultiert werde, bewahre ich striktes Stillschweigen, auch gegenüber meinem Assistenten oder einem Spezialisten, es sei denn, der Patient entbindet mich davon. Das gleiche gilt für Mr. Martin.«

»Oh, wie bin ich erleichtert«, sagte Mrs. Oakes. Als sie ihr Kleid ausgezogen hatte, bemerkte Stephen, daß sie jetzt eine Pluderhose besaß, genäht aus Segeltuch Nr. 10, so windzermürbt und sonnengebleicht, daß es fast weich war wie Batist, zweifellos ein Geschenk des Segelmachers – sie war sehr beliebt bei den Vorschiffsgasten, deren Blicke ihr mit sehnsüchtiger Zuneigung überallhin folgten.

Nach seiner Untersuchung sagte er: »Ich denke, ich kann Ihnen fast zweifelsfrei versichern, daß Sie zu Unrecht eine Schwangerschaft befürchtet haben. Außerdem muß ich hinzufügen, daß der Eintritt einer solchen bei Ihnen auch künftig ziemlich unwahrscheinlich ist.«

»Oh, wie bin ich erleichtert!« wiederholte Mrs. Oakes, nur diesmal noch viel lebhafter. »Mr. Redfern sagte mir das gleiche, aber er ist nur Chirurg. Ich bin sehr froh, seinen Befund durch eine höhere Autorität bestätigt zu bekommen. Ich kann Ihnen gar nicht beschreiben, was das für ein Damoklesschwert ist, das da über einem hängt. Außerdem verabscheue ich Kinder.«

»Alle Kinder?«

»Oh, natürlich gibt es hin und wieder goldige Wesen, recht hübsch und zutraulich. Aber ich hätte lieber eine Herde Affen im Haus als die üblichen Knaben oder Mädchen.«

»Sicher, einige Affen sind durchaus liebenswert. Ich schicke Ihnen nachher eine Arznei, die Sie bitte jeden Abend vor dem Schlafengehen einnehmen, und nach einem Monat kommen Sie wieder zur Untersuchung.«

Dieses Gespräch ging auf französisch vonstatten, auf beiden Seiten völlig fließend, nur mit einem leicht englischen Akzent bei Clarissa und südländischer Betonung bei Stephen. Und kaum war es vorbei und die Patientin gegangen, da trat Martin ein. Hätte er den Augenblick mit Bedacht gewählt, hätte er keinen schlagenderen Beweis dafür liefern können, daß es an Bord eines Kriegsschiffs kaum ein Privatleben gab. Da er seinerseits etwas Vertrauliches mit seinem Freund zu besprechen hatte, und zwar noch vor der Abendvisite, sagte er auf lateinisch, daß er als Konferenzort am liebsten den Besantopp vorgeschlagen hätte, *tertii in tabulatum mali*, doch er fürchte den Aufstieg bei diesem starken Wind und habe außerdem einige Papiere dabei, die nicht davonwehen dürften.

Er sprach scheinbar leichthin, doch konnte er Stephen nicht über seine Erregung hinwegtäuschen. »Kapitän Aubrey hat mir gerade ein äußerst großzügiges Angebot gemacht: zwei Kirchenpatronate, über die er verfügen kann. Ich weiß, er hat mit Ihnen darüber geredet, weil Sie aber die Details vielleicht vergessen haben, bringe ich die Papiere gleich mit.« Er reichte sie Stephen. »Wie er selbst ausführte, ist jeder Kirchsprengel für sich allein aus weltlicher Sicht nicht gerade einträglich, aber er schlug vor, die beiden zusammenzulegen und für den kleineren einen Kaplan einzusetzen. Dann würde es für den Lebensunterhalt reichen. Andererseits, so fügte er hinzu, wolle ich vielleicht lieber auf das Patronat Yarell warten, dessen derzeitiger Inhaber, ein kränkelnder Hagestolz von über siebzig, in Bath lebe. Auf diesem Blatt ist Yarell näher beschrieben. Zuletzt bat er mich sehr freundlich, mir für meine Entscheidung so viel Zeit zu nehmen, wie ich wolle. Seither denke ich darüber nach, bin aber noch unentschlossen. Zuerst hat mich die Variante Yarell entzückt, weil sie mich irgendwann dazu befähigen würde, meine Familie anständig zu versorgen, mir aber in nächster Zukunft noch Zeit ließe, dieses herrliche Wanderleben fortzusetzen. Ich muß zugeben, daß Fenny Horkell mit den beiden Ufern des Test eine große Versuchung war; aber da ich es strikt ablehne, außerhalb meiner Gemeinde zu wohnen, könnte ich nicht gleichzeitig auch Up Hellions betreuen, und ohne Up Hellions, nur mit Fenny allein, findet ein Pfarrer kein Auskommen. Das große Pfarrhaus dort wurde seinerzeit von einem Mann mit beträchtlichem Privatvermögen erbaut.«

»*Il faut que le prêtre vive de l'autel,* sagen die Franzosen«, meinte Stephen und dachte an den Martin ihrer ersten Bekanntschaft, der bei der Aussicht auf jede Art von

Pfründe vor Freude gejubelt hätte, auch wenn sie ihm einen noch bescheideneren Lebensunterhalt geboten hätte als Up Hellions oder selbst Fenny. Aber natürlich war er damals unverheiratet gewesen.

»Sehr richtig«, antwortete Martin. »Und da stand ich nun, innerlich stark zu Yarell neigend, als mir plötzlich einfiel – zweifellos ist es Kapitän Aubreys Hauptmotiv, mir eine Wohltat zu erweisen, und ich ehre ihn dafür, aber ... Als mir einfiel, daß er möglicherweise auch den Wunsch hat, mich an Land zu binden, mich auf diese Weise loszuwerden. Wie Sie wissen, ist mir schon seit längerem bewußt, daß der Kommandant über meine Anwesenheit nicht besonders glücklich ist, und ich habe in der Offiziersmesse leider am eigenen Leibe erfahren, was es bedeutet, Monat für Monat und auf unbestimmte Zeit mit einem Menschen eingesperrt zu sein, den man nicht leiden kann. Deshalb scheint es mir angebracht, Up Hellions zu akzeptieren und mich schleunigst zu verabschieden, wenn unsere Reise zu Ende ist. Stimmen Sie mir zu? Ich hätte vielleicht gleich anmerken sollen, daß er Yarell nur nebenbei erwähnte, nur wie einen nachträglichen Einfall.«

»Stimme ich Ihnen zu? Nein, das tue ich nicht. Ihre Voraussetzungen sind falsch und damit notwendigerweise auch die Schlüsse, die Sie daraus ziehen. Falls Sie Yarell akzeptieren, sichern Sie sich damit keinesfalls noch jahrelange Weltreisen, wie sie einen Naturwissenschaftler entzücken. Denn wenn wir mit Gottes Hilfe die Heimat erreichen, wird die *Surprise* aufgelegt und Kapitän Aubrey wieder zu regulärem Kriegsdienst verdonnert werden, wahrscheinlich auf einem Linienschiff im Blockadedienst oder als Kommodore eines Geschwaders. Also kein sorgenfreies Vagabundieren mehr, keine exotischen Strände, keine unerforschten Küsten. Zweitens: Kapitän Aubrey will Sie nicht loswerden; Ihr geistlicher Stand legt ihm natürlich gewisse Beschränkungen auf, aber deshalb lehnt er Sie doch nicht ab. Drittens gehen Sie fehl in der Annahme, daß Yarell nur nebenbei erwähnt wurde. Mir gegenüber erwähnte er es als erstes, denn es lag ihm am meisten am Herzen. Und falls keine Vorschriften Ihrer Kirche dagegen sprechen, sehe ich wahrlich nicht ein, warum er es bei seinem Wohlwollen für Sie und Mrs. Martin Ihnen nicht ernsthaft anbieten sollte, sowie es frei wird. Das wär's also. Treiben Sie keine Haarspalterei, sondern überlegen Sie alles mit realistischer Vernunft. Auch bitte ich Sie, nicht davon auszugehen – was viele anständige Menschen leider tun –, daß alles Erstrebenswerte gleichzeitig auch moralisch schlecht ist.« Darüber fiel ihm Clarissa Harvill ein, aber laut fragte er nur wie beiläufig: »Ich sehe, daß Sie die Patronatspapiere gefaltet in Astrucs *De Lue Venerea* gesteckt haben?«

»Ja«, antwortete Martin, der ebenfalls Privatpatienten behandelte (in diesem Fall den Bootsmann), weil manche Männer sich schämten, Stephen zu konsultieren. »Ich habe nämlich einen Fall, der mir Rätsel aufgibt. Hunter führt aus, daß die Geschlechtskrankheiten im Grunde alle gleich sind, daß beide vom selben Virus verursacht werden. Astruc jedoch bestreitet dies. Diesmal aber habe ich Symptome gefunden, die zu keiner der beiden Thesen passen.« Eine Weile sprachen sie über die Problematik einer frühen Diagnose, und als sie sich an die Vorbereitung ihrer Abendvisite machten, schloß Stephen: »Manchmal ist es jedoch bei schon länger bestehenden, chronischen Infektionen noch schwieriger, besonders bei Frauen. So ließen sich beispielsweise die hervorragendsten Ärzte durch den weißen Ausfluß täuschen. Wir tappen immer noch im dunkeln. Wo diese Krankheiten nicht ganz charakteristisch sind, nicht scharf abgegrenzt und ins Auge fallend, sind sie nur schwer zu diagnostizieren. Und wenn wir sie trotzdem entdeckt haben, können wir kaum etwas dagegen tun. Abgesehen von sorgfältiger Pflege bleiben wir angewiesen auf Quecksilber in seinen verschiedenen Formen, und selbst dann ist die Arznei manchmal schlimmer als die Krankheit. Denken Sie bloß an die Wirkung des festen Niederschlags von Quecksilberdämpfen in einer allzu kühnen, ungeschickten Hand.«

Am Donnerstag jährte sich der Stapellauf der Fregatte, deshalb übernahm ihr Kommandant die Nachmittagswache. Damit ermöglichte er allen Offizieren, sich zusammenzusetzen. Auch Stephen, der schon lange nicht mehr in der Offiziersmesse gespeist hatte, nahm seinen angestammten Platz ein, mit Padeen hinter seinem Stuhl. Platz und Gesichter waren ihm vertraut, doch die Atmosphäre hatte sich gravierend verändert. Jetzt begriff er sofort, was Martin mit seiner Bemerkung über die Probleme gemeint hatte, wenn man mit einem unleidlichen Mann an Bord eingepfercht war. Zwischen West und Davidge herrschte offensichtlich Feindschaft. Tom Pullings am Kopf des Tisches, der Dienstälteste Adams auf dem Platz des Zahlmeisters am Tafelende und Martin, der Stephen gegenübersaß, bemühten sich allerdings redlich um einen Ausgleich, und immerhin waren beide Leutnants wohlerzogen genug, um wenigstens höflich zu bleiben. Doch die Feier erwies sich als Fehlschlag, und an einem gewissen Punkt hörte sich Stephen zu einer apathischen Runde sagen: »Wie ich erfahren habe, führt unser Weg quer über den Ozean in Richtung Fidschi. Ich setze große Hoffnungen in diesen Besuch.«

»O ja, unbedingt«, rief Martin nach einer Verlegenheitspause. »Owen, der einige Zeit auf Fidschi lebte, erzählte mir, daß sie einen großen Gott namens Denghy verehren, der die Gestalt einer Schlange hat, mit dem Bauchumfang eines Thunfischs; da er jedoch von Menschen in der Regel wenig Notiz nimmt, beten sie zu viel kleineren örtlichen Göttern und bringen ihnen offenbar häufig Menschenopfer dar.«

»Ja, sie sind ein grausames Volk«, steuerte Adams bei. »Die schlimmsten Menschenfresser der Südsee. Ihren Alten und Kranken schlagen sie die Köpfe ein. Und wenn sie eins ihrer schweren Kanus zu Wasser lassen, rollen sie's über die Leiber von Stammesgenossen, die an Händen und Füßen gefesselt sind. Aber man muß ihnen zugestehen, daß sie auf ihre Art ausgezeichnete Schiffbauer und gute Seeleute sind.«

»Man kann ein guter Seemann sein und doch ein verdammter Narr«, meldete sich Davidge.

»Also Menschenfresser«, sagte Stephen. »Ich habe gelesen, daß auf ihrer Hauptinsel das Kraut *solanum anthropophagorum* wächst, das sie mit ihrem Lieblingsfleisch kochen, damit es zarter wird. O ja, ich sehne mich sehr danach, die Fidschi-Inseln kennenzulernen.«

An diesem Tag speiste Stephen mittags zwar in der Offiziersmesse, doch sein Abendessen nahm er in der Achterkajüte ein. Jack und er blieben unter sich und vertilgten den Labskaus mit großem Appetit. »Meine Messekameraden streiten sich darüber, was sie dem Ehepaar Oakes auftischen sollen, wenn sie ihre Dinnerparty für sie geben«, erzählte er. »Martin glaubt sicher zu wissen, daß es auf Fidschi Schweine gibt und daß Mrs. Oakes für Schweinebraten schwärmt. Aber alle Seeleute warnten, daß der Wind uns vielleicht nicht bis zu den Fidschis trägt. Könnten sie damit recht haben, Bruderherz?«

»Ich fürchte, ja. Oft schläft der Passat noch vor dem zwanzigsten südlichen Breitengrad ein: Schon jetzt hat er viel von seiner Kraft verloren. Es ist ein großes Versäumnis, daß sie die Oakes nicht längst eingeladen haben. Hätten sie's getan, bevor alle ihre Schafe eingingen, dann gäbe es jetzt nicht diesen albernen Streit über die Fidschischweine.«

»Es war eine plötzliche Pest, die sie dahingerafft hat; sehr seltsam, sage ich dir. Aber hör mal, Jack, besteht wirklich die Gefahr, daß mir Fidschi ganz und gar entgeht? Es liegt doch auf unserer direkten Route.«

»Stephen«, erklärte Jack, »wie du weißt, habe ich

keine Macht über den Wind. Aber ich verspreche dir, mein Bestes zu tun. Faß dir ein Herz und trink noch eine Tasse.«

Sie waren mittlerweile beim Kaffee angelangt, und nachdem sie jeder noch einen Cognac geschlürft hatten, holten sie ihre Notenständer und -blätter hervor, sorgten für günstige Beleuchtung, stimmten gewissenhaft ihre Instrumente und stürzten sich auf Boccherini in C-Dur, gefolgt von einem Corelli, den sie beide so gut kannten, daß Noten überflüssig waren.

Stunde um Stunde spielten sie und bezogen tiefe Befriedigung aus ihrer Musik. Schließlich, kurz nach dem Wachwechsel, ließ Jack den Bogen sinken. »Das war ein Genuß«, sagte er. »Hast du meinen Doppelgriff am Ende gehört?«

»Natürlich. Tartini hätte es nicht besser machen können. Aber jetzt sollte ich wohl zur Koje gehen. Ich werde immer schläfriger.«

Stephen Maturin liebte den Schlaf und hofierte ihn, allerdings meist vergeblich, seit er das Laudanum aufgegeben hatte. Jack liebte ihn nicht mehr als die Luft, die er atmete, und zu ihm kam er sofort. Seine Koje war kaum dreimal hin und her geschwungen, als er auch schon für die reale Welt verloren war. Stephens erste Schaukelbewegungen waren vielversprechend, sehr vielversprechend. Die Verszeilen, die er stumm zitierte, fingen an, sich zu wiederholen und zu verheddern. Sein Bewußtsein flackerte bis kurz vor dem Erlöschen. Und dann begann nebenan in der Kajüte dieses ach so vertraute, tiefe, kräftige, schamlose Schnarchen, nur unterbrochen von bestialischem Röcheln. Stephen schob sich die Wachsstöpsel tiefer in die Ohren – vergeblich. Selbst dreimal so große Pfropfen hätten den Lärm nicht ausgesperrt, und auf keinen Fall konnten Wut und angenehme Stumpfheit im selben Busen wohnen. Wenn dies geschah (und es geschah oft), ging Stephen gewöhnlich in seine offizielle Arztkabine hinunter, aber an diesem Abend verabscheute er die Offiziersmesse, und da er vor der Friedhofswache kaum noch Schlaf finden würde, zog er Hemd und Hose an und stieg an Deck.

Die Nacht war dunkel, der Mond untergegangen. Obwohl zwischen der hohen Bewölkung ein paar Sterne zwinkerten, darunter ein prächtiger Jupiter, kam das bei weitem hellste Licht von der Kompaßsäule. Immer noch wehte eine warme Backstagsbrise übers Deck, schwächer zwar, aber nach wie vor günstig für die Fidschi-Inseln, denen die Fregatte mit einem leichten Schlingern und etwa fünf Knoten Fahrt entgegensegelte. Noch bevor sich Stephens Augen auf die Dunkelheit eingestellt hatten, begann er nach achtern zu tappen und stolperte fast sofort über eine Taubunsch. »Geben Sie mir Ihre Hand«, sagte die Stimme eines unsichtbaren Oakes, der ihn stützte und bat, »auf diesen vermaledeiten Doppelblock zu achten«. So führte er ihn zu seinem gewohnten Platz an der Heckreling. »Clarissa«, rief er dabei, »du bekommst Gesellschaft.«

»Wie mich das freut«, antwortete seine Frau. »Bitte, Billy, bring dem Doktor einen Stuhl.«

Stephen ging gewöhnlich zur Heckreling, um sich darüber zu beugen und entweder die ihnen folgenden Vögel zu beobachten, besonders in den hohen Breiten, oder sich vom Kielwasser hypnotisieren zu lassen. Nun aber verlor er sich minutenlang in den Anblick der hohen bleichen Segelpyramiden, die bis in den Himmel zu reichen schienen. Das Schiff hob und senkte sich seufzend über die Wellen, die Wachgänger unterhielten sich leise unterm Überhang des Hüttendecks, und ein scharfes Ohr konnte ohne weiteres Kapitän Aubreys Schnarchen auffangen.

»Als ich am letzten Montag so abfällig über Kinder sprach«, begann Clarissa, »habe ich doch hoffentlich bei Ihnen nicht den Eindruck erweckt, daß ich damit Sarah und Emily meinte? Es sind so brave kleine Mädchen, und ich mag sie sehr.«

»Aber nicht doch«, antwortete Stephen. »Es fiel mir nicht im Traum ein, daß Sie damit diese beiden meinen könnten. Auch ich bin grundsätzlich kein ausgesprochener Kinderfreund, aber wenn meine eigene Tochter – denn ich habe eine Tochter, Madam – sich als so gutartig, liebevoll, geschickt und einfallsreich entpuppt wie diese beiden, muß ich meinem Schöpfer danken.«

»Bestimmt tut sie das«, sagte Clarissa. »Nein, ich meinte damit solche Kinder, die nicht ordentlich erzogen wurden. Wenn sie ihren eigenen Impulsen überlassen bleiben und von allzu liebevollen oder sorglosen Eltern verwöhnt werden, entwickeln sich fast alle Kinder zu kleinen Monstern: laut, egoistisch, grausam, aufsässig, eifersüchtig, ständig um Aufmerksamkeit buhlend, hohlköpfig und pausenlos zeternd oder – wenn ihnen die Worte ausgehen – einfach heulend, und das mit Stimmen, die durch das ständige Training ohrenbetäubend laut klingen. Kurz, eine unerträgliche Gesellschaft. Aber was ich noch mehr verabscheue als das unerzogene Kind, das ist das affektierte: der aufdringliche Wechselbalg von sieben oder acht Jahren, der plump daherschlurft, beide Hände vor der Brust baumeln läßt – ein Eichhörnchen markierend oder ein Kaninchen – und uns mit hoher Babystimme nervt. Nein, alle Kinder, die ich in Neusüdwales kennengelernt habe, waren kleine Monster.«

Bei ihrem langsamen Vormarsch auf Fidschi und dem hartnäckig einschlafenden Wind kam es mehrfach zu solchen nächtlichen Gesprächen, denn Stephen mied immer öfter die Offiziersmesse, wo die Feindschaft anscheinend ansteckend war. Doch waren wenige dieser Gespräche von solcher Entschiedenheit wie das erste, denn Mrs. Oakes benahm sich meist so verbindlich und gefallsüchtig, wie es nur ging, stimmte mit den geäußerten Ansichten völlig überein und vertiefte sie sogar noch. Dadurch geriet sie mitunter in Verlegenheit, wenn sie beispielsweise beiden Seiten beipflichtete, die miteinander im Streit lagen, wie etwa Stephen und Davidge. Oft erschienen auch die anderen Offiziere und redeten Stephen an die Wand, parlierten über die relativen Vorzüge klassischer oder romantischer Musik, über Poesie, Architektur und Malerei.

Dennoch gab es Gelegenheiten, bei denen Stephen zufällig allein mit ihr war und sie sich so ausdrückte wie früher. In irgendeinem Zusammenhang kam Stephen auf seine Abneigung gegen das Ausgefragtwerden zu sprechen. »Frage und Antwort ist keine zivilisierte Form der Konversation«, äußerte er.

»Oh, wie ich Ihnen da zustimme!« rief sie aus. »Natürlich ist man als Sträfling in diesem Punkt besonders empfindlich, aber auch vorher habe ich diese permanenten Verhöre schon immer gehaßt. Sogar flüchtige Bekannte erwarten, daß man über sich selbst dauernd Rechenschaft ablegt.«

»Es ist zwar sehr ungezogen, aber leider durchaus üblich und sehr schwierig abzuwehren, wenn man nicht grob oder beleidigend werden will.« Stephen sprach mit mehr Nachdruck als sonst, denn als Geheimagent konnten selbst ganz harmlose Fragen, entweder beantwortet oder ignoriert, einen tödlichen Verdacht gegen ihn wekken.

»Ich habe es immer verabscheut«, sagte Clarissa nach einer Pause, in der es sechsmal glaste und die Ausguckposten überall an Bord den Ruf anstimmten: »Alles wohlauf.«

»Schon in meiner Jugend«, fuhr sie fort, »gelangte ich zu der Überzeugung, daß impertinente Fragen, die entweder auf bloßer Geschwätzigkeit oder auf vulgärer Neugier beruhen, keine ehrlichen Antworten verdienen; deshalb erwiderte ich meist nur, was mir gerade einfiel. Aber ich kann gar nicht beschreiben, wie schwierig es ist, eine Lüge längere Zeit überzeugend aufrechtzuerhalten, besonders dann, wenn sie an Gewicht gewinnt oder man an sie gefesselt ist. Man torkelt von einer Improvisation zur nächsten, versucht sich zu erinnern, was man vorher gesagt hat, kurz, man balanciert auf einem Hochseil ohne Netz: Das schlaucht ungemein. Deshalb antworte ich jetzt nur, daß ich über dieses Thema nicht sprechen möchte ... Was ist das eigentlich für ein ständig wiederkehrendes Geräusch? Sie werden doch das Schiff nicht auch in der Nacht leerpumpen?«

»Die Antwort darauf könnte an Meuterei grenzen, aber ganz unter uns gesagt: Es handelt sich um Kapitän Aubreys Schnarchen.«

»Du meine Güte! Kann man ihn nicht umdrehen? Er muß auf dem Rücken liegen.«

»Er liegt immer auf dem Rücken. Seine Koje ist so konstruiert, daß er gar nicht anders liegen kann. Schon oft habe ich ihn gebeten, sie verlängern, verbreitern, vertiefen zu lassen. Aber dann erwidert er mir so zuverlässig wie die Uhr, daß er schon als Junge in dieser Koje geschlafen hat. Und er liebt das Gewohnte. Vergeblich weise ich ihn darauf hin, daß er seither größer, breiter, sogar stattlicher geworden ist – daß er jetzt auch größere Stiefel, bequemere Unterwäsche trägt ...« Nach einem Aufseufzen fiel Stephen in entspanntes, kameradschaftliches Schweigen.

Weiter vorn hörten sie Davidge, der die Wache hatte, rufen: »He, Mr. Oakes! Klettern Sie mit zwei Helfern in den Vortopp und überprüfen Sie die Taljereeps in Luv!« Als er sah, daß sein Befehl befolgt wurde, wandte er sich ab, schrieb etwas auf das Logbrett und kam anschließend nach achtern. »Mein Gott, Doktor, sind Sie immer noch da?« sagte er. »Gehen Sie denn niemals zu Bett?«

Die Frage wurde in einem Ton gestellt, wie ihn Stephen noch nie von Davidge, ob nüchtern oder betrunken, gehört hatte. Er reagierte nicht darauf, aber Mrs. Oakes erwiderte: »Schämen Sie sich, Davidge. Doktor, bitte leihen

Sie mir auf der Treppe Ihren Arm, ich gehe in meine Kabine.«

Im Niedergang stießen sie auf Kapitän Aubrey, der an Deck eilte, um das Problem im Vortopp zu begutachten, denn beim Durchsetzen des ersten Taljereeps war er sofort aufgeschreckt, während ihn einige Stunden später das ohrenbetäubende Deckscheuern mit Sand und Bimsstein nicht im geringsten störte, sondern ruhig weiterschlafen ließ, jetzt nur mehr leise prustend und selig lächelnd, als sähe er hinter seinen geschlossenen Lidern einen besonders angenehmen Traum.

Auch am nächsten Morgen und an den folgenden absentierte sich ihr Kommandant jetzt, da die Spülventile in Ruhe gelassen wurden, und schlief friedlich, entschädigte sich für unzählige an Deck verbrachte Stunden. Obwohl er natürlich keine Wache ging, blieb nämlich sonst ein Kommandant von Jack Aubreys Format ständig im Dienst, vor allem bei schlechtem Wetter. So schlief er sich jetzt Widerstandskraft an für all die Wirbelstürme, Leeküsten und nicht kartographierten Riffe, die aller Erfahrung nach mit Sicherheit auf sie warteten.

Er schlief völlig unbelästigt von den routinemäßigen Arbeitsgeräuschen, die den warmen, ruhigen, langsamen und ereignislosen Weg des Schiffes begleiteten, jetzt in Richtung Tonga. Er erhob sich auch nicht für sein morgendliches Bad in der See und versäumte manchmal sogar sein erstes Frühstück. Er tankte viel Schlaf in diesen Tagen, streckte sich nach dem Mittagessen auf der Heckbank aus und blieb die ganze Nacht in seiner Koje; und er träumte viel. Häufig waren seine Träume erotischer Natur, manche besonders kraß, denn Neusüdwales hatte sich für ihn als höchst frustrierend erwiesen. Er merkte, daß Clarissa nicht nur in seinen Träumen vorkam (was er nicht verhindern konnte), sondern daß sie ihn auch, in wachem Zustand anstößig beschäftigte (was er verhindern konnte und mußte). In seinen Moralbegriffen war er nicht strenger als die meisten warmblütigen, lebensfrohen Männer seines Alters und seines Berufs, aber hierbei ging es nicht um Moral. Es ging um Disziplin und die richtige Führung eines Kriegsschiffs. Kein Kommandant konnte einem Untergebenen Hörner aufsetzen und erwarten, daß seine Autorität noch respektiert wurde.

All das wußte Jack. Er hatte erlebt, wie sich gegenteiliges Verhalten auf die gesamte Besatzung auswirken konnte, auf das empfindliche Gleichgewicht dieser komplexen Gemeinschaft. Ehefrauen von Kameraden galten ihm grundsätzlich als sakrosankt – bis auf die seltenen Ausnahmen, die unübersehbare Signale aussandten, daß es ihnen anders lieber wäre. Was Mrs. Oakes jedoch keineswegs tat. Deshalb war sie für ihn doppelt heilig und durfte niemals zum Objekt seiner fleischlichen Gelüste werden. Und doch: Immer und immer wieder drängten sich laszive Bilder, Worte und Gesten in seine wachen Stunden, ganz zu schweigen von seinen noch viel lasziveren Träumen.

Deshalb mied er das Hüttendeck, wenn sie dort an der Heckreling saß, manchmal ungeschickt handarbeitend, öfter jedoch im Gespräch mit den Offizieren, die nach achtern kamen, um sich nach ihrem Ergehen zu erkundigen. Als Folge davon entgingen ihm mehrere Entwicklungsstufen, etwa der Beginn von Pullings' und Wests intimer Beziehung zu Mrs. Oakes. Beide waren stark entstellt, Pullings durch eine tiefe Säbelwunde im Gesicht und West durch eine Erfrierung, die ihn südlich von Kap Hoorn die Nase gekostet hatte. Frauen gegenüber waren beide gehemmt und beschränkten sich mehrere hundert Meilen lang auf: »Guten Tag, Madam« oder: »Ist es nicht warm heute?«, falls sich das nicht umgehen ließ. Doch Clarissas freundliche Offenheit und Unkompliziertheit ermutigten sie, und allmählich schlossen sie sich immer öfter Dr. Maturin an, der häufig zweierlei Annehmlichkeiten vereinbarte: neben ihr zu sitzen und nach Lathams Albatrossen auszuspähen (die es in diesen Breiten geben sollte). Inzwischen hatte er öfter Zeit dazu, weil die mühsame Dekodierung seiner Dienstpost beendet war und im Krankenrevier Schönwetter- und Blauwasserebbe herrschte wie stets, wenn alle Infektionsherde weit achteraus lagen.

Deshalb entgingen Jack auch Stephens Worte an Davidge, gesprochen an dem Tag, nachdem dieser Oakes in den Vormasttopp geschickt hatte. Am fraglichen Morgen frühstückte Stephen nicht in der Achterkajüte, und als Killick erfuhr, daß für ihn in der Messe gedeckt werden sollte, nickte er zufrieden. Die beiden Rudergänger und der Steuermannsmaat hatten Davidges Ausspruch gehört, den folglich inzwischen jedermann an Bord kannte.

West schlief noch, weil er die Mittelwache gehabt hatte, aber alle anderen Offiziere waren zugegen, als Stephen eintrat und grüßte: »Guten Morgen, meine Herren.«

»Guten Morgen, Doktor«, antworteten sie.

Stephen schenkte sich eine Tasse des Gebräus ein, das in der Offiziersmesse als Kaffee galt, und fuhr fort: »Mr. Davidge, wie kamen Sie letzte Nacht dazu, mich so vorwurfsvoll zu fragen: ›Gehen Sie denn niemals zu Bett?‹«

Davidge errötete. »Äh … Tut mir leid, wenn Sie mir das übelgenommen haben. Es war nur scherzhaft gemeint, nicht als Kritik. Aber ich merke, daß ich mißverstanden wurde. Tut mir sehr leid. Falls Sie es wünschen, bin ich zu jeder Satisfaktion Ihrer Wahl bereit, wenn wir demnächst an Land gehen.«

»Aber nicht doch, nicht doch. Ich möchte nur sicherstellen, daß Sie mir gestatten, meinen Satz zu vollenden, wenn Sie mich nächstes Mal an der Heckreling ein Gespräch mit Mrs. Oakes führen sehen. Es könnte ja sein, daß ich kurz vor einem Geistesblitz stehe.«

Lange bevor man die Mittagshöhe der Sonne nahm und

damit den Standort des Schiffs ermittelte, wußte fast die gesamte Besatzung, daß Mr. Davidge vom Doktor grausam gemaßregelt worden war, weil er ihn letzte Nacht während der ersten Wache grob angefahren hatte; es hieß, er hätte ihn durch die ganze Offiziersmesse geschleift und dabei mit seinem goldgekrönten Spazierstock verprügelt; hätte ihn dazu gebracht, blutige Tränen zu weinen. Zu diesem Zeitpunkt wußte Jack mit letzter Genauigkeit, daß seine geliebte *Surprise* kurz davorstand, den Wendekreis des Steinbocks zu überqueren; aber er hatte keine Ahnung davon, wie grausam der Bordarzt den Zweiten Offizier mißhandelt hatte.

Ebenso erfuhr er erst mit tagelanger Verspätung, daß Martin Mrs. Oakes das Bratschenspiel beibrachte. Ein noch dissonanteres Quietschen als sonst drang nach achtern, wo er und Stephen sich bereitmachten, ein Clementi-Duett zu spielen, eins der vielen Musikstücke, die sie so hartnäckig um die halbe Welt begleiteten. »Herrgott«, sagte Jack, »der arme Martin hat schon viele falsche Töne produziert, aber noch nie auf allen vier Saiten gleichzeitig.«

»Ich glaube, das war Mrs. Oakes«, sagte Stephen. »Er versucht schon seit einiger Zeit, sie auf der Viola zu unterrichten.«

»Das wußte ich ja gar nicht. Warum hast du mir nichts davon erzählt?«

»Weil du mich bisher nicht danach gefragt hast.«

»Hat sie Talent?«

»Keine Spur«, antwortete Stephen. »Bitte versuche nicht – ich wiederhole: *nicht* –, mein Kolophonium in deiner Hosentasche verschwinden zu lassen.«

Während dieser Periode der Zurückgezogenheit gelang es Kapitän Aubrey mit Hilfe von Adams, der offiziell sein Schreiber und praktisch auch Zahlmeister der Fregatte war, ein ungemein tüchtiger Sekretär, eine Bresche in seinen Papierwust zu schlagen und tiefer in das gräßliche Labyrinth juristischer Dokumente vorzudringen. Auch schrieb er ausführlicher als sonst an Sophie und begann seinen Dienstagsbericht (den vierten) mit einer genauen Planung, wie das Terrain von Ashgrove Cottage aufzuforsten sei, vom südlichen Rand der Fonthill Lane bis hinunter zum Flug, und zwar zunächst mit Nadelholz, dann mit Kastanienschößlingen und zuletzt am Ufer mit Erlen, dabei immer genug Platz lassend für das Auswerfen einer Angelschnur. Dieser Plan war schon lange in seinem Kopf gereift, aber erst jetzt fand er die Muße, ihn ausführlich zu Papier zu bringen.

Er widmete dem Sujet gebührende Aufmerksamkeit, referierte des langen und breiten über die Vorzüge von Esche, Buche und Steineiche, schilderte Sophie, wie sie noch ihre Enkel entzücken würden, und zeichnete sogar eine gelungene Ansicht des voll ausgewachsenen Waldes. Es folgte eine nachdenkliche Pause, in der er zart an seiner Schreibfeder knabberte, eine Angewohnheit aus seiner Kindheit, als er den Geschmack von Tinte noch anregend gefunden hatte. Doch wie schon so oft, war der zerkaute Gänsekiel danach zu schwach, um ordentlich seinen Dienst zu tun, und mußte zuerst mit dem Rasiermesser geschärft werden. Danach zog er wieder elegante Haarstriche aufs Papier, und Jack schrieb weiter:

Unsere seltsame Ehe scheint sich zu bewähren. Oakes benimmt sich jetzt ernsthafter und pflichtbewußter als zuvor, und ich habe ihn zum Steuermannsmaat befördert, was ihm auf seinem nächsten Posten zugute kommen wird. Und Mrs. Oakes ist bei den Matrosen und Offizieren sehr beliebt. Der kleine Reade verehrt sie – es ist so hübsch anzusehen, wie freundlich sie ihn und die beiden Mädchen behandelt –, während Stephen und die anderen Offiziere so oft bei ihr auf dem Hüttendeck sitzen, daß wir es schon unseren »Salon« nennen. Aus vielerlei Gründen, darunter Humboldts Messungen und die Grundstückspapiere, nehme ich selten daran teil, falls es nicht um Nautisches geht, und weiß deshalb kaum, worüber sie reden. Tom schwadroniert jedenfalls formidabel drauflos und lacht auf eine Art, die Dich erstaunen würde, weil er in Gesellschaft doch sonst so gehemmt ist.

Nein: Im Augenblick habe ich etwas den Anschluß verloren, was einem Kommandanten oft geschieht, aber ich merke trotzdem, wie beliebt sie bei jedermann ist. Mich wundert nur, daß die Offiziersmesse noch nicht die Dinnerparty gegeben hat, die ihr als Braut zusteht. Ich glaube, sie schmiedeten die schönsten Pläne für ein großes Fest, nur sind ihre Schafe alle eingegangen, ihre Hühner haben den Pips, und da wir Fidschi nicht anlaufen konnten, um Schweine zu holen – der Gegenwind zwingt uns, Tonga anzusteuern –, wird sie wohl längst Mutter geworden sein, bis sie zu ihrem Bankett kommt. Es sei denn, sie begnügen sich mit einfacher Fischpastete, kaltem Hund und gekochtem Baby als Nachtisch. Sie nimmt es ihnen aber nicht übel, sondern sitzt da mit ihrer Handarbeit oder lauscht ihren Geschichten. Ihre Anwesenheit trägt viel bei zu der guten Laune an Bord, und das nicht nur auf dem Achterdeck. Wenn die Leute sich abends zu einem Tänzchen auf dem Vordeck einfinden, wissen sie genau, ob sie da ist; dann springen sie höher und singen melodischer.

Ja, sie verbessert ganz entschieden die Laune an Bord, ich hoffe nur, das ufert nicht aus. Ganz unter uns: Ich sorge mich etwas um Stephen, der ihr auffallend oft Gesellschaft leistet. Dabei ist sie bestimmt keine hinreißende Schönheit, niemand würde ihretwegen Troja in Brand stecken. Immerhin sieht sie ganz passabel aus mit ihren blonden Haaren und grauen Augen, obwohl sie ziemlich blaß und mager ist. Nichts Besonderes eben, nur ihre Kopfhaltung ist sehr graziös. Andererseits ist sie meist heiter, hat natürliche, angenehme Manieren – ist weder zickig noch geltungssüchtig –, gefällig im Umgang und eine willkommene Aufhellung der drögen Offiziersmesse. Aber eine Frau bleibt eine Frau, wenn Du verstehst, was ich meine. In diesem Fall ist sie sogar die einzige *im Umkreis vieler hundert Meilen.* »Oh, Stephen läuft keine Gefahr«, *höre ich Dich ausrufen.* »Stephen ist viel zu hochherzig, ein viel zu abgeklärter Philosoph, als daß er ihretwegen in Versuchung geriete.« *Recht hast Du: Ich kenne niemanden, der nüchterner wäre, gelassener oder abgeneigter, sich zum Narren zu machen. Trotzdem, derlei Gefühle können einen Mann überwältigen, ehe er es merkt, und selbst der Weiseste ist dagegen nicht gefeit – Stephen selbst hat mir erzählt, daß sogar der Heilige Augustin kein Engel war, was die Frauen betraf. Ich würde es sehr bedauern, falls Stephen derlei zustieße.*

Seine innere Uhr sagte Jack, daß er binnen weniger Minuten die zwei Glockenschläge der ersten Hundewache hören würde; und tatsächlich: Noch ehe er sein Schreibpult geschlossen hatte, schnauften Mr. Bentley, der Zimmermann, und seine Gehilfen bereits ungeduldig vor Jacks Tür, die Holzhämmer in Händen, und brannten darauf, in der Kajüte alle Trennwände und Türen abzuschlagen, jede Privatsphäre zu vernichten, kurz, den großen Raum so unpersönlich zu machen wie das Batteriedeck, vorn und achtern radikal Freiraum zu schaffen und Bereitschaft zum Gefecht, weil auf der *Surprise* fast jeden Tag exerziert wurde, seit Jack sie kommandierte. Und den Zimmerleuten auf dem Fuß folgten Killick mit seinem Gehilfen sowie der bärenstarke Padeen, um schleunigst Jacks ganze bewegliche Habe einzupacken und im Laderaum zu verstauen, während mit gerade noch diskretem Abstand hinter ihnen die Stückmannschaften einander auf die Zehen traten, um sich endlich den vier Zwölfpfündern in der Achterkajüte widmen zu können.

Jack zog den Rock an, drängte sich schnell zwischen ihnen durch und sprang den Niedergang hinauf. Dort in Luv oder zumindest an Steuerbord stand Pullings als Offizier der Wache, mit dem Trommelbuben dicht neben sich. Der Steuermannsmaat am Kompaßhaus richtete den rituellen Royal-Navy-Ruf: »Dreh um das Glas, schlag an die Glocke!« an einen völlig imaginären Seesoldaten und eilte danach selber hin, um seinen Befehl auszuführen.

Beim zweiten Glockenschlag sagte Jack: »Kapitän Pullings, das Trommelsignal zum Gefecht.«

Nun folgten die üblichen Befehlswiederholungen, die üblichen Trommelwirbel und das übliche dumpfe Poltern nackter Füße, die auf ihre Gefechtsstationen rannten, und zum Schluß die übliche Vollzugsmeldung: »Alle zugegen und nüchtern, wenn's beliebt, Sir« an den Kommandanten, der in stumme Betrachtung versunken dastand. Er musterte das schweigende, aufmerksame Deck, die nach starrem Muster um ihre Kanonen gruppierten Crews, die Luntenzuber mit dem Gekräusel der Rauchfäden, die ganze zum sofortigen Gefecht bereite Kampfmaschine.

Und doch hätte hier nichts unwahrscheinlicher sein können als ein Gefecht. Das turmhohe Arrangement der Segel, von der untersten Etage bis hinauf zu den Royals, hing schlaff und faltig herab; der Rauch der Lunten stieg kerzengerade in die Höhe; und an Backbord wie an Steuerbord dehnte sich die leere See wie ein Spiegel, meilenweit ohne die kleinste Windwelle, aber im Licht der sinkenden Sonne von einem seltsamen Purpurrot. Und nirgendwo, weder am wolkenlosen Himmel noch auf der glatten Scheibe des endlosen Ozeans, war eine Bewegung zu sehen.

Dagegen war in der Stille Doktor Maturins harsche Stimme zu hören, der einem stocktauben, magenverstimmten Seemann erklärte, daß seine Beschwerden »die Rache einer überforderten Verdauung« seien, daß er jeden Bissen vierzigmal kauen und diesem »vermaledeiten Grog« abschwören müsse.

»Also gut, Kapitän Pullings«, sagte Jack schließlich,

»da morgen ein Feiertag ist, werden wir die Kanonen nur ein halbes dutzendmal ein- und ausfahren. Danach nehmen wir die Flieger und Royals weg und schenken dem König den Rest des Tages.«

Der König, dieser arme Mann, war förmlich vernarrt gewesen in den kleinen Mozart, neben dem er am Klavier saß und die Noten umblätterte, und vielleicht hätte ihm auch die Musik gefallen, die sie an diesem Abend spielten, denn sie war so typisch für den genialen Komponisten, wie Liebe zu ihm sie nur machen konnte. Auch wenn es keine harmonischen Duette für Violine und Cello gab, hatte es doch ein kühner Geist vermocht, jene für Violine und Viola – wie auch einige Lieder – umzuschreiben, wobei die Geige die Melodie übernahm und das Cello die Begleitung; mit noch mehr Wagemut konnte man auch durch verschiedene Opern wandern, einige Passagen gemeinsam spielen und dann abwechselnd das Thema variieren. Das mochte nicht jedermanns Geschmack sein – mit Sicherheit verärgerte es Killick –, doch den Solisten bereitete es das größte Vergnügen. Und als sie nach ihrer Version von *Sotto i pini* die Bogen sinken ließen, sagte Jack: »Ich wüßte nichts, das auf seine besondere Art dermaßen schön und bewegend klingt. Als ich Steuermannsmaat war und kurz vor dem Leutnantsexamen stand, hörte ich, wie es La Salterello und ihre jüngere Schwester sangen. Sam Rogers – ein Trunkenbold und Hurenbock reinsten Wassers, möge er ruhen in Frieden – saß in dem stillen Haus neben mir, und ich konnte förmlich hören, wie ihm die Tränen aufs Knie tropften. Herrgott, Stephen, soviel Genuß macht mich schläfrig. Dich nicht auch?«

»Nicht im geringsten. Mir fällt auf, daß du dieser Tage überhaupt viel schläfst. Gewiß verlangen die zermürbenden, ermüdenden, sorgenvollen, endlosen Wochen oder – Gott sei's geklagt – sogar Monate in dieser abscheulichen Strafkolonie ein gewisses Maß an Wiedergutmachung;

aber du solltest bedenken, daß Schlaf und Korpulenz Hand in Hand gehen wie *fas* und *nefas* – nimm nur die Haselmaus im Herbst oder den überwinternden Igel –, und ich würde es bedauern, dich noch korpulenter zu sehen. Vielleicht solltest du dich vor dem Schlafengehen auf eine einzige Portion getoasteten Käse beschränken. Ich rieche ihn schon.«

»Ein andermal gern«, antwortete Jack. »Aber heute ist Guy-Fawkes-Abend, und der muß von anständigen Briten tüchtig gefeiert werden. Alles andere grenzt an Landesverrat, stinkt nach verfaultem Papismus ... Ach du liebe Güte, Stephen, da bin ich schon wieder ins Fettnäpfchen getreten. Tut mir sehr leid.«

Die außergewöhnliche Glätte der See und die daraus folgende Unbeweglichkeit seiner Schwingkoje weckten im schlafenden Kapitän Aubrey den Eindruck, er liege zu Hause. Dieser Eindruck war so stark und sein Schlaf so tief, sein ganzer Körper so schlaff und entspannt, daß nicht einmal das doppelte Schwabbern des Decks und das anschließende Trockenschlagen (denn es war ein Feiertag) bis in sein Bewußtsein drangen. So bekam Reade ihn nur mühsam wach, als er bei sechs Glasen hereinstürmte, um zu melden, daß das Schiff aufgespießt worden sei.

»Eine Empfehlung von Kapitän Pullings, Sir, und die Bordwand ist achtern unterhalb der Wasserlinie durchstochen worden. Er dachte, Sie wollten das vielleicht wissen.«

»Machen wir Wasser?«

»Nicht direkt, Sir. Es war ein Schwertfisch, und sein Schwert steckt noch im Loch.«

»Wenn sich Ihr Sinn für Humor an mir ausgetobt hat, Mr. Reade, dürfen Sie den Doktor aufsuchen und ihm Bescheid sagen. Ich nehme nicht an, daß der Fisch gefangen wurde?«

»O doch, Sir, das wurde er. Awkward Davies hat ihn mit solcher Kraft harpuniert, daß die Speerspitze den Kopf glatt durchbohrte. Jetzt versuchen sie, ihm ein Auge um den Schwanz zu legen.«

Awkward Davies war nur deshalb zum Vollmatrosen befördert worden, weil er Kapitän Aubrey von Schiff zu Schiff gefolgt war, ganz gleich, was dieser auch unternahm. Dennoch konnte er sich keiner seemännischen Fähigkeiten rühmen, ausgenommen vielleicht der furchtbaren Kraft, mit der er eine Harpune zu schleudern vermochte, ein Talent, das in den letzten zehn oder zwölf Jahren bei keinem Einsatz von ihm gefordert worden war. Bis Jack an Deck kam, hatte der Schwertfisch, der sich nur zögerlich dem Tod ergab, endlich aufgehört, mit dem Schwanz zu peitschen. Die Schlinge um seinen Leib war zugezogen; und ein Trupp der Achterwache, eifersüchtig kommandiert von Davies, der niemanden, weder Offizier noch Matrose, neben sich duldete, zog den in der Sonne schimmernden Fisch mit der großen, jetzt traurig geknickten Rückenflosse vorsichtig aus dem Wasser.

»Er gehört zu den *histiophori*«, sagte Stephen, der im Nachthemd dabeistand. »Wahrscheinlich ein *pulchellus*.«

»Ist er eßbar?« fragte Pullings.

»Natürlich ist er eßbar. Er schmeckt viel besser als der gewöhnliche Thunfisch.«

»Dann können wir endlich unser Festessen veranstalten«, frohlockte Pullings. »Schon seit vierzehn Tagen werde ich schamrot, wenn ich ihr ins Gesicht blicke, wo sie doch 'ne Braut ist und so ... Guten Morgen, Sir«, rief er, als er Jack am Niedergang gewahrte. »Wie Sie sehen, haben wir einen Fisch gefangen.«

»*Ich* hab' ihn gefangen, Sir«, korrigierte Davies, ein großer, kräftiger, dunkelhäutiger Mann, sonst verschlossen und düster, ein Grübler, aber jetzt vor Freude wie verwandelt. »*Ich* hab' ihn gefangen. Sinnig da, sinnig, ihr verdammten Trottel. Hab' ihm das Eisen glatt durch den vermaledeiten Schädel gerammt, ha, ha, ha!«

»Gut gemacht, Davies, mein Wort darauf. Gut gemacht. Der muß an die fünfhundert Pfund wiegen.«

»Sie kriegen seinen Schwanz und den Bauch, Sir. Sie werden platzen vor Kraft, wenn Sie die gegessen haben.«

VIERTES KAPITEL

∽∾∾

Wenigstens haben wir jetzt Ruderfahrt im Schiff«, sagte Jack, zog Hemd und Hose aus und packte sie in die Hängemattsnetze, in sicherem Abstand von der Spur silbern glänzender Schuppen. »Es wäre mir arg zuwider, in den versammelten Dreck zweier, nein *dreier* Tage und Nächte zu springen. Kommst du nicht mit?«

»Wenn du erlaubst, beschäftige ich mich lieber mit der Anatomie dieses edlen Fisches – Mr. Martin, wie geht's? –, bevor der Verfall einsetzt.«

»Länger als eine halbe Stunde können wir Ihnen das Deck nicht überlassen, Doktor«, warnte Pullings. »Wie Sie wissen, ist heute Feiertag, und alles muß picobello sauber sein.«

»Mr. Reade, mein Guter« sagte Stephen, »ich möchte Sie bitten, nach unten zu rennen – nein, zu springen – und Padeen auszurichten, er soll mir den großen Sezierkoffer bringen. Dann gehen Sie nach vorn und bitten die kleinen Mädchen, mir 'ne Hand zu borgen, nein zu leihen; aber in ihren alten, schmutzigen Kittelschürzen.«

Ihre alten, schmutzigen Kittelschürzen waren bereits eingeweicht, und frische Kittelschürzen kamen nicht in Frage. Also erschienen sie achtern so nackt, wie Gott sie schuf. Die kleinen schwarzen Gestalten gaben zu keinerlei Kommentaren Anlaß, denn bei dieser Flaute sprangen die beiden sowieso dauernd ins Wasser. Mit ihren starken, präzisen Händchen waren sie nützliche Assistenten, weil sie keine Zimperlichkeit kannten – sie hielten eine Sehne notfalls mit den Zähnen fest –, weil sie mit den Zehen fast genauso geschickt zupacken konnten wie mit den Fingern und weil sie erpicht waren auf Stephens Lob. Padeen machte sich ebenfalls nützlich, indem er die schwersten Teile handhabte und vor allem Davies fernhielt, ebenso den Schiffskoch, den Offizierskoch, den Kapitänskoch und den Metzger, ganz zu schweigen von ihren diversen Helfern, die darauf brannten, ihre jeweiligen Fleischstücke aus der Sonne fort und in relativ kühlere Räume an Bord oder in die Pökelwannen zu schaffen. Denn in diesen Breiten galt für den Schwertfisch das gleiche wie für Makrelenfleisch: köstlich vor Sonnenuntergang, ein Jammerfraß am zweiten Tag und das reinste Gift am dritten.

Doch trotz aller Hast – die Seeleute schleppten ihre Beute in Sicherheit, sowie die Anatome sie freigaben – waren sie für Pullings nicht schnell genug. Er hatte Mr. und Mrs. Oakes bereits mit einer Empfehlung der Offiziersmesse zum Abendessen einladen lassen. Jack hatte die Einladung noch vor seinem Bad in der See akzeptiert. Deshalb mußte der Erste Offizier jetzt alles für ein Fest in Bewegung setzen, das für die lange Verzögerung entschädigen würde, und gleichzeitig eine Gala für das Schiff vorbereiten, um den Fünften November gebührend zu feiern. Natürlich hatte er mit dem Bootsmann schon Wimpel und bunte Bänder in Mengen anfertigen lassen, aber beide wußten nur zu gut, daß nichts davon hochgezogen werden konnte, ehe das Deck nicht so sauber war, daß eine Jungfrau davon hätte essen können – ehe nicht alle Kanonen mitsamt den Lafetten fleckenlos glänzten, ehe nicht alles Messingzeug so sauber poliert war, daß es die Sonne in den Schatten stellte, kurz, ehe nicht ein Berg von Arbeit bewältigt war, was emsigsten Eifer verlangte.

Im Frühstadium dieser anstrengenden Vorbereitungen gab Stephen die nach Fisch stinkenden Mädchen über die

Seite, achtete darauf, daß sie mehrmals untergetaucht wurden, ließ sich von Jemmy Ducks versichern, daß ihre frischen Kittelschürzen für die Zeremonie bereit lagen, und eilte dann nach achtern, wie magisch angezogen von dem Kaffeeduft, um mit Jack zu frühstücken, der auch West und Reade eingeladen hatte. Es wurde eine angenehme Mahlzeit, doch bei allem, was es noch zu tun gab, hielt sich keiner der Gäste lange dabei auf.

Stephen folgte ihnen an Deck, zog sich jedoch angesichts der Hektik schnell wieder in seine Kammer zurück. Nachdem er ein Zigarillo geraucht hatte, setzte er sich an sein Pult, dachte eine Weile nach und begann dann zu schreiben:

Meine Liebste, als ich noch ein Kind war und Linien aufs Papier gezogen bekam, begann ich meine Briefe gewöhnlich mit den Worten: »Ich hoffe, dir geht es gut. Mir geht es sehr gut.« Danach verließ mich meist die Muse. Und doch hat dieser armselige Beginn seine Vorteile. Ich hoffe wirklich, daß es dir glänzend geht und daß du gar nicht glücklicher sein könntest ...

»Herein!« rief er, weil es klopfte. Killick öffnete die Tür, legte Stephens beste Uniform auf den Tisch, dazu Zweispitz und Degen, schoß einen mahnenden Blick auf ihn ab, nickte und verschwand.

Als ich zum letztenmal an diesem Pult saß, fuhr Stephen fort, *habe ich Dir, wenn ich mich recht erinnere, von Mrs. Oakes erzählt. Aber richtig beschrieben habe ich sie wohl nicht. Sie ist eine schmale, aschblonde junge Frau, etwas kleiner als der Durchschnitt, von zierlicher Gestalt, mit graublauen Augen und einem mäßigen Teint, der sich hoffentlich durch Gaben von Eisen und Chinarinde bessern wird. Anspruch auf Schönheit hat nur ihre graziöse Haltung, die angeborene Eleganz ausstrahlt und mich an Dich erinnert. Was ihr Gesicht*

betrifft ... Aber wenn es um Gesichter geht, was kann da eine Beschreibung schon ausrichten? Ich will nur soviel sagen, daß ihres mich an eine liebenswerte junge Katze erinnert. Natürlich ohne Schnurrhaare und Pelzohren, ähnelt es einer Katze doch in seiner Dreiecksform, den schräggestellten Augen und der Selbstbeherrschung. Ihr Ausdruck ist bescheiden, aber offen und freundlich, bewußt freundlich sogar, als sei sie darauf aus, wenn schon nicht sofortige Zuneigung, so doch wenigstens allgemeine Sympathie zu erringen. Diese – oder sogar beides – hat sie sich hier ganz gewiß verschafft. Dafür gibt es einen seltsamen Beweis: Während vor kurzem noch alle darauf versessen waren zu erfahren, für welches Verbrechen oder Vergehen sie in die Botany Bay deportiert wurde, wird sie nun nicht länger mit jenen ungezogenen Fragen belästigt, die sie seinerzeit mit bewundernswerter Entschiedenheit zurückwies – ja, ich glaube sogar, daß die Neugier erloschen ist, weil sie nun als zum Schiff gehörig akzeptiert wird. Das Problem von Schuld oder Bewährung spielt überhaupt keine Rolle mehr.
Der Umgang mit ihr ist zweifellos sehr angenehm, sie hat ein ehrliches Interesse an Seegefechten – ich war dabei, als West ihr detailliert von der Schlacht bei Kampenduin berichtete, und bin sicher, daß sie jedem Zug aufmerksam folgte – und unterbricht nie ihren Gesprächspartner. Sie läßt jeden ausreden! Außerdem muß ich betonen, daß ihr Benehmen nichts Vorwitziges oder Herausforderndes hat, und sie flirtet überhaupt nicht, denn sie hat es nicht auf Bewunderung abgesehen. Obwohl manche Offiziere sich bemüßigt fühlen, ihr galante Komplimente zu machen, geht sie nicht darauf ein – protestiert nicht affektiert –, sondern lächelt nur höflich. Ich habe tatsächlich den Eindruck, daß sie sich ihres Geschlechts allgemein viel weniger bewußt ist als ihre Umgebung. Das kann ich mit Gewißheit sagen, weil ich ihr stundenlang Gesellschaft leistete, zum Beispiel eine ganze Nachmittagswache lang, als ihr Mann Dienst hatte und ich nach Lathams Albatrossen Ausschau hielt; gelegentlich saß ich auch nachts lange bei ihr, wenn es unter Deck stickig war und oben frisch.

Dabei haben wir kaum etwas gemeinsam: Sie weiss wenig über Vögel und anderes Getier oder über Blumen und Musik. Sie ist einigermassen belesen, aber niemand könnte sie einen Blaustrumpf nennen. Dennoch kommen wir gut miteinander aus. Während all unserer Gespräche bei Tag oder Nacht hätte ich mich genausogut mit einem bescheidenen, liebenswürdigen, recht intelligenten jungen Mann unterhalten können; obwohl ich nur wenige junge Männer kenne, die so verbindlich und gefällig sind – und keinen, der es besser verstünde, Vorstösse auf sein Privatleben zurückzuweisen. Ohne im geringsten maskulin zu wirken, ist sie ein genauso angenehmer Umgang wie ein Mann. Nun könntest Du sagen, das liegt daran, dass ich kein Adonis bin, was ja auch stimmt. Aber wenn ich mich nicht irre, reagiert sie ebenso auf Jack, jedenfalls bei den seltenen Gelegenheiten, wenn er mit ihr spricht; und genauso auf Davidge, einen beharrlicheren Verehrer. Dabei gelten diese beiden doch als recht gutaussehende Männer. Tom Pullings und West, dessen Nase auf der Ausreise erfroren ist, sind sogar noch unansehnlicher als ich, werden von ihr aber mit der gleichen Freundlichkeit behandelt. Ebenso unser einäugiger Martin, der Ärmste, obwohl der nicht immer ganz diskret war und manchmal die kalte Seite des Mondes zu sehen bekam, eben die Medea, von der ich neulich sprach.

Ob ihre unverhüllte Freundlichkeit sich am Ende als klug oder wohltuend entpuppen wird, weiss ich nicht. Männer neigen leider dazu, solch ein Benehmen misszuverstehen. Auch wenn keine männliche Eitelkeit oder Selbstverliebtheit ins Spiel kommt, könnte Clarissa doch in mancher Brust eine gewisse Zärtlichkeit wecken, fürchte ich. Zärtlichkeit und in bestimmten Fällen auch ein gröberes Gefühl oder eine Mischung aus beidem. Schliesslich kam die Dame unter völlig eindeutigen Umständen an Bord, und auch der schwächste Nachklang eines schlechten Rufs wirkt als starkes Stimulans.

Der gute Jack, selbst nicht unempfindlich für ihre Reize, bleibt

demonstrativ auf Distanz. Doch zu meinem Erstaunen mußte ich feststellen, daß er sich um meinen Seelenfrieden sorgt. Ausgerechnet um meinen Seelenfrieden. Einige seiner dunkleren Andeutungen über das menschliche Glück im allgemeinen enthüllten sich mir am Dienstag, als er mich arg verblüffte, indem er mit seiner tiefen, grollenden Stimme ein warnendes Sonett zitierte, eindrucksvoller, als ich es ihm zugetraut hätte. Die Worte wild, extrem, roh, grausam, nicht vertrauenswürdig widerhallten hohl in meinem Kopf.
Die Glocke erinnert mich daran, daß ich die Dame in fünf Minuten wiedersehen werde, falls sie sich nicht bei mir entschuldigen läßt, was nicht ganz überraschend käme. Denn sie soll heute in der Offiziersmesse dinieren. Auch wenn sie einige männliche Tugenden besitzen mag, ist sie doch bestimmt Frau genug, um mit dem Ankleiden für das Fest Stunden zuzubringen. Also lasse ich dieses Blatt jetzt unvollendet.

Stephen war nicht unfehlbar, beileibe nicht. Als es fünf Minuten später an seine Tür klopfte, stand seine Patientin davor, pünktlich zur verabredeten Zeit. Das bevorstehende Fest färbte ihre Wangen etwas rosiger, sie sah sehr wohl und gesund aus, aber im entscheidenden Punkt stellte er fest, daß sich ihr körperlicher Zustand weder verbessert noch verschlimmert hatte. Als die Untersuchung vorbei war, sagte er: »Sie müssen weiterhin Eisen und Rinde einnehmen. Ich glaube, wir sollten die Dosis sogar ein wenig erhöhen. Außerdem lasse ich Ihnen etwas Wein nach vorn schicken, nur als Medizin. Davon trinken Sie mittags ein Glas und abends zwei.«

»Sehr freundlich«, sagte Clarissa dumpf unter den Falten ihres Kleides hervor. Wieder fiel ihm auf, daß ihre Blöße sie so wenig störte, als wären sie beide Männer, vielleicht weil er als Arzt für sie ein Neutrum war. Trotzdem hatten die meisten seiner Patientinnen sich auch bei ihm bisher recht schamhaft benommen. Clarissa aber schämte sich ebensowenig vor ihm wie ein professionelles

Aktmodell vor dem Maler. Als jedoch ihr Kopf wieder aus dem Kleid auftauchte, als sie es zugeknöpft und ihr Haar glattgestrichen hatte, fragte sie mit leichter Verlegenheit: »Lieber Doktor, dürfte ich Sie um eine weitere Freundlichkeit bitten, die nichts mit Medizin zu tun hat?« Stephen verbeugte sich lächelnd, worauf sie fortfuhr: »Gestern ist etwas Unangenehmes passiert. Mr. Martin zeigte mir gerade, wie die Viola zu stimmen ist, als seine kleine Katze ... Sie kennen doch seine kleine Katze?«

Die Mutter der kleinen Katze hatte in Sydney angeheuert und war so lange geduldet worden – sie erwies sich als tüchtige Mäusefängerin –, daß niemand so unmenschlich sein wollte, sie wieder an Land zu setzen, als sie sich trächtig zeigte. Martin hatte das einzige überlebende Kätzchen des Wurfs adoptiert, ein dümmliches, aufdringliches Tier.

Stephen verbeugte sich erneut. »Also, diese kleine Katze sprang mir plötzlich auf den Schoß, wie schon so oft. Ich mag keine Katzen und stieß sie weg, vielleicht etwas heftiger als sonst. ›Oh‹, rief er aus, ›seien Sie doch nicht so grob zu meinem Kätzchen! Sind Sie denn nicht mit Katzen aufgewachsen? Hatten Sie etwa als Kind daheim keine Katze?‹ Und so weiter, eine ganze Kette von Fragen. Wie Sie wissen, hasse ich Neugier ebensosehr wie Katzen, weshalb ich ihm vielleicht etwas zu scharf geantwortet habe.«

»Das wäre schon möglich, meine Liebe.«

»Und nun fürchte ich, daß er mich immer noch für verärgert hält. Aber was viel schlimmer ist: Das elende Vieh ist letzte Nacht verschwunden, und er könnte glauben, ich hätte es über Bord geworfen. Bitte, würden Sie ihn beim Dinner neben mich setzen? Ich würde es sehr bedauern, wenn wir nicht wieder Freunde werden könnten.«

Stephen blickte zu Boden, weil er befürchtete, daß sich seine Gedanken in seinen Augen widerspiegelten, und antwortete in neutralem Ton: »In diesen Dingen habe ich kein Mitspracherecht, denn der Vorsitzende unserer Messe ist Pullings. Aber wenn Sie möchten, werde ich es ihm gegenüber erwähnen.«

Wieder klopfte es. Diesmal war es Reade, der eine Empfehlung des Kommandanten überbrachte: Falls Dr. Maturin an der Zeremonie teilzunehmen wünsche, blieben ihm noch vier bis fünf Minuten Zeit für das Ankleiden. Reade überbrachte diese Mahnung verlegen murmelnd, und als Mrs. Oakes ihn fragte, ob ihr Mann schon an Deck sei, bejahte er errötend. Dabei mied er ihren Blick und lächelte auch nicht, was in so starkem Gegensatz zu seiner gewohnten, offenen Bewunderung stand, daß ihm beide Erwachsene einen schnellen, forschenden Blick zuwarfen.

Stephen blieb allerdings wenig Zeit für längere Blicke. Killick stand, kochend vor Ungeduld, in der Tür, und noch bevor Mrs. Oakes die Kammer ganz verlassen hatte, riß er Stephen schon den alten speckigen Rock vom Leibe, dabei einen steten Schwall bitterer Vorwürfe ausstoßend.

Proper uniformiert, wurde Dr. Maturin die Niedergangsleiter zum Achterdeck hinaufkatapultiert, als dort gerade die mittägliche Sonnenhöhe ermittelt wurde. Zuerst verblüffte ihn die blendende Lichtfülle nach seiner dämmrigen Kammer und anschließend die Vielfarbigkeit seiner Umgebung: Oben, unten, rechts und links flatterten Rot, Gelb und Blau in vielen Farbtönen und Formen, quadratisch, rechteckig, als Dreieck, Schwalbenschwanz und kariert, alles von überraschender Leuchtkraft nach dem ewigen Blau und Grau. Denn das Schiff hatte nun über die Toppen geflaggt und bot unter dem strahlenden, wolkenlosen Mittagshimmel einen prächtigen Anblick. Die Brise reichte gerade, um die verschiedenen Wimpel und Bänder an den Masten, Wanten und Rahen auswehen zu lassen – und das in so erstaunlicher Vielzahl, daß die Takelage unter der Sonne bunt zu vibrieren schien. Auch der Rumpf zeigte sich im Feiertagsgewand: Die blendendweißen Hängemattskleider spannten sich in faltenloser Perfektion, die Decks, Kanonen und Leinen waren so makellos sauber, wie sich's ein Seemann nur wünschen konnte, auf dem Achterdeck blitzten die Goldlitzen der Uniformen, und auf Seitendecks und Vordeck drängten sich die Matrosen in ihrem besten Sonntagszeug: weiße Leinenhosen, hellblaue Jäckchen mit Messingknöpfen, bestickte Hemden und bandgeschmückte Hüte.

»Damit ist's zwölf Uhr, Mr. West«, sagte Jack, als ihm die Mittagsstunde gemeldet wurde, und seine Worte hallten noch nach, als es bereits acht Glasen schlug.

Während nun normalerweise das Bootsmannssignal zum Essenfassen ertönt wäre, mit anschließendem herzhaftem Hungergebrüll, Fußgetrappel und Tellerklappern, trat diesmal atemlose Stille ein. Gespannt blickten die Leute nach achtern. »Machen Sie weiter, Mr. West«, sagte Jack.

»Alle Mann aufentern!« rief West, und die ganze Masse Mensch quoll flink, ein steter Strom, zu beiden Seiten in den Wanten empor. »Legt aus, legt aus!« kam Wests Kommando, und alle rannten auf die Rahen hinaus. Als auch der letzte schmächtige Junge die Nock der Vorbramrah an Steuerbord erreicht hatte und sich dort am Toppnant festhielt, trat Jack vor und brüllte mit einer Stentorstimme, die noch im Himmel zu hören sein mußte: »Ein dreimaliges Hurra auf den König!«

»Sie müssen den Hut abnehmen und hurra schreien«, flüsterte Pullings in Stephens Ohr; denn der Doktor starrte nur geistesabwesend um sich.

»Hurra – hurra – hurra!« Die Hochrufe donnerten heraus wie eine dreimalige Breitseite. Nach dem letzten waren nur noch Sarah und Emily zu hören, die – außer sich vor Aufregung – immer weiter jubelten: »Hurra, hurra auf Guy Fawkes!«, und das in schrillem Diskant, bis Jemmy Ducks sie zum Verstummen brachte.

»Mr. Smith«, sagte Jack, »machen Sie weiter.« Nun trat

der Stückmeister in seinem noblen schwarzen Presbyterianer-Rock vor, einen rotglühenden Ladestock in der Hand. Der Salut lief feierlich, beginnend mit Jacks eigener bronzener Jagdkanone im Bug, an beiden Bordseiten in exakten Fünf-Sekunden-Intervallen nach achtern, während der Stückmeister von einer Kanone zur anderen ging und die rituellen Worte aufsagte: »Wäre ich kein Gunner, wäre ich nicht hier: Nummer sieben – Feuer!« Als er zuletzt auch die Nummer siebzehn abgefeuert hatte, wandte er sich nach achtern und nahm den Hut ab. Jack erwiderte seinen Gruß und sagte: »Mr. West, lassen Sie zum Essen pfeifen.«

Ein letztes wildes, langgezogenes Jubelgeschrei erscholl. Bevor die weißen Rauchwolken auch nur eine Kabellänge weit nach Lee gedriftet waren, schwoll der übliche Mittagstumult zu einem ohrenbetäubenden Crescendo an.

»An Land, im nördlichen Irland, habe ich erlebt, daß der Fünfte November mit einem Feuerwerk gefeiert wurde«, bemerkte Stephen.

»Nichts geht über den edlen Donner der Kanonen«, sagte der Stückmeister. »Knallfrösche, brennende Teerfässer, sogar Himmelsraketen für eine halbe Krone das Stück sind bloß Spielerei im Vergleich zu einer anständig geladenen Kanone.« Da er die Nachmittagswache übernehmen sollte, damit die ganze Offiziersmesse am Festessen teilnehmen konnte, stand er jetzt auf dem Achterdeck. An Jack gewandt, sagte er: »Alsdann, Sir, werden ich und mein Gehilfe jetzt einen Bissen essen, wenn Sie erlauben, und in einer halben Stunde das Deck übernehmen. Haben Sie besondere Anweisungen für mich?«

»Nein, Mr. Smith. Nur daß Sie mich rufen lassen, falls der Wind nachhaltig umspringt oder auffrischt. Und natürlich auch, wenn Sie ein fremdes Segel oder Land sichten.«

Als die halbe Stunde um war, hatte sich das Achterdeck

bis auf den Stückmeister, seinen Gehilfen und die Rudergänger geleert. Stephen und Padeen brachten zwölf Flaschen blonden Sherrys herauf, die die Reise zur Botany Bay überlebt hatten, und vertrauten sie dem Messesteward an. Stephen hatte dem bedauernswert nervösen Pullings Mrs. Oakes' Wunsch übermittelt, hatte dem Gehilfen des Messestewards eine ungemein elegante Technik des Serviettenfaltens gezeigt, hatte vorgeschlagen, die Tafel mit Tang zu schmücken, und besonders dekorative Rispen beigebracht, und war danach von seinen Messekameraden, die ihren Streit vorübergehend vergaßen, einmütig beschworen worden, bis vier Glasen oben nach seinen Albatrossen auszuspähen. In dem engen Raum war einfach nicht genug Platz für so viele eifrige Leute. Außerdem verbrauchten sie das bißchen frische Luft, das durchs Oberlicht kam – Martin hatte sich, seine guten Seidenstrümpfe in die Hosentaschen gestopft, bereits hinauf in den Besantopp geflüchtet.

Stephen schlenderte nach achtern, wo sich der Kommandant in seiner großen Kajüte entspannte, ausgestreckt auf der Heckbank liegend und einen Fuß in einer Schüssel mit Wasser badend.

»Leidest du, Bruderherz?« fragte Stephen. »Oder gehört das zu der abergläubischen Furcht der Marine vor Schmutz?«

»Ich leide, Stephen«, antwortete Jack. »Wenn auch in Maßen. Weißt du noch, wie ich auf dem Ruderzapfen stand, als Dick Richards und ich die Steuerung der *Nutmeg* klarierten?«

»Der Ruderzapfen. Gewiß, daran denke ich pausenlos. Kaum daß er mir einmal aus dem Sinn kommt.«

»Tja, der hat mir damals einen gemeinen Hieb versetzt. Danach habe ich wochenlang gehinkt. Und vorhin habe ich mir genau dieselbe Stelle des Knöchels an dem Achsnagel dort gestoßen. Was hab' ich gebrüllt!«

»Das überrascht mich nicht. Soll ich mir's mal anschauen?« Stephen griff nach dem Fuß, betrachtete ihn, drückte daran herum, hörte Jacks scharfes Atemholen und sagte: »Es ist ein kleiner Splitter des äußeren *malleolus*, der rauskommen will.«

»Was ist das, der äußere *malleolus*?«

»Nichts da. Wenn du mit deinen Ruderzapfen angibst, revanchiere ich mich mit meinen *malleoli*. Halt still. Soll ich den Splitter rausschneiden? Mein Skalpell liegt noch drüben bei den Tangrispen.«

»Vielleicht warten wir damit bis nach dem Fest«, sagte Jack, der es haßte, kalten Bluts geschnitten zu werden. »Es geht mir schon viel besser. Ich hab' ja auch 'ne Menge Salz ins Wasser geschüttet.«

Stephen war an so etwas gewöhnt; er nickte, grübelte eine Weile und sagte dann: »Also hat der Stückmeister jetzt die Wache. Sag mal, Jack, ist es nicht ungemein befremdlich, daß ein Stückmeister den Wachführer macht?«

»Du lieber Himmel, nein. Auf einer Fregatte wäre es natürlich ungewöhnlich, aber in einer Slup mit einem einzigen Leutnant und in vielen unklassifizierten Schiffen ist es durchaus üblich, daß ein verläßlicher und erfahrener Bootsmann oder Stückmeister die Wache übernimmt. Und in unserem Fall liegt sogar ein *embarras de choix* vor. He, Stephen, ich sprach von einem *embarras de choix*.«

»Ich hab's gehört«, antwortete Stephen zerstreut.

»So viele unserer Unteroffiziere verstehen etwas von Navigation und haben sogar schon selbst Schiffe kommandiert, daß sie, auch wenn das ganze Achterdeck ausradiert würde ...«

»Da sei Gott vor.«

»Daß sie den Kahn immer noch heimbringen könnten.«

»Welch ein Trost! Danke, Jack. Und jetzt verlasse ich dich, um ein bißchen zu lesen.«

In seiner Kammer breitete Stephen seine Kapazitäten um sich aus: Wiseman, Clare, Petit, van Swieten, John Hunter. Sie verbreiteten sich des langen und breiten über männliche Patienten, wußten über Frauen aber nur wenig zu sagen. Dennoch waren sich alle darin einig, daß es keine schwierigere Diagnose gab als die beim Vorliegen einer hartnäckigen, atypischen, chronischen Infektion. Er las immer noch höchst konzentriert in seinem Hunter, als ihm die Glocke verriet, daß er sich jetzt seinen Messekameraden anschließen mußte, um ihre Gäste zu empfangen.

In der Offiziersmesse herrschte gespanntes Schweigen. Man war in höchstem Grade nervös, und sowohl West wie Adams blickten immer wieder stirnrunzelnd auf ihre Uhren. »Da sind Sie ja, Doktor!« rief Tom Pullings aus. »Ich fürchtete schon, wir hätten Sie verloren – daß Sie den Niedergang hinabgefallen wären wie unser armer Davidge hier oder aus dem Masttopp gestürzt wie Mr. Martin. Was meinen Sie, sieht der Tisch elegant aus?«

»Ungewöhnlich elegant.« Stephen musterte seine geometrische Perfektion. Ihm fiel auf, daß Davidge am unteren Ende stand und sich den Kopf hielt. Der fing seinen Blick auf und lächelte mühsam. »Die Niedergangsleiter hat mich abgeworfen«, sagte er.

»Die Braut sitzt natürlich zu meiner Rechten«, ordnete Pullings an. »Dann kommt Martin, dann Sie und schließlich Reade. Mr. Adams nimmt am Fußende Platz. Zu meiner Linken habe ich den Kommandanten, danach Davidge – es geht Ihnen doch gut, Davidge, oder?«

»Oh, gewiß. Es war weiter nichts.«

»Danach kommt West und schließlich Oakes an Mr. Adams' rechter Seite. Was halten Sie davon, Doktor?«

»Eine gelungene Sitzordnung, mein Bester«, antwortete Stephen, der darüber nachdachte, daß Davidges »Nichts« ein verdammt dickes war, dunkel, stark geschwollen und schmerzhaft, eine Beule, die von seiner linken Schläfe bis zum Wangenknochen reichte.

»Wenn sie doch nur endlich kämen«, seufzte Pullings. »Sonst verdirbt uns noch die Suppe.« Und West schaute wieder auf seine Uhr. Die Tür ging auf. Killick trat ein, sagte zu Pullings: »Zwei Minuten, Sir, wenn's beliebt«, und nahm seinen Platz hinter dem Stuhl des Kommandanten ein.

Martin zwängte sich um den Tisch herum und verkündete mit diskret unterdrücktem Triumph: »Schlagen Sie mich nicht, Maturin, aber ich habe ihren Vogel gesehen.«

»Oh!« rief Stephen enttäuscht. »Haben Sie wirklich? Und ich hielt den ganzen Tag vergeblich nach ihm Ausschau. Sind Sie denn sicher?«

»Daran besteht überhaupt kein Zweifel, fürchte ich. Gelber Schnabel mit blauer Spitze, dicke, dunkle Brauen, schwarze Füße und ein zutrauliches Gesicht. Er kam bis auf zehn Meter an mich heran.«

»Tja, das Leben ist ungerecht. Aber ich habe mit Bedauern gehört, daß Sie aus dem Topp gestürzt sind.«

»Das war ein dummer Anfängerfehler. Vor lauter Hast, hinunterzuklettern und Sie zu verständigen, rutschte mein Fuß ein wenig aus, und ich hing einen Augenblick nur an meinen Händen, war aber völlig sicher und Herr der Lage. Wenn mich John Brampton in seiner Gutmütigkeit nicht mit roher Gewalt hochgehievt hätte, wäre ich mit Leichtigkeit auf der Plattform gelandet. Jedenfalls gelangte ich ohne jede Hilfe nach unten.«

Stephen schniefte. »Bitte den Vogel näher zu beschreiben«, sagte er.

»Also ...«, begann Martin, hielt dann aber inne, wandte sich um und verbeugte sich vor Kapitän Aubrey. Die Offiziersmesse begrüßte ihren Gast und drängte ihn, einen Aperitif zu nehmen. Davidge erklärte abermals, daß er den Niedergang hinabgestürzt sei, und Pullings teilte Jack seine Besorgnis wegen der Suppe mit.

Die an der Tür Stehenden lauschten aufmerksam auf das Nahen der Oakes', doch würden sie diesmal nicht – wie bei Jack – durch Schritte auf der Niedergangsleiter vorgewarnt werden, denn das Fähnrichsquartier, wo das

Ehepaar wohnte, lag ganz in der Nähe an dem Gang, der von der Offiziersmesse zu dem weitläufigen, abgeteilten Raum des Unterdecks führte, wo die Vordecksleute ihre Hängematten aufriggten. Trotzdem fing Adams' feines Ohr so rechtzeitig das Rauschen von Seide auf, daß er die Tür dicht vor dem prachtvollen scharlachroten Glühen aufreißen konnte, das Stephen bisher entgangen war.

»Mein Wort darauf, Madam«, versicherte Adams, als er mit der Begrüßung an die Reihe kam, »daß ich Sie noch nie so strahlend gesehen habe. Sie lassen unseren trüben, schäbigen Speiseraum ja förmlich aufleuchten.«

»Den trüben, schäbigen Speiseraum«, flüsterte der Messesteward in maritimer Lautstärke Killick zu. »Hast du jemals so 'ne Gemeinheit gehört?«

»Das nennt man ein charmantes Kompliment«, antwortete Killick. »Keiner erwartet, daß sie's glauben.«

»Das ist nur Kapitän Aubreys Freundlichkeit zu verdanken.« Clarissa verbeugte sich lächelnd vor dem Kommandanten und nahm Platz. »Nie in meinem Leben habe ich so herrliche Seide getragen.«

Das Scharren der Stühle, das Auftragen und Austeilen der Schwertfischsuppe füllten die Messe mit der für den Beginn einer Mahlzeit typischen fröhlichen Lebhaftigkeit. Doch allmählich erstarben die Geräusche. Die Antipathie zwischen Davidge und West war so stark, daß sie auch jetzt noch, in Gegenwart ihres Kommandanten, kein Wort miteinander wechselten. Oakes, der sich sowieso in einer Kneipe heimischer fühlte, war noch schweigsamer als gewöhnlich, und sein bleiches Gesicht trug einen verstockten Ausdruck. Reade an Stephens rechter Seite steuerte zur Unterhaltung nicht mehr bei als: »Jawohl, Sir« oder: »Nein, Sir«, und das in bemitleidenswertem Trübsinn, wohingegen Martin zu seiner Linken während des ganzen Suppengangs Clarissa reserviert, aber peinlich korrekt behandelte. Am anderen Tischende erzählten Stephen, Adams und in Maßen auch West einigermaßen angeregt von ihren Begegnungen mit Schwertfischen, sprachen über deren verschiedene Arten, über die unauslöschliche Feindschaft zwischen Schwertfisch und Wal, über Zwischenfälle, bei denen nicht nur Schiffe, sondern sogar Beiboote von Schwertfischen durchbohrt worden waren, und schilderten die Qualen jener Ärmsten, die zwischen den Bänken auf dem Bootsboden sitzen mußten. Jack und Pullings hatten einiges über die Thunfische des Mittelmeers zu sagen und klärten nebenbei Clarissa über die grausamen sizilianischen und maurischen Fangmethoden auf.

Doch das Thema hatte seine Grenzen, und obwohl Jack ebenso wie Pullings Mrs. Oakes nur zu gern in ein Gespräch verwickelt hätten, obsiegte ihre Scheu. Das Abräumen der Suppenteller entspannte die Lage mit seinem gastlichen Geklapper, und danach wurden die Schwertfisch-Frittaten aufgetragen. Während der Pause dachten Stephen und Jack jeder für sich über die Art normaler Tischkonversation nach, über Erkundigungen oder angedeutete Fragen wie: »Erinnern Sie sich an …?« oder: »Waren Sie jemals dort und dort?« oder: »Sie kennen doch gewiß Mr. Blank?« oder: »Ich wette, Sie wissen Bescheid über …« Hier und jetzt alles Fallstricke, welche die Lady verübeln mochte, wie sie sich auch niemals an privaten Erinnerungen beteiligte.

Stephen, Jack und vor allem Pullings fühlten ein lastendes Schweigen heraufziehen, weshalb Jack auf sein altbewährtes Rezept zurückgriff und vorschlug: »Ein Glas Wein mit Ihnen, Madam.« Altbewährt, aber nicht lange vorhaltend. So war er dankbar, daß West plötzlich einige sichtlich vorbereitete Bemerkungen über das Schwert des Fisches von sich gab. Stephen nahm den Faden auf (so groß war seine Verzweiflung) und brachte sowohl Oakes wie Reade zu dem Geständnis, daß sie in einer Apotheke in Sydney den mumifizierten Kopf eines solchen Fisches gesehen und über den praktischen Nutzen des Sägeschwerts spekuliert hatten.

Auf halbem Wege durch die fritierte Vorspeise stellte er erleichtert fest, daß Clarissa, die nicht nur prächtig gekleidet war, sondern auch blühend aussah mit ihren rosigen Wangen und blitzenden Augen – daß Clarissa, die während der Suppe in ihrer Liebenswürdigkeit über sich hinausgewachsen war –, ihr heimliches Ziel erreicht hatte: Martins Distanziertheit war gewichen, und die beiden unterhielten sich auf das lebhafteste.

»Oh, Mr. West«, rief sie quer über den Tisch, »ich wollte gerade Mr. Martin von Ihrer Beteiligung an der Schlacht des Glorreichen Ersten Juni erzählen. Aber dabei würde mir Landratte bestimmt irgendein dummer Fehler unterlaufen. Dürfte ich Sie bitten, das für mich zu übernehmen?«

»Nun gut, Madam«, sagte West, sie anlächelnd, »wenn Sie es wünschen, tue ich Ihnen gern den Gefallen. Obwohl mir meine Rolle dabei nicht gerade zum Ruhme gereicht.« Nachdenklich leerte er sein Glas und fuhr fort: »Jeder hier weiß wohl Bescheid über die Schlacht am Glorreichen Ersten Juni ...«

»Ich leider nicht«, sagte Stephen. »Und unserem Mr. Reade geht es vielleicht ebenso; er war damals noch nicht mal geboren.« Kurz aus seinem Trübsinn gerissen, warf Reade Stephen einen vorwurfsvollen Blick zu, äußerte sich aber nicht weiter dazu.

»Und *ich* weiß lediglich, daß Sie verwundet wurden«, ergänzte Clarissa.

»Also gut, Madam«, begann West. »Aber nur in groben Zügen und für jene, die damals noch nicht auf der Welt waren oder vielleicht noch nie an einer Seeschlacht teilgenommen haben ...« Das zielte auf Davidge, der so gut wie gar keine Kampfhandlungen erlebt hatte, bevor Jack ihn auf die *Surprise* übernahm; wie zur Bestätigung des erzielten Treffers leerte er sein Glas. »Also: Im Mai des Jahres '94 lief die Kanalflotte von Spithead-Reede nach See aus, kommandiert von Earl Howe und mit der Nationale im Großtopp seines Flaggschiffs. Der Wind war endlich auf Nordost herumgegangen, und wir lichteten sofort die Anker: neunundvierzig Kriegs- und neunundneunzig Handelsschiffe, die sich bei St. Helen's gesammelt hatten. Es waren die Konvois nach Ost- und nach Westindien sowie nach Neufundland – ein außergewöhnlicher Anblick, Madam, diese hundertachtundvierzig Segelschiffe.«

»Großartig, großartig muß das gewesen sein«, rief Clarissa und klatschte voll ehrlicher Begeisterung in die Hände, was ihr von den Seeleuten ausnahmslos wohlwollende Blicke einbrachte.

»So zogen wir den Kanal hinunter und entließen die Konvois auf der Höhe des Lizard, geleitet von acht Linienschiffen und einem halben Dutzend Fregatten. Von diesen Linienschiffen sollten sechs in der Biskaya kreuzen und einen wichtigen französischen Konvoi aus Amerika erwarten. Damit blieben Lord Howe sechsundzwanzig Linienschiffe und sieben Fregatten. Wir lagen vor Ushant – ich war damals Kadett auf seinem Flaggschiff, der *Queen Charlotte* –, während eine Fregatte nach Brest hinein rekognoszierte. Sie sah die Franzosen, fünfundzwanzig Linienschiffe, auf Reede liegen. Also standen wir eine Weile bei dickem Wetter vor Brest auf und ab, schauten wieder hinein – und weg waren sie. Von einigen zurückeroberten Prisen erfuhren wir, welchen Kurs sie eingeschlagen hatten, und da die sechs in der Biskaya kreuzenden Linienschiffe für den erwarteten Konvoi stark genug waren, verfolgte Lord Howe die französische Flotte unter Vollzeug. Aber wir hatten die ganze Zeit leichten Wind und Nebel und bekamen sie erst am 28. Mai in Sicht. Es waren jetzt sechsundzwanzig Linienschiffe, und sie standen genau in Luv. Tja, sie stießen auf uns herab und bildeten in neun Meilen Entfernung ihre Schlachtlinie, immer in Luv von uns. Damit hatten sie zwar den Windvorteil, aber wir merkten, daß sie nicht sehr scharf darauf waren, ihn zu nutzen und uns anzugreifen. Also blieb uns nichts weiter übrig, als nach Luv aufzukreuzen und sie immer wieder zu belästigen. Der Admiral schickte vier der seetüchtigsten Schiffe vor, die sie in ein Gefecht verwickelten. Am nächsten Tag kam es zu einem zweiten, wobei wir es schafften, in ihr Luv zu gelangen, allerdings nicht in guter Ordnung und zu spät am Nachmittag, um eine Entscheidungsschlacht zu erzwingen. Inzwischen herrschte starker Seegang, und die *Queen Charlotte*, deren untere Batterie nur vier Fuß über den Wellen lag, nahm so viel Wasser über, daß wir die ganze Nacht pumpen mußten. Ihre Besanrah war außerdem so stark beschädigt, daß wir eine Weile nicht aufkreuzen konnten. Am nächsten Tag wurde der Nebel immer dicker – die Franzosen verschwanden –, und obwohl der Admiral unserer Vorhut signalisierte, sich in enger Kiellinie zu halten, konnten wir manchmal das zweite Schiff vor oder hinter uns nicht mehr erkennen. Doch gegen neun am nächsten Morgen hatte es etwas aufgeklart – es war der 31. Mai, Madam –, und wir konnten sehen, wie zerstreut unsere Flotte war. Es war ein schrecklicher Anblick, und wir mußten fürchten, die Franzosen verloren zu haben. Erst gegen Mittag kamen sie wieder in Sicht. Mehrere neue Schiffe waren zu ihnen gestoßen, und weil einige unserer Einheiten beim letzten Gefecht nicht gerade vorbildlich manövriert hatten, entschloß sich Black Dick – wir nannten den Admiral ›Black Dick‹, Madam, aber es war nicht respektlos gemeint, auch wenn es so klang, nicht wahr, Sir?«

»O nein, beileibe nicht«, antwortete Jack. »Es war ein Ausdruck der Zuneigung. Obwohl ich nie gewagt hätte, ihn ins Gesicht so zu nennen.«

»Nein. Also, Black Dick entschied sich gegen ein Gefecht, das vielleicht bis in die Nacht gedauert hätte. Er ging an den Wind und steuerte einen Kurs, von dem er meinte, die Franzosen würden ihm folgen. Damit lag er genau richtig, und im Morgengrauen hatten wir sie an

Steuerbord voraus. Sie standen etwa zehn Meilen entfernt in Lee und segelten in Kiellinie über Steuerbordbug. Der Seegang war mäßig, der Wind kam stetig aus Süd zu West. Wir stießen auf sie herab und luvten um sieben Glasen, in vier Meilen Entfernung, wieder an. Ein Signal des Admirals verkündete, daß er gegen die Mitte der Feindformation vorgehen wolle, um durchzustoßen und von Lee her anzugreifen. Dann gingen wir zum Frühstück. Herrgott, wie mir meine Hafergrütze schmeckte! Anschließend fingen wir den Wind wieder ein und stießen in breiter Front unter einfach gerefften Marssegeln auf sie herab: Sie hielten sich dicht beieinander, immer Bug an Heck.«

»Sir«, flüsterte der Messesteward Pullings ins Ohr, »der Koch sagt, wenn wir unsere Schwertfischsteaks nicht sofort essen, noch in dieser Minute, dann hängt er sich auf. Ich hab's Euer Ehren schon seit 'ner halben Stunde signalisiert.« Die Steaks erschienen in großem Stil auf Platten, welche die ganze Mitte der Tafel einnahmen, während in den Zwischenräumen und an den vier Ecken kleine Schüsseln mit Beilagen Platz fanden: mit einem Marlspieker flaumig geschlagenes Erbsenpüree, mit Kurkuma gewürzt, dazu mit Koschenille verfeinerte weiße Soße. Davies' grotesker Schnurrbart kam im Türspalt in Sicht, wo er auf Beifall lauerte, denn er hatte die Beilagen alle selbst zubereitet. Martin war ein geschickter Anatom, und Stephen fiel auf, daß er Mrs. Oakes mit großer Zuvorkommenheit die allerzartesten Stücke vorlegte. Außerdem bemerkte er, daß Reade sich jedesmal Wein nachschenkte, wenn die Karaffe in seine Reichweite kam.

Das Geklimper von Messern und Gabeln übertönend, meinte Clarissa: »Ich hatte ja keine Ahnung, daß Schwertfisch so köstlich schmecken kann.«

»Sie machen mir eine große Freude, Madam«, sagte Pullings. »Darf ich Ihnen noch Wein eingießen?«

»Bitte nur ein halbes Glas, Kapitän. Ich bin gespannt

auf den Rest von Earl Howes Schlacht.«

Nach schicklichem Zögern und lautstarker Ermunterung durch fast die gesamte Tafelrunde fuhr West fort: »Ich habe bisher viel zu langatmig erzählt, fürchte ich. Statt die ganze Schlacht zu schildern, will ich deshalb nur folgendes berichten: Der Admiral paarte unsere schweren Einheiten mit ihren, und so stießen wir auf sie hinab, steuerten auf den jeweils zugewiesenen Gegner zu, um die französische Linie zu durchbrechen und jeder für sich von Lee her anzugreifen. Tja, manche schafften es, manche nicht. Doch wie jeder weiß, haben wir sechs Feindschiffe erobert, eins versenkt, viele andere zu Wracks geschossen und dabei keins unserer Schiffe verloren, obwohl es mitunter auf Messers Schneide stand, so verbissen, wie sie kämpften.

Darf ich nun nach dieser Zusammenfassung einige Vorgänge schildern, wie ich sie sah? Denn meine Station war auf dem Achterdeck, ich fungierte als Melder des Ersten Offiziers, und mitunter stand ich ganz dicht beim Stuhl des Admirals – Sie müssen wissen, Madam, Lord Howe war schon ein betagter Herr ... siebzig, wenn ich mich nicht irre –, und er leitete die Schlacht von einem hölzernen Armstuhl aus. Nun, unser Gegner war natürlich das Flaggschiff des französischen Admirals, die *Montagne* mit hundertzwanzig Kanonen, und achteraus von ihr stand die *Jacobin*, achtzig Kanonen. Um halb zehn begannen sie zu feuern, weil aber der Wind von uns zu ihnen wehte, rollte der Rauch nach Lee davon. Dadurch konnten wir sie genau erkennen. Der Admiral ließ Bramsegel und Fock setzen und hielt auf die Lücke zwischen den beiden Großen zu, wollte durchbrechen, an der Steuerbordseite der *Montagne* aufdrehen und sie Rahnock an Rahnock beschießen. Doch als wir auf Pistolenschußweite heran waren, begann die *Jacobin* – der es nicht behagte, von unseren Steuerbordbatterien beim Queren der Länge nach durchs Heck beharkt zu werden –, begann also die *Jaco-*

bin, ins Lee der *Montagne* zu manövrieren. ›Steuerbord!‹ ruft da der Admiral, obwohl uns die *Jacobin* im Wege war. ›Mylord, Sie werden den Franzosen rammen, wenn Sie nicht aufpassen‹, sagt Mr. Bowen, der Master – der Master, Madam, manövriert das Schiff im Gefecht. ›Was kümmert das *Sie*, Sir?‹ ruft der Admiral. ›Nach Steuerbord!‹ – ›Verflucht, dann ist's mir auch egal‹, sagt Old Bowen, aber nicht sehr laut. ›Ich bring Sie so nahe ran, daß Sie sich Ihren schwarzen Schnauzer versengen.‹ Er legte das Ruder hart Steuerbord, und unser Schiff quetschte sich gerade noch so durch, wobei die Flagge der *Montagne* die Wanten unserer *Charlotte* streifte und unser Bugspriet beim Abdrehen über den der *Jacobin* kratzte.

Endlich lagen wir am Achterschiff der *Montagne* und beharkten sie wieder und wieder, während wir gleichzeitig mit unserer Steuerbord-Breitseite auf die *Jacobin* eindroschen. Wir richteten sie fürchterlich zu – Blut floß aus ihren Speigatten –, doch dann verloren wir unsere Fockmaststenge – vorn herrschte Chaos –, weshalb sie mehr Segel setzen, sich von uns lösen und in der dichten Rauchwand in Lee verschwinden konnte. Inzwischen hatte sich auch der Rest ihrer Schlachtformation aufgelöst, und der Admiral setzte das entsprechende Signal, gab die Jagd frei. Danach ging es natürlich noch chaotischer zu, aber ich weiß noch genau, wie ich am späten Nachmittag meine einzige Wunde erhielt. Der Erste Offizier war gerade in die Kuhl hinuntergesprungen, und der Admiral sagte zu mir: ›Geh zu Mr. Cochet, die Vorschiffskanonen sollen aufhören, auf das Schiff dort zu feuern: Es ist unsere *Invincible*.‹ Ich ging hin und rannte mit Mr. Cochet nach vorn. ›Stellt das Feuer auf die *Invincible* ein‹, ruft er. ›Aber das ist nicht die *Invincible*. Es ist ein französisches Schiff, das uns schon die ganze Zeit beschießt‹, antwortet Mr. Codrington, und Mr. Hale stimmt ihm zu. ›Das weiß ich‹, sagt Mr. Cochet. ›Also nur noch einen Schuß.‹ Die Kanone wird eingefahren, ausgewischt, geladen, wieder ausgefahren. Er richtet sie aus, wartet auf den Wellenkamm, wartet noch ein bißchen und feuert. Der Schuß trifft. Und als sich der Rauch hebt«, sagte West mit einem Seitenblick auf Jack, »da steht der Admiral vor uns. ›Verdammt sollt ihr sein!‹ brüllt er und verdrischt Mr. Hale – er hält ihn für den Schützen – mit der flachen Klinge seines Säbels. ›Alle sollt ihr verdammt sein, alle!‹ Damit haut er auch mir die Klinge über den Kopf. Dann aber zeigt das Schiff beim Abdrehen seine französischen Farben, und Cochet sagt, damit der Admiral nicht das Gesicht verliert: ›Sie ist zwar genauso gestrichen wie die *Invincible*, aber ...‹«

Schon die ganze Zeit, während Wests Bericht an Genauigkeit verlor, hatte sich das Schiff immer stärker übergelegt. Um die Krängung auszubalancieren, hatten die Tischgäste in Luv, die an Pullings' rechter Seite, die Beine gegen die Tischraste gestemmt. Aber Reades Beine waren zu kurz, er erreichte sie nicht und rutschte lautlos unter den Tisch, die Augen im bleichen Gesicht fest geschlossen. Stephen warf Padeen einen Blick zu, der hob den Jungen auf und trug ihn so mühelos davon, wie er auch das gefaltete Tischtuch getragen hatte, nachdem abgedeckt worden war. Es gab kein Aufsehen, keinen Kommentar; und West stockte nicht einmal in seiner Erzählung.

Jack hörte nur mit halbem Ohr zu. Er war zwar dankbar für das soziale Geräusch, hätte sich aber ein interessanteres Thema gewünscht. Er war kein Kritikaster und verübelte West weder seine fiktive Geschichte, die er als das erkannte, was sie war: ein Versuch, auf Mrs. Oakes Eindruck zu machen, noch störte ihn der Kollaps des kleinen Reade. Aber West war normalerweise ein Wahrheitsfanatiker, und seine Geschichte war schlecht, sehr schlecht erfunden; außerdem war sie viel zu lang. Deshalb sah er mit einiger Erleichterung den lang erwarteten Melder vom Achterdeck in der Tür erscheinen. Der Stückmeistersgehilfe musterte die Offiziersmesse mit ihrem festlichen Arrangement und schritt dann nach achtern, als ginge es ins Gefecht. »Der Stückmeister läßt sich empfehlen, Sir«, sagte er überlaut, zu Jack herabgebeugt, »und der Wind frischt auf. Darf er Segel kürzen?«

»Selbstverständlich, Melon. Sag ihm, ich höre es mit Freuden und fordere ihn auf, nach Gutdünken zu verfahren.«

»Aye, aye, Sir. Hört es mit Freuden und fordert ihn auf ...«

»Nach Gutdünken zu verfahren.«

»Nach Gutdünken zu verfahren.«

»Ich höre es wirklich mit Freuden«, sagte Jack zu der Tischrunde. »Wir kriechen schon viel zu lange über diesen Dorfteich, die Leute werden davon faul und übermütig.« Eine Kindheitserinnerung blitzte in seinem Kopf auf, irgend etwas über Faulheit und den Satan, aber er bekam die Redewendung nicht mehr ganz zusammen und schloß für sich mit den unausgesprochenen Worten: »Und nicht nur die Leute. Zum Teufel mit dieser gottlosen Bande.«

Es war schon geraume Zeit her, seit er das letzte Mal in der Offiziersmesse gespeist hatte. Damals war es zwar ziemlich langweilig zugegangen – Davidge und West waren keine anregende Gesellschaft, sie redeten entweder über ihren Beruf oder erzählten altbekannte Geschichten, und Martin fühlte sich unter den Offizieren stets gehemmt –, aber es war doch ein recht akzeptabler Nachmittag auf einem gutgeführten Schiff gewesen.

Dieses Fest stand nun in krassem Gegensatz dazu, und Jack konnte über die Gründe nur spekulieren. Doch die Auswirkungen sprangen einem Mann, der den größten Teil seines Lebens auf See verbracht hatte, förmlich ins Auge: Die Offiziersmesse als zivilisierte Gemeinschaft hatte fast aufgehört zu bestehen. Dabei ging es um viel mehr als um den sozialen Frieden. Ohne Harmonie unter den Offizieren war eine produktive, gutwillige Zusammenarbeit nicht möglich, und ohne diese Zusammenarbeit konnte ein Schiff nicht ordentlich geführt werden: Spannungen zwischen den Offizieren oder Decksoffizieren wirkten sich stets auf das Mannschaftsquartier aus und verstörten die Matrosen, untergruben ihre Loyalität. Und hier schien sich diese Spannung in vielerlei Richtungen zu verzweigen: Es gab nicht nur die offensichtliche Abneigung zwischen West und Davidge, sondern noch eine ganze Reihe anderer Strömungen, die anscheinend auch Pullings beeinträchtigten und sogar Martin. Im Augenblick jedoch war das Tischgespräch wieder aufgelebt, was allein Mrs. Oakes zu verdanken war – »ich werde es ihr immer hoch anrechnen, daß sie das Fest vor dem Untergang gerettet hat«, dachte Jack –, und sogar der mißgelaunte Davidge wirkte plötzlich recht beredt.

Der Anfang war Jack entgangen, weil er über die Situation, die möglichen Ursachen und Gegenmaßnahmen nachgedacht hatte, über die geheime Stimme seines Schiffs, die jetzt immer drängender zu ihm sprach, und das trotz der verminderten Segelfläche, und über seine eigenen Verpflichtungen als Gast. Doch dann hörte er Stephen zitieren: »O spartanischer Hund, mehr droht als Qualen, Hunger und die See« und rief zum anderen Tischende hinunter: »Was war das, Doktor? Sprechen Sie über die Einkommensteuer?«

»Keineswegs, keineswegs. Wir haben über Duelle diskutiert und darüber, wann sie von der Gesellschaft allgemein akzeptiert oder verurteilt werden und wann sie absolut notwendig sind. Mrs. Oakes hat nämlich gefragt, ob der militärische Ehrenkodex den von Earl Howe geprügelten Offizier nicht dazu gezwungen hätte, Satisfaktion zu verlangen, weil ein Schlag doch ein unerträglicher Affront ist. Wir alle bestritten es jedoch, weil dem Earl in seinem hohen Alter eine gewisse Reizbarkeit zugestanden werden mußte, weil ihm seine immens hohen Verdienste anzurechnen waren und weil er sich praktisch entschuldigte, indem er dem Leutnant auf die Schulter klopfte und sagte: ›Tja, dann war's also doch nicht die *Invincible*.‹«

»Es ist mir so peinlich«, gestand Clarissa, »aber als Kind lebte ich wie in einer anderen Zeit, und dies war der eine meiner beiden weltläufigen Grundsätze. Der andere war, daß man beim Bezahlen mit einer Banknote im Laden stets laut ihren Wert verkünden muß, damit es keinen Streit über das Wechselgeld gibt.«

»Oh, hätte man mir das in meiner Jugend doch auch beigebracht«, sagte Jack. »Ich bekam nicht oft Banknoten in die Finger, aber das erste namhafte Prisengeld, das ich verdiente, enthielt eine davon, immerhin eine Zehn-Pfund-Note. Und der vermaledeite – Pardon, Madam –, der *schäbige* Kerl bei Keppel's Knob gab mir auf fünf Pfund heraus, schwor hoch und heilig, im ganzen Haus sei kein Zehner zu finden, ich solle selbst in der Kasse nachsehen, und wenn ich einen fände, dürfe ich alles behalten. Aber, Doktor, was hat der spartanische Hund damit zu tun?«

»Der Begriff schien mir die Geistesverfassung eines tief verletzten, wütenden Duellanten zu veranschaulichen, wenn er seinem Gegner den Degen in die Eingeweide stößt.«

»Darf ich Ihnen noch eine Scheibe Pudding abschneiden, Madam?« fragte Pullings, einer seltsamen Assoziation erliegend. Clarissa lehnte ab, doch Kapitän Aubrey hielt ihm seinen Teller hin, weil er sich zur Ehrenrettung des bereits stark überschatteten Fests verpflichtet fühlte. Doch bald wurde ihm schmerzlich klar, daß eine dritte Scheibe ihm mehr Qual als Vergnügen bereiten würde: *Non sum qualis eram* ging ihm durch den Kopf, ein Überbleibsel jener Jahre, als man wenigstens die Grundbegriffe des Lateinischen in ihn hineingeprügelt hatte. An den Rest konnte er sich nicht mehr erinnern. Er mochte nicht das geringste mit Pudding zu tun haben, aber der Effekt blieb sich gleich.

»Mr. Martin«, fragte er, »wie lautet der lateinische Begriff für Pudding, für einen Pudding dieser Art?«

»Du meine Güte, Sir, das weiß ich nicht«, antwortete Martin. »Was meinen Sie, Kollege?«

»*Sebi confectio discolor*«, sagte Stephen. »Darf ich Ihnen noch Wein nachschenken, Kollege?«

»Bitte um Vergebung, Sir ...« Davidge stand plötzlich zwischen Jack und Pullings. »Aber in zwei Minuten schlägt es acht Glasen, und ich muß mit Oakes den Stückmeister ablösen.«

»Mein Gott, richtig!« rief Pullings aus. »Wie doch die Zeit vergeht! Aber zuerst müssen Sie noch auf das Wohl unseres Brautpaars trinken. Kommen Sie, meine Herren, drücken Sie sich nicht: Hier wird ex getrunken! Auf das Wohl der Braut« – er verbeugte sich vor Clarissa –, »und auf das Wohl des glücklichen Bräutigams!« Er verbeugte sich vor Oakes.

Alle erhoben sich und riefen, im Seegang schwankend, dreimal *Hurra!*, stießen mit Clarissa an, riefen noch dreimal *Hurra!*, stießen mit Oakes an und ließen, verstärkt durch die Stimmen der Stewards und Diener, ein beeindruckend tiefes Gebrüll hören.

Als sich die Gäste verlaufen hatten, ging Stephen mit Padeen nach vorn. Gemeinsam spülten sie Reade mit einem starken Einlauf durch, entkleideten ihn, wuschen ihn und betteten ihn wieder in seine Hängematte, immer noch stark betrunken und tief unglücklich. Nachdem Padeen mit dem Waschbecken und den schmutzigen Kleidern verschwunden war, blieb Stephen noch eine Weile bei Reade sitzen. Er hatte das ganze Fähnrichslogis an Steuerbord für sich allein, direkt gegenüber dem Quartier der Oakes', und viel Platz. Was die Unterbringung betraf, so hatten auf der *Surprise* von Anfang an eigene Regeln geherrscht: Jetzt, da sie keine Seesoldaten beherbergte und nur eine kleinere Anzahl Matrosen, waren der Zimmermann, der Bootsmann und der Stückmeister, die freien

Räume nutzend, in Kammern weiter vorn umgezogen, wodurch die beiden Fähnrichsquartiere relativ isoliert waren, achtern begrenzt durch das Querschott der Offiziersmesse und die Niedergangsleiter zum Oberdeck, vorn an die Trennwand des geräumigen Mannschaftslogis stoßend, wo die Vordecksgasten schliefen, und im breiten Gang zwischen ihnen nichts außer der Pantry des Kommandanten, einem stabilen Kubus von der Höhe des Zwischendecks, sieben Fuß breit und fünf Fuß lang.

Einmal hatte Reade Unzusammenhängendes über Mrs. Oakes gemurmelt: Er hätte sie so sehr geliebt, war ganz sicher, daß sie ihm das Herz gebrochen hatte. Doch nun schlief er: stetiger Puls, gleichmäßiger Atem. Stephen löschte seine Laterne und trat leise hinaus ins Halbdunkel des Unterdecks. Aus dem Augenwinkel gewahrte er eine Bewegung am anderen Ende, an der Seite der Kapitänspantry: ein dunkler Rock, der sofort wieder verschwand. Es wunderte ihn, daß der dunkle Rock ihn nicht ansprach, nicht nach Reades Ergehen fragte, aber er maß dem keine Bedeutung bei, bis er die Leiter neben der Tür zur Offiziersmesse erklomm und nach links blickte, wobei er begriff, daß der Mann jetzt an der vorderen Wand der Pantry stehen mußte, dem einzigen Platz, der von der Leiter aus nicht einsehbar war. »Es wäre viel schlauer gewesen, schnell durch die Lamellentür zu verschwinden«, überlegte er. »So viel unverdächtiger und leichter zu erklären für den höchst unwahrscheinlichen Fall, daß eine Erklärung verlangt wird.«

Er kletterte weiter, beide Handläufe packend, den Ring der Laterne zwischen den Zähnen, denn die *Surprise* bockte jetzt wie ein Wildpferd, und ihre Bewegungen wurden stärker, je höher er kam.

Man war längst übereingekommen, daß es an diesem Tag keinen Gefechtsdrill geben würde, und so fand er Jack in seiner Kajüte, der mit auf dem Rücken verschränkten Händen düster aus dem luvwärtigen Heckfenster starrte. Sein Gesicht leuchtete auf, als er sich umdrehte und seinen Freund erkannte. »Da bist du ja, Stephen«, sagte er. »Der Kaffee sollte gleich kommen, falls dieser Schurke nicht wieder die Kanne umgeworfen hat – sie benimmt sich momentan ein bißchen bockig. Ich wette, du hast nach Reade gesehen? Wie geht's dem armen Tropf?«

»So Gott will, wird er's überleben.«

»Ich nehme an, mit nur einem Arm hat man weniger Platz für den Wein. Nelson jedenfalls lebte sehr enthaltsam und ... Halt dich fest!« rief er. »Halt dich an der Kommode fest.« Er drückte den benommenen Stephen in einen Stuhl. »Gott ist mein Zeuge, Stephen, du hast gerade einen kompletten Salto vollführt. Hoffentlich hast du dir nichts gebrochen?«

»Nein, vielen Dank.« Stephen tastete seinen Kopf ab. »Aber ohne meine Perücke hätte Martin jetzt eine eingedrückte Schädelfraktur auf dem Hals. Hör mal, Jack, das eben war doch wirklich ein arg wilder, kapriziöser Sprung?«

»Sie macht das manchmal, fürchte ich, bei einer Kreuzsee und auffrischendem Wind, der sich noch nicht eingeweht hat – der drei oder vier Strich umspringt, in der gleichen Zahl von Minuten. Deshalb gibt es ja all diese platten Vergleiche zwischen Frauen und Schiffen: unberechenbar, wenn du weißt, was ich meine.«

»Jedenfalls war's ein tückischer Hieb.« Stephen rieb sich die Schädeldecke.

Killick erschien mit der Kaffeekanne, kardanisch aufgehängt in einem Spezialgestell, und mit zwei Schwerwetterbechern, die schon in vielen Stürmen ihren Dienst getan hatten. Sofort erfaßte er die Lage und ermahnte Stephen in überlautem, belehrendem Ton, daß er immer die Augen offenhalten und eine Hand für sich selbst und eine fürs Schiff benutzen müsse. »Natürlich hat's Ihre beste, frisch gelockte Perücke erwischt«, raunzte er, das gute Stück an sich nehmend. »Jetzt ist sie total zerdrückt und dreckig.«

»Nach dem Kaffee ziehe ich mein Arbeitszeug an und gehe an Deck«, sagte Jack. »Ich glaube, heute abend wird es etwas zu unruhig zum Musizieren. Aber was hältst du von Backgammon?«

»Von Herzen gern«, antwortete Stephen.

Viele Jahre lang hatten sie Schach gespielt und waren dabei ziemlich gleichwertige Gegner gewesen. Aber sie spielten es so intensiv, kämpften so verbissen um den Sieg, daß das Spiel mit der Zeit in harte Arbeit ausartete, statt Unterhaltung zu sein. Hinzu kam, daß bei ihrer engen Freundschaft manchmal das Bedauern über die Niederlage des anderen den Triumph über den eigenen Sieg vergällte. Danach hatten sie es mit unzähligen Partien Pikett versucht, doch in diesem Fall war das Glück stets auf Stephens Seite gewesen, hatte ihm unweigerlich so viele gute Karten und Serien zugeteilt, daß es langweilig wurde. Also waren sie auf Backgammon verfallen, weil bei diesem Spiel das Würfeln der Augen eine so große Rolle spielte, daß es keine Schande war zu verlieren, Geschick aber immer noch wichtig genug blieb, um die Freude am Sieg zu erhalten. Sie besaßen normale Bretter, aber auch solche für schweres Wetter, bei denen die Steine mit Füßchen in Löcher gesteckt wurden. Stephen hatte sie schon aufgebaut, lange bevor Jack zurückkehrte, bis auf die Haut durchnäßt, das Haar feucht an die Wangen geklebt.

»Ich glaube, wir kriegen eine ruhige Nacht«, sagte er. »Der Wind hat sich auf Südsüdost eingeweht, und indem wir Ost zu Nord, ein halb Nord steuern, bleiben wir noch einen Strich darunter, mit doppelt gerefften Mars- und Untersegeln.« Er verschwand in seinen Abort, rieb sich trocken und fuhr bei der Rückkehr fort »Und wenn das Barometer nicht lügt, wird es noch eine Weile so bleiben – du weißt ja: Was langsam kommt, geht auch langsam. Eine Bö hat mir den Hut vom Kopf gerissen, ein verflixt gutes Lockmodell, aber einem solchen Wind opfere ich ihn gern, würde ihm noch ein Dutzend opfern, mit Goldlitzen und allem. Ich hab mich selten so gefreut, das Barometer fallen zu sehen, mit der Aussicht auf noch mehr Wind.«

»Du verbirgst deine Freude aber sehr geschickt, Bruderherz.«

»Mag sein, trotzdem bin ich froh, ehrlich froh. Vielleicht sehe ich ein bißchen mickrig aus und fühle mich auch so, weil ich mich bei eurem prächtigen Fest überfressen habe. Trotzdem mußt du mir glauben, daß mir dieser Püster wie gerufen kommt. Vielleicht trägt er uns sogar bis Tonga. Jedenfalls habe ich vor, das Schiff tüchtig laufen zu lassen und die Leute Tag und Nacht zu schinden, gründlich zu schinden. Schluß mit der Faulenzerei. Schluß mit dem verdammten Unfug ... Ich glaube, du fängst an.«

Mittlerweile krachten die harten Seen regelmäßiger gegen den Steuerbordbug der Fregatte, ihre Bewegungen waren stetiger geworden, und die Bahnen weißen Wassers zischten in gleichmäßigen Intervallen an den Aufbauten entlang. Für Ohren, die all jene Geräusche gewohnt waren, die ein Fünfhundert-Tonnen-Schiff machte, wenn es mit neun Knoten durch eine rauhe See geprügelt wurde, war das Klappern der Würfel deutlich davon zu unterscheiden, ebenso die Ausrufe der Spieler. Doch nach einer Weile rügte Stephen: »Bruder, du bist mit deinen Gedanken nicht beim Spiel.«

»Nein«, sagte Jack, »vergib mir. Heute abend bin ich dümmer als sonst. Ich habe es als ehernen Grundsatz betrachtet, daß für Pudding immer noch Platz ist, egal wieviel man vorher gegessen hat. Aber jetzt –«, kopfschüttelnd blickte er an sich hinunter, »jetzt merke ich, daß es nicht stimmt. Tom Pullings zu Gefallen habe ich eine dritte Scheibe genommen, und die drückt mich immer noch. Damit will ich natürlich nichts gegen euer grandioses Essen gesagt haben – ein nobles Fest, mein Wort darauf. Allerdings hat der arme Tom dabei viele Ängste ausgestanden. Er wäre verloren gewesen, hätte Mrs. Oakes nicht so gutwillig Konversation gemacht. Wie war ich ihr dankbar! Sie war es ja auch, die West zum Erzählen brachte.«

»West, ja richtig. Sag mal, Jack, wieviel von seinem Bericht war eigentlich historisch korrekt?«

»Der ganze erste Teil bis dahin, wo sie in breiter Front auf den Feind herabstießen, obwohl ihm die Reihenfolge etwas durcheinandergeriet und er nicht genug hervorhob, wie die *Charlotte* am 28. die französische Kiellinie durchbrach. Aber danach – na ja, vielleicht ging seine Phantasie mit ihm durch. Du weißt ja, den Damen erzählt man solche Geschichten, genau wie der schwarze Bursche in dem Drama, in *Venice Preserved:* Der schwadronierte auch so daher, über Felder und Fluren.« Nachdenklich sah er Stephen an und zögerte, sprach aber nicht weiter.

Auch Stephen schwieg eine Weile. »Also Pudding«, meinte er schließlich. »Gewiß, es fängt an mit Pudding oder Marzipan. Danach kannst du knobeln, was zuerst versagt, dein Haarwuchs oder deine Zähne, deine Augen oder Ohren. Und dann kommt die Impotenz, denn das Alter kastriert einen Mann gnadenlos, hoffnungslos, erspart ihm aber auch eine Menge Qualen.«

Als Stephen zu seiner Abendvisite aufgebrochen war, holte Jack seinen halbfertigen Brief an Sophie heraus und schrieb weiter:

Die Offiziersmesse konnte endlich ihr lange überfälliges Festessen für die Oakes' geben, weil uns die Vorsehung einen Schwertfisch schickte. Er schmeckte hervorragend – habe nie besseren Fisch gegessen –, und dazu tranken wir Stephens erstklassigen hellen Sherry, rund und voll wie 'ne Nuß, obwohl er den Äquator und beide Wendekreise mindestens zweimal überquert hatte. Trotzdem kam die Party nicht so recht in Schwung, und der arme Tom Pullings schwitzte Blut und

Wasser. Du weißt ja, er tut sich immer schwer, wenn er am Tisch den Vorsitz führen muß, denn – das gibt er selbst zu – er ist kein gewandter Unterhalter. Schon der Anfang war verkorkst, weil sich drei Offiziere schändlich gehenließen, doch nach einer Weile gab uns West einen langen Bericht über den Ersten Juni. Martin war natürlich ein unterhaltsamer Gast, ebenso Adams und sogar Stephen, wenn es ihm gerade einfiel. Doch wir wären gestrandet ohne Mrs. Oakes, die das Gespräch immer wieder in Gang brachte und niemals zuließ, daß sich dieses tödliche Schweigen herabsenkte. Das muß Schwerarbeit für sie gewesen sein, wo sie doch diesen drei stumpfen, trübsinnigen Gesichtern gegenübersaß. Ich animierte alle zum Trinken und spielte den Leutseligen, so gut ich konnte, aber wie Du weißt, habe ich in dieser Hinsicht kein großes Talent; es fiel mir noch schwerer, als mich ein paar schreckliche Ideen zu bedrücken begannen. Immerhin tat ich mein Bestes, um die Dinge in Fluß zu halten, reichte Schüsseln weiter, legte den Gästen nach, schenkte ihnen Wein ein, aß und trank unmäßig, bis mir übel wurde. Das und ein aufkommender Verdacht sorgten dafür, daß ich am Ende der Mahlzeit ein ziemlicher Miesepeter war. Mein Verdacht wuchs sich nämlich von einem leichten, nicht ganz ernstgemeinten Mißtrauen schließlich fast zur Gewißheit aus.

Es ist ein Unglück, daß ich mit Stephen nicht über seine Messekameraden sprechen kann. Ich hatte diesbezüglich schon große Hoffnungen, als er mich fragte, ob Wests Bericht über die Schlacht zutraf. Davon hätte ich das Gespräch gern auf die augenblickliche Situation an Bord gelenkt, merkte aber, daß es ihm nur um die historische Wahrheit ging, und wagte mich nicht weiter vor. Ich hätte ihn praktisch auffordern müssen, seine Offizierskameraden anzuschwärzen, wenn auch nur andeutungsweise, und mir dafür eine Abfuhr eingehandelt – und was für eine grobe Abfuhr! Noch nie ist mir jemand begegnet, der Informanten so tief verachtet wie er. Dabei will ich ja gar nicht, daß er petzt, ich will nur von seinen Einsichten profitieren: Er kennt die Offiziere und überhaupt die Men-

schen im allgemeinen viel besser als ich, der tiefsinnige alte Fuchs. Aber den Unterschied zwischen Anschwärzen und Aufklären herauszuarbeiten ist mehr, als ich mir zutraue.
In letzter Zeit haben mich die Aufzeichnungen für Humboldt, meine eigenen und die Grundstückspapiere so beschäftigt (übrigens, Martin hat die beiden vakanten Pfarreien akzeptiert und soll Yarell bekommen, wenn es frei wird), daß ich ziemlich zurückgezogen lebte, bis auf das Musizieren und etwas Backgammon mit Stephen. Aber aus einigen Bemerkungen und Wortwechseln auf dem Achterdeck, oder vielmehr aus ihrem Ton, habe ich geschlossen, daß in der Offiziersmesse eine gewisse Zwietracht herrscht. Bis heute nachmittag war mir jedoch nicht klar, wie schnell und stark diese Zwietracht gewachsen ist. Kannst Du Dir vorstellen, daß drei normalerweise ehrenwerte Männer in Galauniform mit Gästen an einer Festtafel sitzen und kein einziges Mal den Mund aufmachen, außer wenn sie sich einen Bissen reinschieben? Es stimmt zwar, daß Oakes, obwohl er aus guter Familie stammt und ein brauchbarer Seemann ist, jeder gesellschaftliche Schliff fehlt, und es mag ja auch zutreffen, daß Davidge von der Niedergangsleiter gefallen ist. Aber das reicht noch nicht, um die Spannungen zu erklären. Jedenfalls paßt die dicke Beule an seiner Schläfe nicht zu einem solchen Sturz: Mir scheint sie eher vom Schlag mit einem Belegnagel oder von einer Männerfaust zu stammen. Und allmählich halte ich es für immer wahrscheinlicher, daß entweder Oakes oder West ihn tatsächlich geschlagen haben – und zwar außerordentlich hart, fast bis zur Bewußtlosigkeit. Warum, weiß ich natürlich nicht. Doch scheint mir folgendes eine Erklärung zu sein:
Niemand würde Mrs. Oakes auffallend hübsch nennen, aber sie ist sehr umgänglich. Daß sie eine Strafgefangene war, was früher so großes Interesse erregte, hat inzwischen jede Bedeutung verloren. An Bord und, wie ich glaube, auch im Gefängnis – jedenfalls war es so im Marshalsea, wie Du, meine Liebe, genau weißt – spielen alte Streitigkeiten keine Rolle, wenn

man erst eine Weile miteinander eingesperrt ist. Auf der Surprise *macht sich das nicht so stark bemerkbar, weil wir alle mehr oder weniger Weiße sind, aber auf der* Diane *gab es schwarze, braune und gelbe Männer, Christen, Juden, Mohammedaner und Heiden. Wir hatten kaum das Kap gerundet (allerdings weit im Süden), da nahm schon keiner mehr Notiz davon – wir waren sowieso alle blau vor Kälte –, sie fühlten sich als zusammengeschweißte Dianes. Ebenso ist Mrs. Oakes jetzt eine von der* Surprise, *oder doch fast. Und wie ich schon sagte: freundlich, gutmütig, anpassungsfähig und eine aufmerksame Zuhörerin, interessiert an ihren Geschichten von der See. Und wie der Zufall so spielt, sehen alle außer Davidge ziemlich abstoßend aus. Die meisten Frauen würden vor ihnen zurückschrecken, nur sie nicht in ihrer Gutmütigkeit. Kusine Diana hat mich schon vor langer Zeit darüber aufgeklärt, daß in jedem Mann ein Geck steckt, auch im unwahrscheinlichsten Fall. Ich glaube, diese Kerls haben Clarissas Gutmütigkeit als Zuwendung von ganz anderer Art mißverstanden und sind jetzt absurd eifersüchtig aufeinander. Aber es ist nicht nur absurd, sondern im Fall von West und Davidge auch außerordentlich dumm. Beide sehnen sich danach, wieder in die Marine aufgenommen zu werden – es ist ihr größter Wunsch –, und da sie sich bisher auf der* Surprise *bewährt haben, sind sie auf dem besten Weg dazu. Doch dafür brauchen sie meine Empfehlung, die Empfehlung ihres Kommandanten, und auch meinen Einfluß hinter den Kulissen. Aber welcher Kommandant würde Offizieren eine Empfehlung mitgeben, die ihre Leidenschaften nicht zügeln können, oder gar seine Beziehungen im Ministerium für sie spielen lassen? Bei dem Bankett unterhielten sie sich über das Duellieren – Mrs. Oakes hatte diesen heiklen Punkt angeschnitten, bestimmt in bester Absicht –, und dabei erwachte Davidge plötzlich aus seiner schwerfälligen Stumpfheit und verbreitete sich lebhaft über die Unmöglichkeit, einen Affront einfach hinzunehmen.*
Ich sauge soviel Trost wie möglich aus dem Umstand, daß die

Surprise *lange Zeit entweder reglos in der Flaute lag, sich auf der spiegelglatten See langsam um sich selbst drehte oder bei leichter, umspringender Brise kaum fühlbare Fahrt machte. Das Wetter war heiß, sehr feucht, und außer ein bißchen Angeln gab's für die Leute nichts zu tun. Auch beim Exerzieren an den Geschützen taten wir meistens nur so als ob, weil wir in den Bürgerkrieg auf Moahu eingreifen und mit unserem Schießpulver haushalten müssen. Doch jetzt haben wir, Gott sei's gedankt, wieder frischen Wind, und ich werde sie schon beschäftigen – oh, und wie ich sie beschäftigen werde! –, indem ich das Schiff so hart voranknüpple, wie ich es so weit entfernt von allen Arsenalen nur wagen kann. Ich glaube, der Wind wird sich zu einem lang anhaltenden Sturm auswachsen, in dem wir die Bramsegel wegreffen müssen, und bis es sich ausgeweht hat, sollten sie wieder zu Verstand gekommen sein. Falls nicht, werde ich sehr hart durchgreifen müssen.*

Ich höre, daß Stephen nebenan versucht, in seine Koje zu klettern; den Stuhl hat er jedenfalls schon zweimal umgetreten. Trotzdem will er sich einfach nicht helfen lassen. Jetzt ist er drin – man hört ein regelmäßiges Knarren. Bei diesem nassen Wetter hat er sich angewöhnt, wie ein alter Hund zu schnaufen und zu knurren. Und heute abend hat er, als das Schiff auf einer doppelten Kreuzsee bockte, überraschend einen perfekten Salto vollführt, hat sich auf dem Kopf einmal komplett um sich selbst gedreht, aber zum Glück nicht verletzt. Wie er bisher auf See so lange überlebt hat, ist mir ein Rätsel.

Jack legte das Geschriebene zum Trocknen beiseite – die nasse Tinte glänzte noch im Lampenschein – und griff nach einem neuen Stoß mit Grundstückspapieren. Doch nicht lange, und er merkte, daß er dieselbe Zeile zweimal las. Also verschloß er alles im Schreibpult und ging zur Koje.

Da lag er nun, dachte nach, wurde von der See angenehm in einer stetigen Diagonalbewegung gewiegt und fand doch keinen Schlaf. Im Gegenteil: Clarissa Oakes mag zwar nicht hübsch sein, sinnierte er, aber wie gern hätte ich sie jetzt neben mir liegen. Nach einer Weile glitt er aus der Koje, zog Hemd und Hose an und stieg an Deck. Es war eine rabenschwarze Nacht mit warmen, schräg von vorn einkommenden Regenflagen. Vier Mann am Ruder, West ans Schanzkleid gelehnt, die meisten Wachgänger unter den Vorsprung des Vorschiffs geduckt. Jack schritt nach achtern, stand da und starrte eine Weile in den Lampenschein des Kompaßhauses und in die weiße Gischt, die in Lee am Rumpf entlangschäumte; und mit der Zeit gewann er in Starkwind und Regen, die sein langes Haar wie Seegras auswehen ließen und ihn bis auf die Haut durchnäßten, seinen Seelenfrieden zurück.

FÜNFTES KAPITEL

∽∾∾

DAS BAROMETER FIEL, der Wind legte zu, und obwohl Jack Aubrey seine Fregatte nicht so hart knüppeln konnte, wie er's mit einer gut ausgestatteten Werft in seinem Lee gern getan hätte, trieb er sie doch an ihre äußersten Grenzen und so weit darüber hinaus, wie er's mit seiner intimen Kenntnis ihrer Fähigkeiten noch für vertretbar hielt.

Der Starkwind war ihm außerordentlich willkommen, das stand fest, aber er hatte zuviel Ostkomponente, brachte zuviel Regen mit und war alles andere als bequem. Tag für Tag segelte die *Surprise* hoch am Wind, Kreuzschlag um Kreuzschlag unter einem Himmel voll rasender Wolken und über eine See, die so grau und gischtig war wie der Englische Kanal, wenn auch so warm wie frische Milch und bei Nacht voller Meeresleuchten. Die Fregatte lief schnell dahin, meist unter zweifach gerefften Bramsegeln und der Kombination von Stagsegeln, die ihr nach Jacks Eindruck am besten behagte. Weil aber der Seegang ebenso wie der Wind unstet waren, mußten sie ständig auf der Hut sein, weshalb der Kommandant die meiste Zeit an Deck blieb, bis auf die Haut durchnäßt.

Abgesehen von der Jagd auf einen Feind, war dies Segeln, wie Jack es am liebsten mochte, und hätte er sich nicht um seine Offiziere gesorgt, wäre er restlos glücklich gewesen. Sooft er nur konnte, ließ er ein Reff ausschütteln, und wenn das Schiff dann noch lebhafter arbeitete, sich weiter überlegte und eine noch breitere Bugsee aufwarf, weißes Wasser nach achtern peitschte und Reades halb erstickte Stimme rief: »Zehn Knoten und ein Faden, Sir, wenn's beliebt«, dann spürte er, wie aus tiefstem Herzen eine heiße Freude in ihm aufstieg. Seine Offiziere und Matrosen ließ er erbarmungslos schuften, doch daran waren sie gewöhnt. Die *Surprise* war auf eigene Rechnung gesegelt, und die meisten Leute an Bord kamen aus der Freibeuterei, wo man sich für Profit abmühte, nicht für den Ruhm. Und als Jack anfing, so entschlossen nach Luv aufzukreuzen, nickten sie einander lächelnd zu. Wenn Kapitän Aubrey normalerweise bei ungünstigem Wetter segelte, dann ließ er das Schiff lieber halsen als wenden. Das heißt, er ging nicht so hoch an den Wind, wie nur irgend möglich, legte das Ruder nach Lee und ließ den Bug durchs Auge des Windes schwingen, so daß sich die Segel auf der anderen Seite wieder füllten, sondern im Gegenteil: Er ließ abfallen, zeigte dem Wind das Heck und ließ das Schiff so auf die andere Seite drehen. Eine solche Halse dauerte länger, weil sie dabei über zwanzig Strich der Kompaßrose drehen mußten statt über zwölf. Außerdem wirkte es irgendwie altweiberhaft. Und vor allem verlor man dabei einiges an Luvraum. Doch gleichzeitig war Halsen sicherer, verlangte weniger Leute und weniger Muskelschmalz, während das Wenden, vor allem bei Starkwind und rauher See, nicht nur Spieren und Segel gefährdete, sondern auch den Einsatz beider Wachen an Deck forderte.

Aber sie grinsten noch breiter, als er soviel Tuch setzen ließ, daß ihn sogar Pullings besorgt musterte, ehe er den Befehl weitergab. Sie kannten ihren Skipper genau, einen ungewöhnlich erfolgreichen Prisenjäger, der seine Beute scheinbar instinktiv aufspürte. Jetzt waren sie überzeugt, er hätte von irgendwoher Wind bekommen, daß ein fremdes Handelsschiff im Osten stand: Ein Seemann wie Kapitän Aubrey hätte bei diesem Schwerwetter niemals so verbissen um ein bißchen mehr Seeraum nach Luv gekämpft, wenn er nicht eine Beute im Auge gehabt hätte. Deshalb reagierten sie auf das häufige Signal *Alle Mann klar zur Wende* und auf die anschließende harte Schinderei gutwillig und mit schönem Eifer. »Ruder in Lee!« hörten sie diese mächtige, vertraute Stimme vom Achterdeck her brüllen, warfen die Schoten der Vorstengestagsegel und Klüver los und warteten auf das Kommando: »Los Vorbrassen und Fockschoten!«, wonach die Leute auf den entsprechenden Stationen auch die große Breitfock und ihre Rah loswarfen, ebenso die Schoten aller Stagsegel achtern vom Fockmast, diese Segel auf den neuen Bug überholten und trimmten. Dann kam: »Großtopp rund!«, und sowie das geschafft und alle Leinen wieder belegt waren, hieß es für den Fockmast: »Hol weg, hol weg!« Nun folgte heftiges Hieven vorn, die Rahen wurden sinnig eingestellt und ihre Brassen mit dem Ruf: »Eins, zwei und *drei*!« durchgesetzt. Irgendein durchnäßter Offizier meldete dann: »Alles dicht und belegt, Sir«, worauf der Befehl folgte, die losen Enden ordentlich aufzuschießen und die Freiwache nach unten zu entlassen, wo sie im Unterdeck, das wie ein türkisches Bad dampfte, endlich in ihre tropfnassen Hängematten kriechen konnte.

Jacks Offiziere waren derselben Meinung, denn auch sie hatten unter ihm als Freibeuter gedient. Und weil das Schiff mit einem Kaperbrief fast ohne Kadetten fuhr, waren sie längst daran gewöhnt, auch zum Reffen in die Takelage aufzuentern. In den letzten Monaten waren sie jedoch verweichlicht, und Jack trieb sie gnadenlos an: »Heda, Mr. West, möchten Sie, daß Ihnen die Hängematte heraufgeschickt wird?« – »Mr. Davidge, bitte steigen Sie noch mal in den Vortopp. Die achterste Jungfer an Steuerbord ist noch unklar.« Sie lernten seine Stimme fürchten.

Das schwere Wetter forderte seinen Zoll an Verletzten.

Im Krankenrevier lagen mehrere Verstauchungen, gebrochene Rippen, Knochenbrüche und Leistenbrüche, zusammen mit den üblichen Verbrennungen, wenn jemand an den Tagen, an denen Feuer gemacht werden konnte, gegen den Kombüsenherd getaumelt war; sie alle hielten Stephen, Martin und Padeen auf Trab und gestatteten ihnen eine interessante Weiterentwicklung der Basra-Behandlung.

In Zeiten wie diesen machten sich Stephens kleine Schützlinge Sarah und Emily besonders nützlich. Sie ließen sich von den abstoßenderen Aspekten eines Lazaretts nicht im geringsten überraschen oder verstören. Auch waren sie von Anfang an daran gewöhnt, Jemmy Ducks' Quartier makellos sauber zu halten und beim Sezieren zu helfen. Und weder auf ihrer fernen melanesischen Insel noch an Bord der *Surprise* waren sie in einer abgeschirmten Kinderstube verzärtelt worden. Jetzt leisteten sie Handlangerdienste und den Kranken Gesellschaft, trösteten sie und berichteten ihnen gut informiert mehr Neuigkeiten, als den Ärzten zu entlocken war. Mit den Toppgasten unterhielten sie sich in breitem Seemanns-Slang, mit Stephen und Martin aber in der Hochsprache des Achterdecks: »Sir, Jemmy Ducks sagt, er muß Old Chucks bitten ...« – »Aber, Sarey, wo bleiben deine Manieren?« unterbrach William Lamp, ein Achterdeckskanonier. »Pardon«, korrigierte sich Sarah, »er muß den Bootsmann Mr. Bulkeley bitten, die Vorschiffsluken zu verschalken: Das Wasser steht uns vorn bis zum Hals, und er sorgt sich um die brütende Henne.«

»*Verschalken*«, mischte sich Martin ein. »Das ist ein Ausdruck, den ich immer wieder höre – genau wie *kurzes Ende* und *killende Segel* – und mir doch nicht erklären kann. Vielleicht helfen Sie mir auf die Sprünge, Doktor?«

»Gewiß, gern«, antwortete Stephen. Die Seeleute hielten den Mund, ihre unschuldigen Mienen verrieten nichts; nur zwei tauschten einen heimlichen Blick.

»Gern«, wiederholte Stephen. »Aber in solchen Fällen besagt eine Zeichnung mehr als tausend Worte. Lassen Sie uns also nach oben gehen, wo wir Papier und Bleistift finden.«

Sie kamen kaum bis zur Tür, gefolgt von Padeen, da ertönte Geschrei im Niedergang, und Reade wurde die Treppe herabgereicht, ein blutüberströmter Reade. Ein fallender Block hatte ihn so niedergeschlagen, daß er auf den Marlspieker in seiner Hand gestürzt war. Der stak nun verklemmt zwischen seinen Rippen, und der Schmerz raubte Reade fast das Bewußtsein.

»Halt ihn gut fest und setz dich auf die unterste Stufe«, sagte Stephen zu Bonden, der den Jungen trug. »Padeen, zwei Seekisten in seine Kammer, schnell, schnell. Und die große Laterne.«

Die beiden Seekisten wurden zusammengelascht und bildeten den Operationstisch. Reade lag rücklings auf einem überzähligen Leesegel, die Lippen fest zusammengepreßt, flach und hastig atmend. Der Chirurg blickte im Licht der starken Laterne auf ihn herab, wischte das Blut weg und betastete vorsichtig den Marlspieker, die Wunde und den knirschenden Knochen.

»Das wird äußerst schmerzhaft«, sagte Stephen auf lateinisch. »Ich hole den Mohn.« Er eilte nach unten, schloß den Schrank mit dem versteckten Laudanum auf, goß eine große Dosis davon in ein Fläschchen, griff sich einige Instrumente und hastete wieder hinauf. Dort rief er: »Padeen, schnell, hol mir die lange Elfenbeinsonde und zwei Paar Wundhaken.« Sowie Padeen verschwunden war, hob er den Kopf des Jungen an und goß ihm die Opiumtinktur in den Mund. So tapfer Reade auch sonst war, jetzt strömten ihm doch die Tränen über die Wangen.

Plötzlich stand Jack Aubrey in der Tür. »Komm in einer halben Stunde wieder«, beschied ihn Stephen. Eine halbe Stunde, und die Schmerzen kamen und gingen in Wellen, stiegen zu erschreckender Intensität an, bevor

Stephen den Splitter extrahieren konnte, der auf einen Nerv in der Brust gedrückt hatte. Reade lag jetzt reglos da, bleich und schweißgebadet. »Brav, brav, mein Junge«, sagte Stephen an seinem Ohr, »das Schlimmste ist vorbei. Noch nie hatte ich einen so tapferen Patienten.« Und zu Jack in der Tür: »Mit Gottes Hilfe wird er überleben.«

»Bin herzlich froh, das zu hören«, sagte Jack. »Um acht Glasen schaue ich wieder vorbei.«

Gegen acht Glasen lag Reade in tiefem Schlaf, und Stephen ging zur Tür, als er draußen Jacks Schritt hörte. Leise wechselten sie einige Worte, und dann sagte Jack: »Mrs. Oakes läßt fragen, ob sie die Nacht über bei ihm wachen soll.«

»Darf ich erst beobachten, wie es mit ihm weitergeht?«

»Aye, tu das.«

»Und kann er eine Koje bekommen statt seiner Hängematte, mit zwei starken Männern, die ihn hineinheben?«

»Sofort.«

Die Schwingkoje wurde montiert. Bonden und Davies erschienen, stützten sich sorgsam, aber mit aller Kraft gegen die Schiffsbewegungen ab, hoben den Jungen auf dem straffen Segeltuch an und senkten ihn so sanft in die Koje, daß er sich kein einziges Mal rührte. Dann verschwanden sie wieder.

Stephen kehrte zu seinem Stuhl zurück und grübelte über die verschiedensten Dinge nach – etwa über das Vorhandensein hochentwickelter Geruchsnerven beim Albatros und ihr paradoxes Fehlen beim Geier – über die ruhigeren Schiffsbewegungen und die gedämpftere Stimme des Riggs – über die Situation in der Offiziersmesse –, und um zwei Glasen sagte Reade im Ton eines Schlafwandlers: »Ich bezweifle, daß wir jetzt mehr machen als acht Knoten.«

»Hör zu, mein Guter«, sagte Stephen. »Möchtest du, daß Mrs. Oakes sich eine Weile zu dir setzt? Mrs. Oakes?«

»Ach, die ...«, antwortete Reade. »Sie kommen und gehen durch ihre Tür wie in einem Puff. Ich kann sie von hier aus sehen.« Damit drehte er den Kopf weg und schlief wieder ein. Als Jack zurückkehrte, erklärte Stephen, daß immer noch eine ärztliche Hand erforderlich sei – daß der Patient morgen nach unten ins Lazarett umziehen solle, um unter ständiger Beobachtung zu bleiben – und daß Martin ihn binnen einer knappen Stunde ablösen würde.

»Mir scheint, der Sturm hat seinen Biß verloren«, sagte Stephen beim Eintritt in die von Lampen erhellte Achterkajüte. »Der Lärm ist hier oben nur halb so stark, und ich habe die Treppe bewältigt, ohne einmal zu stolpern.«

»Ja, der Wind flaut ständig ab«, antwortete Jack. »Und nach dem letzten Guß – Herrgott, wie es geschüttet hat! An Deck spritzte einem der Regen bis zur Taille und schoß aus den Speigatten wie Löschwasser: Hätten wir die Luken nicht rechtzeitig verschalkt, wärst du in der Koje davongeschwommen. Ja, nach dem letzten Guß hat es aufgeklart ... Aber sag, wie geht's dem Jungen?«

»Er liegt in tiefem Schlaf und schnarcht. Die Wunde selbst war nicht besonders tief – Rippenfell intakt –, und der Marlspieker ließ sich leicht entfernen. Aber ein Knochensplitter der Rippe drückte gegen einen Nerv, und diesen Splitter zu extrahieren war ziemlich heikel. Seit er draußen ist, sollte der Junge fast schmerzfrei sein. Und falls keine Infektion dazukommt, was auf hoher See zum Glück selten passiert, wird er wohl bald wieder auf den Beinen sein. Die Jugend ist herrlich widerstandsfähig.«

»Das freut mich sehr. Und ich wette, dich wird es freuen zu hören, daß wir jetzt genau wissen, wo wir sind. Tom und ich haben zwei prächtige Standlinien bekommen, die eine vom Mars, die andere vom Fomalhaut. Falls der Wind nicht auf nördlicher als Ost herumgegangen wäre, könnten wir morgen die Freundschaftsinseln in Sicht bekommen.«

»Um Himmels willen, soll das etwa heißen, daß du Tag und Nacht über diesen stürmischen Ozean getobt bist wie ein wilder Stier, ohne zu wissen, wo wir waren? Und wenn wir eine Insel gerammt hätten, ob freundlich oder nicht, was wäre dann aus uns geworden – Futter für die Fische?«

»Immerhin gibt es noch das gegißte Besteck«, sagte Jack milde. »Wollen wir etwas essen?«

»Das würde mein Glück komplett machen«, rief Stephen, der plötzlich merkte, daß er völlig ausgetrocknet und schwach vor Hunger war.

»Wo wir doch noch 'n gutes Stück von der abgekratzten Henne haben«, sagte Killick mit jener geheuchelten Unterwürfigkeit, die sie so gut an ihm kannten. »Und weil der Herd noch heiß ist, möchten Sie vielleicht 'n bißchen Brühe, um den Zwieback vorher einzuweichen.«

»Brühe und Huhn, welch ein Genuß!« jubelte Stephen und fuhr nach Killicks Abgang fort: »Sag mal, Jack, wie würdest du den Ausdruck *Luken verschalken* erklären?«

Ein scharfer Blick verriet Jack, daß er, obwohl ihm die Frage unglaublich albern vorkam, nicht auf den Arm genommen wurde. »Ich sollte vorausschicken«, antwortete er, »daß wir den Begriff *Luke* sehr allgemein verwenden. So nennen wir einen Niedergang, eine Öffnung für den Laderaum oder sogar ein Fenster. Wenn nun viel Wasser an Deck kommt, verschließen – *verschalken* – wir diese Luken mit geteerten Persenningen oder zusätzlich mit Latten, die den Stoff spannen, damit die See nicht einsteigen kann.«

»Ich hab wohl schon gesehen, wie das gemacht wird.«

Mindestens fünftausendmal, dachte Jack und fuhr laut fort: »Manche Leute nageln die Latten sogar an Deck fest, aber das ist eine schlampige, unseemännische Methode. Wir haben Klampen dafür. Ich zeige sie dir gleich morgen früh.«

Morgen früh bezeichnete unter Seeleuten jene unchristliche Stunde am bitteren Ende einer scheußlichen Nacht, wenn alle Pumpen das bereits klatschnasse Vordeck, die Seitendecks und das Achterdeck unter Wasser setzten und die noch schlaftrunkenen Matrosen sich in breiter Reihe nach achtern arbeiteten, um die Planken zu besanden, mit Bimssteinen zu scheuern, mit Schwabbern zu feudeln und schließlich halbwegs trocken zu schlagen. Für einige bezeichnete es auch die Stunde, in der Reade, noch benommen vom Opium, in eine abgeschirmte Ecke des Krankenreviers getragen wurde, um dort von Padeen bewacht zu werden.

Für Stephen jedoch brachte die frühe Stunde den Auftritt Oakes', der herunterkam, eine Empfehlung des Kommandanten ausrichtete – und möchte der Doktor jetzt die Klampen sehen, von denen sie gesprochen hatten? Oakes hatte sich in einen bleichen, wortkargen jungen Mann von gefährlicher Ausstrahlung verwandelt und war nicht mehr der übermütige, zu groß geratene Flegel. Doch für Stephen rang er sich ein Lächeln ab und fügte hinzu: »Und vielleicht gibt's für Sie noch was anderes zu sehen.«

Das »andere« war zunächst eine leicht geriffelte See, die, tintenblau bis fast zum Horizont, unter einem blaßblauen Himmel lag. Die Sonne stand dicht über dem östlichen Ozean, gegenüber senkte sich der Mond auf den westlichen herab. Und an Steuerbord voraus lag eine niedrige, gewölbte Insel von stattlicher Größe, noch weit entfernt, aber im schrägen Licht schon grün leuchtend wie ein gut geschliffener Smaragd. Die Brise kam direkt von der Insel her, war aber so schwach, daß sie im Rigg nur leise flüsterte und die turmhohen Segel nicht zu füllen vermochte. Und doch schien sie Stephen den Duft des Landes heranzutragen.

»Wo ist der Kommandant, Barber?« fragte er einen Seemann auf dem Seitendeck.

»Er sitzt im Masttopp, Sir.«

Dort befand sich anscheinend jedermann, der eigene

Entschlüsse fassen und ein Fernrohr ergattern konnte. Die Hängematten waren noch nicht nach oben gepfiffen worden, aber die Freiwache war aus eigenem Antrieb an Deck gekommen, säumte nun die Reling und spähte mit tiefer, schweigender Genugtuung zu der fernen Insel hinüber. Sechs Glasen, und John Bramptons Törn am Ruder ging damit zu Ende. Er war ein junger Schmuggler und Freibeuter aus Shelmerston, ein Sethianer, aber weniger streng als seine Glaubensbrüder, und wünschte Stephen nun auf seine heitere Art einen guten Morgen, als er nach vorn ging.

»Guten Morgen, John«, antwortete Stephen. Brampton verhielt den Schritt und fragte ihn, ob er den Kommandanten nicht bewundere. »Er irrt sich nie. Wir wußten, daß er's nicht nur aus Jux so eilig hatte. Und da liegt sie!«

»Wer? Wo?«

»Ein Schiff, dicht unter der Küste. Onkel Slade auf der Fockmastsaling hat sie im Glas sofort erkannt, als die Sonne auf ihre Segel fiel. Unserem Kommandanten entgeht keiner, ha, ha, ha!« Immer noch lachend, packte er die Fockmastwanten und sprang hinauf zu seinem Onkel.

»Guten Morgen, Doktor«, grüßte auch Jack, der an einem Backstag aufs Hüttendeck gerutscht kam, wobei seine jugendliche Gelenkigkeit seltsam zu seinem gefurchten Gesicht kontrastierte. »Wie geht's Reade?«

»Bisher recht gut. Kein Fieber, keine starken Schmerzen. Er kann bequem liegen. Im Augenblick wacht Mr. Martin bei ihm im Lazarett.«

»Bin sehr erleichtert«, sagte Jack. »Bitte entschuldige, daß ich im Topp war, als ich dich rufen ließ: Ein fremdes Segel wurde gesichtet. Doch du bist gekommen, um dir diese Klampen anzusehen. Wollen wir an Deck hinuntergehen?«

»Würdest du mich zuerst über diese Insel ins Bild setzen und über dein fremdes Segel?«

»Na ja, das ist Kapitän Cooks Insel Annamuka, genau dort, wo er sie eingezeichnet hat.«

»Eine der Freundschaftsinseln?«

»Richtig. Habe ich das gestern nicht erwähnt?«

»Hast du nicht. Aber ich freue mich, es zu hören. Und was ist mit dem Schiff?«

»Es liegt dicht unter der Küste. Mit einem Fernglas ist es aus dem Masttopp noch recht gut zu erkennen: ein amerikanisches Schiff, fast mit Sicherheit ein Walfänger. Bei Tagesanbruch habe ich eine Schule von zirka zwanzig Walen blasen sehen.«

»Oh, wie sehr ich hoffe, daß du geradewegs drauflossegelst, dir deine Prise schnappst und uns an Land setzt, für eine gründliche Erforschung der Inselflora, -fauna und ...«

»Der Kaffee ist fertig, Sir«, meldete sich Killick.

»Gehen wir hinunter?« An Deck zeigte er Stephen den achteren Niedergang mit seinem Süll und seinen Klampen. »Hier, durch dieses Loch wird ein Knebel vor die Klampe gesteckt, der die Latte festhält. Nicht ich habe das erfunden, sondern mein Vorgänger. Du erinnerst dich an Edward Hamilton?«

»Eigentlich nicht.«

»Ach komm, Stephen. Sir Edward Hamilton, der die *Surprise* kommandierte, als sie die *Hermione* zurückerobert hat. Der Mann, der aus der Marine entlassen wurde, weil er seinen Stückmeister zur Strafe ins Rigg geschickt hatte.«

»Darf man einen Stückmeister nicht ins Rigg schikken?«

»Du lieber Himmel, natürlich nicht. Sein Patent schützt ihn davor, genau wie dich. Jeden anderen kannst du ins Rigg schicken oder sogar auspeitschen. Aber einen Unteroffizier mit Patent kannst du nur dadurch bestrafen, daß du ihn in seine Kammer sperrst, bis er vor ein Kriegsgericht gestellt wird. Hamilton stand sich jedoch gut mit dem Prince of Wales und wurde bald wieder rehabilitiert ... Eigenartig, daß mit mir gleich zwei Kommandanten der *Surprise* gefeuert und dann wieder zurückgeholt wurden.«

Jack hatte Pullings und Oakes zum Frühstück eingeladen. Bei dieser Mahlzeit war es zulässig, Dienstangelegenheiten zu erörtern, deshalb sprach man über die westsetzende Strömung, die Gezeiten, den Gegenwind, die wahrscheinliche Nationalität und Absicht des fremden Schiffs, den dringenden Bedarf der Fregatte an Trinkwasser, Fleisch, Gemüse und Kokosnüssen, ebenso über die Notwendigkeit einer gründlichen Überholung des stehenden und laufenden Guts. Doch Jack lenkte die Unterhaltung auch auf andere Dinge und fragte wie nebenbei nach dem Befinden von Mrs. Oakes. »Es geht ihr sehr gut, Sir, danke«, antwortete ein errötender Mr. Oakes. »Aber sie ist bei dem Sturm neulich gegen eine Kommode gefallen und möchte für einige Zeit in ihrer Kammer bleiben.«

Stephen entschuldigte sich schon recht bald. Abgesehen von allem anderen, war das eine der langweiligsten Mahlzeiten, zu denen Jack jemals eingeladen hatte, weil der Gastgeber trotz des zuverlässigen Landfalls trüber Laune war und die Tischrunde seltsam bedrückt und irgendwie hinterhältig wirkte. Martin, von Padeen und den kleinen Mädchen abgelöst, stand schon an der Reling. »Ich beglückwünsche uns zur Ankunft bei den Freundschaftsinseln, auch Tonga genannt«, sagte er. »Und zur Aussicht auf eine fette Prise. Alle Leute, die bis in die Saling der Großmaststenge geklettert sind, versichern mir, daß es sich um einen amerikanischen Walfänger handelt, tief weggeladen mit Walrat und bestimmt auch mit großen Mengen Ambra. Glauben Sie, daß der Kommandant ihn auf Nelsonart schnurstracks angreifen und erobern wird, um uns danach freie Hand auf der Insel zu lassen? Wie sehr ich mir das wünsche!«

»Das möchte ich gern glauben, denn wer kann schon

einer Prise widerstehen? Und als Dreingabe zu diesem stolzen Profit eine Woche Erforschung von Annamuka – das wäre gewiß ein Glückstreffer. Ich habe gehört, daß es hier einen sehr seltenen kastanienbraunen Kuckuck gibt und auch einige Rallen. Die Bewohner sollen die freundlichsten Menschen sein, nur ziemlich diebisch veranlagt.«

»Und ich habe gehört, daß auf Tonga auch eine spezielle Eulenart lebt«, steuerte Martin bei.

»Da bläst er!« rief Stephen aus, gleichzeitig mit einem Dutzend seiner Bordgenossen. Der vertrauten, nach vorn weisenden Wasserfontäne, etwa hundert Meter in Luv, folgte ein Strudel mit schwarzer Mitte, als der Wal kehrtmachte und tauchte: ein uralter Einzelgänger mit zerfledderter Schwanzflosse. »Eine Eulenart, Nathaniel Martin? In Polynesien? Sie verblüffen mich.«

»Ich habe es aus zuverlässiger Quelle. Aber dort ist der Bootsmann, der schon auf Tongatabu war, das nicht weit entfernt liegt. Mr. Bulkeley«, rief Martin in die Kuhl hinab, »haben Sie auf Tongatabu Eulen gesehen?«

»Eulen? Gott ist mein Zeuge«, rief der Bootsmann mit seiner weittragenden Stimme zu ihnen herauf, »daß ich dort an einem Wasserloch einen Baum gesehen habe, der so voller Eulen war, daß man die Blätter nicht von den Vögeln unterscheiden konnte.«

»Hatten sie Ohren, Mr. Bulkeley?« fragte Martin wie jemand, der den Wert seiner eigenen Frage anzweifelt.

»Das kann ich nicht beschwören, Sir. Ich riskiere eine Lüge, wenn ich darauf mit Ja oder Nein antworte.«

»Ob nun mit oder ohne Ohren«, meinte Stephen nach einer Weile, »wir werden wohl die Eulen, fürchte ich, ebenso wie die Prise noch lange nicht zu sehen bekommen. Heute früh entschlüpfte Kapitän Aubrey das ominöse, unheilschwangere Wörtchen *noch* – das Schiff sei von oben *noch* zu erkennen. Und beim Frühstück erklärte er mir, daß nicht nur dieser Wind, diese Brise, dieser vermaledeite, halbherzige Zephir, direkt von der Insel zu uns weht, sondern daß uns außerdem eine zwar temporäre, aber ungünstige Tide nach Westen driften läßt, verstärkt durch eine permanente westliche Strömung. Es sei keineswegs auszuschließen, daß wir beim Hin- und Herkreuzen trotz aller Anstrengungen ständig von der Insel weg versetzt würden. Sehen Sie nur, wie die Leute die Rah dort ein wenig schärfer trimmen, wie sie an der Brasse hieven! Welcher Eifer! Prisen lieben sie eben über alles.«

»Ich auch«, sagte Martin. »Man könnte mich wohl kaum einen Mammonjünger nennen, aber Prisengeld ist etwas Besonderes. Mir geht es wie dem Tiger, der einmal Menschenfleisch gekostet hat. Deshalb hoffe ich, daß der Kommandant Sie nur zum besten hielt, genau wie mich eben der Bootsmann.«

»Mag sein. Aber ich weiß noch gut, wie wir früher oft vor einem Hafen kreuzten oder beigedreht lagen, wochenlang, hungrig, durstig und ungeduldig, und doch nicht hineingelangen konnten. Aber wir wollen nicht pessimistisch sein. Gehen wir lieber davon aus, daß wir morgen zur Insel segeln, die Walfänger bis auf den letzten Mann abschlachten, ihnen alle Schätze rauben und mit unseren Schmetterlingsnetzen und Botanisiertrommeln durch dieses grüne Paradies streifen können.«

Langsam segelte die *Surprise* weiter, schräg auf Annamuka zu. Und während sie an der Reling standen und auf eine jetzt kornblumenblaue See starrten, über deren glatte Fläche hellere Streifen wanderten, während sie über ihre früheren Expeditionen sprachen und über ihre Erwartungen an die bevorstehenden, kam es Stephen so vor, als hätte er wieder den alten Martin neben sich, der so aufgeschlossen, liebenswert und voll guter Einfälle gewesen war. Was seine Veränderung herbeigeführt hatte, konnte Stephen nicht mit Gewißheit sagen. Vielleicht hing sie zusammen mit der Sorge um Wohlstand und Familie, mit Eifersucht und Zukunftsangst. Jedenfalls hatten sich ihre früheren engen Freundschaftsbande deutlich gelockert. An diesem Morgen jedoch unterhielten sie sich wieder so entspannt wie in alten Zeiten. Sie sichteten eine unbekannte Seeschwalbenart und spekulierten über ihre Verwandtschaft mit Seeschwalben, die sie kannten; sie sahen in der Ferne einen Vogel, der durchaus ein Lathamscher Albatros sein konnte; und die Sonne brannte mit wachsender Gewalt auf sie herab.

Einmal wurde ein Boot ausgesetzt, um den Bug der Fregatte durch den Wind zu ziehen, weil sie nicht genug Fahrt machte, um es aus eigener Kraft zu schaffen. Dann wieder bat man sie, weiter nach achtern zu rücken, damit das Sonnensegel aufgespannt werden konnte. »Heute wäre ein wunderbarer Tag für Mrs. Oakes, um ein bißchen Luft zu schnappen«, bemerkte Stephen. »Seit es so stark zu wehen begann, war sie nicht mehr an Deck. Aber unglücklicherweise hat sie sich im Sturm anscheinend den Kopf aufgeschlagen und muß eine Weile in ihrer Kammer bleiben. Ich habe Oakes angeboten, nach ihr zu sehen, aber er sagte, sie hätte nur eine Beule und einen Schreck abgekriegt – ein Sturz nach Lee, zweifellos.«

»Das Schwein«, sagte Martin leise und heftig, während sich sein Gesicht verhärtete, »das hundsgemeine junge Schwein. Er schlägt sie.«

Kapitän Aubrey hatte sie nicht zum besten gehalten. Tag um Tag versuchte die *Surprise*, sich nach Luv zu arbeiten. Dank wieder günstiger Tide und einer mitunter stärkeren Brise gewann sie auch etwas Luvraum, so daß der Walfänger vor Annamuka schon von Deck aus zu sehen war. Aber dann verlor sie erneut alles in der Totenflaute der Nacht.

Obwohl ihr Proviant schon gefährlich knapp wurde, wollte Jack nicht abfallen und Tongatabu ansteuern, solange er eine potentielle Prise in Sicht hatte. Ein Seemann und erst recht ein Offizier der Royal Navy schätzte Prisen ungemein, sie waren seine einzige Hoffnung auf

Reichtum. Und doch wurde diese Liebe noch weit übertroffen von der verzehrenden Leidenschaft des Freibeuters, denn das Erbeuten von Prisen war dessen ganzer Lebenszweck, seine einzige *raison d'être*. Auf der *Surprise* handhabe man das Schiff deshalb mit höchster Aufmerksamkeit, nutzte auch das kleinste Umspringen des Windes, ahnte jeden Befehl voraus und hielt die Segel voll, ungeachtet der Tatsache, daß mit dem Verstreichen der Stunden und Tage die Aussichten auf diese fette Prise immer mehr schwanden. Der Walfänger legte eine provozierende Standfestigkeit an den Tag, ein hartnäckiges Widerstreben, bei Nacht sein Heil in der Flucht zu suchen. Jeden Morgen lag er da wie zuvor, die Rahen gekreuzt, die Segel aufgetucht. Die Stimmung auf der *Surprise* wechselte von heiterer Zuversicht zu unzufriedener Ruhelosigkeit und grenzte allmählich an Streitsucht.

Am Donnerstag, nach dem Abendappell, erschien Mrs. Oakes zum erstenmal wieder an Deck und setzte sich auf ihren gewohnten Platz an der Heckreling. Sie hatte ein blaues Auge, nicht mehr ganz frisch, sondern schon gelb und grün gerändert, und trug als besonderen Schutz ein Kopftuch so, als wehte der Wind mit Reffstärke.

Stephen verbeugte sich. »Ich hoffe, Sie befinden sich wohl, Madam«, sagte er. »Mr. Oakes berichtete uns von Ihrem Sturz, und ich hätte nach Ihnen gesehen, wäre ich von ihm nicht entmutigt worden.«

»Ach, hätten Sie's doch nur getan, lieber Doktor«, sagte Mrs. Oakes. »Ich habe mich gräßlich gelangweilt. Es war nicht so schlimm, daß ich hätte im Bett bleiben müssen – nur die Entstellung durch dieses schändliche blaue Auge –, aber auch wenn mich das scheußliche Wetter nicht unten festgehalten hätte, wollte ich vor Ihnen nicht wie ein weiblicher Preisboxer erscheinen. Ich wäre auch jetzt nicht gekommen, doch es wird ja bald dunkel.«

Jack kam nach achtern, stellte höfliche Erkundigungen an und kehrte dann zurück zu seiner Aufgabe, trotz widrigster Umstände ein wenig Luvraum zu gewinnen. Pullings, Martin und West tauchten auf und unterhielten sich einigermaßen lebhaft mit ihr, aber Stephen gewann doch den Eindruck, daß ihre gegenseitige Abneigung zwar gewachsen, ihr Interesse an Clarissa aber in dem Maße geschwunden war, wie ihr Aussehen gelitten hatte. Sie ihrerseits behandelte die Herren ausgesucht liebenswürdig, ausgesucht gewinnend.

Nach reiflicher Überlegung verwarf er diesen Eindruck jedoch als zu oberflächlich. Er hatte noch eine andere Reaktion gespürt, die man vielleicht am treffendsten mit mangelnder Rücksichtnahme beschrieb. Für welche Seite sie zutraf, konnte er kaum sagen; auch ließ sich dieser Eindruck an kein bestimmtes Vorkommnis knüpfen.

Doch er blieb bestehen und wurde am nächsten Tag nicht nur durch den Umgangston der Offiziere bestärkt, sondern auch durch das Verhalten einiger Matrosen. Obwohl viele, sogar die meisten, Clarissa mit der gewohnten aufrichtigen Wärme zulächelten, trugen manche Gesichter doch einen fragenden, verwirrten, sogar bewußt nichtssagenden Ausdruck. Das große Ereignis des Tages war das Wechseln der Besegelung: Jedes einzelne Segel wurde durch sein leichteres Gegenstück ersetzt. Jack Aubrey, der so wetterfühlig war wie eine Katze, sah seinen Instinkt durch das Barometer bestätigt. Allerdings konnte er noch nicht vorhersagen, aus welcher Richtung die erwartete Brise kommen würde, hatte aber, um die Leute nicht zu enttäuschen, den entsprechenden Befehl gegeben. Da die *Surprise* eine volle Garderobe von weit über dreißig Segeln besaß, war jetzt hektische Aktivität angesagt. Warum genau, das konnte sich Stephen nicht erklären – der alte Satz Segel schien ihm völlig ausreichend zu sein –, aber was er erkannte, und zwar sonnenklar, war die zunehmende Häufigkeit, mit der an Deck in Abwesenheit des Kommandanten geflucht, gerangelt, geschlampt und nur widerwillig gehorcht wurde, ein unter Freibeutern nicht ungewöhnliches Verhalten, aber selten und sehr gefährlich in der Royal Navy.

Außerdem fiel ihm auf, daß auf einen vorwitzigen Burschen, der Clarissa schief ansah, ein halbes Dutzend anderer kamen, die für Oakes nur feindselige Blicke übrig hatten. Und doch war Oakes nicht auf Wache, als Jack, der sich mit Adams zur Messung des Salzgehalts über die Reling beugte, auf den Ruf: »Weißt du nicht, daß du erst den Kabelstropp durchstecken mußt, du Narr?« von der Fockmastsaling die leise, aber glockenklare Antwort herunterschallen hörte: »Wen zum Teufel kümmert's schon, was du sagst?« Jack blickte hoch, befahl: »Mr. West, notieren Sie den Namen dieses Mannes« und arbeitete weiter.

Gegen Ende der Vormittagswache kam seine Brise auf, aus südlicher Richtung und damit für die Fregatte von genau querab. Um die Zeit, als die Leute zum Mittagessen gepurrt wurden, floß das Wasser schon singend an ihrem Rumpf ab, ihr Deck lag zehn oder zwölf Grad über, und die ganze Stimmung an Bord hatte sich aufgehellt: Es wurde wieder gelacht und gescherzt.

»Killick«, sagte Jack, »such meine Schachtel mit den roten Federn heraus, die Kassette mit den Eingeborenengeschenken und alles, was wir an Süßigkeiten noch übrig haben.«

»Sir«, berichtete Oakes, »aus dem Masttopp wird gemeldet, daß sich ein Kanu mit einem weißen Mann an Bord nähert.«

»Ein weißer Mann mit Jacke?«

»Jawohl, Sir. Und mit Hut.«

»Sehr schön, Mr. Oakes, danke. Killick, den leichtesten meiner Röcke, den Dreispitz Nummer drei und ein sauberes Paar Leinenhosen. Und ich möchte Kapitän Pullings sprechen ... Tom, Sie kennen die Eingeborenen der Südsee genausogut wie ich. Es sind liebenswerte Burschen, aber keiner von ihnen darf nach unten, es sei denn, ich habe ihn persönlich in meine Kajüte eingeladen. Und an Deck wird alles Bewegliche festgeschraubt, den Anker eingeschlossen. Doktor, wer von unseren Leuten spricht am besten Polynesisch und ist dabei noch möglichst intelligent?«

»Da wäre der Bootsmann, aber dem könnte beim Übersetzen die Phantasie durchgehen. Ich würde Owen vorschlagen oder John Brampton, auch Craddock.«

Tom Pullings hatte kaum Zeit gehabt, das Schiff besuchsfein zu machen, und Kapitän Aubrey hatte noch keine fünf Minuten in seiner makellosen Hose auf dem makellosen Deck gestanden, als das flinke Pahi schon in Rufweite kam. Das Grogmarssegel gegen den Mast gestellt, drehte die *Surprise* bei. Das Kanu passierte mit maritimer Höflichkeit am Heck und ging mittschiffs in Lee längsseits.

Lächelnde braune Gesichter spähten herauf, darunter auch ein besorgtes weißes. Eine junge Frau warf ein Büschel irgendeines stark duftenden grünen Krauts an Deck. Leinen wurden übergeben, und der Weiße kletterte über die Seite an Bord, begleitet von einem Polynesier.

»Kapitän Aubrey, nehme ich an, Sir?« fragte der Weiße, auf Jack zugehend und den Hut ziehend. »Ich heiße Wainwright und bin der Skipper des Walfängers *Daisy*. Dies ist Pakeea, der Unterhäuptling von Tiaro. Er bringt Ihnen Fisch, Obst und Gemüse als Geschenk.«

»Sehr gütig von ihm.« Jack lächelte Pakeea zu, einem großen, kräftigen, wunderschön tätowierten jungen Mann, der vor Öl glänzte und Jacks Lächeln strahlend erwiderte. »Bitte danken Sie ihm herzlich. Seine Geschenke sind uns hochwillkommen.« Nachdem er seine Offiziere vorgestellt und Pullings gebeten hatte, das Mitgebrachte an Bord schaffen zu lassen, fuhr Jack fort: »Möchten Sie näher treten?«

In der Kajüte reichte Killick einige runde, mehlige Küchlein frisch aus der Kombüse, mit Marmelade bestrichen und in Madeira getränkt. Nach einigen belanglosen Bemerkungen öffnete Jack eine Schublade, zeigte Wainwright ein Bündel roter Federn und fragte aus dem Mundwinkel: »Ist das angemessen?«

»O ja, bei Gott«, antwortete Wainwright. »O ja, bei Gott«, sagte Pakeea.

Jack reichte ihm die Federn, zusammen mit einem Stück scharlachrotem Stoff und einem kleinen Vergrößerungsglas. Mit strahlendem Gesicht hob Pakeea die Gaben an die Stirn und hielt eine ziemlich lange Rede auf polynesisch.

»Ich fürchte, ich kann Sie nicht verstehen, Sir«, sagte Jack, der ihm trotzdem aufmerksam lauschte.

»Pakeea hofft, daß Sie an Land gehen werden. Er kann kein Englisch, wiederholt aber jeweils die letzten Worte, die er hört, mit großer Akkuratesse.«

»Bitte sagen Sie ihm, daß ich mich freuen würde, an Land zu gehen und Wasser zu bunkern. Und daß ich gern Schweine, Kokosnüsse und Yamswurzeln kaufen und mich auf seiner schönen Insel umsehen möchte.«

Wainwright übersetzte, fügte noch einige Höflichkeiten hinzu und schloß: »Was mich betrifft, so erwarte ich Ihren Besuch mit Freuden. Ich habe einige bedrohliche Neuigkeiten für Sie. Abgesehen davon, ist mein Schiff in traurigem Zustand, weil uns der Zimmermann, sein Gehilfe und der Küfer fehlen. Sowie ich die *Surprise* über die Kimm kommen sah, sagte ich zu Canning: ›Gott sei Dank, wir sind gerettet.‹«

»Woher wußten Sie, daß es die *Surprise* war?«

»Halten zu Gnaden, Sir, aber an diesem turmhohen Großmast erkennt man Ihr Schiff überall. Außerdem sind wir schon gemeinsam im Verband gesegelt, im Kanal und in Westindien. Im Mittelmeer habe ich Ihnen oft Befehle des Flaggoffiziers an Bord gebracht. Ich habe die übliche Zeit als Fähnrich und Steuermannsmaat gedient und '98 mein Leutnantsexamen abgelegt. Aber es fand sich einfach keine Planstelle für mich, deshalb bin ich zur Handelsmarine gegangen.«

»Wie so viele erstklassige Offiziere«, nickte Jack und schüttelte ihm die Hand.

»Sehr freundlich von Ihnen, Sir. Da Sie bald an Land gehen«, fuhr Wainwright fort, »kann ich vielleicht bis dahin an Bord bleiben, Sie über die wichtigen Neuigkeiten informieren und Ihnen anschließend den Paß durchs Riff zeigen, während Pakeea seine Leute im Pahi zurückbringt. Sie geraten einem an Deck leicht zwischen die Beine, wenn man sich auf die heikle Passage und das Ankerwerfen konzentrieren muß.«

Während ihres Gesprächs hatte der junge Unterhäuptling, seine natürliche Heiterkeit unterdrückend, mit der seinem Rang geziemenden Würde und Ernsthaftigkeit dagesessen, heimlich seine Federn gezählt und danach sie und den roten Stoff durch die Lupe betrachtet, deren Zweck er sofort begriffen hatte. An Deck jedoch konnte von Würde und Ernsthaftigkeit keine Rede sein, außer bei Sarah und Emily. Als der Fisch, die Yamswurzeln, das Zuckerrohr, die Bananen und Brotfrüchte an Bord geschafft waren, folgten ihnen die meisten Insulaner und ließen nur wenige zurück, um das Kanu von der Bordwand abzuhalten. Auf der *Surprise* begann jeder, der auch nur ein Wort Polynesisch verstand (und mindestens ein Dutzend Leute sprachen es ziemlich flüssig), ein Gespräch mit den Besuchern. Was die anderen nicht ausschloß, die sich mit Zeichensprache und besonders lautem Pidgin-Englisch behalfen: »Bananas gutt, serr gutt. Ich essen gern Bananas, mmmh ...«

Unter den Insulanern waren auch drei junge freundliche Frauen, welche die Zeit gefunden hatten, sich frisch einzuölen, was ihre nackten Oberkörper verlockend schimmern ließ, und sich mit Ketten aus Blumen und Haifischzähnen zu schmücken. Die Matrosen hielten sich jedoch in Gegenwart ihrer Offiziere zurück, und außerdem schienen sich die Mädchen mit den Dienstgraden genau auszukennen: Die eine sprach nur mit Pullings, der seinen besten blauen Rock trug, und die zweite mit Oakes und Clarissa. Die dritte hatte sich Stephen zugesellt, saß neben ihm auf einer Lafette und unterhielt ihn mit einem heiteren, überaus beredten Bericht über ein kürzliches Ereignis, platzte oft lachend heraus und tätschelte sein Knie. Aus der häufigen Wiederholung bestimmter Wortkombinationen schloß Stephen, daß sie ihm von einem Gespräch berichtete: »Also sagte ich zu ihm ... Und da sagte er zu mir ... Worauf ich antwortete ... oh, sagte er ...« Ihre überschäumend gute Laune amüsierte ihn eine Weile, doch dann führte er sie, die immer noch plauderte, aufs Vordeck, wo die beiden kleinen Mädchen (nicht mehr ganz so klein, weil sie in letzter Zeit förmlich emporgeschossen waren) die Szene mit Mißbilligung beobachteten. Jemmy Ducks hatte sie gewarnt, daß sie nie wieder »Scheißnigger« sagen durften, aber genau dieses Wort murmelten sie jetzt beharrlich vor sich hin. Stephen verlangte, daß sie zu knicksen und es höflich hinzunehmen hätten, falls die junge Dame sie Nase an Nase zu begrüßen wünsche. Und genau das tat die Besucherin, sehr natürlich, sehr sanft und sich zu ihnen hinabbeugend. Dann redete sie sie auf polynesisch an, lachte, als sie nicht verstanden wurde, schenkte Emily eine ihrer Halsketten und Sarah einen Perlmuttanhänger, und fuhr mit ihrer Tirade fort, immer wieder erst auf die Insel, dann in den Masttopp deutend, von häufigem Gelächter unterbrochen.

Schließlich erschienen Jack, Wainwright und Pakeea wieder an Deck, und der junge Unterhäuptling stieß einen überraschend autoritären Ruf aus. Daraufhin begannen die Insulaner, das Schiff zu verlassen. Parsons, einer der sprachkundigen Matrosen, sagte heimlich zu Stephen: »Mit Ihrer Erlaubnis, Sir: Die junge Frau dort hat Ihr Taschentuch geklaut, als Sie zum Mast hinaufblickten. Soll ich ihr befehlen, es zurückzugeben?«

»Hat sie das wirklich, Parsons?« rief Stephen aus und hielt sich verspätet die Taschen zu. »Na ja, macht nichts. Es war nur ein alter Fetzen, und ich gönne ihn diesem hübschen Ding.« Aber, fügte er in Gedanken hinzu, sie hat auch mein kleines Skalpell stibitzt, und um das tut's mir leid.

Das Pahi stieß ab, füllte sein Krebsscherensegel mit Wind, nahm überraschend schnell hohe Fahrt auf und strebte zügig zum Land zurück, fast kein Kielwasser nachziehend und wegen seiner beiden weit auseinanderstehenden, scharfen Rümpfe kaum krängend. Zusätzlich zu den freiwillig übergebenen bescheidenen Geschenken trug es davon: fünf Taschentücher, ein Taschenskalpell, zwei Glasflaschen (eine mit buntem Korken), eine Tabatiere sowie fünf eiserne und zwei hölzerne Belegnägel. Doch weil die Geschenke der Insulaner den Wert des Diebesguts bei weitem übertrafen, konnte sich keiner auf der *Surprise* – außer der seines Tabaks Beraubte – mit Recht benachteiligt oder betrogen fühlen.

»Und nun, Sir«, begann Wainwright, als sie wieder in die Kajüte zurückgekehrt waren, »muß ich Ihnen sagen, daß ein englisches Schiff und mehrere englische Seeleute gewaltsam auf der Insel Moahu festgehalten werden. Sie liegt südlich von …«

»Ich kenne ihre Position«, sagte Jack. »Aber ich habe keine genaue Karte.«

»Vielleicht sollte ich vorausschicken, daß meine Reeder insgesamt sechs Schiffe für den Walfang und für den Pelzhandel im Nootka Sound und nördlich davon eingesetzt haben. Diese Schiffe verabreden sich häufig zu einem Rendezvous – und andere folgen ihrem Beispiel, weil sie so günstig liegt – auf der Insel Moahu. Dort tauschen sie Neuigkeiten oder neue Anweisungen der Eigner aus, bevor sie weitersegeln, die Nootkafahrer nach Kanton und die Walfänger weit hinunter in den südlichen Pazifik, manchmal bis Sydney, Van-Diemens-Land und darüber hinaus. Und wenn die Pelzhändler in ihrer ersten Saison nicht erfolgreich genug waren, dann bleiben sie auf Moahu und segeln in der nächsten Saison wieder zurück nach Norden, bevor die Amerikaner nach dem Runden von Kap Hoorn eintreffen können. Wenn der Nordostpassat weht, gehen wir meist nach Eeahu; aber den Rest der Zeit liegen wir in Pabay im Norden der Insel.«

»Würden Sie mir eine Skizze machen?« bat Jack und reichte ihm Bleistift und Papier.

»Was Moahu betrifft, fällt das nicht schwer.« Wainwright zeichnete eine große Acht mit dicker Taille. »Von Norden nach Süden sind es rund zwanzig Meilen. Der kleinere Zipfel oben, mit dem Hafen Pabay im Nordosten, ist Kalahuas Territorium. In der Mitte zwischen beiden liegt unwegsames, rauhes Bergland, dessen Wälder auf beiden Seiten tief herabreichen. Der südliche Zipfel gehört Puolani. Genaugenommen ist sie Königin der gesamten Insel, aber vor einigen Generationen rebellierten die Häuptlinge im Norden. Kalahua, der alle anderen nördlichen Häuptlinge erschlagen hat, behauptet jetzt, der rechtmäßige König von ganz Moahu zu sein, weil Puolani Schweinefleisch gegessen habe, das für Frauen tabu ist. jeder hält das für Quatsch. Natürlich verzehrt sie die üblichen Teile der im Kampf getöteten feindlichen Anführer, aber sie ist eine sehr fromme Frau und würde Schweinefleisch niemals anrühren. Und deshalb, Sir, herrscht Krieg zwischen Nord und Süd. Unsere Reeder haben uns angewiesen, uns nicht einzumischen, denn wir sind auf beide Häfen angewiesen: beim regenreichen Südwind auf Pabay im Nordosten, einen sicheren Hafen am Scheitel einer tiefen Bucht, in die ein Bach mündet, und auf Eeahu im Süden, in Puolanis Gebiet, wenn es uns der Nordostpassat erschweren würde, von Pabay auszulaufen. Was mich angeht, so hätte ich Puolani unterstützt, die uns gegenüber immer freundlich und zuverlässig war und schließlich nur eine arme schwache Frau ist. Kalahua dagegen ist ein ekelhafter Giftzwerg, dem man nicht trauen kann. Die Streitkräfte der beiden waren früher ungefähr gleich stark, und beide Seiten behandelten uns anständig. Doch als ich letztes Mal in Pabay einlief, um mich mit unseren Schiffen *Truelove* unter William Hardy und *Heartsease* unter John Trumper zu treffen, hatte sich die Lage total verändert. Kalahua hatte einen Trupp Europäer auf seine Seite gebracht, einige davon mit Musketen bewaffnet, und sich mit unseren beiden Skippern überworfen. Er wollte, wie er's nannte, ihre Kanonen ›ausborgen‹, rückte aber nicht gleich damit heraus, sondern wartete, bis Hardy in einer peinlichen Lage war, weil er sein Schiff am Strand trockenfallen ließ, um an ein Leck heranzukommen. Sie waren noch beim Verhandeln, als ich einlief, aber inzwischen hatte Kalahua unter irgendeinem Vorwand ein Dutzend unserer Leute geschnappt – er warf ihnen Diebstahl, Unzucht (ha, ausgerechnet!) und die Berührung tabuisierter Früchte oder Bäume vor. Als ich ihn aufsuchte, erklärte er, die Schiffe bekämen kein Wasser und keinen Proviant und die Gefangenen würden nicht freigelassen, solange seine Forderungen nicht erfüllt seien. Dabei benahm er sich so seltsam, so verschlagen und abstoßend selbstsicher, verschob immer wieder unsere Verabredungen – er sei ins Landesinnere gereist, er liege im Schlaf, er sei unpäßlich –, daß ich mißtrauisch wurde.

Als er eines Tages mit seinen europäischen Söldnern wirklich ins Gebirge aufgebrochen war, traf ein viertes unserer Schiffe, die *Cowslip* unter Michael McPhee, draußen vor der Insel ein. Ich signalisierte ihm, die Barre nicht zu überqueren, und schickte ihm einen unserer Kanaken mit der Botschaft, er solle, falls nötig, in Eeahu, in Puolanis Hafen, Wasser bunkern und dann schnell wie der Blitz nach Sydney hinuntersegeln, um dort zu melden, wie wir auf Moahu mißbraucht wurden.

Noch vor Kalahuas Rückkehr aus den Bergen liefen zwei große Pahis ein. Eins davon gehörte einem Freund von mir, einem sehr guten Freund – einem Oahu-Häuptling, den ich zuletzt auf Molokai im Sandwich-Archipel getroffen hatte –, und nun erfuhr ich, warum Kalahua so selbstsicher war. Er erwartete die *Franklin*, einen starken Freibeuter mit zweiundzwanzig Neunpfündern, der unter amerikanischer Flagge segelt, aber mit Franzosen aus Kanada und Louisiana bemannt ist. Das paßte zu einer Beobachtung, die ich gemacht hatte: Obwohl Kalahua seine weißen Söldner von uns fernhielt, waren mir doch einige begegnet, die untereinander französisch sprachen, wenn sie sich unbeobachtet fühlten, und ein verdammt komisches Englisch, wenn sie mich sahen. Und ich hörte, daß der französische Eigner der *Franklin* – der auf Hawaii Leute rekrutiert hatte und nicht den Mund halten konnte, sondern sich vor einer hübschen Polynesierin, selbst 'ne halbe Französin, brüsten mußte –, daß dieser Eigner Kalahua für den letzten Dreck hielt, für einen durch und durch falschen Hund, den er erschlagen wollte, wenn sich die beiden Seiten, Nord und Süd, gegenseitig genug geschwächt hätten. Anschließend wollte er Puolanis Kriegskanus (die ihre stärkste Waffe sind) mit ein paar Breitseiten vernichten und die Insel angeblich auf Bitten der Bevölkerung und jener überlebenden Häuptlinge, die wußten, was gut für sie war, zu französischem Besitz erklären. Den Eingeborenen würde er schon beibringen, wie man *Vive l'Empereur* schrie, was ja auch nur fair sei, weil ihm die französische Regierung das Geld für sein Schiff vorgeschossen hätte. Und sowie der Krieg erst vorbei war, würden dort andere Sitten einkehren, mit gleichen Rechten für jedermann, mit allem Besitz im Gemeinschaftseigentum, mit Gerechtigkeit, Frieden und Überfluß – alles durch öffentliche Diskussion geregelt.«

»Das gibt der ganzen Sache ein anderes Gesicht«, sagte Jack, mit großer Erleichterung an Stephen denkend.

»Jawohl, Sir. Also stellte ich eine Wache ab, die nach

der *Franklin* Ausschau hielt. Für die *Truelove* konnten wir nichts tun. Sie lag trockengefallen direkt vor dem Dorf, und die Gezeit war ungünstig. Aber Trumper von der *Heartsease* und ich, wir bereiteten unsere Schiffe so gut vor, wie wir konnten, obwohl wir ja nur hatten, was auf einem Handelsfahrer üblich ist. Und tatsächlich, noch am selben Abend kam der Wächter aufgeregt gerannt – ein Schiff hielt unter leichter Besegelung auf Land zu, mit Kurs auf den Hafen. Wir waren von Kalahua so lange aufgehalten worden, daß der Passat wieder eingesetzt hatte: Der Wind kam aus Nordost, aber dank der Gnade Gottes hatte er gerade noch genug Nordkomponente, daß wir dichtgeholt an der südlichen Landspitze vorbeischrammen konnten. *Heartsease* lag in Führung und kam mit ein, zwei Löchern in ihren Bramsegeln davon. Aber die *Franklin* setzte alles, was sie hatte, warf eine Bugsee auf, so breit wie ihre Fock, holte schnell auf – meine *Daisy* ist ja nicht für Geschwindigkeit gebaut – und beharkte uns mit einer Breitseite, die unseren Zimmermann und seinen Gehilfen tötete und alle unsere Beiboote auf ihren Lagern zerfetzte. Es war die grausamste Breitseite, die ich je erlebt habe, und ich dachte, wenn das so weitergeht, muß ich die Flagge streichen. Aber wir hatten Glück: Seine nächste Salve war zu hoch gezielt, und bevor er nachladen konnte – verdammt langsam, Sir, nach unseren Maßstäben –, hatte ich die Genugtuung, seine Fockmaststenge über Bord gehen zu sehen. Ich möchte gern glauben, daß es unsere Heckkanone war – ich hatte sie gerade abgefeuert –, die das Vorstag kappte, aber wahrscheinlich war es der absurd hohe Segeldruck. Jedenfalls schoß er sofort in den Wind und bekam sein Ruder nicht mehr unter Kontrolle, um mir durch den gewundenen Paß in die Lagune zu folgen.«

Die ganze Zeit hatte die Fregatte an Fahrt verloren, und Wainwright sagte jetzt mit einem Blick zum Land: »Apropos Paß, Sir: Vielleicht sollte ich Ihrem Rudergänger zeigen, wo hier das Fahrwasser verläuft. Wir sind schon ziemlich nahe, und es wäre falsch, dem Pahi zu folgen – sie wollen uns nie glauben, daß wir soviel Tiefgang haben.«

An Deck stellte Jack fest, daß sie dem Riff wirklich schon gefährlich nahe waren. Zu beiden Seiten saß ein Lotgast in den Rüsten, und Davidge stand auf der Fockbramrah, um das Schiff durch Zuruf zu dirigieren. Pullings hatte schon Männer an den Brassen und Fallen einsatzbereit, während der losgekattete Anker vorn klar zum Werfen baumelte. »Kapitän Wainwright wird uns hineinbringen«, sagte Jack zu Pullings, und der Gast ging die scharfen Biegungen des Fahrwassers, sich an vertrauten Landmarken orientierend, mit solch sichtlicher Kompetenz an, daß sich alle Mann entspannten.

Das heißt, alle Mann bis auf die Mediziner und Clarissa Oakes. Ihr war gar nicht aufgefallen, daß sich das Schiff in Gefahr befand, so sehr konzentrierte sich ihr ganzes Wesen auf die Küste, den blendendweißen Korallenstrand, die in alle Richtungen geneigten Kokospalmen mit ihren graziös auswehenden Wedeln, auf das Dorf mit seinen vereinzelten weißen Häusern zwischen Feldern und Gärten, auf den Pfad, der in den grünen Wald führte. Maturins und Martins Blicke dagegen hingen, verstärkt durch Ferngläser, an dem Walfänger, der mit starker Schlagseite dicht vor dem Strand lag. Er hatte eine Arbeitsbühne über die Seite hängen.

»Ich glaube, das dort drüben ist eine alte Lumme«, sagte Stephen. »Sie ist mir schon im Wasser aufgefallen.«

»Aber Maturin, wie können Sie so was sagen! Eine Lumme in diesen Breiten?«

»Jedenfalls ist sie mit Sicherheit eine Alkenart«, beharrte Stephen und folgte mit Blicken dem schnellen, schwirrenden Vogelflug. »Und ich bin überzeugt, daß es sich um eine Lumme handelt.«

»Sehen Sie nur!« rief Martin. »Sie kreist um das Schiff! Sie landet im Vortopp!«

Die Fregatte ließ den Paß hinter sich und glitt sanft auf den Walfänger zu. Wainwright drehte ihren Bug in den Wind und rief: »Laß fallen!« Der Anker klatschte in die See – welch lang ersehntes, hochwillkommenes Geräusch –, und die *Surprise* trieb mit der Flut noch etwas weiter, während die Trosse lang auslief. Schließlich törnte sie auf beruhigenden fünf Faden Wassertiefe so nahe bei dem Walfänger ein, daß sie den Vogel deutlich erkennen konnten, der sie mit allen Anzeichen von Neugier musterte.

»Wenn Sie mich hinüberbegleiten und mit mir essen«, sagte Wainwright, »kann ich meinen Bericht vollenden. Ich bedaure sehr, daß ich Ihre Offiziere nicht einladen kann, aber die Kajüte der *Daisy* ist so vollgestopft mit den wertvolleren Ballen der *Truelove*, daß zwei Leute kaum genug Platz zum Sitzen finden.«

»Ich akzeptiere mit Freuden«, antwortete Jack. »Aber zuerst muß ich Sie bitten, Pakeea zu sagen, daß seine Leute nicht zu uns an Bord kommen dürfen, es sei denn, er erlaubt es ihnen. Mr. Davidge, meine Gig. Kapitän Pullings, ich gehe auf den Walfänger. Unsere Leute dürfen keine Souvenirs eintauschen, solange das Schiff nicht voll verproviantiert ist.«

Während das Boot ausgesetzt wurde, fragte Stephen vom Seitendeck aus: »Kapitän Aubrey, Sir, ich appelliere an Sie: Ist dieser Vogel auf der vorderen Plattform des Walfängers – am Rand seines Fockmars – seines Krähennests – wirklich eine alte Lumme?«

»Tja …« Jack studierte den Vogel. »Wie Sie wissen, bin ich kein Experte. Aber für mich sieht er wirklich ziemlich betagt aus. Kann man ihn essen?«

»Natürlich ist das eine alte Lumme, Doktor«, bestätigte Wainwright. »Sie gehört unserem Arzt und heißt Agnes. Er hat sie vom Küken hochgepäppelt. Wenn Sie mit uns kommen möchten, wird er sie Ihnen bestimmt gern zeigen.«

»Im Augenblick will ich Sie nicht behelligen, Sir«, antwortete Stephen. »Aber ich habe ein eigenes kleines Skiff, und mit Ihrer Erlaubnis werde ich den Kollegen etwas später am Tag besuchen.«

»Und so, Sir ... Noch ein wenig Kruste?«
»Sehr gern.« Jack hielt Wainwright seinen Teller hin.
»Oh, wie ich Schweinebraten liebe!«
»Und so, Sir, ließ ich die *Franklin* achteraus und segelte, so schnell ich konnte, hinter der *Heartsease* her. Aber in Wirklichkeit war das nicht sehr schnell, denn diese verhängnisvolle Breitseite des Freibeuters hatte beim Krängen auch unser Unterwasserschiff getroffen, tief unterhalb der Wasserlinie, so daß die See auf dem Steuerbordschlag – und wenn wir mehr Tuch setzten als weggereffte Marssegel – in drei Fontänen hereinschoß. Außerdem bekamen wir in dieser Nacht dickes Wetter. Obwohl wir uns mit allen Segeln vorankämpften, die sie tragen konnte, und Tag und Nacht pumpten, sahen wir die *Heartsease* nicht wieder. Wir schafften es, die schlimmsten Löcher mit Lecksegeln abzudecken und den Rest von innen zu stopfen, aber nach etwa zehn Tagen hatte der schwere Seegang alles wieder weggerissen, und meine Leute schliefen fast im Stehen ein. So war ich gezwungen, für die Reparatur Annamuka anzulaufen. Ich hoffe inständig, daß die *Heartsease* Sydney erreicht hat.«

»Das hat sie«, bestätigte Jack. »Und auf Grund ihres Berichts wurde ich ausgesandt, um die Lage zu bereinigen. Ich segle nun mit aller gebotenen Eile nach Moahu.«

»Oh ...« Wainwright ließ Messer und Gabel sinken und sah Kapitän Aubrey an. »Tatsächlich? Bei Gott, das freut mich für diese armen Männer, die wir zurücklassen mußten, und natürlich auch für meine Reederei. Die *Truelove* ist ein prächtiges neues Schiff, ein Whitby-Bau mit wertvoller Ladung bis auf das, was wir übernommen haben. Darf ich Sie begleiten? Die *Daisy* mag keine schweren

Kaliber führen, aber ich kenne die Gewässer dort, ich kenne die Leute und beherrsche ihre Sprache. Außerdem haben wir neben den Offizieren neunzehn erstklassige Matrosen an Bord.«

»Das ist ein sehr verlockendes Angebot«, sagte Jack. »Aber in diesem Fall ist Eile dringend geboten. Einige Breitengrade weiter nördlich sollten wir den frischen, stetigen Passat finden, und die *Surprise* ist am Wind sehr schnell. Hier in diesen Breiten haben wir von Mittag zu Mittag schon gut zweihundert Meilen geloggt, und das viele Tage lang. Ich fürchte, die *Daisy* könnte da nicht mithalten, auch wenn sie bereits seeklar wäre.«

»Sie hat bei raumem Wind schon sieben Knoten geschafft«, verteidigte Wainwright sein Schiff. »Aber ich muß zugeben, daß man die beiden nicht vergleichen kann.«

»Ich hoffe, den Franzosen noch vor Anker zu erwischen«, sagte Jack. »Er ist kein besonders guter Seemann, sagten Sie?«

»Den Eindruck hatte ich, ja. Wie man hört, war er vorher noch nie auf See. Er soll ein mehr philosophisch veranlagter Herr sein, ein Theoretiker«

»Je früher ihm der Zahn gezogen wird, desto besser. Ich halte nichts von diesen wohltätigen Revolutionen, diesen Humanisten, vermaledeiten Reformern und Menschheitsbeglückern. Denken Sie nur an diesen bösartigen Burschen Cromwell und an die tückischen Whigs zur Zeit des armen Königs James, der übrigens ein guter Seemann war. Aber sagen Sie, wie stark sind Sie beschädigt?«

»Oh, Sir«, rief Wainwright, und sein Gesicht hellte sich auf, »ich glaube, ein geschickter Zimmermann und seine Gang hätten nicht mehr als einen Tag zu tun. Es geht ja nur darum, die schlimmsten Schäden zu beheben und ein Beiboot so weit zusammenzuflicken, daß es wieder schwimmt.«

»Alsdann – wenn Sie meinen Bootssteurer rufen lassen,

dann schicke ich ihn hinüber, um Mr. Bentley zu holen, einen wahren Künstler mit Leckpfropfen und zerschossenen Spantenknien.«

In Dr. Falconer, dem Schiffsarzt der *Daisy*, fanden Stephen und Martin einen Mann nach ihrem Herzen. Er hatte seine lukrative Praxis in Oxford aufgegeben, sobald ein bescheidenes Vermögen angesammelt war, und fuhr seither zwecks naturwissenschaftlicher Horizonterweiterung auf den verschiedensten Schiffen eines Vetters zur See. Seine größte Liebe galt Vulkanen und Vögeln, aber er ließ auch sonst nichts aus und hatte schon den Narwal, den weißen Bär des Nordens und den See-Elefanten des tiefen Südens seziert. Und doch minderte das nicht sein Interesse an der Medizin, der praktischen ebenso wie der theoretischen. Sowie die beiden Schiffe quer über den Hafen gewarpt waren, um für die Arbeit der Zimmerleute Seite an Seite zu liegen, ließen sie die Ornithologie für den Augenblick ruhen und wandten sich der Tollwut zu: der Rabies im naturwissenschaftlichen Sinn, einigen ihrer früheren Fälle und den verschiedenen Behandlungsmethoden.

»Ich erinnere mich an einen kräftigen Jungen von vierzehn Jahren, der ins Hospital kam, weil er vor einem Monat von einem tollen Foxhound gebissen worden war«, berichtete Dr. Falconer. »Am Tag nach dem Biß lief er nach See aus, wo er mit aller in einem solch unangenehmen Fall gebotenen Strenge untergetaucht wurde. Nach dem Bad wurde ein gewöhnliches Zugpflaster auf die Wunde geklebt, die binnen vier Wochen verheilte, bis auf einen kleinen Spalt, etwa einen Zoll lang und einen Zehntelzoll breit – die Vernarbung hatte bereits eingesetzt. Fünf Tage bevor er zu uns kam, begann er über Druck auf die Schläfen und Kopfschmerz zu klagen. Nach zwei Tagen erschienen die ersten Symptome von Rabies. Sie waren schon ziemlich stark, als wir ihn aufnahmen. Er bekam eine Pille aus zwanzig Gran Moschus und zwei Körnern Opium; darauf folgte alle drei Stunden eine Kombination aus fünfzehn Gran Moschus, einem Gran gelbem, basischem Quecksilbersulfat und fünf Körnern Opium. Sein Nacken wurde mit einer Unze starker Quecksilbersalbe eingerieben und seine Kehle mit einer Mischung aus zwei Unzen Laudanum und einer halben Unze Bleiessig. Doch verursachte letzteres bei ihm Krämpfe, auch als wir seine Augen mit einem Tuch bedeckten. Deshalb wandten wir statt der Einreibung ein Pflaster an, mit pulverisiertem Kampfer, einer halben Unze Opium und sechs Drachmen Damocritlatwerge.«

»Und das Resultat?« fragte Stephen.

»Die Krankheit schien zunächst beherrscht. Doch am Abend traten die Symptome verstärkt wieder auf. Die Medikation wurde um sieben wiederholt, und um acht gaben wir ihm fünf Gran Opium *ohne* Moschus und Quecksilbersulfat. Um neun rieben wir seine Schultern mit einer weiteren Unze Quecksilbersalbe ein, und eine halbe Unze Laudanum wurde mit sechs Unzen Hammelbrühe in seine Eingeweide injiziert. Alles vergeblich. Danach wurde eine noch höhere Dosis Opium verabreicht, aber auch sie blieb ohne Wirkung. Der Junge starb noch in derselben Nacht.«

»Ich habe leider ganz ähnliche Erfahrungen gemacht«, sagte Stephen. »Bis auf den einen Fall von Oughterard in Iarconnacht, wo zwei Flaschen Whiskey, in regelmäßigen Intervallen binnen eines einzigen Tages getrunken, anscheinend eine Radikalkur bewirkten.«

»Ich möchte mich nicht in die Diskussion zweier promovierter Mediziner einmischen«, sagte Martin. »Aber ich war einmal zugegen, als eine Mischung aus einer halben Unze Ammoniaksalz, zehn Drachmen Olivenöl, sechs Drachmen Ambraöl und zehn Drachmen Laudanum angewendet wurde.« Die beiden Schiffe stießen mit einem sanften, elastischen Bums zusammen. Martin hob die

Stimme, um die seemännischen Ausrufe und das Gelächter aus den Kanus zu übertönen, die von Kindern gepaddelt wurden und fast zwischen den beiden Bordwänden zerquetscht worden wären. »Dazu starke Quecksilbersalbe auf Schultern und Rücken, genau wie in Dr. Falconers Fall, und um den Speichelfluß noch stärker anzuregen, wurde dem Patienten Zinnoberrauch in den Mund geblasen...«

Über ihren Köpfen erklang Bulkeleys Bootsmannspfeife – das schrille, drängende Signal für *Alle Mann an Deck* –, gefolgt von seinem heiseren Gebrüll: »Alle Mann an Deck: alle Mann nach achtern! Beeilung, Beeilung, macht schnell, ihr Schlafmützen!« Dann Pullings' Stimme: »Ruhe vorn und achtern«, und nach einer Pause sagte Kapitän Aubrey: »Kameraden, wir müssen nach Norden segeln, sowie das Schiff Wasser und Proviant gebunkert hat. Mit dem Wasser beginnen wir sofort. Dann kann abends die Hälfte jeder Wache an Land gehen. Morgen nehmen wir tagsüber das restliche Wasser an Bord und beginnen mit dem Feilschen, und abends bekommt die andere Hälfte Landurlaub. Am nächsten Tag wird vormittags weiter getauscht, aber mit dem Einsetzen der Ebbe müssen wir auslaufen. Wir haben keine Minute zu verlieren.«

SECHSTES KAPITEL

༺༽༾༻

EINE MONDLOSE, LEICHT bewölkte Nacht. An der ganzen Küste glühten Haufen von Holzkohle warm in der Dunkelheit und leuchteten bei jedem Luftzug von See her hell auf: Das waren die verlassenen Feuer, um die Matrosen von der *Surprise*, von der *Daisy* und die Insulaner getanzt und gesungen hatten, und zwar mit solcher Begeisterung, daß Jack und Stephen schließlich ihre Instrumente wegräumten und, statt zu musizieren, lieber Bohnen mahlten, um sich auf einer Spiritusflamme Kaffee zu kochen (denn Killick gehörte zu den Landgängern, und der Herd des schlafenden Schiffes war längst kalt) und danach Backgammon zu spielen.

Als jeder zweimal gewonnen hatte, aßen sie einige der kleinen, aromatischen Bananen, die auf einem Tablett arrangiert waren. Nach kurzem Nachdenken sagte Jack: »Als wir vor Norfolk Island lagen, erhielt ich, wie du weißt, durch den Kutter neue Order. Bisher habe ich nicht darüber gesprochen, weil darin im Gegensatz zu den meisten meiner Befehle – es sei denn, sie wären rein nautischer Art – dein Name nicht erwähnt wurde. Es hieß nicht wie sonst: ›Holen Sie dazu den Rat von Dr. Maturin ein.‹ Ich wurde nicht nur darüber informiert, daß auf Moahu britische Schiffe und britische Seeleute mißbraucht wurden, was du ja weißt, sondern auch über die beiden Parteien, die auf der Insel Krieg führen. Nachdem ich die Schiffe und ihre Besatzungen befreit hätte, sollte ich diejenige Partei unterstützen, bei der die größere Wahrscheinlichkeit bestand, daß sie König George als ihr Oberhaupt anerkannte. Und da ich weiß, was du von kolonialer Herrschaft hältst, wollte ich dich nicht an etwas beteiligen, das dir gegen den Strich geht.«

Er nahm sich noch eine Banane, schälte sie bedächtig und begann sie zu verzehren. Stephen war ein guter Zuhörer: Er unterbrach sein Gegenüber niemals, rutschte nicht ungeduldig herum oder sah heimlich auf die Uhr. Und obwohl Jack daran gewöhnt war, empfand er diesmal Stephens höfliches, neutrales, aufmerksames Schweigen bei einer so heiklen Rede als recht belastend. Während er seine Banane aß und sich die nächsten Worte zurechtlegte, sagte ihm jedoch eine Unterströmung seines Verstandes, daß Skrupel hier völlig unberechtigt waren: Stephen hatte seinerseits schon unzählige Befehle erhalten, die er ihm nie enthüllte. »Doch kam mir andererseits schon damals ein Gedanke«, fuhr er fort, »der sich mir später noch stärker aufdrängte: nämlich daß die Befehle nur deshalb deinen Namen nicht erwähnten, weil die Leute in Sydney es nicht besser wußten und dir nicht zutrauten, mich in anderen als medizinischen Dingen beraten zu können. Inzwischen bin ich mir dessen sogar sicher. Außerdem berichtet Wainwright, der gerade von Moahu kommt und mir durchaus zuverlässig zu sein scheint, daß sich die beiden Seiten dort kräftemäßig nicht mehr die Waage halten. Ein französischer Freibeuterkapitän, der unter amerikanischer Flagge, aber mit französischer Crew segelt, unterstützt den nördlichen Häuptling gegen die Herrscherin im Süden. Wenn sich die beiden im Kampf gegenseitig aufgerieben haben, so sein Plan, will er die Anführer seiner Verbündeten wie seiner Gegner umbringen und auf der Insel ein Paradies schaffen, in dem den Überlebenden und den französischen Kolonisten alles gemeinsam gehört. Du weißt schon: kein Reichtum, keine Armut.« Er dachte nach, vergegenwärtigte sich noch einmal Wainwrights Bericht in allen Einzelheiten und schloß: »Sein Name ist Jean Dutourd.«

Stephens Miene belebte sich plötzlich und schien vor Genugtuung förmlich zu erglühen. »Welche Freude!« rief er. »Etwas Besseres könnte mir gar nicht passieren.«

»Du kennst ihn?«

»Und ob! Er schreibt schon seit Jahren über Gleichheit, die Vervollkommnung unserer Natur und das Gute im Menschen – beurteilt andere nach sich selbst, der Ärmste – und hat eine große Gefolgschaft. Ich lernte ihn in Paris kennen. Und einmal sah ich ihn zu meiner Überraschung in Honfleur, wo er höchst engagiert ein Boot mit zwei Masten segelte. Rein persönlich ist er der freundlichste Mann unter der Sonne, und in seinem System dreht sich alles nur um das Wohlergehen anderer. Er wandte ein Vermögen an den Versuch, den Juden in Surinam eine neue Heimat zu schaffen, und ein zweites – denn er ist sehr reich – gab er für Farmen und Manufakturen aus, um junge Kriminelle zu resozialisieren. Und dennoch: Obwohl ich glaube, daß der Mann, der Kapitän Wainwright von Dutourds berechnendem, machiavellistischem Mordplan erzählte, um einiges übertrieben hat, zweifle ich nicht daran, daß Dutourd zur Durchsetzung seines Systems äußerst rabiat werden könnte – ein Fanatiker eben, der mit Abweichlern kurzen Prozeß macht. Und das Ergebnis, wenn schon nicht die Sünde, bleibt sich gleich. Eins seiner Bücher über das pazifische Paradies hat auch jenen amerikanischen Marineoffizier beeinflußt ... Killick, was tust du dieser jungen Frau an?« rief er durch das offene Heckfenster hinaus.

»Nichts, Sir«, antwortete Killick sofort, wenn auch keuchend. Nach einer Pause versicherte er: »Es ist alles in Ordnung – alles ganz natürlich. Ich hab ihr nur gute Nacht gesagt, weil sie mich hergepaddelt hat. Unser Boot hat viel zu früh abgelegt.«

»Killick, du kommst sofort an Bord«, befahl Jack.

»Wo doch das Kletternetz schon eingeholt ist, Sir. Ich wollte mich über die Achtergalerie hochschleichen, aber Sie sind ja noch nicht zur Koje gegangen«, quengelte Killick.

»Dann kriech durchs Klosettloch«, sagte Jack.

Das Klosettloch konnte durch einen Sprung vom Kanu aus erreicht werden. Killick, obzwar benommen nach seinen Exzessen, versuchte es, fiel zurück ins Wasser, das wie ein kleines Feuerwerk phosphoreszierend aufspritzte, versuchte es abermals und bekam diesmal den Rand zu packen. Da hing er nun keuchend, und erst als die junge Frau ihn mit kreischendem Gelächter von unten anhob, gelangte er an Bord – triefnaß, grollend und total derangiert. Mit hängendem Kopf, vor sich hin murmelnd und mit dem Zeigefinger in Richtung Stirnlocke einen Gruß andeutend, schoß er durch die Tür.

Sie lehnten sich wieder zurück, jeder insgeheim entzückt darüber, daß sie endlich einen moralischen Sieg über Killick errungen hatten, und Jack konzentrierte sich wieder auf seine Befehle, speziell auf den Absatz, der Cooks Besitzergreifung von 1778 erwähnte, weshalb der ganze Archipel mit Moahu längst zur britischen Krone gehöre.

Stephen ergänzte: »Ich glaube, das gleiche kann man von vielen anderen Inseln im Pazifik behaupten. Ich erinnere mich, daß mir Sir Joseph von Otaheite erzählte, auch Tahiti genannt. Als Cook dort den Durchgang der Venus beobachtete, nannte man es King George's Island, denn in Wahrheit war es Wallis, nicht Cook, der die Insel entdeckte und annektierte. Er hatte den Eindruck, daß die Häuptlinge und ihr Volk die Sache überhaupt nicht ernst nahmen, und die fragliche Lady dürfte sich genauso verhalten – eine höfliche Geste, mehr nicht.«

»Vergib mir, Stephen, wenn ich mich dümmer anstelle als sonst – aber welche fragliche Lady?«

»Wieso, natürlich Puolani, Wainwrights arme schwache Frau, die Königin des Südens. Denn ich gehe davon aus, daß sie es ist, die du unterstützen wirst, weil sich der Freibeuter mit ihrem Feind im Norden verbündet hat, dieser doppelt ruchlose Freibeuter, der sowohl Amerikaner als auch Franzose ist.«

»O ja, natürlich, tut mir leid. Sie war mir im Moment entfallen.«

»Auch wenn es mehr wäre als eine politische Geste, diese Anerkennung des sehr weit entfernten Königs George –«

»Gott schütze ihn.«

»Unbedingt, mein Bester, unbedingt. Dann wäre letzteres doch ein gnädigeres Geschick, als unter die unmittelbare, allgegenwärtige Herrschaft Frankreichs oder Amerikas zu fallen, verkörpert durch den Schöpfer eines idealistischen Systems, das jede bekannte soziale Existenz entwurzelt und höchstwahrscheinlich Ungläubige oder Ketzer sofort auf den Scheiterhaufen zwingt.«

»Also darf ich davon ausgehen, daß du keine Einwände erhebst?« fragte Jack, der inzwischen tatsächlich erschöpft, schläfrig und begriffsstutzig war.

»Wie du sehr gut weißt«, antwortete Stephen, »bin ich stets dafür, die Leute in Ruhe zu lassen, wie unvollkommen uns ihr Regime auch erscheinen mag. Ich bin der Meinung, daß man anderen Völkern nicht vorschreiben darf, wie sie ihr Haus in Ordnung zu halten haben; man darf sie zu ihrem Glück nicht zwingen. Aber gleichzeitig bin ich auch Marineoffizier, Bruderherz. Schon vor langer, langer Zeit hast du mir beigebracht, daß ein mit Schiffszwieback Ernährter stets das kleinere von zwei Übeln zu wählen hat. Nur auf dieser Basis kann von mir behauptet werden, daß ich keine Einwände habe, wenn Moahu nominell britischer Besitz wird.«

Die stille Mittelwache war schon weit fortgeschritten, als sie sich trennten, und Stephen schlich nach einem Blick ins schlafende Krankenrevier auf Zehenspitzen und mit einer Blendlaterne durch die Offiziersmesse in seine untere Kammer, weil er hoffte, damit dem höllischen Lärm der Bimssteine und Schwabber, dem rituellen Geschrei, dem Knarren der Pumpen und Klappern der Eimer zu entgehen, das stets vor Morgengrauen losbrach. Denn er war ein Mensch, der viel Schlaf brauchte, wenn sein Verstand funktionieren sollte. Und er sah mit freudiger Erwartung seinem freien Tag auf Annamuka entgegen: Die vielen intensiven Beobachtungen und Entdeckungen würden seine ganze Kraft beanspruchen, wenn sie intelligente Ergebnisse zeitigen sollten.

Im Gegensatz zu ihm besaß Jack Aubrey in hohem Grad die Gabe, sofort in tiefen, erholsamen Schlaf zu fallen – eine für Seeleute lebenswichtige Gabe – und nach höchstens ein, zwei Stunden erfrischt und tatendurstig, manchmal unerträglich tatendurstig, wieder zu erwachen. Er hatte bereits in der See gebadet und verzehrte gerade gut gelaunt sein erstes Frühstück, bedient von einem verhärmten, unnatürlich unterwürfigen Killick, als ihm gemeldet wurde, daß sich ein kleines Kanu von der *Daisy* her näherte. Es war Wainwright persönlich, der Jack warnte, daß Tereo, der alte Häuptling, eingetroffen sei und Befehl gegeben habe, daß kein Markt eröffnet und kein Tauschhandel begonnen werden dürfe, ehe nicht Höflichkeitsbesuche und Geschenke ausgetauscht waren. Deshalb war der Strand so leer; deshalb waren keine Kanuflottillen zu sehen. »Tereo ist ein sehr autoritärer und formeller alter Herr«, sagte Wainwright. »Er rügte Pakeea wegen seines offenen, leutseligen Vorgehens und konfiszierte seine roten Federn. Seine Geschenke sollten in der nächsten halben Stunde eintreffen, und dann müssen Sie sich unbedingt revanchieren und ihn besuchen. Ich hielte es für einen Fehler, ohne seine Erlaubnis mit dem Wasserbunkern zu beginnen.«

»Wird er uns Schwierigkeiten machen?«

»Nicht, wenn Sie ihn geschickt behandeln.«

»Kapitän Wainwright, ich wäre Ihnen unendlich dankbar, wenn Sie mir bei diesem ganzen Geschäft mit Ihrer Erfahrung beistehen würden. Es darf kein Mißverständnis geben, keinen Streit und vor allem keinen Zeitverlust.«

»Natürlich, gern. Aber die Dankbarkeit ist ganz auf meiner Seite. Ihr Mr. Bentley läßt zur Zeit unser rotes Fangboot kalfatern, und er selbst fertigt gerade die neue Spantenverstärkung an. Vielleicht zeigen Sie mir, was Sie an Tauschwaren haben, dann kann ich angemessene Gegengeschenke für das aussuchen, was Sie erhalten werden. Pakeea hat es mir bis auf den letzten Meter Bastgewebe beschrieben.«

Sie wühlten noch in Werkzeugen, Perlen, Glaskugeln, buntem Baumwollstoff, in Messing- und Zinngefäßen, als ein Pahi von Land abstieß, von Mädchen gepaddelt und von einer ungeheuer dicken Frau mittleren Alters kommandiert. »Das ist Tereos Schwester«, sagte Wainwright. »Ein lustiges altes Haus. Es wäre vielleicht angebracht, einen Bootsmannsstuhl auszubringen.«

Ein lustiges altes Haus war sie zweifellos, wie die tiefen Lachfalten in ihrem gefurchten Gesicht verrieten. Doch als sie jetzt vorsichtig an Deck herabgelassen wurde, beeindruckte sie alle mit ihrer angeborenen Würde. Drei ihrer Begleiterinnen kletterten behende an der Bordwand hoch, wie sie vom Hals bis zu den Knien bekleidet. So geziemte es sich für Frauen von hoher Geburt, flüsterte Wainwright in Jacks Ohr, und diese hier waren verwandt mit den großen Familien von Tongatabu. Sie waren von höherem Wuchs und hellerer Haut als die heiteren, barbusigen Mädchen im Pahi. Mit Ernst und Würde breiteten sie die Geschenke aus: aus Bast hergestellter Stoff in Dunkelrot, Orange und Naturfarbe; in Matten eingewickelte Ferkel; Körbe voll lebender Hühner und toter Wildvögel, darunter ein purpurrotes Wasserhuhn und einige

Rallen, die Martin wie einen Setter aufmerken ließen; Scheite von Sandelholz; gebratene Hunde; Zuckerrohr, Steinobst und Beeren; und zwei Keulen aus hartem, dunklem Holz mit dem Zahn eines Pottwals an der Spitze. Die Leute der Fregatte hatten sich auf Vor- und Seitendeck versammelt, schielten lüstern zu den Paddlerinnen hinunter, nickten oder winkten ihren Freundinnen der letzten Nacht zu, aber die meisten verfolgten die Zeremonie in schweigender Bewunderung.

Jack bat Wainwright: »Bitte sagen Sie ihr, daß ich dem Häuptling für seine prachtvollen Gaben zutiefst dankbar bin. Daß es mir eine Ehre sein wird, ihn meinerseits mit Gastgeschenken zu besuchen, die sich natürlich mit seinen nicht messen können. Daß ich ihn um Erlaubnis bitten werde, auf seiner Insel Wasser zu bunkern und Proviant einzuhandeln. Und daß ich zunächst sie und ihre jungen Damen bitte, mich in die Kajüte zu begleiten. Bitte formulieren Sie das so elegant wie möglich.«

Wainwright hielt offenbar eine längere und elegantere Rede, denn man konnte sehen, wie die Polynesisch verstehenden Matrosen bei bestimmten Sätzen zufrieden nickten. Und bei der Schlußfloskel wandte sich die Schwester des Häuptlings Jack mit wohlwollendem Gesicht zu. Er führte sie in die Kajüte, wo Wainwright sie nach polynesischer Sitte plazierte und Jack jeder ein Büschel roter Federn und andere kleine Geschenke überreichte. Die Federn wurden mit Freuden akzeptiert, weniger jedoch der anschließend kredenzte Madeira. Die freudige Erwartung auf den Gesichtern verwandelte sich in Erstaunen, bei manchen sogar in Erschrecken. Aber nach einem Augenblick der Verblüffung kehrte das höfliche Lächeln zurück, wenn auch etwas gekünstelter, und das Treffen endete mit Versicherungen der gegenseitigen Wertschätzung.

Sobald das Pahi die Küste erreicht hatte, folgte ihm Jack mit einer prächtig ausstaffierten Bootscrew. Und etwa eine Stunde nachdem er, erfolgreich auf der ganzen Linie, zurückgekehrt war, erschien Stephen zum erstenmal an Deck. Zugegeben, er hatte lange geschlafen, war auch lange im Lazarett aufgehalten worden, trotzdem erstaunte es ihn, die Sonne schon so hoch und den Tag so hell zu sehen, dazu an Bord einen so hektischen Betrieb und am Strand ein solch dichtes, buntes Gedränge. Denn in diesem strahlenden Licht leuchtete selbst eine Pyramide aus Kokosnüssen auf dem weißen Korallensand, vor der türkisblauen See und mit dem Grün der Palmen und Gärten als Hintergrund, in einem warmen, vibrierenden Hellbraun. Ganz zu schweigen von den Stapeln aus Bananen, aus Yams- und Tarowurzeln, Brotfrüchten, Blättern und Körben mit schimmerndem Fisch. Stephen konnte sich nicht satt sehen an dem farbenfrohen Bild. Von See her lief ein Pahi ein, voll singender Männer und Frauen; sie paddelten ihr breites, aufwendig geschmücktes und wunderschön gebautes Boot in der leichten Brise höchst seemännisch um die Fregatte, berührten keine einzige ihrer Trossen (die *Surprise* lag nun vor Bug- und Heckanker) und entluden am Strand noch mehr Fisch. Ein Schwarm mittelgroßer Papageien, die Stephen nicht identifizieren konnte, flog über die Gärten hinterm Strand, gefolgt von einer grünen, sehr schnellen Taube.

Die *Surprise* war ein höchst geschäftiges Schiff: Die großen Wasserfässer kamen schon an Bord, wurden mit viel Geschrei über die Reling geschwenkt und verschwanden durchs große Hauptluk unter Deck. Und Wasser war bei weitem nicht alles. Jack und Tereo hatten sich darauf geeinigt, daß aller Tauschhandel an Land stattfinden sollte, um das Chaos von fünfzig gleichzeitig anstürmenden Kanus zu vermeiden, und der Markt nahm, weit ausgebreitet und von erstaunlicher Vielfalt, den ganzen Strand ein. Die Tauschwaren der *Surprise* umfaßten Werkzeuge und allerlei Metallwaren; daneben Flaschen und Glasgefäße; Stoffe und die hochgeschätzten Hüte, Ketten, Perlen, Anhänger und anderen Schmuck. Alles wurde in Fässern arrangiert dargeboten, und auf jedem Faß saß ein Seemann. Das Feilschen wurde zunächst von Wainwright besorgt, der das Preisniveau festlegte, und danach von den kundigeren Matrosen. Das Eingehandelte kam in stetem Strom an Bord, in Empfang genommen von Mr. Adams und seinem Steward, bei Geflügel von Jemmy Ducks und bei Schweinen von Weightman, dem Metzger.

Die Schweine waren einzeln oder in Paaren lange vor Stephens Erscheinen eingetroffen, ziemlich kleine, hochbeinige, dunkle, stark behaarte Tiere mit rasiermesserscharfen Rücken. Sie wurden von Sarah und Emily begeistert begrüßt. In Aussehen, Stimme und vor allem Gestank glichen sie völlig den Schweinen ihrer melanesischen Heimatinsel und weckten in ihnen so starkes Heimweh, daß beide Mädchen zu weinen begannen. Sie redeten mit ihnen Melanesisch, das sie fast schon vergessen hatten, und trösteten sie in ihrer Not, denn die Tierchen wurden auf dem Vordeck eingesperrt, bis der Schweinekoben unter Deck für sie vergrößert worden war, und grunzten verängstigt. Doch ihre bereits behausten Artgenossen unten waren noch schlechter dran, und als sie die Neuankömmlinge hörten und vor allem rochen, begann ein ohrenbetäubendes Quieken. Das alles war Emily und Sarah nur zu vertraut, und sie rannten zu Jemmy Ducks, um Futter und Wasser für die Schweine zu erbetteln. Der hatte mit seinem Geflügel alle Hände voll zu tun und wimmelte sie zunächst ab, verwies sie an den Metzger, das sei dessen Aufgabe. Doch bedrängten sie Jemmy so lange, bis er in einer der seltenen Pausen hinauf zu Weightman ging, einem der wenigen wirklich unleidlichen Männer an Bord. Die Schweine unter Deck hätten Hunger, sagte er und bekam die erwarteten Beschimpfungen zu hören: Wofür hielt er sich, daß er einen Metzger über Schweine belehren wollte? Machte Weightman etwa Jemmy Ducks Vorschriften, wie er seine beschissenen Hennen zu versorgen hatte? Oder seine Schildkröten? Von wegen Schildkröten, so 'n Witz! Außerdem seien die Schweine schon gefüttert worden, hätten jedes gottverdammte Futter angeboten bekommen, das es an Bord gab, von Zwieback bis Tabak, und dazu einen Eimer voll erstklassiger Küchenabfälle. Und hatten sie's angerührt? Nein, mein Herr, hatten sie nicht. Aber Weightman wollte verdammt sein, wenn er ihnen noch mal was offerierte: Sie sollten geschlachtet und eingepökelt werden, solange sie noch 'nen Rest Fleisch auf den Knochen hatten. Und falls das Jemmy Ducks nicht paßte, konnte er ihn kreuzweise ...

Etwa um diese Zeit hatten hartnäckige Ausrufe wie: »Mit Verlaub, Sir« oder: »Wenn Sie gestatten, Euer Ehren ...« Stephen vertrieben, vom Seitendeck immer weiter nach achtern bis zur Heckreling, wo er hinter einem Berg mit Yamswurzeln gefüllter Netze Mrs. Oakes vorfand, die wie verzaubert zum Land hinüberstarrte. Ihr Entzücken ließ sie fast schön aussehen, dachte Stephen, jedenfalls besser und gesünder als je zuvor, trotz ihres blauen Auges. »Ist das nicht großartig, Doktor?« rief sie aus. »Ich wollte schon immer gern reisen und ferne Länder kennenlernen, aber es war mir nie vergönnt – außer natürlich nach ...« Sie verwarf Neusüdwales mit einer Handbewegung und fuhr fort: »Und genauso habe ich mir die Tropen und die Inseln der Südsee vorgestellt. Meine Güte, welcher Glanz! Ich wünschte nur, ich könnte ihn für immer festhalten. Und wie ich mich danach sehne, an Land zu gehen! Glauben Sie, daß der Kommandant uns Urlaub gibt?«

»Vergeben Sie mir, Madam«, meldete sich Pullings. »Aber ich fürchte, wir müssen die Davits klarmachen.«

Stephen und Clarissa wurden durch einen Trupp Matrosen getrennt, die sorgsam ein achtzölliges Kabel ausbrachten.

Sie flüchtete sich auf die mittlere Stufe des Niedergangs, so daß ihr Kopf auf Deckshöhe war und ihr nichts entging, was sie zwischen den hastenden Beinen der Seeleute noch erspähen konnte. Er selbst überlegte gerade, ob er in den Besantopp klettern sollte, als sich Padeens breite Gestalt durchs Gedränge schob. »Oje, mein lieber Herr«, schrie er, und seine Gefühle verschluckten das bißchen Englisch, dessen er mächtig war, »oje, dieser elende Dieb von Metzger, dieser Judassohn, er quält die Schweine, ja, das tut er, und hol der Teufel seine schwarze Seele!«

»Was denn, welche Schweine?« fragte Stephen, aber noch ehe Padeen sich ihm ganz verständlich gemacht hatte – bei seinem Stottern brauchte er einige Zeit dazu, selbst auf irisch –, wußte er schon, daß es tatsächlich um Schweine ging. Denn ein Luftzug wehte ihm deren Gestank zu, den er genausogut kannte wie die beiden Mädchen und Padeen, der ebenso zu seiner Kindheit gehörte, weil er nach alter irischer Sitte von Bauern großgezogen worden war, in deren Haus Schweine nach Belieben kommen und gehen durften, ebenso frei wie Hunde, nur reinlicher und intelligenter als diese. Außerdem hatte er auf einem seiner katalonischen Güter zusammen mit seinem Paten einen kleinen gestreiften, tolpatschigen Frischling aufgepäppelt, aus dem schließlich ein riesiges schwarzes Biest von Eber mit gewaltigen Hauern wurde, das vier Zentner wog und zu ihrer Begrüßung stets in wildem Galopp aus seinem Buchenhain brach, alle Pferde außer die mutigsten zu Tode erschreckend. Seither besaßen auch für Stephen Schweine, selbst wenn sie am Ende verzehrt – und mit Genuß verzehrt – wurden, eine eigenartige Unverletzlichkeit, was wenigstens teilweise darauf beruhte, daß sie Individuen waren und nicht bloß Mitglieder einer Herde. Deshalb eilte er mit Padeen durch die Kuhl ins Vorschiff, dabei über unzählige Säcke mit Yamswurzeln stolpernd und auf der einen Seite den Körben voller Schildkröten ausweichend, auf der anderen Seite den beim Einladen hin- und herpendelnden Wasserfässern. Am Aufbau des Vorschiffs rannte ihnen Sarah, von den beiden Schwestern die tapferere und energischere, aufgeregt entgegen. »Oh, Sir«, rief sie Stephen zu, »hören Sie nur die Schweine dort unten! Ständig sagen wir Jemmy, er muß den Metzger dazu bringen, ihnen Taro zu geben, aber er will einfach nicht hören.«

Padeen setzte zum Sprechen an, dabei auf den vorderen Niedergang deutend; bei seinem Stottern brachte er jedoch nicht mehr heraus als »Muck-muck-muck ...«, doch sein zitternder Finger und der Lärm waren beredt genug. Stephen stieg ins Vorschiff hinunter, wo er Martin vorfand, der gebannt in den Steuerbordkoben starrte. »Guten Morgen, Sir«, rief er. »Da haben wir aber einen hübschen Klamauk auf dem Hals.«

»Guten Morgen, Kollege«, antwortete Stephen. »Ja, und einen besonders melodischen.«

Drüben beim Backbordverschlag, wo er mit einigen Vordecksgasten die Gitter verstärkte, beteuerte Weightman immer noch, daß er die vermaledeiten Schweine gefüttert hätte – ihnen Köstlichkeiten angeboten hätte, würdig eines fürstlichen Banketts – daß sie keinen Bissen anrühren, keinen Tropfen trinken wollten – und daß er (die Stimme senkend) geviertelt werden wollte, wenn er's noch mal versuchen oder auf 'nen Schlechtschwätzer von Hühnerhirt hören würde ... Er ließe sich doch keine Vorschriften machen von irgendeinem beschissenen ... Womit seine Stimme vollends erstarb.

»Du darfst Schweine nicht hungern lassen«, sagte Joe Plaice. »Man muß sie regelmäßig füttern, sonst fallen sie sofort vom Fleisch.«

»Was 'n elender Jammer wäre«, ergänzte Slade.

»Warum fütterst du sie nicht endlich, die armen Schweine?«

Weightman beantwortete diese und andere Fragen und trug seinen Standpunkt mit zunehmend verzweifeltem Nachdruck vor, bis seine Stimme dem Crescendo seiner schrillsten Schützlinge in nichts nachstand.

»Das muß der Kommandant entscheiden«, sagte Stephen leise zu Martin. »Er hat schon von Land abgestoßen.«

Auf dem Seitendeck kehrten sie nach achtern zurück, setzten sich auf die Braßjungfern, weil sie dort unbehelligt blieben, und beobachteten, wie sich die Kapitänsgig durch die vielen Kanus vor dem Strand schob.

»Sarah und Emily behaupten, daß schon ein paar Tarowurzeln reichen würden«, sagte Martin. »Sie rannten davon, holten eine von dem Haufen dort, und die Schweine stürzten sich gierig darauf. Ich habe Weightman darauf hingewiesen, aber er wollte nicht hören. Er ist ein sturer, unverträglicher Holzkopf und momentan überhaupt nicht ansprechbar. Ein saumäßiger Tierpfleger, könnte man sagen.«

»Das könnte man wohl. Was gäbe ich darum, an Land zu sein!«

»O Gott, und ich erst! Sowie wir unsere Visite beendet haben, können wir guten Gewissens um Landurlaub bitten. Meine Netze, Kästen und Werkzeuge liegen alle schon bereit. Was werden wir wohl finden? Etwa die polynesische Eule, ha? Doch bevor ich mehr sage, muß ich Ihnen zwei Neuigkeiten mitteilen, über die ich im Vorschiff nicht sprechen konnte. Die eine wird Ihr Herz erfreuen, die andere, so fürchte ich, wird Sie enttäuschen. Erstens: Unter den Geschenken, die uns der Häuptling schickte, fand ich zwei Rallen von einer Art, die in der zivilisierten Welt noch unbekannt ist, zwei verschiedene Rallen, und einen großen, purpurroten Tölpel.«

»Doch hoffentlich kein einfaches Wasserhuhn?«

»Nein, viel größer und von viel intensiverem Rot. Weil ein solcher Überfluß herrschte, habe ich sie wortlos beiseite geschafft, denn sie eignen sich viel besser für die naturwissenschaftliche Untersuchung als für den Messetisch.«

»Völlig richtig. Welch interessanter Vorrat! Aber Sie erwähnten auch eine schlechte Nachricht.«

»Richtig, Gott sei's geklagt. Gestern abend schichtete ich unsere Sammlung um, erneuerte den Pfeffer und den Kampfer, und nach den Papageien ging ich zu Bett, ließ die Bälge aber auf dem Tisch liegen. Und diesen Morgen fand ich alle Papageien mit roten Federn kahlgerupft vor. Den Kakadus fehlten die roten Schwanzfedern.«

»Diese elenden, heimtückischen, geilen Hunde wissen, daß sie für rote Federn hier alles bekommen. Und natürlich wollen sie immer nur das eine. Die Pocken und ewige Verdammnis über diese verderbte Crew!«

Jack kam über die Backbordseite an Deck geklettert – auch für die kleinste Zeremonie wäre jetzt keine Zeit gewesen – und wurde sofort von Pullings und Adams mit Beschlag belegt. Stephen begriff, daß er ihn in nächster Zeit nicht ansprechen konnte, und eilte unter Deck, um sich die Rallen und den Tölpel anzusehen. Schon ihrem Äußeren nach waren sie faszinierende Studienobjekte, versprachen aber einen noch ausgefalleneren Knochenbau, weshalb er vorschlug: »Es ist eindeutig unsere Pflicht, daß wir sie sofort abbalgen, und danach kann Padeen sie im Hospitalkessel vorsichtig so lange sieden, bis das Fleisch abfällt. Die Brühe wird zweifellos die Krankensuppe kräftiger machen, und wir erhalten die intakten Skelette. Nehmen Sie sie in Ihre Kammer mit – dort sind wir ungestörter –, ich hole die Instrumente.«

Er stand unten im halbdunklen Lazarett, durchwühlte klirrend seine Sägen, Pinzetten und Wundhaken und hatte gerade warnend ausgerufen: »He, Mr. Reade, ich kann Sie ganz deutlich hören. Wenn Sie weiterhin aufzustehen versuchen, werde ich den Kommandanten bitten, Sie auspeitschen zu lassen«, als Oakes erschien.

»Da sind Sie ja, Doktor«, rief er. »Man hat mir gesagt, daß ich Sie hier unten finden würde. Dürfte ich Sie um einen Gefallen bitten, Sir?«

»Bitte nennen Sie ihn mir, Mr. Oakes.«

»Wenn Sie an Land gehen, würden Sie dann bitte meine Frau mitnehmen? Sie giert förmlich danach, den Fuß auf eine Südseeinsel zu setzen, und ich bekomme keinen Urlaub, weil wir bald auslaufen und noch soviel zu tun ist.«

»Also gut, Mr. Oakes«, antwortete Stephen mit einem bemühten Lächeln. »Ich werde mir gestatten, Mrs. Oakes in vierzig Minuten meine Aufwartung zu machen.«

»Vielen, vielen Dank, Sir. Sie wird Ihnen ewig dankbar sein.«

Stephen folgte ihm, wenn auch langsamer, die Niedergangsleiter hinauf. »Mr. Martin«, sagte er, »hier sind Skalpelle für zwei. Falls Sie sich die erste Ralle vornehmen, fange ich mit dem Tölpel an. Ich habe mich gerade damit einverstanden erklärt, daß wir Mrs. Oakes an Land begleiten. Sie haben doch keine Einwände?«

Martins Miene verhärtete sich. »Tut mir sehr leid«, sagte er nach kurzer Pause, »aber ich habe ganz vergessen, Ihnen zu sagen, daß ich mit einem Kollegen verabredet bin – mit dem Bordarzt des Walfängers.«

Die Kommandantengig glitt zischend auf den Korallensand. Der Mann am Bugriemen sprang an Land, legte die Laufplanke aus, und zwei Matrosen – der eine breit grinsend, der andere todernst – trugen Mrs. Oakes auf den Strand. Sie dankte ihnen charmant. Stephen ging als nächster von Bord, und sie reichten ihm seine Flinte mit Pulverhorn und Jagdtasche. Plaice, sein Freund von alters her, bat ihn noch, sich vor Löwen, Tigern und den gräßlichen Schlangen in acht zu nehmen, dann stieß die Gig sofort wieder ab.

»Möchten Sie sich den Markt ansehen?« fragte Stephen.

»O ja, bitte«, rief Mrs. Oakes. »Märkte liebe ich ganz besonders.«

Im Sonnenschein schlenderten sie auf und ab, beide das Objekt lebhafter, aber freundschaftlicher Neugier, die viel weniger aufdringlich war als erwartet. Weil sie ihn in Begleitung einer Dame sah, sagte selbst seine geschwätzige Freundin vom Vortag nicht mehr als: »Ho aia-owa«, lächelte diskret, aber wissend, und winkte ihm verstohlen zu; und allzu zudringliche Kinder wurden zurückgerufen.

Wainwright und die polynesisch sprechenden Matrosen zeigten ihnen die Wunder, die Annamuka anzubieten hatte. Selbst die Leute, die nicht oder nicht mehr zu den feurigsten Anbetern Clarissas gehörten, freuten sich, vor ihr mit ihrem Sprachtalent und anderen Kenntnissen glänzen zu können. Mindestens zweimal gingen sie am Strand auf und ab und blieben hier und da stehen, um überall das exquisite Kunsthandwerk zu bewundern: an den zum Kalfatern auf den Strand gezogenen Kanus, an den Fischernetzen, den Mattensegeln und Körben. Clarissa bemühte sich eifrig wie ein Kind, alles zu sehen und zu verstehen, und geriet in eine Orgie des Entzückens. Doch während sie zusah, wie ein Mann das Blatt seines Steuerpaddels mit einem Auge aus Perlmuttintarsien verzierte, fing sie Stephens Blick auf, der heimlich einem Paar Tauben – Flughühnern? – folgte. Nach angemessener Pause schlug sie vor: »Aber kommen Sie, wir wollen jetzt botanisieren gehen. Auf dieser Insel gibt es bestimmt eine Menge wunderbarer, seltsamer Pflanzen.«

»Möchten Sie vielleicht noch die frisch angelandeten Fische am anderen Ende des Strandes betrachten?« fragte Stephen.

Auch wenn Clarissa manchmal unsensibel oder sogar dümmlich sein konnte, so gab es doch andere Gelegenheiten, bei denen kein Maß an höflicher Täuschung die wahren Sehnsüchte eines Mannes vor ihr verbergen konnte; und diesmal war die Täuschung leicht zu durchschauen. »Lassen Sie uns den breiten Weg einschlagen«, sagte sie. »Er scheint zu – na ja, man kann's wohl kaum ein Dorf nennen – zu den meisten Hütten zu führen. Und danach schlängelt er sich in – in den Dschungel, wenn man so sagen kann.«

»Ich fürchte, das kann man nicht. Bestenfalls ist es lichter Buschwald, was sich da bis zu dem fernen Röhricht vor dem Hochwald erstreckt. Doch Sie müssen wissen, daß wir in einem richtigen Dschungel, während der Regenzeit, überhaupt kein Leben beobachten könnten. Man hört vielleicht die Vögel, sieht die Schwanzspitze einer Schlange verschwinden, fühlt die riesige, bedrohliche Form eines Büffels ... Aber aus dem Dschungel kehrt man heim – falls man sich nicht hoffnungslos verirrt hat –, bis aufs Blut zerkratzt von den Dornen des kriechenden Rattangestrüpps, ausgesaugt von Blutegeln, aber mit leeren Händen und ohne sein Wissen erweitert zu haben. Nein, dies hier ist viel besser.«

Geruhsam schritten sie voran, folgten dem Bach und kamen an drei, vier weitläufigen Hütten vorbei – kaum mehr als palmgedeckte Dächer auf Pfählen, die hochgelegte Fußböden trugen, und alle leer, denn ihre Bewohner waren am Strand. Halb versteckt hinter Palmen oder Papier-Maulbeerbäumen konnten sie weitere Hütten erkennen, aber das alles machte wirklich nicht den Eindruck eines Dorfes. Und weil der Wind vom Land wegwehte, ließen sie den Lärm des Marktes bald hinter sich, tauchten in eine Stille ein, die vom rhythmischen Dröhnen der Brandung auf dem Außenriff kaum gestört wurde. Nachdem sie drei auffallend gepflegte Felder mit Taro und Zuckerrohr gestreift hatten, flog ein kleiner Vogelschwarm vor ihnen auf. In schneller, fließender Bewegung legte Stephen die Flinte an, suchte sich ein Opfer und holte es herunter. »Ein noch nicht beschriebener Papagei«, stellte er zufrieden fest und steckte ihn in seine Jagdtasche.

Der Schuß hatte eine ältere Frau aus der letzten Hütte am Weg gelockt. Mit der heiseren Stimme der Betagten, aber freundlich, rief sie ihnen etwas zu und eilte hinkend herbei, im Lauf ihre runzligen Brüste entblößend. Mit beredten Gesten lud sie die Besucher zum Näherkommen ein. Über einen glatten, leuchtendgrünen Rasen traten sie dankbar in den Schatten der Hütte, deren Fußboden mit dicken Mattenschichten bedeckt war, auf denen stellenweise zusätzlich Tapabahnen lagen. Darauf ließen sie sich alle nieder und äußerten liebenswürdige, einander unverständliche Worte, während ihnen die alte Dame mit vielsagendem Blick je einen kleinen getrockneten Fisch reichte, den sie nachdrücklich *Putu-putu* nannte. Clarissa bot ihr eine von blauen Glasperlen gekrönte Nadel an, die sie zu entzücken schien. Danach verabschiedeten sie sich in bestem Einvernehmen und drehten sich noch lange winkend nach ihr um, bis die Hütte außer Sicht kam.

Nun stieg der Pfad etwas an, immer noch dem sprudelnden Bach folgend, und führte durch junge Maulbeer- und Bananenpflanzungen. Die Sonne stand jetzt fast im Zenit und brannte mit wachsender Intensität auf sie nieder.

»Fühlt sich die feste Erde nach dem Schiff für Sie auch so wunderbar hart und unnachgiebig an?« fragte Clarissa nach langem Schweigen.

»Es ist immer das gleiche«, antwortete Stephen. »Jedesmal, wenn ich nach einiger Zeit auf See wieder in Dublin bin, kommen mir die Straßen so vor, als wären sie mit Eisen gepflastert. Außerdem fühle ich mich in einer großen Stadt dazu verpflichtet, Lederschuhe oder – Gott sei's geklagt – sogar Stiefel zu tragen. Nach den geflochtenen Slippern an Bord machen sie mich mit ihrem ungewohnten Gewicht auf dem erbarmungslosen Pflaster bis zum Mittag unweigerlich fußlahm. Ich werde verdrießlich und ...«

Etwa zehn Meter entfernt entdeckte er auf der Spitze eines jungen Sandelbaums einen Käfer, einen großen Käfer, eine Art Hirschkäfer, der gerade seine Flügeldecken spreizte, um davonzufliegen. Im nächsten Augenblick würde er sich in die Lüfte erheben. Stephen machte sich nicht viel aus Käfern, am wenigsten aus Hirschkäfern, aber sein Freund Sir Joseph Blaine liebte sie über alles. Daß er der Entomologischen Gesellschaft als Präsident vorsaß, erfüllte ihn mit mehr Stolz als sein Amt, die Leitung des Marinegeheimdienstes. Und Stephen hing sehr an Sir Joseph. Deshalb legte er seine Flinte ab, nahm flugs die Füße in die Hand und rannte zum Sandelbaum. Er hatte ihn fast erreicht, als sich der Käfer gravitätisch emporschwang, den schweren Körper fast senkrecht in der Luft hängend. Aber der Wind kam vom Wald und wehte den Hang herab in Richtung See, weshalb der Käfer kaum Höhe gewinnen konnte. Zwei oder drei Meter über dem Boden trieb er in Richtung der Bäume davon. Stephen rannte hinterher und konnte knapp das Tempo halten, solange er alle Kraft zusammennahm. Doch hätte er es keine fünfzig Meter weiter geschafft, als die tolpatschige Kreatur zum Glück gegen einen abgespreizten Ast stieß und zu Boden fiel.

Als er mit seiner Beute zurückkehrte, fand er Clarissa im Schatten eines Brotfruchtbaums sitzend und ihre Füße im Bach badend. »Und ich habe sogar noch was Besseres entdeckt«, rief sie und deutete nach oben. An der Stelle, wo sich der Baum in vier Hauptäste verzweigte, leuchtete eine märchenhafte Blütenkaskade auf sie herab: dreierlei Orchideensorten in jeweils verschiedenen Farben, braunorange, weiß mit goldenen Kehlen und flamingorot. »Genau das meine ich mit Reisen in exotische Länder«, sagte sie voller Genugtuung. »Dagegen tausche ich keinen Löwen und keinen Tiger ein.« Nachdem sie sich eine Weile genüßlich umgesehen hatte, stellte sie fest: »Ich war noch nie so glücklich.« Und schließlich: »Kann man Brotfrucht eigentlich essen?«

»Ich glaube, sie braucht eine spezielle Zubereitung«, antwortete Stephen, »dann kann sie entweder als Gemüse oder als Pudding dienen. Meinen Sie, wir sollten es den Vormastgasten nachtun und Mittag machen?«

»Dann wäre ich sogar noch glücklicher. Seit einer halben Stunde nagt nämlich ein Wolf an meinen Eingeweiden. Außerdem esse ich immer mittags. Oakes ist ja nur Fähnrich, müssen Sie wissen.«

»Um so besser. Es muß jetzt Mittag sein, die Sonne steht direkt über unseren Köpfen, und selbst dieser breitgefächerte Baumschirm, Gott schütze ihn, wirft nur Schatten für uns beide.« Er öffnete das zweite Fach seiner Jagdtasche und holte heraus: eine Flasche Wein mit zwei silbernen Bechern, in Servietten gewickelte Schweinebraten-Sandwiches, zwei Scheiben Pflaumenpudding und Obst. Trotz der Hitze waren sie hungrig. Sie aßen hastig und mischten ihren Sherry mit Bachwasser. Bis sie zum Obst kamen, sprachen sie nur wenig, aber sehr kameradschaftlich. Als die letzte Bananenschale den Bach hinuntertrieb und der letzte Becher Wein getrunken war, sagte Clarissa, ein Gähnen unterdrückend: »Die Freude und die Aufregung haben mich schläfrig gemacht. Vergeben Sie mir, wenn ich mich im noch tieferen Schatten etwas hinlege?«

»Tun Sie das, meine Liebe, unbedingt«, antwortete Stephen. »Ich gehe derweil botanisieren, am Bach entlang bis zum Röhricht, bis kurz vor diese hohen Bäume. Hier ist meine Flinte: Wissen Sie, wie man sie benutzt?«

Sie starrte ihn an, als hätte er einen provozierend schlechten Scherz gemacht – wieder mußte er an Medea denken –, dann antwortete sie mit gesenktem Blick: »Gewiß.«

»Der rechte Lauf ist mit Pulver geladen, aber ohne Kugel; der linke enthält beides. Falls Sie sich auch nur im geringsten beunruhigt fühlen, drücken Sie auf den vorderen Hahn, dann komme ich sofort. Doch bedenken Sie, daß sich nähernde Schritte auch von Mr. Martin und dem Arzt des Walfängers herrühren könnten. Sie schließen sich uns vielleicht an.«

»Das bezweifle ich«, sagte Mrs. Oakes.

Stephen Maturin lag ausgestreckt auf dem Ast eines Baumes, der ihm Aussicht bot über das Röhricht und die schlammigen Tümpel dahinter. »Niemand läßt sich gern zum Narren machen«, murmelte er, während eine ganze Prozession roter und violetter Wasserhühner, unbekannte Stelzläufer mit braunen Kehlflecken und andere einmalige Watvögel in fünfzehn Meter Entfernung an ihm vorbeizog, von links nach rechts und wieder zurück, die größeren Vögel mit gravitätischem Schritt, die kleineren wie geringelte Steinwälzer durch ihre Beine huschend. »Und niemand läßt sich gern ausnutzen. Dabei hat mir diese Frau für die Flinte nicht einmal gedankt.« Er wußte, daß sich die Atmosphäre am Ende ihrer Unterhaltung abgekühlt hatte; daß er zweifellos etwas Taktloses geäußert hatte, ohne den Grund dafür zu ahnen. Genausowenig wußte sie, als der Naturwissenschaft Unkundige, was er für sie geopfert hatte – viele Stunden, kostbare Stunden des Streifens durch jungfräuliches Terrain voll unbekannter Lebensformen, das er nie wiedersehen würde. Obwohl der Vergleich mit der Jungfräulichkeit hinkte, dachte er beim Herabklettern.

Clarissas Stimmung hatte sich nicht wesentlich gebessert, als er zum Brotfruchtbaum zurückkehrte, beladen mit einer respektablen Sammlung botanischer Proben, aber natürlich – mangels Flinte – ohne einen einzigen Vogel. Ja, sie hatte gut geschlafen, danke, Sir, hatte völlig ungestört geschlummert. Und sie hoffte, daß der Doktor alles Gewünschte gefunden hatte. Er spürte keinerlei Feindschaft oder Kränkung bei ihr, sondern gewann vielmehr den Eindruck, daß sie vor und sogar während ihres Mahls in extremer Hochstimmung gewesen war, der nun die unvermeidliche Gegenreaktion folgte, noch verstärkt durch körperliche Ermüdung. Auch bemerkte er große Blasen an ihren beiden Fersen. Es kam eindeutig nicht in Frage, sie weiterzuzerren, etwa bis zu den hohen Bäumen. Um wenigstens einen Abglanz ihrer früheren Harmonie wiederherzustellen, erzählte er ihr vom Triumph der beiden kleinen Schwestern: wie Kapitän Aubrey den Metzger abgekanzelt und ihm befohlen hatte, einige Tarowurzeln in den Küchenabfall zu mischen und Taromehl über das Körnerfutter zu streuen; wie die Tiere sich mit animalischem Freudengebrüll auf beides gestürzt hatten; und daß die Schweine jetzt neu eingestuft waren: nämlich als Lämmer, womit sie unter das Regime von Jemmy Ducks fielen.

»Sarah und Emily waren entzückt«, schloß er, »aber trotzdem taktvoll, weit über ihr Alter hinaus taktvoll. Sie bemühten sich sehr, keine Schadenfreude zu zeigen und seine Gefühle nicht zu verletzen.«

»Ja, es sind goldige kleine Dinger«, stimmte Clarissa zu, »und ich mag sie gern, obwohl sie sich auf sehr verletzende Art gegen mich gekehrt haben.« Ein gemischter Schwarm unvorsichtiger Papageien flog in Schußweite vorbei; Stephen wählte zwei aus, erlegte sie sauber und brachte sie zurück. Nachdem Clarissa ihr buntes Federkleid bewundert hatte, fuhr sie fort: »Ich hasse es, abgelehnt zu werden. Dabei fällt mir der arme kleine Mr. Reade ein. Wie geht es ihm?«

»Gut. Er ist so aktiv, daß ich fürchte, er könnte zu früh aufstehen. Ich habe Padeen Anweisung hinterlassen, ihn an seine Koje zu binden, wenn er aufsässig wird.«

»Da bin ich sehr erleichtert. Wir waren früher die besten Freunde. Kann er es in der Navy zu etwas bringen? Ich hoffe es sehr – die Navy ist sein ganzer Stolz.«

»Ohne Zweifel. Ehrenhafte Verwundung, ausgezeichnete Beziehungen, die wärmste Beurteilung von seinem Kommandanten. Falls er nicht vorher umkommt, wird er als Admiral sterben.«

»Und die anderen Offiziere?«

»Nach unserer Heimkehr wird Kapitänleutnant Pullings sicherlich zum Vollkapitän befördert.«

»Werden West und Davidge wieder übernommen werden, was meinen Sie?«

»Das kann ich nicht beurteilen. Aber ich zweifle daran. Englands Strände sind übersät mit gescheiterten Marineoffizieren, von denen viele bestimmt tapfere und tüchtige Seeleute waren.«

»Kapitän Aubrey wurde aber übernommen.«

»Kapitän Aubrey ist, abgesehen von seinen kämpferischen Qualitäten, ein reicher Mann mit Freunden in hohen Positionen und einem sicheren Sitz im Parlament.«

Darüber dachte Clarissa eine Weile nach. Mit völlig anderem Ausdruck fuhr sie danach fort: »Wie angenehm es ist, hier im Schatten zu sitzen, warm, aber nicht zu heiß, mit diesen prachtvollen Blumen zu Häupten und einem Mann neben sich, der einen nicht mit Fragen quält oder mit – mit Zudringlichkeit. Sie denken doch nicht, daß ich auf Komplimente aus bin, wenn ich Sie frage, ob mich mein Auge noch sehr entstellt? An Bord habe ich keinen richtigen Spiegel, deshalb weiß ich's nicht.«

»Von einem blauen Auge kann man nicht länger sprechen«, antwortete Stephen.

Vorsichtig betastete Clarissa die Stelle. »Ich gebe keinen Pfifferling für die Männer an sich«, sagte sie. »Trotzdem möchte ich immer noch akzeptabel oder zumindest erträglich aussehen. Wie gesagt, mag ich es nicht, schlecht gelitten zu sein, und Häßlichkeit scheint mit Ablehnung Hand in Hand zu gehen … Seinerzeit hat mir irgendwer ziemlich wirr von der Herkunft der kleinen Mädchen berichtet – sie sind doch keine Aborigines, oder?«

»Durchaus nicht. Es sind Melanesier vom abgelegenen Sweeting's Island, die einzigen Überlebenden einer Pokkenepidemie. Wir nahmen sie mit, weil sie dort allein nicht überlebt hätten.«

»Was soll aus ihnen werden?«

»Keine Ahnung. Aber ein Waisenhaus in Sydney wäre für sie unerträglich gewesen. Derzeit habe ich vor, sie nach London mitzunehmen, wo meine Freundin Mrs. Broad im Freibezirk des Savoy eine anständige, gemütliche Pension führt und mir das ganze Jahr ein Zimmer freihält. Sie ist eine gute Seele und läßt nette junge Nichten und Neffen bei sich arbeiten. Sarah und Emily sollen bei ihr wohnen, bis mir eine bessere Lösung einfällt.«

Clarissa zögerte; zweimal setzte sie zum Sprechen an und sagte schließlich: »Ich wünsche ihnen, daß Ihre Mrs. Broad sie behüten kann, zumindest bis sie selber wissen, was sie wollen – daß sie dort vor Mißbrauch bewahrt bleiben. Noch mehr wünsche ich ihnen, daß sie nicht schon längst mißbraucht worden sind, die unbedarften kleinen Engel.«

»Sie sind noch sehr jung, vergessen Sie das nicht.«

»Ich war noch jünger.« Eine Fruchttaube landete auf dem jenseitigen Bachufer und trank sich satt. »Als Arzt müssen Sie doch schon einige inzestuöse Familien kennengelernt haben, oder?«

»Sehr viele.«

»Obwohl der Ausdruck ›Inzest‹ in meinem Fall vielleicht zu stark ist. Mein Vormund war nur entfernt mit mir verwandt. Ich kam zu ihm, als ich ungefähr in Emilys Alter war. Er bewohnte ein großes Haus mit einem Park und einem See, sehr abgelegen. Ein hübsches Anwesen. Ich glaube, sein Vater hielt noch Rotwild im Park, aber er selbst blieb fast ständig im Haus, meistens in seiner Bibliothek, und kümmerte sich nicht um die Wilderer. Er war überhaupt kein sportlicher Typ, sondern ein scheuer, gütiger und nervöser Mann, hochgewachsen und dünn. Damals hielt ich ihn für uralt, aber das kann er nicht gewesen sein, denn seine Nichte Frances, die Tochter seiner großen Schwester, war nur wenig älter als ich. Doch die Diener waren wirklich steinalt und schon bei seinen Eltern im Haus gewesen. Er war gebildet, freundlich und ein sehr guter, geduldiger Lehrer. Ich hatte ihn wirklich gern, trotz allem ... Frances mochte ich weniger, obwohl wir mangels anderer Gefährten viel zusammen spielten, auch im Garten und im Park. Aber wir waren eifersüchtig aufeinander, wetteiferten um seine Aufmerksamkeit, und das nützte mir beim Lernen. Mein Vormund – ich nannte ihn Vetter Edward – unterrichtete uns in Latein und Englisch, und eine Reihe unglücklicher französischer Gouvernanten unterwies uns in den anderen Fächern. Sie blieben nie lange, behaupteten, das Anwesen sei zu abgelegen. Das stimmte ja auch, die Wege waren so schmal und tief ausgefahren, daß wir im Winter mit dem Wagen nicht mal bis zur Kirche kamen, außer bei strengstem Frost. Trotzdem waren wir nicht ganz einsam. Händler kamen zu uns, was immer ein Fest war. Manchmal erschien auch Besuch für Tante Cheyney, eine alte Dame, die im oberen Stock wohnte, aber aus Angst vor Erkältungen nie ihr Zimmer verließ. Im Sommer fuhr Mrs. Bellingham von Bishop's Thornton fast jede Woche bei uns vorbei, oder sie kam über die Hügel geritten, wenn die Wege zu schlecht waren. Sie und Tante Cheyney brachten uns bei, wie man ein Zimmer zu betreten oder zu verlassen hatte und wie man die Tür hinter sich schloß; daß man gerade zu sitzen, leise zu sein und zu knicksen hatte. Es gab noch einige andere Besucher, aber mein Vormund haßte solche Störungen.

Ich sagte vorhin ›trotz allem‹, und ich frage mich, wie ich das erklären soll, ohne derb zu klingen. Wir kannten die verschiedensten Spiele: Mein Vormund spielte mit uns Schach oder Backgammon und Verstecken oder Fangen in der großen Halle. Dann gab es noch das, was wir die ›Spiele im Dunkeln‹ nannten, wobei alle Lichter gelöscht und die Vorhänge zugezogen wurden, so eine Art Versteckspiel. Manchmal fing er die eine, dann wieder die andere und tat so, als wolle er uns fressen, wobei wir laut kreischten. Doch nach einer Weile änderte sich dieses Spiel. Vetter Edward blieb immer sehr sanft, tat mir fast niemals weh. Und er schien der Meinung zu sein, daß unser Spiel, obwohl klammheimlich, nicht besonders wichtig war. Frances und ich sprachen nie darüber, auch nicht miteinander. Aber als wir nach Winchester in die Schule kamen ... Kennen Sie Winchester?« Die letzte Frage kontrastierte stark zu ihrem bisherigen monotonen Monolog.

»Nur dem Namen nach. Ich kenne nicht viel von England.«

»Dort gab es ein Kloster französischer Dominikanerinnen, und viele Schülerinnen waren die Töchter französischer Einwanderer. Als wir ihr Flüstern hörten, ihr Kichern und die wilden Vermutungen über Heirat, Geburt und das, was davor kam, ging uns ein Licht auf. Wir blickten uns in plötzlichem Begreifen an, faßten es aber nie in Worte. Damals erkannte ich allmählich, was mit uns geschehen war, obwohl ich noch immer nicht verstehen konnte, weshalb darum soviel Wesens gemacht wurde. Der erste Teil von *foeda est in coitu et brevis voluptas* war mir völlig klar, aber nicht der zweite. Ich konnte damit nicht das geringste Vergnügen verbinden, wie kurz auch immer. Deshalb blieb vieles von dem, was ich las und hörte – romantische Schwärmerei, Durchschwimmen des Hellesponts und so weiter –, für mich unverständlich, soweit es ebenjenem Ziel diente, dem eigentlichen Ziel. Wir verheimlichten unser Wissen über diese Vorgänge. Und bald lernten wir auch, unsere Bildung zu verbergen, denn wir waren in Latein viel versierter als die anderen Mädchen. Das war einer der Gründe für unsere Unbeliebtheit; meine Gewalttätigkeit war ein weiterer.

Als wir von der Schule zurückkamen – die Nonnen wollten mich nämlich nicht länger behalten, was ich ihnen nicht verdenken kann –, fanden wir alles verändert vor. Tante Cheyney war gestorben; viele Diener waren entlassen, niemand kam uns mehr besuchen. Nur die Bibliothek und unsere Unterrichtsstunden gab es nach wie vor – und auch die Spiele im Dunkeln. Aber dann stieß ein Mr. Southam zu uns. Er war der einzige, der uns noch besuchen kam, ein Grenadieroffizier, groß, grob und arrogant, ein Mann mit einigen schlimmen Angewohnheiten. Vetter Edward befahl uns, zu ihm ganz besonders nett zu sein. Wenn er da war, versteckten wir uns noch gründlicher als sonst. Doch taten wir das wegen seines schlechten Geruchs und seiner allgemeinen Grobheit – der Vorgang selbst hatte für uns keinerlei Bedeutung.

So verlief unser Leben, die Zeit verging sehr langsam, und mir schien es immerzu Winter zu sein, ein Winter mit Frostbeulen; denn nur die Bibliothek wurde geheizt. Unsere Umgebung wurde immer ärmlicher. Das Silber verschwand. Zigeuner kampierten im Park auf dem anderen Seeufer, wo die Mauer zerfallen war; und im Garten stand das Unkraut mannshoch. Alle Diener verließen uns, bis auf zwei uralte Frauen, die nirgendwo Arbeit fanden und nicht ins Armenhaus wollten. Kein Händler schaute mehr vorbei. Die Kutsche war schon lange aufgebockt, und kurz bevor Frances nach Yorkshire geschickt wurde, tauschten wir das Gig gegen einen Eselskarren ein. Mit dem und einem Korb fuhr Vetter Edward, wenn die Wege es erlaubten, zum Einkaufen nach Alton. Im Winter nahm er das Pony, obwohl er das Reiten haßte. Übrigens sah ich Frances niemals wieder, erfuhr auch nicht, was aus ihr geworden war. Rückblickend nehme ich an, daß sie geschwängert wurde und entweder an einer Abtreibung oder an der Geburt starb.«

Eine Orchideenblüte fiel in Clarissas Schoß; sie betrachtete sie, wendete sie hin und her und fuhr schließlich mit ihrer seltsam abgehackten Erzählung fort, die an ein Selbstgespräch erinnerte, voll verborgener Bezüge und Anspielungen. »Und am Schluß war es auch das Pony, das Vetter Edward zum Verhängnis wurde. Feldarbeiter fanden ihn abgeworfen auf der Straße und trugen ihn auf einer Faschine ins Haus. Mrs. Bellingham von Bishop's Thornton sorgte dafür, daß er ordentlich begraben wurde, mit einer ziemlich großen Trauergemeinde. Sie sagten, meine Freunde würden mich schon abholen. Aber niemand kam, außer Mr. Southam und ein paar Anwaltsgehilfen, die durchs ganze Haus gingen und alles aufschrieben. Er eröffnete mir, daß ich keinen Penny besäße und unversorgt sei, aber er würde mir in St. James Arbeit besorgen ... Kennen Sie St. James?« Wieder nahm ihre Stimme einen ganz anderen Ton an, als sei sie erwacht.

»Natürlich kenne ich St. James«, antwortete Stephen. »Wohne ich denn nicht bei Black's, jedesmal, wenn ich in der City bin?«

»Demnach sind Sie Klubmitglied bei Black's?«

Stephen verbeugte sich stumm.

»Damals arbeitete ich gegenüber, oder vielmehr hinter den Häusern auf der anderen Straßenseite, hinter Button's. Jawohl, bei Mutter Abbott. Aber für Black's hatte ich immer eine Schwäche, weil es ein Mitglied war, das mich rettete, als ich gehängt werden sollte. Sind Sie jemals bei Mutter Abbott gewesen?«

»Ich ging manchmal hinüber und trank Tee mit ihr, während meine Freunde nach oben verschwanden.«

»Dann kennen Sie auch den Salon auf der rechten Seite. Dort arbeitete ich und führte die Bücher. Das war eins der wenigen Dinge, die mir die Nonnen beigebracht hatten, außer Französisch natürlich: ordentliche Buchführung. Dort oder in einer der Kammern dahinter leistete ich den Männern Gesellschaft, wenn sie auf ihr Mädchen warteten. Manchmal wollten sie sich auch nur unterhalten, weil sie sich einsam fühlten. Mutter Abbott behandelte mich sehr nett. Sie brachte mir bei, wie man sich anzieht oder auszieht und ließ mich auf ihren Kredit Kleider kaufen. Aber sie zwang mich nie zu etwas, das ich nicht wollte, und erst viel später war ich manchmal *entgegenkommend*, wie sie es nennen, wenn uns Mädchen fehlten oder zuviel zu tun war.«

»Entschuldigen Sie ...« Stephen beugte sich vor, packte ein kleines geradflügliges Insekt und steckte es in seine Sammelbüchse.

»Es ist schon seltsam, in einem Bordell zu wohnen«, fuhr Clarissa fort. »Irgendwie erinnert es mich an das Leben auf See: Man lebt abgesondert, innerhalb einer ganz eigenen Gemeinschaft, und neigt dazu, den Kontakt zur restlichen Welt zu verlieren, zu den allgemeinen Auffassungen und Ausdrücken – so daß man sich bei jedem Ausgang so fremd fühlt wie ein Seemann an Land. Nicht daß ich viel wußte von der restlichen Welt, vom Alltag der Erwachsenen, ich hatte das alles ja nie kennengelernt. Ich versuchte, mir aus Romanen und Dramen ein Bild zu machen, doch das brachte mir nicht viel: Sie verbreiteten sich andauernd über die körperliche Liebe, als ob sich alles nur darum drehte, während der Akt mir nicht viel mehr bedeutete als einmal Naseschnauben – Keuschheit oder Wollust sagten mir nichts – es schien mir absurd, ja grotesk, Treue als Funktion der Geschlechtsorgane zu definieren. Ich empfand kein Vergnügen dabei, ging höchstens ein bißchen mit, wenn mir der Mann zufällig sympathisch war – ich hatte auch einige nette Kunden – oder wenn er mir leid tat. Manchmal versuchte ich, von meinen Kunden zu erfahren, was man in der Welt draußen eigentlich dachte. Oberflächlich gesehen, gehörten Mutter Abbotts Kunden natürlich zu den weniger engstirnigen Menschen, aber sie reflektierten den Rest, und ich konnte doch einiges von ihnen lernen. Beispielsweise kam zu mir oft ein einsamer Mann, der nur stundenlang dasaß und mir von seinen Windhunden erzählte; er gehörte zu einer *ménage à trois*, seine Frau und seine Geliebte waren gute Freundinnen, und er hatte Kinder von beiden. Außerdem besaß die Geliebte, eine Witwe, auch noch eigene Kinder. Sie lebten alle zusammen in einem riesigen, luxuriösen Stadthaus in Piccadilly. Er selbst und sein ganzer Anhang wurden überall empfangen, überall respektiert. Also, was steckt schon an Wahrheit hinter diesem ganzen Gezeter über Ehebruch? Ist das alles nicht nur Heuchelei? Ich rätsele immer noch daran herum. Es stimmt schon, er war ein sehr imposanter Mann, wenn er seine Kleider anhatte – das blaue Band ist der Hosenband-Orden, nicht wahr? Vielleicht ...«

Sie hoben beide den Kopf, weil ein Schuß gefallen war.

»Das dürften Martin und Dr. Falconer sein«, meinte Stephen.

»Oje«, sagte Clarissa, »hoffentlich kommen sie nicht hierher. Es hat mir so gutgetan, mit Ihnen zu reden. Danach würden sie nur stören mit ihrem: ›Guten Tag‹ und: ›Wie geht's?‹ Aber mein Gott, wieviel habe ich jetzt bei Ihnen abgeladen! Mit meinen Vertraulichkeiten habe ich fast die Sonne unter den Horizont geschwatzt. Vielleicht sollten wir zum Schiff zurückkehren?«

»Wenn Sie mir Ihre Schuhe geben, stecke ich sie in meinen Beutel. Sie können sie unmöglich anziehen, nicht mit diesen Blasen.«

Während sie zum Strand hinunterwanderten und sich dabei ziellos über die Bewohner des Bordells, über die Freier und ihr manchmal höchst exzentrisches oder auch rührendes Gehabe unterhielten, fragte Stephen nach einer Weile: »Erinnern Sie sich zufällig an zwei Männer, die oft gemeinsam erschienen? Der eine hieß Ledward, der andere Wray.«

»Gewiß. In meinen Büchern bin ich ihren Namen oft begegnet. Aber ihnen ging es mehr um Knaben. Mädchen wurden nur hereingerufen, wenn sie etwas ganz Spezielles wünschten – Ketten und Leder, Sie wissen schon. Das waren doch bestimmt keine Freunde von Ihnen?«

»Nein, Madam.«

»Überraschenderweise kannten sie einige ziemlich hochstehende Leute. Ich erinnere mich an einen sehr prominenten Mann, der immer an ihren ausgefalleneren Partys teilnahm. Er trug ebenfalls das blaue Band. In der Öffentlichkeit aber kannte er sie nicht. Zweimal sah ich sie in der St. James Street aneinander vorbeigehen und zweimal bei Ranelagh, aber er nickte ihnen kein einziges Mal zu, und sie lüfteten nicht einmal den Hut vor ihm, obwohl er doch ein Herzog war.«

»Hat er zufällig gehinkt?«

»Ja, aber nur leicht. Er trug einen Spezialstiefel. Himmel, was bin ich heiser! Jetzt hab' ich mich doch tatsächlich heiser geredet. So konnte ich noch nie mit jemandem sprechen, niemals. Hoffentlich war ich nicht indiskret oder habe Sie gelangweilt. Sie sind so ein Schatz, daß Sie mir zugehört haben. Aber ich fürchte, ich habe Ihnen den Tag verdorben.«

SIEBTES KAPITEL

∽∾∾

S EIT VIELEN JAHREN war Stephen Maturin, der
als Geheimagent überwiegend für die britische Kriegsmarine arbeitete, durch die landesverräterischen Aktivitäten
hochstehender, hervorragend informierter Männer gefährdet und zutiefst beunruhigt worden. Dabei handelte
es sich um Bewunderer Napoleons, die aus dem inneren
Kreis der englischen Regierung Nachrichten nach Frankreich übermittelten. Da ihre Informationen meist mit
Flottenbewegungen zu tun hatten, waren sie verantwortlich für den Verlust mehrerer Kriegsschiffe, für das Schei-
tern vieler auf dem Überraschungseffekt beruhender An-
griffe, für das Abfangen von Konvois mit Gefangennahme
der meisten Handelsschiffsmatrosen und (was Stephen
und seinen Chef Sir Joseph Blaine am empfindlichsten
traf) für die Ergreifung britischer Agenten in all jenen un-
glücklichen Ländern, die Buonapartes zusammengekratz-
tem Imperium angehörten.

Mit der Hilfe eines französischen Geheimagenten, der
seines Geschäfts überdrüssig war und Enttarnung befürchtete, hatten Stephen und Sir Joseph zwei dieser prominenten Verräter entlarvt: Andrew Wray, den proviso-
rischen Zweiten Sekretär der Admiralität, und seinen
Freund Ledward, einen hohen Beamten im Finanzministe-
rium. Doch die Festnahme mißlang, und bei ihrer Verfolgung mangelte es an Entschlossenheit. So konnten beide

nach Frankreich entkommen. Eindeutig wurden sie durch einen Mann geschützt, der noch weitaus höher stand und ihre politischen Ansichten teilte. Stephen hatte Ledward und Wray ausgeschaltet, als die Kreaturen in Pulo Prabang auftauchten, um ein Bündnis zwischen dem Sultan und Frankreich zustande zu bringen, was Stephen erfolgreich hintertrieb. Doch ihr Beschützer war noch nicht gefunden, und nach einer diskreten Pause begann der Informationsfluß von neuem, weniger breit, weniger auf Marineangelegenheiten bezogen, aber ebenso gefährlich.

Stephen setzte sich an sein Schreibpult in der großen Achterkajüte, den einzigen Platz an Bord, wo er seine Schriftstücke, seine Codebücher und Depeschen bequem ausbreiten konnte. *Mein lieber Joseph,* schrieb er in ihrem privaten Code, den beide auswendig kannten, *ich habe nur den einen Wunsch, den dringenden Wunsch, daß diese erste Fassung mit Hilfe des nach Sydney bestimmten Walfängers* Daisy *abgeht und Sie anschließend auf dem schnellsten Wege, der dem Gouverneur zur Verfügung steht (Indien und danach über Land?), erreichen möge. Ich glaube, wir sind auf die eine Chance unter Millionen gestoßen. Bitte denken Sie an einen Herzog, bei Hofe gern gesehen, mit dem Hosenbandorden ausgezeichnet, aber mit einem lahmen Bein und exzentrischen Neigungen ...* »Herein.«

»Weil's doch heißt, alle Mann an Deck«, sagte Killick.

Stephen bedachte ihn mit seinem Reptilienblick. »Eine Empfehlung an den Kommandanten, und ich lasse mich entschuldigen.«

Alle Mann. Natürlich, das war das Trillern der Bootsmannspfeife gewesen, das er vorhin gehört hatte.

... mit exzentrischen Neigungen. Bevor er Herzog wurde, bevor er ins Ministerium kam, bevor er Berater bei Hofe wurde und den Hosenbandorden erhielt, sah ich ihn im Holland House ... »Herein.«

Diesmal waren es die beiden kleinen Schwestern in neuen, mit blauen Schleifen geschmückten Kleidchen.

»Sie haben gesagt, Sie würden uns gern sehen, wenn wir fertig sind«, sagte Sarah.
»Stimmt. Und wie hübsch ihr doch ausseht! Dreht euch mal um, ja?« Langsam rotierten sie, die Arme weit abgespreizt, um ihre eigene Achse. »Welche Eleganz! Wie Damen von Welt, sage ich euch. Aber Emily, Liebste, was hast du da in der Backe?«
»Nichts«, antwortete Emily und wurde grau im Gesicht.
»Spuck's aus, spuck's sofort aus. Willst du uns alle blamieren, indem du einen Priem kaust, vor dem König von Tonga höchstselbst?« Er hielt ihr einen Papierkorb hin. Langsam, widerwillig ließ Emily ihren Priem hineinfallen.
»Na also«, sagte er und gab jeder einen Kuß, »nun putzt euch die Nase und lauft. Ihr dürft doch Mr. Martin nicht warten lassen – wir haben keine Minute zu verlieren.«
»Sie kommen doch auch, Sir, nicht wahr?« fragte Sarah, schon im Gehen.

... *sah ich ihn im Holland House,* schrieb Stephen weiter. Als er sich zurücklehnte, um sich die Szene wieder zu vergegenwärtigen, hörte er Jack oben, wie in einer anderen Welt, seine Ansprache an die Besatzung halten. An Steuerbord standen die künftigen Urlauber, die nach einem anstrengenden Arbeitstag irgendwie genug Zeit und Energie aufgebracht hatten, sich in ihre Landgangskluft zu werfen, in die hellblauen Jäckchen mit Messingknöpfen, die frischen Leinenhosen und gestickten Hemden, wozu sie breitrandige, bandgeschmückte Hüte und Schnallenschuhe trugen. Und an Backbord hatten sich die ausgepumpten Kerls versammelt, die schon in der vergangenen Nacht ihren Spaß gehabt und den Tag mit letzter Kraft bewältigt hatten. Die Leute, die an Land gehen durften – tatsächlich brannten am Strand schon die Feuer für das Fest – warteten ungeduldig auf das Ende der Ansprache. Sie trampelten von einem Fuß auf den anderen, wobei die als Tauschware gestohlenen Nägel, Bolzen und der Eisenschrott in ihren Taschen leise klimperten. »Ich wiederhole, Kameraden«, sagte Jack laut und deutlich, »sowie die Ebbe einsetzt, lichten wir die Anker. Alle Mann gehen zu den Booten, wenn die erste Rakete abgefeuert wird. Danach habt ihr noch fünf Minuten Zeit bis zur zweiten, um euch zu verabschieden. Und daß mir niemand eine Frau einschmuggelt, hört ihr? Keine Frauen an Bord!«

»Und was ist mit Mrs. Oakes?« rief eine angetrunkene Stimme auf der schmollenden Backbordseite.

»Notieren Sie diesen Mann zur Bestrafung, Mr. West«, befahl Jack. Wer in des Metzgers Nähe gestanden hatte, rückte mit ausdrucksloser Miene von ihm ab, bis er völlig isoliert dastand. »Bemannt meine Gig«, rief Jack. Wenige Augenblicke später ging er mit geziemendem Pomp von Bord, und Stephen kehrte zu seinem Brief zurück.

Ich sah ihn während des Friedens im Holland House, als er frisch von unserer Pariser Botschaft zurückgekehrt war. Gerade als die Tür aufging, sagte Lady Holland mit ihrer lauten, metallischen Stimme: »Wie ich diesen Napoleon verehre!« Einige Leute machten verlegene Gesichter, aber er blieb einen Augenblick im Schatten des Türrahmens stehen, die Hände verschränkt und mit so strahlendem Gesicht, als sei ihm gerade eine selige Vision vergönnt worden; dann riß er sich zusammen und schlenderte mit den üblichen nichtssagenden Bemerkungen von Gast zu Gast. Lady Holland rannte zu ihm: »Was gibt's Neues aus Paris? Erzählen Sie uns alles über Ihr Essen beim göttlichen Ersten Konsul.«

Dieser Mann also nahm an Ledwards und Wrays schmutzigsten Partys teil. Obwohl er mit Ledward zur Schule gegangen war, kannte er ihn nicht in der Öffentlichkeit; und Wray natürlich ebensowenig. Doch das Detail, das mich endgültig überzeugte, war der Umstand, daß ihr Deckname für ihn Pillywinks – Daumenschrauben – lautete, dieser Name, auf den wir in Wrays kriminell schlampigen Papieren so oft stießen, den wir aber nie identifizieren konnten.

Um Sie ebenfalls zu überzeugen, will ich Ihnen meine Quelle enthüllen. Es ist die Dame, die vor einigen Jahren mit einer Doppelflinte Mr. Caley den Kopf wegschoß; wie Sie sich erinnern werden (wozu ich einige Zeit brauchte), ließ unser Klubmitglied Harry Essex ihr Todesurteil in Deportation umwandeln. So kam es, daß sie in Neusüdwales zu uns stieß.

Nun berichtete er knapp von ihrer Reise, der Unterbrechung und von ihren gegenwärtigen Zielen; auch schilderte er eingehender seinen Spaziergang mit Clarissa, wobei er sich eine kurze Bemerkung über Sir Josephs Käfer nicht verkneifen konnte; als letztes folgte eine möglichst wortgetreue Wiedergabe ihres Gesprächs über Ledward, Wray und den hinkenden Mann. Das fiel ihm nicht immer leicht, deshalb blickte er manchmal aus dem Fenster, um sich zu konzentrieren. Die Fregatte lag mit dem Heck zum Strand, einem hell erleuchteten Strand, auf dem die Feuer loderten: weißer Sand vor dunkelgrüner Laubkulisse und darüber ein blauschwarzer Himmel ohne Mond; rechts der vom Feuerschein angestrahlte Walfänger, und auf ganzer Länge des Strandes junge braune Körper, die zum Rhythmus der Gesänge und Trommeln tanzten. In so exakter Formation tanzten, daß die exerzierende Königliche Leibgarde vor Neid erblaßt wäre: Vormarsch, Rückzug und schnelle Drehung – wieder Drehung, Rückzug und Vormarsch; eine halbe Wendung und dann das Ganze von vorn, wobei sich die engen Reihen verflochten, die Schritte und Armbewegungen jedoch absolut im Takt blieben. In der Mitte, hinter den Feuern, war ein Dach aus Palmwedeln errichtet, unter dem Jack neben dem Häuptling saß. Zu beiden Seiten hatten sie weitere Ehrengäste: Clarissa und ihren Mann, dann Wainwright mit Dr. Falconer, Reade, Martin und den kleinen Mädchen, die, mit Blütenkränzen behängt, alles entzückt und erstaunt beobachteten. Die Gäste tranken langsam und wie geistesabwesend Kava aus Kokosschalen, die aus dem Hauptkessel vor dem Häuptling nachgefüllt wurden.

Die Augen vom Feuerschein noch geblendet, wandte sich Stephen wieder seiner Arbeit zu, wobei er mehrere Buchstabenreihen, weil in falscher Folge verschlüsselt, wieder ausstreichen mußte. Er befürchtete, die restlos überzeugende, unverfälschte Diktion von Clarissas Worten nicht ganz vermitteln zu können, doch die authentische Reihenfolge würde ihm mit ihrer Inkonsequenz dabei helfen.

Als er das nächste Mal hochblickte, fiel ihm auf, daß er schon eine ganze Weile weder Gesang noch Trommeln gehört hatte, sondern ein dumpfes Stimmengewirr wie bei einer Corrida. Tatsächlich war ein Boxkampf im Gange. Von diesem Sport hatte er schon viel gehört, aber seltsamerweise noch nie einen richtigen Kampf gesehen – höchstens Balgereien unter den Schiffsjungen bei früheren Reisen oder ein Handgemenge am Kai. Doch dies schien ein besonderer Zweikampf zu sein. Er griff nach seinem Taschenfernglas, das er stets in Reichweite hatte, und fand seinen ersten erstaunten Eindruck bestätigt: Zwei stattliche, hochgewachsene junge Frauen gingen mit den nackten Fäusten aufeinander los. Hinter ihren kraftvollen Hieben saß wirklich Dampf, und nach dem Geschrei der Zuschauer zu urteilen, wurde hier hart ausgeteilt und auch eingesteckt. Clarissa lachte herzlich; die kleinen Mädchen schienen nicht zu wissen, was sie davon halten sollten; einige Seeleute und alle Insulaner ergriffen lauthals Partei für die eine oder die andere Boxerin. Doch auf dem Höhepunkt des Faustkampfes, in dem keine auch nur einen Zoll nachgegeben hatte, schlug der Häuptling – ohne daß Stephen den Grund dafür erkannte – gegen seinen Kavakessel, ein Muschelhorn ertönte, die Schwester des Häuptlings schritt ein, und die beiden jungen Frauen wichen zurück und gingen davon, die eine ihre Wange, die andere ihren Busen reibend. Aus der Reihe der Matrosen, denen der Kampf gefallen hatte, stieg ein Aufschrei der Enttäuschung empor, doch sofort wurden von beiden Enden her Speisen aufgetragen: Schweine- und Hundebraten, in Blätter gewickelter Fisch und Geflügel, dazu gebackene Yamswurzeln, Bananen und Brotfrucht.

Stephens Taschenuhr meldete sich mit ihrem leisen silbernen Geläut, er warf einen Blick auf den Papierstapel, den er so bedenkenlos vollgeschrieben hatte, und stöhnte: »Heilige Maria Muttergottes, das kann ich ja niemals rechtzeitig doppelt verschlüsseln. Die armen malträtierten Augen fallen mir jetzt schon fast aus dem Kopf.« Er setzte den grünen Augenschirm auf, wischte sich die Tränen ab und öffnete das neue Codebuch.

Danach blickte er erst wieder auf, als ihn ein lautes Geheul vom Strand her aus seiner rein mechanischen Arbeit riß. Drüben lag Awkward Davies bäuchlings im Sand, und auf ihm saß ein vierschrötiger Insulaner, der ihn mit knochenbrechender Gewalt an den Boden nagelte. Anscheinend gab ihm Davies irgendein Zeichen oder stieß ein bestimmtes Wort aus, jedenfalls erhob sich der Insulaner, half ihm auf und führte ihn zuvorkommend zu seinen Kameraden zurück.

Wieder schlug Stephens Taschenuhr, und gleichzeitig stieg die erste Rakete auf. »Oooh!« riefen alle am Strand und dann: »Aaah!«, gefolgt von Jubelgeschrei, als die Rakete barst.

Die zweite Rakete, höchstens eine viertel Seite später, löste nautische Befehle aus und ein baldiges Eintreffen der Boote. Einige Matrosen hatten es geschafft, sich mit der Kava des Häuptlings zu betrinken, aber die meisten kletterten recht leise an Bord und wurden von der Hafenwache mit gedämpften Kommentaren empfangen.

Als alle seine Schäflein durchgezählt waren, warf Jack einen Blick in die Kajüte. »Störe ich?« fragte er von der Tür her.

»Nicht die Spur, mein Lieber. Ich schreibe nur ab. Laß

mich den Absatz beenden, dann stehe ich dir zur Verfügung.«

Schon vor vielen Jahren hatte Jack, dem auf See niemand etwas vormachen konnte, erkannt, daß Stephen mehr war als ein gewöhnlicher Schiffsarzt, sogar mehr als ein politischer Ratgeber in auswärtigen Angelegenheiten. Und mit der Zeit wurde seine enge Einbindung in den Geheimdienst so offensichtlich, daß Jack nicht mehr stutzte, wenn Stephen Nachrichten verschlüsselte, manche von überraschender Länge.

Als der Absatz fertig war, deckte Stephen ihn mit einem Briefbeschwerer ab. »Ich nehme an, du hattest einen unterhaltsamen Abend?« fragte er.

»Sehr unterhaltsam, danke. Der Häuptling hat seine Sache gut gemacht, sehr gut. Niemand ist desertiert, es gab keinen Streit, gekämpft wurde nur zur Schau, und wir alle fraßen wie die Scheunendrescher – was für Schildkröten, Stephen! Aber ich fürchte, Bonden und Davies werden morgen früh deine Kunst benötigen. Und Emily wurde es schlecht.«

»Was ist ihnen zugestoßen?«

»Bonden boxte mit einem Insulaner und hat jetzt eine schiefe Nase; Davies wurde beim Ringen grausam verdreht und gezerrt. Und irgendwer hat Emily darüber aufgeklärt, wie Kava zubereitet wird.«

»Dann ist sie jetzt klüger als ich.«

»Na ja, sie sitzen um einen riesigen Kessel, kauen alle Kavawurzeln, und wenn der Brei weich genug ist, spukken sie ihn hinein, bis es viele Liter sind. Danach lassen sie das Ganze vergären. Bei dieser Vorstellung drehte sich Emily der Magen um. Aber es stimmt, sie hatte auch Unmengen von Zuckerrohr gegessen und sah schon vorher ziemlich grün um die Nase aus.«

»Sie wird's überleben.«

»Ich will nur noch schnell an Sophie schreiben, bevor ich mich hinlege. Soll ich ihr etwas von dir ausrichten?«

»Alles Liebe natürlich. Ich hatte gehofft, noch zu einem Brief an Diana zu kommen, aber ich fürchte, mir bleibt nur Zeit für eine kurze Notiz.«

»Dann will ich dich nicht aufhalten.« Damit ging Jack zu einem Tisch am anderen Ende der geräumigen Kajüte. Glockenschlag um Glockenschlag kratzten ihre Schreibfedern übers Papier. Schließlich hörte Stephen, daß Jack auf Zehenspitzen in seine Schlafkammer ging. Und langsam verwandelte sich der erste Code in den vielleicht nicht zu dechiffrierenden zweiten.

Am Schluß, als er kaum noch zwischen den beiden Fassungen hin und her blicken konnte, nahm er seine Brille ab, legte die Hände über die Augen und drückte mehrere Minuten lang fest zu. In der selbst herbeigeführten Dunkelheit hörte er die Trillerpfeife und die klare, entschlossene Stimme des Bootsmanns: »Alle Mann zum Ankermanöver! Alle Mann an Deck! Reise, reise, ihr Pennbrüder!« Und als Stephen die Hände sinken ließ, sah er überm Land das erste Grau des neuen Tages.

Mit frischem Ansporn verschlüsselte er die Worte: *Wie es zu schaffen ist, weiß ich noch nicht, aber ich werde versuchen, sie mit einer Zweitfassung dieses Schreibens nach England zu schikken. Darf ich sie Ihrem Schutz anvertrauen? Von der Strafjustiz verstehe ich nicht viel, fürchte aber – obwohl sie jetzt mit einem Marineoffizier verheiratet ist –, daß sie belästigt werden könnte, weil sie vor Ablauf ihrer Strafzeit zurückkehrt. Sie hat uns bereits diese Information gegeben, eine der wertvollsten, die wir jemals erhielten; und sie könnte eine wertvolle Quelle für weitere Auskünfte sein, falls sie mit äußerster Diskretion behandelt wird. Außerdem bin ich ihr sehr gut gesinnt. Immunität wäre politisch vernünftig und privat bindend. Und zuletzt, mein lieber J., möchte ich Sie bitten, die beigefügte Notiz meiner Frau zukommen zu lassen.*

Schon die ganze letzte Stunde hatte oben wirres Gebrüll und Geheul geherrscht, das seine angestrengte Konzentration jedoch nicht durchbrechen konnte. Als er nun seine Papiere ordnete, kam von vorn der Ruf: »Hol auf und spül ab!« Die Kajüte war bereits lichtdurchflutet. Mr. Adams klopfte an die Tür. »Eine Empfehlung vom Kommandanten, Sir, und falls Sie Post für Sydney haben, sollte sie jetzt verpackt werden. Ich habe seinen eigenen Umschlag offengelassen, und sobald uns Mr. Wainwright durch den Paß gelotst hat, nimmt er ihn mit zurück auf die *Daisy*.«

»Wollt ihr endlich diesen vermaledeiten Kattläufer belegen? Oder pennt ihr noch?« erklang draußen Kapitän Aubreys klare, kräftige Stimme, alles andere als erfreut.

Dr. Maturin und Mr. Adams tauschten einen erschrokkenen Blick. Beide hatten sie viel mehr Befehle gehört als sonst bei einem ankeraufgehenden Schiff üblich, zahlreicher, lauter und wütender, aber keinen so zornig wie diesen. Leise sagte Stephen, mit seinem letzten Blatt wedelnd: »Lassen wir darauf noch die Tinte trocknen, dann helfe ich Ihnen.«

Sie verpackten, versiegelten, verklebten, banden zu und versiegelten abermals. Oakes erschien und fragte, ob sie endlich fertig seien. »In vier Minuten«, antworteten sie, und als sie an Deck kamen, blickte Kapitän Aubrey gerade auf seine Uhr. Mr. Wainwright stand wartend auf dem Seitendeck, und seine Bootscrew spähte von unten ängstlich zu ihm hoch. Eine hastige Verabschiedung, und das Walfängerboot stieß ab. Die *Surprise* füllte ihr Fockmarssegel und rundete mit angehaltenem Atem die äußerste Spitze des Riffs.

Stephen stand am Heck und sah zu, wie Annamuka achteraus schrumpfte und schließlich, nun ganz klein, zügig nach querab herumschwang, als die *Surprise* die sich klar abzeichnende Linie in der See überquerte, wo das Wasser plötzlich von Türkis zu Königsblau wechselte: die Grenze zwischen lokaler Gezeit und umspringender Brise auf der einen und dem stetigen Ostsüdostwind auf der anderen Seite. Das Schiff beschrieb einen weiten Bogen, begleitet von drei mausernden Fregattvögeln, bis der

Wind querein kam und Kapitän Aubrey, der nach und nach alle Segel einschließlich der Royals hatte setzen lassen, den Kurs mit Nordnordost, ein halb Ost angab und nach unten verschwand, ein nervöses Schweigen hinter sich zurücklassend. Das Frühstück stand bereit, der Tisch war für zwei gedeckt, aber sein gewohnter Tischgenosse fehlte. »Weil er noch im Lazarett is«, erklärte Killick. »Kümmert sich um Davies und Bonden. Ich kann ihn ja schnell holen.« Doch Jack schüttelte den Kopf und goß sich eine Tasse Kaffee ein. »Elende Schlappschwänze«, murmelte er vor sich hin.

In Wahrheit stand Stephen in der Apotheke, drehte Pillen und lauschte mit halbem Ohr Mr. Martins Erklärungen, warum der ihn zugunsten Dr. Falconers versetzt hatte. Sie waren nur vorgeschoben; und Martin, der seine mangelnde Überzeugungskraft spürte, stürzte sich tief in nebensächliche Details, die ihn in Stephens Wertschätzung sinken ließen. Er hegte keinen besonderen Abscheu gegen Verlogenheit an sich und nahm auch keinen Anstoß, wenn sie geschickt praktiziert wurde. Aber einer von Martins liebenswertesten Charakterzügen war bisher freimütige, spontane Offenheit gewesen.

Im Krankenrevier selbst, wo Bonden und Davies so bequem gebettet lagen, wie man es erwarten konnte, und wo ärztliche Kunst ihr Bestes – wenig genug – für sie getan hatte, begannen die Besucher zu erscheinen. Sie machten den Patienten klar, welches Glück sie gehabt hatten, daß ihnen das Strafgericht an Deck erspart geblieben war. »Hab' ihn noch nie so sauer erlebt, nicht seit den Dry Tortugas, als er auf 'n Kahn zurückkam und sah, daß Mr. Babbingtons Ankerleine vertörnt war.«

»'s war 'n Rundtörn und 'ne Kinke«, sagte Bonden mit der Stimme eines stark Erkälteten mit frischem Nasenbeinbruch. »'n furchtbarer Anblick. Er hat Mr. Babbington so fertiggemacht, daß der fast geheult hätte, der arme Hund.«

»Aber 's war nicht halb so schlimm wie diesmal«, sagte Arche. »Damals war's Dummheit und Narretei, 'ne Sünde der Jugend, wie's in der Bibel heißt. Heute war's böse Absicht, und wir hätten deshalb beinah die Ebbe versäumt. Würd' mich nich wundern, wenn er am Montag die ganze Crew auspeitschen läßt.«

»Ich hab' jedenfalls 'n reines Gewissen«, sagte Williams.

»Das wird dir aber 'ne große Hilfe sein, wenn du am Montag 'n blutiges Hemd kriegst, Kumpel.«

»Er hat den Niederholer siebenmal umsetzen lassen, eh' er zufrieden war. Hat dabei gotteslästerlich geflucht.«

»Niederholer, ha, ha! Laß es mal Montag werden, dann wirst du 'n Niederholer schon kennenlernen«, krächzte Awkward Davies mit seinem seltenen heiseren Auflachen.

Martin, der alle Rechtfertigungsversuche als fruchtlos aufgegeben hatte und sich scheute, von seiner Expedition mit Dr. Falconer zu erzählen, kam lieber auf das fürchterliche Getöse des frühen Morgens zu sprechen, auf die drastischen Verwünschungen und Schimpfworte, wie er sie noch nie gehört hatte. »Sie schliefen zweifellos mit Wachs in den Ohren«, sagte er, »andernfalls hätten Sie das Donnerwetter der Offiziere und das Geschrei nicht überhören können. Anscheinend wurden die Manöver so schlecht ausgeführt, daß Kapitän Aubrey zu geringe Wassertiefe befürchten mußte; und daß uns in den nächsten fünf Minuten die Landbrise verlassen hätte. Ich wundere mich, daß ein Kapitän mit seiner Erfahrung ...«

»Seien Sie so gut und reichen Sie mir das Quecksilber. Wahrscheinlich werden wir es bald benötigen. Sie wissen genau wie ich, daß es das einzige wirksame Heilmittel gegen die Lustseuche ist.«

Martin reichte ihm die Flasche und fragte dabei mit einem ängstlichen Blick in sein Gesicht: »Ich habe Sie doch hoffentlich nicht verärgert?«

»Was mich betrifft, so ist Kapitän Aubrey in der Schiffsführung absolut unfehlbar. Bitte erzählen Sie mir von Ihrem Ausflug mit Dr. Falconer.«

»Er war bei weitem nicht so ergiebig, wie ich gehofft hatte. Als wir eine Abkürzung einschlugen und dabei über schwarzes Felsgeröll stiegen, stürzte Dr. Falconer, verstauchte sich den Knöchel und zerbrach sein Fernglas. Wir konnten nicht weitergehen, aber auch nicht zurück, solange der erste starke Schmerz nicht abgeklungen war. Also saßen wir in der heißen Sonne auf den Felsen und unterhielten uns über Vulkane. Denn diese Felsen waren anscheinend erst kürzlich entstanden. Alsbald beschlossen wir, etwas zu essen und vor allem zu trinken. Dabei mußten wir feststellen, daß wir zwar Sammelbeutel, Netze und Probenkästchen mithatten, daß aber der Brotsack und die Flaschen an Bord geblieben waren. Er verlangte, ich sollte zu einigen Palmen am Strand hinuntergehen und für uns Kokosnüsse holen. Und als ich schließlich trotz meiner hartnäckigen Versuche, auch nur die kleinste Palme des Hains zu erklettern, mit leeren Händen zurückkam, reagierte er mit überraschender Gereiztheit.

Doch fand er allmählich seine Fassung wieder und berichtete mir des langen und breiten von der Vulkantätigkeit in dieser Region. Er glaubt an eine enge Verbindung zwischen den einzelnen Ausbrüchen, besonders bei den Unterwasser-Eruptionen, und diesen Riesenwellen, die so viele Küsten verwüsten, Schiffe verschlingen und Tausende von Menschen töten. Es wurmte ihn ungemein, daß er Moahu verlassen mußte, ohne auf den Vulkan geklettert zu sein, denn er hatte gehofft, zwischen seinem gelegentlichen Grollen und der Meereshöhe eine Beziehung herstellen zu können. Er hatte schon einen viel wichtigeren, viel aktiveren Vulkan auf den Sandwich-Inseln bestiegen, einen von vielen; ich bekam eine Menge zu hören über Schlacke, Asche, glühenden Staub, die verschiedensten Lavasorten, über Auswurfgeröll und glasigen Bimsstein. Sie werden sich erinnern, daß Dr. Falconer mit ungewöhnlich lauter Stimme spricht. In dieser Sonnenglut kam sie mir noch lauter vor, oder ein Echo machte sich bemerkbar. Vögel sahen wir keine, außer weit in der Ferne zwei Tölpel und eine gemeine Seeschwalbe. Erst auf unserem langsamen, mühsamen Rückweg, der durch ebeneres und schattigeres Gelände führte, wurde unser Gespräch wieder fesselnd. Er schilderte die Bedeutung, welche die Vulkane für die Polynesier haben. Abgesehen von allem anderen, sind es sichtbare Gottheiten, denen oft Opfer dargebracht werden in der Hoffnung, dem üblichen Schicksal der Armen und Niedriggeborenen zu entgehen, deren Seelen allmählich von den bösen Geistern aufgefressen werden, die in den Kratern wohnen.«

»Na also, Stephen, da bist du ja!« rief Jack, und ein Lächeln erhellte seine grimmige Miene. »Ich habe dir eine halbe Kanne Kaffee aufgehoben, obwohl du sicherlich noch eine zweite brauchen kannst, weil du so lange aufgeblieben bist. Deine Augen sind so rot wie bei einem Frettchen. Killick, he, Killick! Frischen Kaffee für den Doktor!«
»Wir brettern ganz schön schnell dahin, nicht wahr? Bestimmt mit allerhand Knoten. Schau, wie schräg der Tisch steht.«
»Ja, sie läuft gut. Wir haben alles Tuch gesetzt, das sie tragen kann, vielleicht sogar mehr, als ratsam ist. Aber im Paß, mit diesem Haufen vermaledeiter Versager, kam ich mir so höllisch lahm und trist vor, hätte sogar fast die Gezeit versäumt, daß ich jetzt einen frischen Luftzug brauche. Hier, versuch mal eine Scheibe getoasteter Brotfrucht, sie schmeckt gut zum Kaffee. Die Schwester des Häuptlings hat mir ein ganzes Netz voll geschickt, schon getrocknet.« Genüßlich verzehrte er die knusprige Brotfrucht, trank seine Tasse leer und fuhr fort: »Und doch geht's mir nicht so gut wie erwartet. Vielleicht bessert sich das, wenn wir den Wind erst raum achtern haben.«
Wie er vorhergesehen hatte, drehte der Wind gegen

Ende der Vormittagswache auf raum achtern. Die *Surprise* setzte auch noch ihre Leesegel, und bis die Leute zum Essen gerufen wurden, machte sie eine Fahrt von acht Knoten und drei Faden. Nun hatten sie frische Luft im Überfluß, strahlenden Sonnenschein und den sauberen Salzgeschmack der Gischt auf den Lippen.

Die Offiziere beobachteten ihren Kommandanten, der wie schon unzählige Male zuvor auf dem Achterdeck hin und her tigerte, hielten aber wohlweislich den Mund, während die Rudergänger und der Quartermaster sich jedesmal versteiften, wenn er vorbeikam.

»Kapitän Pullings«, rief Jack, als er seine gewohnte Meile durchmessen hatte, »auf ein Wort.«

In der Kajüte sagte Pullings: »Gut, daß Sie mich gerufen haben, Sir. Ich wollte Sie nämlich bitten, der Offiziersmesse die Ehre zu erweisen und morgen, am Sonntag, mit uns zu speisen.«

»Sehr freundlich von Ihnen, Tom.« Jack sah ihm direkt in die Augen. »Aber zur Zeit muß ich Einladungen in die Offiziersmesse leider ausschlagen. Das soll jedoch kein Affront gegen Sie persönlich sein.«

Traurig schüttelte Pullings den Kopf. »Ich fürchte, das letzte Essen war eine Enttäuschung.«

»Nein, Tom«, antwortete Jack nach längerer Pause. »Aber das Schiff geht vor die Hunde. Wenn es in der Offiziersmesse Feindschaft gibt, wirklich verbissene Feindschaft, dann geht das Schiff vor die Hunde, auch bei einer Besatzung wie der unseren. Das habe ich immer wieder erlebt. Und Sie auch.«

»Weiß Gott, ja.«

»Ich dachte daran, dadurch etwas Abhilfe zu schaffen, daß ich Oakes zum Leutnant auf Zeit befördere.«

»O nein, Sir!« rief Pullings entsetzt, wobei er so stark errötete, daß seine furchtbare Narbe förmlich erglühte.

»Aber es würde die Anzahl Ihrer Tischgenossen erhöhen und grobe Rüpelhaftigkeit erschweren. Es würde Oakes rangmäßig gleichstellen und die Schikanen der anderen Offiziere gegen ihn unterbinden, die in Oakes' Abteilung soviel böses Blut machen. Dann hätte er seine eigene Wache und wäre unabhängig. Fürs Blauwassersegeln ist er als Seemann tüchtig genug.«

»Das schon, Sir.« Kaum hörbar beteuerte Pullings verlegen, daß er niemanden anschwärzen oder Gerüchte verbreiten wolle. »Aber«, schloß er, »seine Beförderung würde bedeuten, daß Mrs. Oakes mit uns am Tisch sitzt.«

»Natürlich. Das ist auch meine Absicht.«

»Na ja, Sir ... Manche Offiziere haben eine Schwäche für Mrs. Oakes.«

»Das überrascht mich nicht, sie ist eine sehr liebenswürdige junge Frau.«

»Nein, Sir, das meine ich nicht. Es ist viel ernster – verdammt ernst. Sie gehen einander fast an die Gurgel. Falls sie Tag für Tag mit uns in der Messe ißt ...«

Verblüfft war Jack zurückgewichen und sagte erst nach längerem Schweigen: »Der Ehemann erfährt es immer zuletzt, heißt es. Damit meine ich mich selbst, weil ich sozusagen mit dem Schiff verheiratet bin. Diese Hurenböcke! Aber ich bin sicher, Mrs. Oakes hat sie nie ermutigt. Also gut, Tom, danke, daß Sie's mir gesagt haben. Jetzt sehe ich alles in ganz anderem Licht. Ja, wirklich. Und was diese schändliche Vorstellung von heute morgen betrifft, so werde ich mit den fraglichen Offizieren sprechen. Aber auch einige Matrosen haben sich saumäßig aufgeführt: verstockt und unwillig, pflichtvergessen. Sie müssen mir die Leute auflisten, und ich muß sie mir vornehmen. Eine verdammt unangenehme Aufgabe.« Er trat an seinen Kartentisch und griff die Distanz ab, die sie noch von Moahu trennte. »Wir müssen sie wieder in den Griff bekommen, bevor wir an ein Gefecht auch nur denken können«, sagte er. »Tom, würden Sie morgen abend mit dem Doktor bei mir essen? Und vielleicht bitte ich auch Martin und das Ehepaar Oakes dazu.«

»Danke, Sir. Ich komme mit Freuden.«
»Auch ich freue mich darauf. Und nun, Tom, sagen Sie bitte West und Davidge, daß ich sie sprechen will.«

Beide hatten den Ruf zum Kommandanten erwartet. Jack hatte ihnen das Loswerfen überlassen, während er und Pullings unter Deck mit Wainwright beschäftigt waren, und als er an Deck kam, mußte er feststellen, daß sie bei einem alltäglichen Routinemanöver erschreckend versagt hatten. Doch sie hatten weder mit dieser kalten Wut noch mit so weitreichenden Feststellungen gerechnet. »Ich beziehe mich auf das öffentliche Bild, das Sie bieten«, begann er. »Sie wissen genau, daß offene Feindschaft an Bord Zerwürfnisse schafft und dem Schiff Schande macht. Außerdem wissen Sie, daß Streitigkeiten der Offiziere in der Messe niemandem verborgen bleiben, denn die Stewards erzählen sofort ihren Kameraden davon, weshalb Sie damit die gesamte Besatzung spalten, auch wenn Sie sich hinter geschlossenen Türen streiten, denn jeder Wachführer hat eine Gefolgschaft unter den ihm anvertrauten Leuten. Aber Sie haben nicht einmal versucht, Ihre Differenzen hinter verschlossenen Türen auszutragen. Sie gehen in aller Öffentlichkeit grob und rüde miteinander um, und Sie schikanieren Oakes auf eine Art, die seine Männer zur Weißglut bringt, denn er behandelt sie anständig. Weil Ihre Messekameraden keine Zuträger sind, war ich über das volle Ausmaß Ihrer Entgleisungen in der Messe nicht informiert, aber Sie können nicht bestreiten, daß Sie von mir in den letzten Wochen viele warnende Hinweise bekamen, jawohl, und viele deutliche Rügen für Ihre Grobheit an Deck. Ein Ergebnis dieser Feindseligkeit, dieser Zerwürfnisse und Parteilichkeit war das schändliche Schauspiel heute morgen, als ich an Deck kam und Sie wie zwei Fischweiber miteinander keiften, während es an Bord zuging wie im Tollhaus. Und das alles vor dem Kapitän der *Daisy* und seinen Leuten. Ich kann meinem Schöpfer nur danken, daß kein Kriegsschiff in der Nähe war. Stellen Sie sich diesen Zustand im Gefecht vor! Als weiteres Resultat haben Sie das Schiff bei dem Essen blamiert, das Sie für Mrs. Oakes und ihren Mann gaben. Sie alle beide, West und Davidge, haben sich Ihre Feindschaft offen anmerken lassen und erwiesen Ihren Gästen nicht den geringsten Respekt, obwohl Sie an einer im wesentlichen offiziellen Veranstaltung teilnahmen. Was nun mich betrifft, so habe ich soeben Kapitän Pullings' Einladung für morgen ausgeschlagen.«

»Ich war damals halb betäubt, Sir«, sagte Davidge.

»Dann haben Sie sich am nächsten Morgen doch bestimmt beim Ehepaar Oakes dafür entschuldigt?« fragte Jack. Davidge errötete, ohne etwas zu erwidern. »Zu dem privaten Anlaß für Ihren Streit habe ich nichts zu sagen. Aber ich bestehe mit allem Nachdruck darauf, daß Sie den äußeren Anschein wahren und Ihrem Offiziersrang keine Schande machen: in der Messe, wenn Untergebene anwesend sind, und zu allen Zeiten an Deck. Noch äußere ich mich nicht zu meinem Bericht, den ich der Admiralität erstatten werde, aber ich kann Ihnen eins versprechen: Wenn ich feststellen muß, daß Sie meine Worte nicht beherzigen und diese Widerwärtigkeiten nicht bis Moahu abgestellt sind, bei Gott, dann werden Sie ernten, was Sie gesät haben. Dann setze ich Ihnen zwei Vollmatrosen aus dem Vorschiff als Vorgesetzte vor die Nase. Davon haben wir mindestens ein Dutzend. Das wäre alles.«

Liebste Sophie, schrieb er, *ein Kapitän, der diesen Namen verdient, weiß eine Menge über sein Schiff, über sein Potential, seine Vorräte, seine Schwächen und so weiter. Durch alltägliche Beobachtung macht er sich ein Bild von der Seemannschaft und Kampfstärke seiner Leute. Aber er lebt so isoliert von Offizieren und Besatzung, daß ihm dennoch vie-*

les entgeht, es sei denn, er ermutigt Zuträger. In den letzten Wochen haben mich die offene Feindseligkeit in der Offiziersmesse und die Beeinträchtigung der Disziplin beunruhigt. Ich habe die Übeltäter sowohl direkt als auch indirekt gewarnt, sich gesitteter zu benehmen, aber erst heute morgen hat mir Tom, obwohl ihm dieses Anschwärzen seiner Messekameraden furchtbar schwerfiel, den wahren Grund für den Streit enthüllt. Ich dachte, es läge an der üblichen Zermürbung nach langer Reise mit immer denselben Gesichtern, denselben Witzen, vielleicht verschärft durch eine alberne, zu weit getriebene Stichelei, an einer Verlustserie beim Kartenspiel oder beim Schach – aber es ging viel tiefer, als ich wußte oder hätte zulassen dürfen. Ich mache mir große Vorwürfe. Denn heute morgen, kurz bevor ich sie zu mir zitierte, um sie für das entsetzliche Tohuwabohu zu rügen, das sie bei einem einfachen Ankermanöver veranstalteten, erfuhr ich von Tom, daß sie einander wegen Mrs. Oakes hassen. Und daß es unklug wäre, Oakes zum Leutnant auf Zeit zu befördern, weil ihre Rivalitäten außer Kontrolle geraten könnten, wenn sie mit ihnen am Tisch sitzt.

Es ist eine Schande, daß einer so bescheidenen Frau mit so guten Manieren derart hemmungslos nachgestellt wird, daß sie im Fähnrichslogis praktisch in Einzelhaft gehalten werden muß. Ich bin sicher, sie hat niemanden ermutigt, nicht einmal auf die harmloseste, kameradschaftlichste Weise, etwa indem sie sagte: »Bitte knöpfen Sie mir die Bluse zu, meine Finger sind ganz steif« oder: »Ich hoffe, Sie halten mein Dekolleté nicht für zu tief.« Niemals. Und bei einem höchst blamablen Festessen, das die Offiziersmesse für sie gab, blieb die Hälfte ihrer Gastgeber so stumm wie ein Fisch, während sie die Unterhaltung beherzt in Gang hielt. Ich mag es, wenn eine Frau beherzt ist. Übrigens, in bezug auf Stephen habe ich mich geirrt, als ich fürchtete, er sei ihr erlegen. Gestern spazierten sie miteinander über die Insel und kamen ganz vergnügt und freundschaftlich zurück, beladen mit ausnehmend schönen Blumen und einer Tasche voller Vögel und

Käfer. Ich überlege, ob ich sie und ihren Mann morgen zum Essen bitten soll, um ihr meine Wertschätzung zu zeigen. Aber ich bin mir noch nicht sicher. Ich war so wütend darüber, wie das Schiff heute morgen blamiert und gefährdet wurde, daß mir der Sinn nicht nach Gesellschaft steht. Und Oakes selbst ist zwar ein brauchbarer Seemann, aber ein entsetzlicher Langweiler. Ich werde Stephen um Rat fragen. Er untersucht sie gerade in seiner Kammer.

Obwohl Jack und Stephen abends mit Genuß musiziert hatten – Stephen sitzend, die Füße wegen der Schräglage des Schiffes gegen einen eigens zu diesem Zweck angefertigten Bock gestemmt, Jack mit seiner Geige aufrecht stehend –, erwachte der Kommandant früh am Sonntag morgen, denn in ihm brannte immer noch die beschämende Erinnerung an die Blamage seines Schiffs, an Wainwrights wortloses Erstaunen und taktvoll abgewandten Blick. Wie ihm eine innere Stimme verriet, hatte der Wind während der Mittelwache nachgelassen, deshalb war er nicht überrascht, als er an Deck kam und das Schiff unter schlaffen, taunassen Segeln über eine graue See dahinschleichen sah, deren starke Dünung aus Süd an der Oberfläche kaum geriffelt war.

»Guten Morgen, Mr. Davidge«, sagte er und nahm die Logtafel aus ihrer Halterung. »Guten Morgen, Mr. Oakes.«

»Guten Morgen, Sir«, antwortete Davidge, und: »Guten Morgen, Sir«, antwortete Oakes.

Obwohl im Westen noch die Sterne blinkten, war der Osthimmel schon hell genug, daß er die Tafel lesen konnte. Und nach dem, was ihm der Himmel an Steuerbord verriet, würde die Flaute nicht lange dauern.

»Sind Haie gesichtet worden?« fragte er.

Davidge preite den Ausguck an: »Nein, keine Haie in Sicht, weit und breit nicht, Sir.«

»Ich werfe nur schnell einen Blick unter den Heckspiegel, Sir«, sagte Oakes. »Manchmal schwimmt dort so ein Kamerad.« Kurz danach rief er: »Alles klar, Sir.«

»Danke, Mr. Oakes.« Jack trat zu einer Relingstütze mittschiffs, hängte Hemd und Hose über den Handlauf, holte Luft und sprang. Tief tauchte er in die Schwerelosigkeit ein, während die Luftblasen an ihm vorbeizischten. Das Wasser war kühl genug, um ihn wunderbar zu erfrischen. Kraftvoll schwamm er eine halbe Meile weit, drehte sich um und musterte sein Schiff: den Trimm, die schnittigen Linien des Rumpfes, wie er sich hob und senkte, manchmal ganz in einem Wellental verschwindend. Inzwischen hatte die Sonne den Himmel hellblau gefärbt, und er spürte schon ihre Wärme im Nacken. Trotzdem blieb ein schwarzer Rest in seinem Gemüt, er konnte das Bad nicht in vollen Zügen genießen. Allerdings vergaß er seine schon nachlassende Wut ganz, als er auf zwanzig Meter an die Fregatte herangekommen war und Mrs. Oakes sah, die sich über die Achterdecksreling beugte.

»Herr im Himmel«, schrie es in ihm, »sie könnte mich nackt sehen!« Sofort tauchte er und schwamm davon, so schnell er konnte und so weit sein Atem reichte.

Doch er hätte sich nicht bis kurz vorm Platzen anstrengen müssen: Schon rannte Oakes in die eine Richtung, um ihr die Sicht zu verstellen, und Killick mit einem Handtuch in die andere, um seinen Kommandanten in Empfang zu nehmen.

Killick hatte ihn schon von weitem näher kommen sehen und sein Frühstück mit besonderer Pünktlichkeit vorbereitet, etwa wie ein Tierpfleger, der mit einem gereizten, übermächtigen Löwen in einem Käfig leben mußte, den Brocken Pferdefleisch genau zum vollen Schlag seiner zoologischen Uhr bereitgehalten hätte.

Diesmal nahm Stephen an Jacks erstem Frühstück teil. In der Nacht zuvor war er mit dem Verschlüsseln so beschäftigt gewesen, daß er nicht einmal dem zehnten

Teil seiner Pflanzenproben oder allen seinen Vögeln mitsamt –, ihren Parasiten die gebührende Aufmerksamkeit widmen konnte. Nun aber hatte ihn der Gedanke an seine Schätze schon beim ersten Licht aus der Koje gejagt, mit dieser zitternden oder besser überschäumenden Erregung, die er schon seit seiner Kindheit kannte – mit sieben Jahren beim ersten Anblick der blühenden Heide von St. Dabeocs, im nächsten Jahr vor einer mit Butterraps gefüllten Bodensenke und nur einige Wochen danach Auge in Auge mit einer Pyrenäen-Riesenspitzmaus.

»Ich stand eben kurz davor, Mrs. Oakes einen erschreckenden Anblick zu bieten«, sagte Jack, nachdem sie ihre zweite Tasse Kaffee schweigend ausgetrunken hatten. »Ich schwamm zurück – war schon in Pistolenreichweite –, als ich sie da an der Reling stehen sah. Hätte sie in meine Richtung geschaut, hätte sie einen nackten Mann erblickt.«

»O ja, das wäre wirklich ein schlimmer Schock für sie gewesen«, antwortete Stephen. »Bitte reich mir die getoastete Brotfrucht.« Er erinnerte sich an eine frühere Gelegenheit, als Mrs. Oakes ebendiesen nackten Mann tatsächlich völlig gelassen betrachtet hatte, und zwar durch das Bullauge der Kabine, in der Stephen sie untersuchte. Jack hatte damals, bereit zum Tauchen, in einem Beiboot gestanden und die Richtung angegeben, nachdem die scharfen Korallen ihr Ankertau durchgescheuert hatten. Ihn mit unpersönlichem Interesse musternd, hatte sie gesagt: »Kapitän Aubrey würde selbst in Irland eine formidable Figur abgeben, nicht wahr? Aber was hat er doch für furchtbare Narben!«

»Ich möchte gar nicht die Wunden alle aufzählen, die ich bei ihm schon genäht und versorgt habe. Oder die Musketen- und Pistolenkugeln, die ich entfernt habe«, sagte Stephen. »Bitte beachten Sie, Madam, daß sie alle ehrenhaft vorne sitzen. Bis auf die im Rücken.«

Das war lange vor ihrem Spaziergang auf Annamuka

gewesen. Damals hatte er zum erstenmal etwas eindeutig Ungewöhnliches an ihrer Einstellung zu Männern bemerkt, eine fast klinisch neutrale Haltung, die ihn einigermaßen beunruhigte, weil weder ihr Gesicht noch ihr alltägliches Benehmen von einem abenteuerlichen Leben gezeichnet schienen. Daran dachte er immer noch, als Jack fortfuhr: »Da wir gerade von Mrs. Oakes sprechen: Es ist lange her, seit ich sie zuletzt auf Martins Bratsche sägen hörte. Oder Martin selbst, genaugenommen.«

»Ich glaube, er deutete an, daß die Wirbel beschädigt seien – oder möglicherweise der Hals. Wie kommt es nur, was meinst du, daß so wenige Bratsche spielen? Auf ein Dutzend Geiger kommt höchstens einer, nein, eher weniger, die sich auf der Bratsche versuchen. Und doch hat sie die süßeste Stimme – oder könnte sie haben.«

»Das kann ich mir auch nicht erklären. Vielleicht sind sie schwieriger zu bekommen oder zu meistern. Denk nur daran, wie selten man einen erstklassigen Bratschisten findet, der eine Violine wie die Cramers oder Kreutzers begleiten kann, sagen wir, in Mozarts ... Herein. Kommen Sie rein, Tom, und nehmen Sie Platz.« Er schenkte Pullings eine Tasse Kaffee ein.

»Danke, Sir. Es ist nur – ich habe vergessen zu fragen, ob Sie heute eine Andacht halten wollen.«

»Ja«, sagte Jack, und seine Miene umwölkte sich wieder. »Ja, unbedingt. Nichts taugt besser als ein Gottesdienst dazu, wieder Ordnung in den Lauf der Dinge zu bringen. Aber nur die Bugpsalmen und die Kriegsartikel.«

Also unbedingt Gottesdienst, mit einem Sonnendach überm Achterdeck. Doch vorher kam die Musterung, die formelle Inspektion aller mit ihren Offizieren angetretenen Männer und ihrer Quartiere. Wie Jack gesagt hatte, bot sie dem Kommandanten eine der besten Chancen, sozusagen den Puls des Schiffes zu fühlen. Während er an den Reihen vorbeiging, sah er jedem Matrosen, Unterführer und Offizier ins Auge. Und er hätte schon mit Blindheit geschlagen sein müssen, wenn ihm der Ausdruck – oder die Ausdruckslosigkeit – auf den frisch gewaschenen, frisch rasierten Gesichtern nicht einen Eindruck von der allgemeinen Stimmung an Bord vermittelt hätte.

Es war ein gegenseitiger Austausch. Auch die Seeleute schätzten dabei die Stimmung ihres Kommandanten ein, und sein Abschreiten der Reihen, mit Pullings und dem jeweiligen Abteilungsführer im Gefolge, hinterließ Jammer und Trübsal. Trotz seines erfrischenden Bades, seines kräftigen Frühstücks und der stetigen Brise füllten immer noch allerhand Zorn und Groll sein Herz. Sein Schiff war mißhandelt und lächerlich gemacht worden, und das empfand er als Entweihung. So strahlte ein starkes Mißvergnügen von ihm aus, während er voranschritt. Nur einmal lächelte er, und zwar als er zu den Kanonieren kam, wo Mr. Smith vom kleinen Reade unterstützt wurde, der damit seinen ersten dienstlichen Auftritt seit dem Unfall hatte.

»Freut mich, Sie wiederzusehen, Mr. Reade«, sagte Jack. »Hat der Doktor Sie auch bestimmt für gesund erklärt?«

»O ja, Sir. Er sagt, ich bin gesund genug für ...«, begann Reade. Doch weil er gerade im Stimmbruch war, kam der Rest in tiefem Baß heraus: »... für leichten Dienst.«

»Sehr schön. Aber Sie müssen trotzdem vorsichtig sein. Wir haben nicht allzu viele gute Seeleute an Bord.«

Er schritt weiter zu Oakes und den Vortoppgasten, der bisher fröhlichsten Abteilung des Schiffes, die jetzt seine verstörteste war. Teilweise war Schuldbewußtsein für ihre Trübsal verantwortlich, wie es auch verantwortlich war für ihr ungewohnt makelloses Sonntagszeug – eine Schutzmaßnahme gegen obrigkeitliche Wutausbrüche –, aber Jack spürte, daß noch mehr dahintersteckte. Mit ernster Miene und ohne die sonst üblichen launigen Bemerkungen schritt er an ihnen vorbei. Dann weiter zu den Vorschiffsgasten und damit zu Jemmy Ducks und seinen beiden Schützlingen. »Wie sie in die Höhe geschossen sind«, dachte er. »Vielleicht sind Fanny und Charlotte auch schon solche Bohnenstangen.« Obwohl er sie freundlich nach ihrem Befinden fragte, blickten sie mit noch mehr Angst als üblich zu ihm auf. In ihrer fernen melanesischen Vergangenheit hatten solche Versammlungen manchmal mit Menschenopfern geendet – ein verständlicher Grund für ihre Nervosität –, und außerdem waren sie besser als ihr Kommandant auf die Atmosphäre an Bord eingestimmt. Beides zusammen bewirkte, daß ihre Stimmen beim Antworten zitterten.

Im leeren Krankenrevier saßen Stephen und Martin vorsichtig in ihren besten Kleidern wartend da und hörten zu, wie Padeen die chirurgischen Instrumente ordentlich aufreihte und das letzte blanke Metall polierte. Schließlich sagte Martin leise in das Schweigen hinein: »Ich schulde Ihnen noch eine Erklärung für mein gestriges Verhalten. Ich wollte Sie und Mrs. Oakes nicht begleiten, weil ich seit einiger Zeit – wie soll ich es ausdrücken? – eine Neigung, eine wachsende Zuneigung für sie empfinde, der nachzugeben ein Verbrechen wäre. Mir schien, ich mußte ihre Gesellschaft unbedingt meiden, selbst wenn ich mich dadurch Ihnen gegenüber unehrlich und unhöflich benahm, was ich zutiefst bedaure. Bitte glauben Sie mir, Maturin.«

»Schon gut, mein lieber Martin, schon gut«, sagte Stephen und schüttelte ihm die Hand. »Es ist bestimmt besser, zu fliehen als zu brennen. Und vom rein naturwissenschaftlichen Standpunkt aus, als Gegensatz zum moralischen, sind wir dadurch sogar weitergekommen.«

»Aus demselben Grund habe ich auch meine Bratsche zerbrochen«, sagte Martin, offenbar noch seinem ersten Gedankengang verhaftet. Dann ging ihm die Bedeutung von Stephens zweiter Bemerkung auf, er preßte die Hand auf seine Tasche und rief: »Sehr richtig! Auf unserem Rückweg saßen Dr. Falconer und ich einmal zwischen alten, verrottenden Baumstämmen, die ein Hurrikan vor Zeiten gefällt hatte – an der Stelle kamen Sie wohl nicht vorbei, nehme ich an –, und dort fand ich eine Unmenge von Käfern. Hier –«, er holte eine flache Schachtel aus seiner Tasche, »hier ist eine Auswahl, die ich Sie anzunehmen bitte.«

Stephen öffnete die Schachtel und hielt den Inhalt ans gefilterte Tageslicht. »Welch glorreicher Fund!« rief er aus. »Bockkäfer bis auf den letzten Mann: Nein, der hier muß zu den Buntkäfern gehören – welche Farbenpracht! Sir Joseph wird seinen Augen nicht trauen. Dafür bin ich Ihnen wirklich sehr dankbar. Aber sie sind alle tot, wie ich sehe.«

»Ja. Ich kann's einfach nicht ertragen, dieses ständige hoffnungslose Streben nach Freiheit, dieses unaufhörliche Kribbeln und Krabbeln. Deshalb habe ich sie kurz in Spiritus getaucht.«

»Meine Herrschaften, ER kommt über uns«, flüsterte Padeen ängstlich und natürlich auf irisch, indem er wie ein Kaninchen den Kopf durch den Türspalt steckte und sofort wieder zurückzog.

»Vielleicht sollte ich Ihnen sagen, daß Kapitän Aubrey plant, Sie, Pullings, das Ehepaar Oakes und mich zum Essen einzuladen«, warnte Stephen.

»Oh, vielen Dank«, antwortete Martin mit einem gequälten Lächeln. »Jetzt, da ich darauf vorbereitet bin, werde ich wohl für die Dauer einer Mahlzeit die Contenance wahren können.«

Doch als Jack fragte, nachdem er so getan hatte, als inspiziere er das Krankenrevier: »Mr. Martin, können wir heute abend beim Essen auf das Vergnügen Ihrer Gesellschaft hoffen?«, antwortete Martin: »O weh, Sir, ich muß Sie leider bitten, mich zu entschuldigen. Es geht mir gar nicht gut, ich werde nicht einmal am Gottesdienst teilnehmen können. Aber ich weiß Ihre Güte sehr zu schätzen. Mir ist wirklich schlecht – und man muß ja auch extrem derangiert sein, um einer Einladung seines Gönners und Kommandanten nicht folgen zu können.« Eine Einladung zum Kapitänsdinner auszuschlagen galt in der Marine als höchst ungehörig – als eine Art privater Kriegserklärung, als so etwas wie eine Beinahe-Meuterei oder als erste Stufe des Hochverrats. Doch Jack, der in Martin und in Stephen grundsätzlich keine vollwertigen maritimen Geschöpfe sah, nahm die Absage gelassen auf, mutmaßte, daß sich Martin auf Annamuka wohl den Magen verdorben hätte, empfahl Bettruhe – »eines Mannes Kissen ist seine beste Medizin: obwohl ich das hier vielleicht nicht sagen sollte« –, bat um Martins Empfehlung von einigen besonders niederschmetternden Psalmen und setzte seine Inspektion fort.

Als er mit Pullings im Kabelgatt nach vorn ging, huschte eine Ratte über ihren Weg. »Mein Gott!« rief er aus. »Hier war es doch, wo wir Mrs. Oakes fanden, als Junge verkleidet. Das ist noch gar nicht so lange her, weder der Zeit noch der zurückgelegten Wegstrecke nach, wenn man's recht bedenkt. Und doch scheint sie nun ein Teil des Schiffes zu sein, genau wie die Galionsfigur.« Pullings, der bei ihrer Galionsfigur hin- und hergerissen war zwischen Abscheu und Verehrung, murmelte etwas Zustimmendes, und nach einer Weile fuhr Jack fort: »Wo hatte sie nur diese Hose her, was meinen Sie? Nicht von Oakes, dazu war sie viel zu klein.«

»Von dem armen Miller, Sir.« Damit bezog sich Pullings auf einen Kadett, der bei einem kürzlichen Gefecht gefallen war. »Als seine Sachen am Großmast versteigert wurden, kaufte Reade die Uniform in der Hoffnung, daß er bis Neusüdwales hineinwachsen würde. Doch er schaffte es nicht und gab sie wahrscheinlich weiter. Das rate ich bloß, Sir, genau weiß ich es nicht«, fügte er hinzu, um nicht als Zuträger zu gelten.

»Bestimmt war es so.« Jack rief sich den jungen Miller ins Gedächtnis. »Sie hatten ungefähr die gleiche Größe.« Danach schwieg er, bis sie wieder ans Tageslicht kamen, das so grell war, daß sie die Augen zukneifen mußten. Und auch hell genug, um der Besatzung zu zeigen, daß nichts unter Deck die gereizte Stimmung ihres Kommandanten besänftigt hatte und daß sie es immer noch mit einem Wüterich zu tun hatten.

Zwar hätten schmale Augenschlitze Jacks offenem, blühendem, blauäugigem Gesicht niemals einen bösartigen oder verkniffenen Ausdruck verleihen können, aber der Kummer um sein Schiff und sein tiefer Zorn auf die Männer, die es derart mißbraucht hatten, verliehen ihm eine löwenhafte Wildheit, die wundersam einschüchternd wirkte. Sie änderte sich auch nicht während des Gottesdienstes, eines herben Rituals, das durch Kaplan Martins Fehlen noch strenger wirkte; mochte er auch kein begnadeter Prediger sein, so verbreitete er doch eine gewisse Menschenfreundlichkeit, die diesmal bitter vermißt wurde. Nach den Eingangsgebeten, gesprochen in energischem, unnachsichtigem Ton, nach dem Sündenbekenntnis und den Psalmen hörten die Versammelten ihren Kommandanten seine bereits sehr kräftige Stimme um weitere Nuancen heben und drohend die schrecklichen Kriegsartikel verlesen. Mit noch stärkerem Nachdruck als gewohnt betonte er die Sätze: »Falls irgendein Offizier, Matrose, Seesoldat oder sonst ein Angehöriger der Kriegsmarine es wagt, mit einem Vorgesetzten in Ausübung seines Dienstes zu streiten oder den rechtmäßigen Befehl eines Vorgesetzten zu verweigern, und wenn er dessen zweifelsfrei überführt wird ... so wird er mit dem Tode bestraft.« Und weiter: »Falls irgendein Angehöriger der Kriegsmarine mit einem anderen streitet oder kämpft, falls er abwertende oder provozierende Worte oder Gesten gebrauchte, die geeignet sind, Streit oder Ruhestörung hervorzurufen, dann ist er im Falle einer Überführung so streng zu bestrafen, wie das Vergehen es erfordert ...« Und schließlich: »Kein Angehöriger der Kriegsmarine darf die ihm auferlegten Pflichten vernachlässigen oder die ihm zugewiesene Station verlassen, andernfalls ihm die Todesstrafe droht.«

Weil Mrs. Oakes und die kleinen Mädchen zugegen waren, übersprang Jack den Artikel XXIX, der für homosexuelle Handlungen den Strang vorsah, doch betonte er besonders stark den Artikel XXXVI: »Alle anderen Verbrechen und Vergehen ... die in diesen Paragraphen unerwähnt blieben oder für die darin keine Strafe festgesetzt wurde, sollen entsprechend den auf See geltenden Gesetzen und Gebräuchen geahndet werden.« Danach musterte Jack seine Gemeinde mit einem grimmigen Blick, der ihnen die brutalen Gebräuche, etwa das Kielholen, lebhaft ins Gedächtnis rief und der Emily, emotional weniger stabil als Sarah und von Jemmy Ducks' Erschrecken verstört, wieder zum Erbleichen brachte.

Nach der Andacht und der mittäglichen Positionsermittlung entließ er sie, damit sie ihr Essen mit all dem Appetit, der ihnen noch verblieben war, und mit Hilfe ihrer Grogration herunterschlingen konnten. Anschließend nahm er auf der Luvseite seines Achterdecks die nächste abzuschreitende Meile in Angriff.

Die Trommel rief mit *Hearts of Oak* die ausgedünnte Offiziersmesse zum Mittagessen: Martin zog sich mit zwei heimlich stibitzten Zwiebäcken in seine Kammer zurück; der Kommandant in seiner eleganten weißen Weste marschierte weiter auf und ab, so düster wie ein Scharfrichter. Das ließ für die Geladenen keine besonders heitere Dinnerparty bei ihm erwarten.

Doch Jack besaß einen ausgeprägten Sinn für Gastlichkeit. Außerdem hatte er kurz nach seinem Eintritt in die Kriegsmarine unter einem Neffen des beliebten Admirals Boscawen gedient, der die Tradition seines Onkels fortsetzte und einen in der ganzen Flotte berühmten gastfreien Tisch führte: eine Tradition, die den angeborenen Talenten von Kapitän Aubrey aufs schönste entgegenkam. Als nun Killick ihm meldete, daß der Doktor »unter Vollzeug« und mit frisch gepuderter Perücke bereitstehe, daß der Rock Eurer Ehren gebürstet über der Stuhllehne hänge und daß seine anderen Gäste mit Kurzstag geholtem Anker seiner harrten, da erhellte sich sein Gesicht sogleich, und er eilte den Niedergang hinunter in den Raum, der offiziell zwar seine Schlafkajüte, jetzt aber für die kleine Runde in ein Speisezimmer verwandelt war, wo das Tafelsilber (Killicks ganzer Stolz) zwischen den Orchideen funkelte und sein eigener Rock am Kopf des Tisches hing. Er legte ihn an, mit prächtigen Goldlitzen, Epauletten und allem, warf erst einen prüfenden Blick über die Tafel, dann in die große Tageskajüte, und begab sich in die Anrichte, wo sein magerer Vorrat an Gin, Magenbitter und Madeira in Erwartung der Gäste bereitstand.

Sie kamen en bloc, und auf dem Halbdeck entstand ein kleiner höflicher Bürgerkrieg darüber, wem der Vortritt gebührte; der Krieg wurde jedoch verloren, ehe er richtig begonnen hatte, und sie traten in der altbewährten Reihenfolge ein: zuerst Mrs. Oakes in einer modifizierten Version ihres scharlachroten Hochzeitskleids; sie begrüßte Aubrey mit einem graziösen, geradrückigen Knicks, zeitlich genau abgestimmt auf das Rollen der Fregatte, und machte Platz für Tom Pullings, der fast so pompös ausstaffiert war wie ein Vollkapitän; danach folgte Stephen, der als gewöhnlicher Schiffsarzt und Unteroffizier auf seinem einfachen blauen Rock überhaupt keine Goldlitzen trug, obwohl ihm am Kragen ein besticktes Knopfloch gestattet war; und zuletzt Oakes, der keinerlei Rangabzeichen besaß und dessen einziger Schmuck die besonders hell polierten Uniformknöpfe waren.

Dennoch war er der Vergnügteste von allen und grinste andauernd vor sich hin – offenbar hatte er sich für das Treffen mit Grog gestärkt. Als Jack Clarissa fragte, was sie trinken wolle, dankte sie und antwortete mit der Klugheit einer Ehefrau, daß sie sich am liebsten das Glas Madeira mit ihrem Mann teilen würde, was die Verheirateten unter den Anwesenden, auch Killick und seinen Assistenten, innerlich schmunzeln ließ. Als sie sich beim ersten Glockenschlag in den Speiseraum begaben, wurde Clarissa rechts von Jack plaziert, Pullings ihr gegenüber und Stephen neben ihr, während ihr Mann durch die ganze Breite des Tischtuchs von ihr getrennt blieb; immerhin blickte er oft mit fast hündischer Verehrung zu ihr hin, worauf ihre stumme Antwort bewirkte, daß er Killick jedesmal zurief: »Genug«, sobald dieser sein Glas erst halb gefüllt hatte.

Allerdings trübten weder die Minderung seiner Weinration noch die dräuende Atmosphäre an Bord seine gute Laune, weshalb Stephen ihm gegenüber zu dem Schluß gelangte, daß vor kurzem etwas zwischen ihm und Clarissa vorgefallen sein mußte: vielleicht eine frische Versöhnung, körperlich besiegelt.

»Doktor«, begann Oakes, sich über den Tisch beugend, »Sie sind doch ein gelehrter Mann. Aber wissen Sie auch, was das ist: Je mehr man herausschneidet, desto länger wird es?«

Stephen überlegte mit schräg gelegtem Kopf, nahm einen Schluck Wein und sagte in die erwartungsvolle Stille hinein: »Könnte es vielleicht Sellerie sein?«

»Nein, Sir. Nicht Sellerie«, antwortete Oakes voller Genugtuung.

Die anderen schlugen Heu vor, einen Bart oder Fingernägel; und Killick flüsterte Stephen ins Ohr: »Versuchen Sie's mit Meerrettich, Sir.« Aber keiner traf ins Schwarze, und am Ende, als schon die Suppe abgetragen wurde, mußte Oakes ihnen eröffnen, daß ein *Torfgraben* immer länger wurde, je mehr man herausschnitt. Dem mußten sie zustimmen; sogar Pullings vergaß seinen Kummer über die gegenwärtige Stimmung an Bord und behauptete, das sei sehr witzig, etwas Witzigeres hätte er noch nie gehört. Und Jack musterte Oakes mit ganz neuer Wertschätzung. Als der Fisch aufgetragen wurde, konnte man draußen auf dem Halbdeck hören, wie Killick das scheinbar paradoxe Rätsel seinem Freund Jack Nastyface erklärte.

Oakes genoß seinen Triumph, wenn auch verhalten, während des ganzen Fischgangs: Was sie verspeisten, war eine so stattliche Kreatur wie ein Bonito, aber mit roten Punkten. Unterdessen erläuterte Jack Clarissa das Phänomen der Passatwinde, Pullings lauschte ihm mit einem wie festgeklebten Ausdruck der Faszination im Gesicht, und Stephen studierte die Anatomie des Fisches. »Doktor«, begann Oakes wieder, nachdem er seinen Teller mit Brot abgewischt hatte, »erinnern Sie sich an die Bathurst-Taverne in Sydney? Also, da gab es einen Feuerwerker, der mit ein paar Freunden und uns immer Halfpennywhist spielte. Dabei rauchte er ständig seine Tabakspfeife. Aber dann eines Tages: keine Pfeife. ›Willst du denn nicht rauchen?‹ fragten wir ihn. ›Nein‹, sagte er, ›gestern hab' ich meine Pfeife mit einer gefalteten Flugschrift angesteckt, da ist sie mir um die Ohren geflogen.‹«

Stephen merkte an Clarissas Miene, daß ihr Bedenken kamen, aber ihr Mann war so in Fahrt, daß er ihren warnenden Blick übersah und sich als nächstes in den Bericht über einen Mann mit schulterlangem Haar stürzte, der auf die Frage eines Kahlkopfes, warum er sein Haar so lang wachsen liege, antwortete: »Damit es Samen trägt, den ich dann auf anderer Leute Glatzen aussäen kann.«

»Das ist gut, Mr. Oakes, sehr gut!« Jack schlug begeistert auf die Tischplatte. »Ein Glas Wein mit Ihnen, Sir.«

Während des Schweinebratens trank er jedem seiner Gäste zu, besonders Clarissa, der er Komplimente machte, wie gut Sonnenschein und frischer Wind ihrem Teint bekämen. »Also, Madam, um auf den Passatwind zurückzukommen«, fuhr er fort. »Ich hoffe, daß wir bald auf den Nordostpassat stoßen. Dann werden Sie sehen, was das Schiff leisten kann, denn wir werden aufkreuzen müssen, Schlag um Schlag nach Luv. Aber die *Surprise* geht sehr hoch ran, nichts ist ihr lieber, als mit dichtgeholten Schoten gegen einen ordentlichen Sturm anzusegeln.«

»Oh, das würde mir gefallen«, rief Clarissa. »Ich kenne nichts Erregenderes, als sich mit beiden Händen festzuhalten, während das Schiff schräg liegt und die Gischt das ganze Seitendeck entlang nach achtern weht.« Sie sprach mit ungeheuchelter Begeisterung, wofür er ihr einen lobenden Blick schenkte – sogar mehr als lobend, weshalb er schnell die Lider senkte, damit seine Bewunderung nicht auffiel. »Doktor«, rief er über den Tisch, »die Weinflasche steht vor Ihnen. Schenken Sie nach.«

Oakes hatte schon einige Zeit geschwiegen und schwieg immer noch, als der Pflaumenpudding die Runde machte; auch während sie ihn verzehrten, blieb er still. Doch als er den letzten Happen davon geschluckt hatte, erhob er sein Glas, lächelte strahlend in die Runde und begann zu singen:

»*Freut euch des Lebens, sind die Wangen noch rot,*
Denn nichts fällt uns Menschen so schnell wie der Tod.«

Im Vorschiff dagegen herrschte während der letzten Hundewache kaum gute Stimmung, obwohl der Abend friedlich war und das Wetter schön, in jeder Hinsicht geeignet für den am Sonntagabend üblichen Matrosentanz. Nur die kleinen Mädchen hüpften nach der nördlichen Version des Himmel-und-Hölle-Spiels, das ihnen die Orkneymänner beigebracht hatten, übers Deck, von den Seeleuten fast wortlos beobachtet.

Noch weniger Hochstimmung herrschte, falls das überhaupt möglich war, auf dem Achterdeck. Als Stephen kurz vor Sonnenuntergang heraufkam, fand er Davidge, den Offizier der Wache, mit verhärmtem, gealtertem, trübseligem Gesicht am Schanzkleid stehen, während Clarissa ganz allein auf ihrem gewohnten Platz an der Heckreling saß.

»Was bin ich froh, daß Sie kommen«, sagte sie. »Ich wurde schon so melancholisch wie eine kastrierte Katze, auch wenn das undankbar ist nach einem so wunderbaren Festessen. Und ungewohnt dazu, denn in meiner Jugend machte es mir gar nichts aus, allein zu sein. Und in Neusüdwales habe ich mir nichts so sehr gewünscht wie Einsamkeit. Vielleicht stört es mich hier, weil ich es hasse, abgelehnt zu werden ... Reade und Sarah und Emily – wir waren so gute Freunde, und ich weiß wirklich nicht, womit ich sie mir entfremdet habe.«

»Das junge Volk ist notorisch wankelmütig.«

»Ja, wahrscheinlich. Aber enttäuscht bin ich doch. Sehen Sie nur, wie die Sonne das Meer berührt.« Als der letzte orangerote Rand versunken war und nur noch die Strahlen durch den zitronengelben Dunst fingerten, fuhr sie fort: »Ich nehme an, so ein Kommandant führt ein sehr einsames Leben. Für Kapitän Aubrey gilt das natürlich nicht, weil er ja Sie hat, aber für die anderen, die abgeschirmt in ihrer Kajüte sitzen, mit niemandem reden können ... Nehmen viele von ihnen ihre Frauen oder Mätressen mit auf See?«

»Die Frauen nur selten, auf langen Reisen fast nie. Und Mätressen werden grundsätzlich von allen mißbilligt, von den Lords der Admiralität bis hinunter zum gemeinen Matrosen. Sie schaden dem Charakter eines Offiziers und seiner Autorität.«

»Tatsächlich? Und doch sind weder die Matrosen noch die Marineoffiziere für ihre Enthaltsamkeit bekannt.«

»Nicht an Land, gewiß. Doch auf See gelten andere Regeln. Sie sind weder besonders logisch noch konsequent, aber sie werden im allgemeinen verstanden und respektiert.«

»Wirklich? Ist das so?« fragte sie, wobei sie sich höchst interessiert vorbeugte. Doch dann seufzte sie auf und schüttelte den Kopf. »Aber schließlich verstehe ich, wie Sie wissen, herzlich wenig von Männern – von normalen Männern im Alltag, meine ich. Eben von Männern bei Tage, nicht bei Nacht.«

ACHTES KAPITEL

D ER MORGEN DÄMMERTE rein und klar herauf und beleuchtete die Steuerbordwache achtern, die das Deck erst mit nassem Sand, dann mit Scheuersteinen und schließlich mit Schwabbern bearbeitete. Die Sonne stieg über den Horizont, als sich die Reinschiffgang dem Ankerspill näherte, auf dem West mit hochgekrempelten Hosenbeinen saß, um den Wasserfluten zu entgehen. Der Sonnenaufgang bot gewöhnlich Anlaß zu diskreter Heiterkeit und dummen Bemerkungen wie: »Auf ein neues, Kameraden!« oder: »Na, schmeckt der neue Arbeitstag?« Aber diesmal war nichts zu hören außer dem stetigen Knirschen der Scheuersteine, dem Klappern der Eimer und hin und wieder einer leisen Warnung wie: »Denk an das Kehricht unter der alten Gräting, Joe.« Und das alles, obwohl es ein strahlender Morgen war, das Schiff flotte, stetige Fahrt machte und der günstige Ostwind, die Wasserfläche leicht riffelnd, eine angenehme Frische mitbrachte.
Um sieben Glasen wurden die Hängematten heraufgepfiffen, und die Backbordwache stürzte in mustergültiger Disziplin an Deck, jeder mit seiner kompakten, festverschnürten Rolle unterm Arm, die der Steuermannsmaat in den Netzen verstaute, so exakt ausgerichtet wie vor einer Admiralsinspektion, alle Nummern nach oben gedreht. Auch bei den Freiwächtern herrschte keine Fröhlichkeit,

weder bei ihrem ersten Erscheinen im Sonnenlicht noch eine halbe Stunde später, als alle Mann zum Frühstück gerufen wurden.

Die Veteranen der *Surprise*, die schon bei früheren Einsätzen unter Kapitän Aubrey gefahren waren, saßen in der Messe natürlich beisammen, obwohl dies die oft anstößige und manchmal gefährliche Anwesenheit von Awkward Davies mit sich brachte. Schweigend lauschten sie seiner Beschreibung, wie der Skipper im ersten Licht an Deck gekommen war, wie kalt er Mr. West begrüßt hatte – »kalt genug, um ihm die Eier abzufrieren« – »ist ihm nur recht geschehen« –, wie streng er nach Luv geblickt hatte und in seinem Nachthemd auf und ab marschiert war: wie ein Löwe auf der Suche, wen er verschlinge.

»Mir können sie nichts anhaben«, sagte Plaice. »Ich hab' nur gemacht, was mir mein Offizier befohlen hat: ›Beleg das endlich, Plaice, und zur Hölle mit dir‹, sagt er. Also hab ich's belegt, obwohl ich wußte, das bringt uns in Teufels Küche. Danach schreit er: ›Laß laufen da vorn, laß laufen, Plaice, und verdammt sollst du sein!‹ Also laß ich's laufen, sonst wär's ja Befehlsverweigerung gewesen. Ich bin so unschuldig wie in neugeborenes Lamm.«

Mit einiger Mühe verschaffte Padeen sich Gehör für seine Feststellung, daß ihnen Gott nie einen schöneren Morgen und einen günstigeren Wind bescherte: Die hätten selbst Hector oder gar Pontius Pilatus besänftigt.

Padeen wurde geschätzt wegen seiner Freundlichkeit im Lazarett und wegen seiner grausamen Leiden in der Botany Bay. Außerdem traute man ihm zu, einiges von der Weisheit des Doktors absorbiert zu haben. Deshalb waren seine Worte manchen ein Trost.

Doch blieb es nur ein flüchtiger Trost, und er verflog ganz um sechs Glasen der Vormittagswache, als die Offiziere und Offiziersanwärter in voller Uniform, mit Hut und Säbel oder Dolch, auf dem Achterdeck erschienen. Pullings befahl, die Gräting aufzuriggen, und Mr. Adams kam den Niedergang heraufgekeucht, das Buch mit den Kriegsartikeln unterm Arm. Und sowie es sechsmal geglast hatte, trillerten die Bootsmannspfeifen das Signal *Alle Mann an Deck als Zeugen des Strafvollzugs*, und die Besatzung der Fregatte drängte in einem wirren Haufen heran, ein kollektives Schuldbewußtsein ausstrahlend.

»Alle Frauen unter Deck«, befahl Kapitän Aubrey. Sarah und Emily verschwanden, und Pullings an seiner Seite sagte: »Mrs. Oakes ist schon unten beim Doktor, Sir.«

»Also gut. Machen Sie weiter, Kapitän Pullings.«

Bei ihrem augenblicklichen Status besaß die Fregatte keinen Profoß, deshalb rief Pullings selbst jeden Übeltäter aus dem Gedränge auf, und während dieser vortrat, nannte er dem Kommandanten sein Vergehen. Der erste war Weightman: »Aufsässigkeit und Pflichtvergessenheit, Sir, wenn's beliebt.«

»Hast du etwas zu deiner Entschuldigung vorzubringen?« fragte Jack.

»Ich bin unschuldig, Euer Ehren, das schwör' ich bei Gott«, beteuerte der Metzger.

»Legt einer der Offiziere ein gutes Wort für ihn ein?« Jack wartete: Der Wind sang im Rigg, die Offiziere starrten ins Leere. »Hemd aus«, befahl Jack, und Weightman streifte zögernd sein Hemd über den Kopf »Bindet ihn fest.« Die Steuermannsmaaten laschten Weightmans Handgelenke etwas über Schulterhöhe an die Gräting und meldeten Vollzug.

Adams reichte Jack die Kriegsartikel. Der nahm den Hut ab, alle Offiziere und Offiziersanwärter taten es ihm nach, und dann begann er zu lesen: »Kein Angehöriger der Kriegsmarine darf während seiner Wache schlafen, *die ihm auferlegten Pflichten vernachlässigen* oder seinen Platz verlassen, andernfalls er mit dem Tode bestraft wird oder in dem Maße, wie es die Umstände seines Falles erfordern ... Zwölf Hiebe.« Und zum dienstältesten Bootsmannsgehilfen: »Vowles, tu deine Pflicht.«

Vowles zog die Katze aus ihrem roten Flanellbeutel, nahm phlegmatisch seine Stellung ein und schlug in dem Moment zu, als das Schiff auf den nächsten Wellenkamm stieg.

»O mein Gott«, schrie Weightman ungeheuer laut.

Mrs. Oakes und Stephen blickten hoch. »Da oben ist eine Auspeitschung im Gange«, sagte er. »Einige Leute haben beim Aufholen des Ankers versagt.«

»Mein Mann hat mir davon erzählt«, antwortete sie, ohne sichtbare Bewegung den wiederholten Schmerzensschreien lauschend. »Wie viele Hiebe verhängt der Kapitän gewöhnlich?«

»Ich habe noch nie erlebt, daß er mehr als ein Dutzend verhängt hat, und auch das nur selten. Auf Schiffen unter seinem Kommando wird gewöhnlich nicht ausgepeitscht.«

»Ein Dutzend? Mein Gott, darüber würden die in Neusüdwales nur lachen. Dort gab es einen schrecklichen Richter, eigentlich einen Pfarrer, der die Hiebe nach Hunderten bemaß. Dr. Redfern haßte ihn.«

»Ich weiß, meine Liebe, ich auch. Jetzt holen Sie mal tief Luft, ja? Und die Luft anhalten. Sehr schön ... Das reicht«, sagte er schließlich. »Sie können sich wieder anziehen.«

»Sie sagen das im selben Ton wie Dr. Redfern«, murmelte sie unter den Falten ihres blauen Baumwollkleids. Und wieder im Freien: »Ich hätte ihn umarmen können, als er mir eröffnete, daß ich weder schwanger war noch – noch leidend. Wie leicht hätte mir beides passieren können! Vergewaltigt wurde ich oft genug.«

»Es tut mir so leid für Sie, so furchtbar leid«, sagte Stephen.

»Ja, für manche Mädchen wäre es entsetzlich gewesen. Aber mir hat es nie viel ausgemacht, solange es ohne Folgen blieb.«

Zu einer Auspeitschung kam es auf Jack Aubreys Schiffen tatsächlich nur selten, aber diesmal war das

Schiff auf empörende Weise gedemütigt worden, und er verhängte harte Strafen: Sieben Delinquenten wurden ausgepeitscht, vielen wurde die Grogration gestrichen. Alle bis auf Weightman ertrugen die Tortur schweigend, aber keiner kam unverletzt davon. Sowie einer losgebunden wurde, trat Padeen mit tränenüberströmtem Gesicht vor und desinfizierte den Rücken seines Bordkameraden mit dem Essigschwamm, worauf Martin die Striemen einsalbte und dem Mann sein Hemd reichte – eine Geste, die allen gefiel. Die Vorgänge liefen unter den auf Kriegsschiffen üblichen Formalitäten ab – Beschuldigung, Erwiderung, Charakterisierung, eventuell mildernde Umstände, Entscheidung des Kommandanten, fraglicher Kriegsartikel, Urteil, Strafvollzug –, und obwohl die späteren Verdikte nicht über sechs Hiebe hinausgingen, nahm das Ganze doch viel Zeit in Anspruch, die Stephen und Clarissa im entspannten Gespräch verbrachten, meist über Männer im allgemeinen, über alltägliche Männer im alltäglichen Leben.
Der letzte Delinquent war ein ungewöhnlicher Fall, nämlich James Mason, ein Bootsmannsgehilfe und guter Seemann. Der zuständige Offizier äußerte sich zu seinen Gunsten. Aber sein Vergehen war schwerwiegend – absichtlicher Ungehorsam –, und Jack ließ ihn auf die Gräting binden. »Weil dein Vorgesetzter für dich spricht, bekommst du nur ein halbes Dutzend«, sagte er. »Mr. Bulkeley, walten Sie Ihres Amtes.« Natürlich war es die Aufgabe des Bootsmanns, seine Kameraden auszupeitschen, doch gab es sehr selten Anlaß dazu; Bulkeley hatte diese Pflicht schon seit Jahren nicht mehr erfüllen müssen und war aus der Übung. Er nahm Vowles die Katze aus den Händen und stand eine Weile unentschlossen da, ihre blutigen Riemen durch die Finger ziehend. Er mochte den jungen James, sie kamen gut miteinander aus. Aber die Besatzung sah gespannt zu, da durfte er seinen Gehilfen nicht schonen. Im Gegenteil.

Und sein erster Hieb entriß Mason ein lautes Aufstöhnen, obwohl dieser doch für seine stoische Tapferkeit bekannt war. Als er losgebunden wurde, schwankte er kurz, wischte sich den Mund und warf dem verstörten Bootsmann einen vorwurfsvollen Blick zu.

In Stephens Kammer hatte sich das Gespräch inzwischen der Definition von Schmerz und danach der ungeheuren Schwierigkeit zugewandt, Gefühle nach Quantität und Qualität einzustufen. »Um auf den Schmerz zurückzukommen«, sagte Stephen. »Ich erinnere mich, daß Kapitän Cook bei seinem hiesigen Aufenthalt die Insulaner oft wegen Diebstahls auspeitschen ließ. Aber es hatte keinen Zweck, meinte er, man hätte genausogut den Großmast verprügeln können. Und in Neusüdwales sah ich Aborigines, die sich aus Brandwunden, Schlägen und spitzen Dornen, die mir unerträglich gewesen wären, überhaupt nichts machten. Auch in der Navy erträgt ein Seemann gewöhnlich sein Dutzend Hiebe ohne jeden Mucks. Aber selbst wenn man alles berücksichtigt – die Widerstandskraft der Jugend, Tapferkeit, Stolz, Gewöhnung und so weiter –, dann wundert es mich doch, daß Ihre Erlebnisse nicht alle zarteren Gefühle in Ihnen erstickt und Sie verstockt, vergrämt und verschlossen gemacht haben.«

»Na ja, was die zarteren Gefühle betrifft, so war ich damit wohl nie besonders gesegnet. Ich verabscheute die meisten Katzen, Hunde und Babys, auch aus Puppen oder Kaninchen machte ich mir nicht viel. Aber ich reagierte gewalttätig, wenn man mich hereinlegte. Trotzdem war ich nicht verstockt, weder damals noch heute, und auch nicht vergrämt oder verschlossen. Ich denke doch, daß ich ziemlich freundlich bin, oder wenigstens freundlich sein möchte, und zwar zu Leuten, die mich gut behandeln oder Güte brauchen. Und ich bin gern wohlgelitten – ich mag nette Gesellschaft und heitere Stimmung: *Sic erimus cuncti postquam nos auferet Orcus / lergo vivamus dum licet esse, bene.* Und ich weiß auch, daß ich kein gefühlloses Monster bin, das niemals Zuneigung verspürt«, sagte sie, Stephen eine Hand aufs Knie legend, wobei sie unter ihrer Sonnenbräune leicht errötete. »Nur kann ich Zuneigung einfach nicht verbinden mit diesem Schäkern, Gieren, Keuchen –, wie soll ich es nur nennen, ohne ordinär zu klingen? –, mit diesem Akt der Fleischeslust. Dazwischen scheinen mir Welten zu liegen.«

»Wahrscheinlich stimmt das sogar. *Sic erimus cuncti ...* Also von Ihnen hatte Mr. Oakes gestern dieses Couplet? Ich habe mich schon gefragt ...«

»Ja. Ich habe es etwas verballhornt, während ich mein Kleid anzog. Aber ich war erstaunt, daß er's so gut im Gedächtnis behielt.«

An diesem Nachmittag waren Stephens einzige Patienten der Metzger und der Bootsmannsgehilfe, und beide, besonders Mason, mußten verbunden werden. Martin hatte die übliche Wundabdeckung aufgelegt, besaß aber wenig Erfahrung mit derlei Verletzungen, weil doch die Temperamente auf der *Surprise* gewöhnlich so milde blieben. Deshalb war eine erfahrene Hand erforderlich beim Anlegen eines Gürtelverbandes, der es den Patienten erlaubte, sich fast schmerzlos zu bewegen.

Doch dem Erfahrenen war ebenfalls klar, daß er binnen kurzem wahrscheinlich ein wohlgefülltes Krankenrevier bekommen würde. Jack nahm die Besatzung nicht nur überaus hart ran: Als er sich dafür entschuldigte, daß er das Mittagessen versäumen würde – »ich kann es ja heute abend nachholen, und wenn der Wind weiter so abflaut, sollten wir uns vor dem Musizieren an frischem Fisch laben können« –, ließ er eine Bemerkung über »fliegende Marschsäulen« fallen. Was er genau damit meinte, konnte Stephen nicht enträtseln; aber er ging von dem Grundsatz aus, daß alles, was fliegt, auch wieder landen muß, und wappnete sich für eine reiche Ernte an gebrochenen Gliedern, Rippen und sogar Schädeln.

Darüber dachte er nach, als er in der Offiziersmesse speiste, einer ziemlich schweigsamen Offiziersmesse, wo aber die Feindschaft zum größten Teil nervöser Besorgnis und sogar einem gewissen Kameradschaftsgefühl gewichen war. Martin aß heißhungrig und bat Pullings zweimal, ihm »noch eine Scheibe von dem ausgezeichneten Schweinebraten abzuschneiden«. Als sein leerer Teller schließlich vor dem Nachtisch abgeräumt wurde, erzählte er Stephen, daß er am nördlichen Horizont auffallend viele Tölpel gesehen hatte und daß der alte Macaulay, ein Kenner dieses Seegebiets, seine Vermutung bestätigte, wonach die Tölpel auf große Fischschwärme hindeuteten. Er schlug vor, fischen zu gehen, falls der Abend ruhiges Wetter brachte.

»Ihr Mediziner könnt ja fischen gehen«, sagte Pullings. »Aber wir werden uns wahrscheinlich bis nächste Weihnachten nur mit Exerzieren beschäftigen.«

Wahrer hatte er nie gesprochen. Die *Surprise* hatte die Mallungen noch längst nicht hinter sich gelassen, und während der Nachmittagswache schlief der Wind, der den Kompaß schon länger in alle Richtungen gepustet hatte, fast völlig ein. Doch vorher hatte er das Schiff auf etwa eine Meile an die Futterstelle der Tölpel herangebracht, und Stephens Skiff war beizeiten ausgesetzt worden.

Mühsam ruderten sie in der drückenden Schwüle davon, im Boot Angelruten, Kescher, Siebe für mikroskopisch kleine Tierchen, dazu Töpfe, Krüge und Körbe, die ihnen alle zwischen die Füße gerieten und ihr ohnehin langsames Vorankommen noch weiter behinderten. Stephen, der nicht prüde war und seinen nackten Körper schon so oft der Sonne ausgesetzt hatte, daß er keine Verbrennung mehr fürchtete, legte alle Kleider ab. Der verschämte Martin knöpfte lediglich sein Hemd auf, rollte die Hosenbeine hoch und litt.

Doch ihre Mühe lohnte sich. Der Fischgrund war scharf abgegrenzt, und sowie sie seinen Rand überquerten und zwischen die Tölpel gerieten, stellten sie fest, daß er aus zwei Ebenen bestand: In der oberen machte ein Gewimmel von Tintenfischen Jagd auf Hochseekrabben und frei schwimmende Larven der verschiedensten Arten, von denen sie kaum eine identifizieren konnten, nur bei den Larven der Perlauster stimmten sie überein; zwei oder drei Faden darunter und noch klar sichtbar, besonders im Schatten ihres Bootes, schossen die Fische hin und her, alle von derselben Makrelenart, blitzten bei jeder Wendung silbrig auf und fraßen in solchen Mengen, daß sie im klaren grünen Wasser einen kugelförmigen Nebel bildeten. Die Tölpel stürzten sich auf beide, entweder in flachem Bogen, um einen Tintenfisch dicht unter der Oberfläche aufzuschnappen, oder wie eine Mörserbombe aus großer Höhe, um in der Tiefe nach Fischen zu jagen. Sie scherten sich überhaupt nicht um das Boot, sondern tauchten im Gegenteil mitunter so dicht daneben, daß die beiden Männer naßgespritzt wurden. Die wiederum nahmen, sobald sie sie klassifiziert hatten (zwei Tölpelarten, keine davon besonders selten), kaum mehr Notiz von den Vögeln, sondern schöpften mit ihren Keschern die Tintenfische ab und identifizierten mindestens elf verschiedene Arten, von denen sie zwei nicht einmal benennen konnten. Dann siebten sie massenhaft ihre Nahrung heraus und verwahrten sie in gut verschlossenen Gefäßen. Und zuletzt angelten sie reichlich Fische – stattliche Burschen von mehreren Pfund Gewicht – mit Ködern aus Schweineschwarte, die sie in Elritzenform zurechtgeschnitten hatten. »Mehr Überfluß kann auch im Paradies nicht geherrscht haben.« Wieder legte Martin eine Makrele in ihren Korb.

»Was werden die an Bord sich freuen, wenn sie unseren Fang sehen! Nichts schmeckt besser als frischer ...« Er blickte sich nach dem Schiff um und bekam einen Schreck. »Oh, oh«, rief er aus, »sie haben einen Mast verloren!«

Die Fregatte sah tatsächlich schlimm deformiert aus. Aber Stephen entgegnete: »Nicht doch, nicht doch.« Zwischen seinen Kleidern suchte er sein kleines Taschenfernrohr hervor, richtete es aufs Schiff und fuhr fort: »Keine Rede davon, mein Bester. Sie holen nur die Maststengen herunter.«

Aus der hektischen Betriebsamkeit im Großmast, wo die Toppwanten neu aufgeriggt wurden, schloß er, daß sie achtern begonnen hatten und sich nach vorn durcharbeiteten, und zwar mit einer der anstrengendsten Übungen, die es an Bord gab.

Pullings und Oakes standen auf dem Vordeck; Davidge saß im Fockmasttopp, und West balancierte auf der Saling der Großbramstenge. Und alle Leute unter ihrem Kommando schufteten fieberhaft. Jack Aubrey aber, mit Reade zur Linken und Adams zur Rechten, hielt seine offene Taschenuhr in der Hand und nahm die Zeit.

»Ich glaube, das haben Sie noch nie gesehen.« Stephen reichte sein Fernglas an Martin weiter. »Soll ich Ihnen sagen, was sie da machen?«

»Wenn Sie die Güte hätten.«

»Zuerst schlagen sie die Bramsegel ab und geben sie an Deck. Dann folgt die Bramrah. Danach streichen sie die Bramstenge, ein uns allen vertrautes Manöver, wozu geschickte, aufmerksame Seeleute nur Minuten brauchen. Aber dann kommt das große Marssegel dran, seine gewaltige Rah und schließlich die dicke Marsstenge selbst, und das ist wirklich schwere Arbeit. Am Besan- und am Großmast sind sie offenbar damit fertig; jetzt werkeln sie am Fockmast, und weil Leute auf den Bugspriet hinausklettern, nehme ich an, daß sie auch den Klüverbaum abschlagen müssen, die Ärmsten.«

»Suchen sie Schwachstellen und ersetzen die beschädigten Teile?«

»Davon gehe ich aus. Doch heute ist es wahrscheinlich der eigentliche Zweck, sie flinker zu machen, ihr seemännisches Können zu vervollkommnen und vielleicht ihren Sinn für gemeinschaftliche, exakt aufeinander abgestimmte Arbeit zu stärken. Manchmal steckt auch nicht so sehr die Einübung von Disziplin und Gehorsam dahinter, sondern vielmehr das Streben nach Wettbewerb und Ruhmsucht, ja sogar Angeberei. Die alte *Surprise* mit ihrer lange aufeinander eingespielten Besatzung aus lauter Kriegsschiffsmatrosen war dabei ungemein tüchtig. Ich erinnere mich, daß wir einmal in Westindien zur gleichen Zeit wie die *Hussar*, ein bekannt schneidiges Schiff, alle Maststengen strichen. Unsere Leute schafften das in einer Stunde dreiundzwanzig Minuten und tanzten auf dem Vordeck schon den Hornpipe, bevor die jämmerlichen Hussars auch nur ihre Großbramrah an Deck gefiert hatten. Sehen Sie, wie die Marsstenge nach oben gewinscht wird, wie sich das Ankerspill dreht – sie steigt höher und höher, gehalten und geführt durch ein komplexes Leinensystem – jetzt ist sie hoch genug – sie wird eingepaßt und gesichert – die Leute werfen sich auf die Wanten und Stage, machen hier fest, dort los – danach folgt die wackere Bramstenge ...«

Und so war es auch. Als die Fregatte wieder wie ein ordentliches Fahrzeug der christlichen Seefahrt aussah – denn das Streichen des Klüverbaums konnte die Mediziner nicht fesseln –, wandten sie sich erneut ihren munteren Kopffüßlern zu. »Ich bin fast sicher, daß wir dort drüben eine noch unbekannte Spezies haben«, sagte Martin. Das langstielige Netz in der Hand, beugte er sich weit über Bord, zuckte aber sofort wieder erschrocken zurück. »Oje«, warnte er, »rühren Sie sich bloß nicht. Lassen Sie auch den Arm nicht über die Seite hängen. Mein Vergleich mit dem Paradies war nur allzu berechtigt. Der Böse höchstselbst weilt unter uns.«

Vorsichtig spähten sie übers Dollbord ins Wasser, und da, unter dem zerbrechlichen Skiff, entdeckten sie die vertrauten Umrisse eines Hais. Zweifellos gehörte er einer der vielen Menschenfresserarten an, doch um ihn genauer zu klassifizieren, hätten sie sein Gebiß sehen müssen. Jedenfalls wirkte er größer als die meisten, sehr viel größer.

»Ob er wohl das Boot rammen wird?« fragte Martin leise.

»Natürlich könnte er das, wenn er plötzlich nach oben stieße. Manchmal nehmen sie auch einen Anlauf und werfen sich mit dem ganzen Körper hinein, dabei nach rechts und links schnappend.«

»Mich wundert's, daß Sie das so leichthin sagen«, meinte Martin. »Ausgerechnet Sie, ein Mann mit Familie.«

Stille senkte sich herab, nur von Zeit zu Zeit unterbrochen durch das Aufspritzen eines tauchenden Tölpels und das ferne Schrillen der Bootsmannspfeife. Abermals stürzte sich dicht neben ihnen ein Vogel ins Wasser, tauchte tiefer und tiefer. Der Hai glitt geschmeidig aus dem Schatten des Bootes, verdeckte die Keilform des Tölpels und stieß weiter hinab in die Tiefe, eine verschwommene Form, die selbst noch beim Verschwinden riesig wirkte. Drei oder vier Federn trieben an die Oberfläche. »Ob er zurückkommt, was meinen Sie?« Martin starrte immer noch ins Wasser, mit der Hand die Augen beschattend.

»Das glaube ich nicht«, antwortete Stephen. »Das Fleisch des Tölpels schmeckt scharf und ranzig, und er denkt nun bestimmt, daß wir zur selben Gattung gehören.«

Über die See drangen ein hastiges Signal und Kapitän Aubreys kräftige Stimme, die zur Eile mahnte. In schneller Folge wurden alle Boote der Fregatte ausgesetzt. Die Crews sprangen in so halsbrecherischem Tempo hinein, als hätten sie gerade eine wertvolle Prise entdeckt. Nachdem verschiedene Leinen ausgebracht waren, begannen sie, das Schiff in Richtung der Tölpel zu schleppen.

Bis die *Surprise* sie erreicht hatte, stand die Sonne schon tief am Himmel. Die Fische bissen nicht mehr an, die Kalamare und ihre Nahrung waren außer Sicht gesunken.

Sowie die Boote wieder eingesetzt waren, wurden die Leute zu ihrem verspäteten Abendessen gerufen, bei dem es herzlich wenig Grog gab.

»Wie ist es doch angenehm, wieder dicke Eichenbohlen unter den Füßen zu spüren«, sagte Martin, als sie das Skiff entluden. »Nie war ich mir der furchtbaren Zerbrechlichkeit eines Bootes so bewußt wie vorhin, als diese entsetzliche Kreatur uns fast berührte. Und das bei einem knappen halben Zoll Plankendicke! Nie im Leben habe ich mich so unbehaglich gefühlt. Als ich zu ihm hinabsah, rollte er sich herum und musterte mich mit einem eiskalten Blick, den ich so bald nicht vergessen werde.«

Das Abendessen war kaum verschlungen, da schlug die Trommel schon zur Gefechtsübung. Aus Kammern und Kajüten verschwanden die Querwände, so daß sich von vorn bis achtern nur ein einziger freier Raum erstreckte. Stephen versteckte seine Proben zusammen mit den vielen neuen Tintenfischen im Abort und eilte ins Krankenrevier, seiner Gefechtsstation. Die großen Kanonen wurden losgebunden, und die erschöpften Offiziere meldeten: »Alle auf ihren Plätzen und nüchtern, Sir, wenn's beliebt.«

Sie waren noch nüchterner, als sie das Exerzieren mit der Hauptbatterie hinter sich hatten, denn es bedeutete: Die Kanone mit zweieinhalb Zentner Gewicht pro Mann zum Laden einfahren – das schwere Stück so weit wie möglich durch die Pforte wieder ausfahren und die Enden der Brocktaue in ordentlichen Schnecken aufschießen – die Rohre im befohlenen Winkel ausrichten – die einzelnen Schritte des Abfeuerns übungshalber vortäuschen – die Stücke erneut einfahren und so tun, als würden sie ausgewischt und nachgeladen – den Mündungspfropfen wieder aufsetzen – die Lafetten sichern – und das Ganze ein dutzendmal, von ihrem erbarmungslosen Kommandanten mit der Uhr in der Hand beobachtet. Und zuletzt noch eine gemeinsame Breitseite, abermals nur als Trockenübung. Denn Jack gönnte ihnen keine einzige Kugel, obwohl das Magazin relativ gut gefüllt war (mit Schießpulver war Neusüdwales ausnahmsweise reich versorgt gewesen). Nichts lag ihm ferner, als ihnen dieses Vergnügen zu gönnen. Er war zutiefst unzufrieden mit seinen Offizieren und Matrosen, aber auch mit sich selbst, weil er den Parteigeist an Bord nicht früher wahrgenommen hatte. Also keine Vergünstigungen, für niemanden, und die Leute rechneten auch nicht damit.

So schön der kleine Rest des Abends auch war, auf dem Vordeck gab es weder Gesang noch Tanz. Todmüde hockten die Wachgänger da, bis sie unter Deck entlassen wurden. Dem Skipper nahmen sie seinen Zorn nicht übel, sie wußten, daß sie ihn verdient hatten. Aber sie hofften, daß er nicht von Dauer sein würde.

Eitle Hoffnung. Auf ganzer Strecke durch die Mallungen wurde die Crew in Trab gehalten, indem sie die Boote bemannen und bewaffnen, sie aussetzen und wieder einholen mußte, bis sie es bei dem einen in fünfundzwanzig Minuten, zwanzig Sekunden und bei dem anderen in neunzehn Minuten, fünfzig Sekunden schaffte. Die Bramstengen mit ihren Rahen konnten sie schließlich in vier Minuten, vier Sekunden aufriggen. Und abgesehen davon gab es immer wieder neue Segel anzuschlagen, das Schiff zu streichen oder mit Handfeuerwaffen und Entermessern zu üben.

Während der ganzen Zeit behielt Jack auf dem Achterdeck seine strenge Miene bei. In der Kajüte jedoch war er so liebenswürdig wie immer. Mit dem gewohnten gemütvollen Genuß begleitete er Stephens Cello auf seiner Violine, und der Streß, unter dem er stand, zeichnete sich lediglich in den tieferen Falten seines wettergegerbten Gesichts ab.

»Herrgott, Stephen«, sagte er nach einem besonders anstrengenden Drilltag, »ich kann dir gar nicht schildern, welches Refugium diese Kajüte für mich bedeutet und welche Freude es mir bringt, mit dir reden und musizieren zu können. Die meisten Kommandanten bekommen von Zeit zu Zeit Ärger mit ihrer Besatzung – gelegentlich wächst sich das sogar zu einem verdeckten hartnäckigen Krieg aus –, und wenn sie nicht Speichellecker aus ihren Ersten Offizieren machen, was manche tun, müssen sie sich da ganz allein durchbeißen. Es wundert mich gar nicht, daß einige zu Sonderlingen oder Leuteschindern werden. Oder melancholische Neurotiker, was das betrifft.«

Selbst als sie die Zone des steten Nordostpassats erreichten, milderte er sein Verhalten an Deck nicht. Er ging halbwegs freundlich mit Pullings, Oakes und Reade um, behandelte Martin stets verbindlich und war demonstrativ höflich zu Clarissa, wenn er sie antraf. Doch bei den anderen Offizieren und den Vordecksgasten blieb er unversöhnlich, distanziert und anspruchsvoll. Auch ließ die harte Arbeit weder tagsüber noch nachts nach, denn der Passat wehte nördlicher und unsteter als erwartet. Das verlangte aufmerksames Rudergehen, ständiges Trimmen von Brassen, Halsen und Schoten sowie häufiges Wechseln der Vorsegel, damit die *Surprise* ihren Kurs halten und ihre gewohnten Etmale von zweihundert Meilen abspulen konnte. Jack verbrachte die meisten seiner wachen Stunden an Deck bei Pullings und zog es vor, daß West, Davidge und Oakes die ihren in der Takelage zubrachten, wo sie die exakte Ausführung seiner Befehle zu überwachen oder – noch besser – vorwegzunehmen hatten. Ihre Gesichter wurden hager und verhärmt; die Angst, auf Wache einzuschlafen, saß ihnen im Nacken; und die Mahlzeiten in der Messe verliefen schweigend, nicht aus Feindseligkeit, sondern wegen äußerster Erschöpfung. Keiner hatte je zuvor erlebt, daß ein Schiff so hart und so lange geschunden wurde.

Meine Liebe, schrieb Stephen, *wir sind nun im Reich der Passatwinde und fliegen mit erfrischendem Tempo dahin.*

Aber das Segeln gegen den Wind (oder so weit gegenan, wie ein rahgetakeltes Schiff dies vermag) gleicht in nichts dem Segeln vor dem Wind mit jenem komfortablen, tagelangen Rollen etwa hinab nach St. Helena, während man unter einem Sonnendach sitzt, die See bewundert oder ein Buch liest und die Matrosen die gefierten Schoten kein einziges Mal anfassen müssen. Jetzt dagegen liegt das Schiff gefährlich schräg, und Gischt oder sogar grünes Wasser peitscht mit ungewöhnlicher Gewalt an Deck. Jack kommt durchweicht in die Kajüte, allerdings nicht oft, denn diese Art des Segelns erfordert seine Anwesenheit an Deck. Es wäre für uns alle viel, viel leichter, wenn er weniger Segel setzen und den Wind einen Strich achterlicher nehmen würde. Aber er will Moahu nicht nur so schnell wie möglich erreichen, sondern vor allem die gegenwärtige Krise dadurch bereinigen, daß er alle Mann an ihre Pflicht erinnert; und das tut er mit mehr Autorität, als ich bisher an ihm gekannt habe.

Ob er damit seinen Zweck erreicht, weiß ich nicht. Er hält die Feindschaft zwischen den Offizieren, die sich zu Mrs. Oakes hingezogen fühlten, für die Ursache allen Übels, weil sich an Bord rivalisierende Fraktionen gebildet haben. Aber es gibt darüber hinaus Feinheiten, die ihm entgangen sind. Da ich jetzt Zeit und die Kabine für mich allein habe, werde ich mich bemühen, sie darzulegen, so gut ich kann. Von diesen Fraktionen, wenn ich sie mal so nennen darf, haben wir mindestens ein halbes Dutzend: Die einen (die Mehrheit) verdammen Clarissa dafür, daß sie überhaupt mit einem Mitglied der Schiffsführung geschlafen hat, außer mit ihrem Ehemann; die nächsten verdammen sie, weil sie mit einem Offizier, jedoch nicht mit ihrem eigenen, geschlafen hat; dann gibt es einige, die Oakes ohne Einschränkung unterstützen (meist Angehörige seiner eigenen Abteilung), während andere es ihm verübeln, daß er seine Frau geschlagen hat, oder die ganz Loyalen, die ihrem Offizier die Stange halten, unabhängig von seiner Beziehung zu Clarissa; und schließlich immer noch einige Verehrer, die sie sehr schätzen – beispielsweise der

Segelmacher, der ihr kürzlich einen Segeltuchumhang genäht hat, in dem sie nun an der Heckreling sitzt.
Auch wenn ich recht daran täte, Jack meine Erkenntnisse zu offenbaren, wäre das wahrscheinlich nutzlos: Ich könnte ihn wohl nie davon überzeugen, daß der Geschlechtsakt für Clarissa eine Nebensache ohne jede Bedeutung ist. Den Japanern gilt unsere Gewohnheit, einander mit einem Kuß zu begrüßen, als infam und anstößig, wenn es in der Öffentlichkeit geschieht. Pinto sagt, für sie hat der Kuß ebenso in der Dunkelheit stattzufinden – oder zumindest ausschließlich in der Privatsphäre – wie für uns die körperliche Liebe. Wegen der besonderen Umstände, unter denen Clarissa aufgewachsen ist, sind für sie Kuß und Koitus gleichermaßen nebensächlich; außerdem findet sie an beiden nicht das geringste Vergnügen. Wenn sie deshalb aus einer Vielzahl von Motiven, unter denen Gutmütigkeit und sogar Mitleid nicht die schlechtesten sind, ebenso ihr allgemeines Streben nach Beliebtheit, einige Männer in ihr Bett gelassen hat, so geschah dies in aller Unschuld. Sie erklärte mir: »Wenn ein kränkelnder, beklagenswerter Bursche mit, sagen wir, einem Dorn im Knie, Sie bitten würde, ihn herauszuziehen, würden Sie doch bestimmt einwilligen und ihm helfen, selbst wenn das unangenehmer wäre, als ihn abzuweisen.« Doch zu ihrer Verblüffung mußte sie feststellen, daß sie plötzlich in unterschiedlichem Maß geliebt beziehungsweise gehaßt wurde, statt bei denen, die sie bediente, einfach nur beliebt zu sein. Und daß sie von vielen verdammt wurde, die gar nicht betroffen waren.
Schon mehrmals habe ich ihr den starken männlichen Trieb zu erklären versucht, eine Frau als einziger zu besitzen – den Moralbegriff, wonach ein Mann eine große Vielzahl von Partnerinnen oder gar Vielweiberei bei sich selbst als lobenswert betrachtet, das Gegenstück bei einer Frau aber als lasterhaft – den Mangel an Konsequenz oder simpler Ehrlichkeit, gepaart mit einer unerschütterlichen Selbstgerechtigkeit – das unvernünftige, aber dennoch starke und schmerzhafte

Gefühl der Eifersucht (das sie überhaupt nicht kennt) – und die ungeheuer gewalttätigen Ausflüsse männlicher Rivalität. Außerdem habe ich ihr gesagt, und zwar mit großem Nachdruck, daß kein Geschehen an Bord eines Schiffes vor den anderen verborgen bleibt. Jedesmal hielt ich ihr eine längere Rede und ließ sie auch meine ehrliche Besorgnis fühlen. Sie lauschte aufmerksam und schien mir auch zu glauben. Auf jeden Fall ist sie entschlossen, der Unzucht keinen Vorschub mehr zu leisten. Aber wie ihr das gelingen soll, weiß ich nicht. Sie hat ein Feuer entzündet, das sich nicht so leicht ersticken läßt. Und obwohl Jack im Augenblick alle Männer an Bord so schindet, daß auch die Offiziere kaum noch einen Fuß vor den anderen setzen können, werden diese Triebe, zumal sie auf engen Raum beschränkt sind, eines Tages vielleicht mit erschreckender Gewalt ausbrechen.

Gedankenversunken saß er da, bis Killick eintrat und wie schon so oft sagte: »Aber nicht doch, Sir, Sie sitzen ja im Dunkeln.« Er brachte ihm eine kardanisch aufgehängte Lampe, und Stephen widmete sich, die Feder überm Papier gezückt, wieder seinen Betrachtungen.

»Kritzel, kritzel, kritzel, das ist unser Dr. Maturin«, sagte Jack.

»Diesmal bist du überhaupt nicht naß«, stellte Stephen fest.

»Nein«, antwortete Jack, »ich bin sogar strohtrocken. Würdest du die Nase aus dem Niedergang stecken und nach der Windfahne sehen, wüßtest du auch den Grund. Der Wind hat einen ganzen Strich geraumt, und die Gischt weht jetzt frei nach Lee. Außerdem hat sich der Seegang beruhigt. Käme dir eine Tasse Kaffee und eine Brotfruchtschnitte gelegen?«

»Sehr gelegen, danke.«

»Killick, he, Killick!«

»Sir?« Killick wirkte immer noch unnatürlich gedämpft, obwohl sein altes zänkisches Wesen bereits ab und zu durchkam. Tatsächlich hatte er schon genug Selbstsicherheit zurückgewonnen, um ihnen nur eine magere Portion gerösteter Brotfruchtschnitten zu bringen, denn für die hatte er selber eine Schwäche.

Der Kaffee kam; und als die Kanne halb ausgetrunken war, holte Jack ein Blatt Papier aus seinem Schreibtisch. »Dies ist Wainwrights Kartenskizze von Moahu«, sagte er, »und ich bin ihm besonders dankbar für die Tiefenangaben am Riff hier im Norden und in der Hafenzufahrt nach Pabay. Das gleiche gilt für Eeahu unten im Süden. Diese Wellenlinie quer über die Taille des Stundenglases – genaugenommen eine mächtig dicke Taille – bezeichnet die Berge, welche die beiden Teile trennt, Kalahuas Gebiet in der oberen Hälfte und das von Königin Puolani in der unteren. Mein Plan ist nun folgender: Geradewegs nach Pabay hineinzulaufen – am besten abends, doch das hängt von der Tide und dem Wetter ab –, geradewegs hinein, dabei möglichst wie ein Walfänger auszusehen, sofort bei der *Franklin* längsseits zu gehen und sie so auszuschalten, wie wir's bei der *Diane* in St. Martin gemacht haben. Aber die Tide könnte für uns ungünstig sein, und vielleicht haben sie auch zu beiden Seiten der Enge Landbatterien aufgestellt, mit den Kanonen der *Truelove*. Vielleicht muß ich deshalb draußen bleiben und die zuerst ausschalten, und zwar durch eine fliegende Marschkolonne. Für den Fall, daß die Sache nicht so glatt läuft wie in St. Martin, scheint es mir also klüger, vorher eine Kolonne hier anzulanden«, er deutete auf eine Bucht etwa eine halbe Meile südlich des Hafens, »um sie abzulenken und von hinten anzugreifen, während wir von vorn auf sie eindreschen: sie also in die Zange zu nehmen. Und von dir als Mediziner erhoffe ich mir Hilfe bei der Auswahl der aktivsten, intelligentesten und natürlich gesündesten zwanzig oder dreißig Männer, die wir dafür entbehren können. Ich will keine, die sich angesteckt haben – nach Annamuka hast du bestimmt die übliche Quote –, keine mit geplatzten Bauchfellen, wie tapfer sie auch sein mögen, und keine Greise über fünfunddreißig. Sie müssen extrem fit sein. Deshalb sieh dir bitte die Liste an, die ich mit Tom aufgestellt habe, und laß mich wissen, ob es aus ärztlicher Sicht Einwände gegen den einen oder anderen Namen gibt.«

»Gern.« Stephen überflog die Liste. »Sag, haben wir's eigentlich noch weit bis Moahu?«

»Noch ungefähr vier Tage. Morgen will ich's etwas langsamer angehen lassen und ihnen einen ruhigen Sonntag gönnen. Am Montag dann Zielübungen, um ihre Köpfe zu lüften. Und am Abend sage ich ihnen vielleicht, was wir vorhaben.«

»Verstehe. Nun zu deiner Liste: Ich habe die Leute bezeichnet, die mir gesundheitlich weniger geeignet erscheinen. Aber das heißt auf keinen Fall, daß ich jemanden anschwärze.«

»Natürlich nicht. Nun bleibt noch die Frage, wer sie anführen soll. Aber ich zögere, dich nach deinen Messekameraden auszufragen ...«

Stephen machte ein verschlossenes Gesicht. »Rein aus der Sicht des Schiffsarztes gibt es bei keinem Einwände.«

»Freut mich zu hören.«

Um das verlegene Schweigen zu brechen, fuhr Stephen fort: »Hätten wir nur Zeit und Raum genug, könntest du deinen Trupp nach der irischen Methode auswählen. Hab' ich dir jemals von Finn Mac Cool erzählt?«

»Von dem Herrn, der so versessen war auf Lachs?«

»Ebendiesem. Er befehligte die Streitmacht der Nation, die *Fianna Eirion*, und nahm niemanden in eine der Sieben Kohorten auf – ich berichte nur aus dem Gedächtnis, Jack, aber zumindest meiner Zahlen bin ich mir sicher –, der nicht die zwölf irischen Gedichtbände auswendig hersagen konnte. Wenn der Kandidat, nur mit Schild und Schwert bewaffnet, neun Speerwürfe von neun Männern abwehren konnte, die neun Furchen von ihm entfernt standen, indem er die Speere entweder mit seinem Schwert zerschlug oder sie, ohne zu bluten, mit dem Schild auffing, dann wurde er akzeptiert. Sonst nicht. Wurde der Kandidat beim Rennen durch Irlands dichtesten Wald von einem Mitglied der Sieben Kohorten überholt, die ihn mit aller Macht verfolgten, dann nahmen sie ihn nicht in ihre Mitte auf. War er ihnen aber entkommen, ohne auch nur ein Haar vom Kopf zu verlieren, ohne einen morschen Zweig unter dem Fuß zu zerbrechen und indem er über jeden Busch hinwegsprang, der nicht höher war als sein Kopf, und unter jedem Baum hindurchglitt, der nicht tiefer war als sein Knie, und wenn er sich nur mit den Fingernägeln einen Dorn aus der Fußsohle ziehen konnte (sollte einer da hineingeraten sein), ohne im Lauf innezuhalten, dann wurde er in ihre Mitte aufgenommen. Sonst nicht.«

»Zwölf Bände, sagst du?«

»Zwölf, mein Ehrenwort.«

»Und alle auswendig? Oje, das ist kaum zu schaffen. Nicht mit einem Sonntag dazwischen.«

Der fragliche Sonntag war entschieden ein Tag der Ruhe, soweit bei einem Schiff auf hoher See von Ruhe überhaupt die Rede sein konnte. Immerhin wurden die Hängematten eine Stunde früher als üblich in den Netzen verstaut und das Frühstück so hastig verschlungen, daß das Deck in einen Zustand höchster Perfektion versetzt werden konnte: Das wenige an Messing, das die Fregatte besaß, wurde blitzblank poliert und die Zöpfe an Bord (auf der in mancher Hinsicht ziemlich altmodischen *Surprise* gab es immer noch weit über fünfzig Zöpfe, manche von erstaunlicher Länge) wurden gelöst, das Haar mehrmals gewaschen und vom Kumpel des jeweiligen Seemanns neu geflochten, worauf alle Mann die am Donnerstag saubergeschrubbten Kleider anzogen und sich für die Musterung feinmachten.

Diese Musterung verlief durchaus friedlich: Der Wind, obwohl schwächer als in den letzten Tagen, stand durch und kam stetig von raum achtern, ohne einmal umzuspringen oder auszusetzen. Der Kommandant verhielt sich zwar nicht gerade leutselig, hatte aber nach übereinstimmendem Eindruck seine Bösartigkeit verloren. Und als er zum Gottesdienst erschien, wurde erleichtert vermerkt, daß er die Kriegsartikel nicht mitgebracht hatte und das Predigen Mr. Martin überließ.

Martin war kein begabter Redner; er fühlte sich nicht dazu berufen, seine Zuhörer in moralischen und noch weniger in geistlichen Fragen zu belehren. Mit den seltenen Predigten, die er vor langer Zeit gehalten hatte, als er sich noch als Kaplan verstand, nicht als Hilfsarzt, hatte er auf der *Surprise* oft genug Anstoß erregt. Deshalb beschränkte er sich jetzt darauf, die Worte anderer zu verlesen, die kundiger oder zumindest selbstsicherer waren als er. Deshalb hörte Stephen auf seinem Weg aus dem Krankenrevier, wo er mit Padeen und einigen anderen Katholiken einen Rosenkranz gebetet hatte, Martins Stimme zitieren: »Kein Mann soll sagen, mir ist ein Vermögen sicher, denn ich habe meine ganze Jugend lang studiert. Wie viele Männer haben mehr Nächte studiert als er Stunden, haben sich blind und toll studiert an der Rechenkunst, und verdorren doch als Bettler in einer Ecke? Kein Mann soll einwenden: Aber ich studierte einen nützlichen und gewinnbringenden Beruf. Wie viele haben das gleiche getan und dennoch nicht Gnade vor dem Richter gefunden? Und wie viele, denen all dies zuteil wurde, sind gegen einen Felsen geprallt, sogar auf hoher See, und elend umgekommen?« Und etwas später hörte Stephen: »Welch matter Abglanz eines glorreichen Festes, welch armseliger Halbfeiertag sind Methusalems neunhundert Jahre im Vergleich zur Ewigkeit! Welch jämmerliche Rechnung macht jener Mann auf, der sagt: Dieser Grundbesitz untersteht meinem Namen und dem

Namen meiner Vorväter seit der Landnahme? Welch ein Gestern ist das? Keine sechshundert Jahre. Glaubte ich an die Seelenwanderung und dächte ich, daß meine Seele ohne Unterlaß seit dem Schöpfungstage in dieser oder jener Kreatur gewohnt hätte, welch ein Gestern wäre das? Keine sechstausend Jahre. Welch ein Gestern als Vergangenheit, welch ein Morgen als die Zukunft ist schon ein Begriff, der in Ziffern oder Zahlen gemessen werden kann?«

Beim Dinner dieses Tages labte sich Jack, und das nachhaltig, an Stephens Fisch, an einem letztjährigen Lamm und an einem mächtig dicken Fruchtpudding, wobei seine Gäste natürlich Stephen selbst und dazu Pullings, Martin und Reade waren. Das Schiff machte mühelos schnelle Fahrt, das Wasser lief geschwätzig an der Bordwand ab, folglich stand nichts ihrem Glück im Wege – allerdings einem gedämpften Glück bei Pullings und Reade, die immer noch an der schändlichen Vorstellung vor Annamuka litten –, und sie zogen gut gelaunt mit ihrem Kaffee aufs Achterdeck um.

Mrs. Oakes, die bereits kurz nach zwölf gespeist hatte, saß schon seit einer Weile auf ihrem Stuhl am leewärtigen Ende der Heckreling, die Füße auf einen »Käse« aus Ladepfropfen gestützt, den ihr William Honey hingestellt hatte, wie der Rest seiner Gang immer noch ein Bewunderer ihrer Reize. Sie war allein, denn ihr Ehemann, West und sogar Adams schliefen so fest wie fast alle, die dienstfrei hatten – die Toppen des Groß- und Fockmasts waren voller Männer, die ausgestreckt auf den gefalteten Leesegeln lagen, mit offenen Mündern und geschlossenen Augen, wie holländische Bauern auf einem Stoppelfeld. Davidge, der Offizier vom Dienst, stand an seinem gewohnten Platz beim Niedergang. An der Spitze seiner Gäste trat Jack auf Clarissa zu und erkundigte sich nach ihrem Befinden. »Mir geht's sehr gut, vielen Dank, Sir«, antwortete sie. »Das wäre ja auch eine undankbare Frau, die sich nicht großartig fühlen würde, wenn sie auf so herrliche Weise übers Meer getragen wird. In einer gutgefederten Kutsche auf der Landstraße dahinzujagen ist zwar ein schönes Gefühl, aber nichts im Vergleich zu dem hier.«

Jack schenkte ihr Kaffee ein, und sie sprachen über die Nachteile einer Überlandreise – umgekippte Kutschen, durchgehende oder lahme Pferde, überfüllte Herbergen ... Doch sprachen eigentlich nur Jack, Clarissa und Stephen. Die anderen standen da, balancierten vorsichtig ihre kleinen, zerbrechlichen Tassen und machten möglichst verbindliche Mienen, ab und zu einfältig lächelnd, bis Martin endlich den Bericht über eine beschwerliche Dartmoorfahrt beisteuerte, in einem Gig, das ein Rad verlor, als die Nacht hereinbrach, als Regen und Sturm die Heide peitschten, der Achsbolzen im bodenlosen Schlamm nicht zu finden war und die Pferde hörbar stöhnten. Nun war aber Martin kein Mann von der Art, die auch in peinlicher Lage flüssig erzählen kann, und Stephen bemerkte, daß sich Clarissa heimlich über ihn amüsierte. Trotzdem unterstützte sie ihn aufmerksam lauschend, half ihm auch weiter mit zeitlich genau abgepaßten Ausrufen wie: »Gütiger Himmel!«, »Allmächtiger!« und: »Wie entsetzlich das für Sie gewesen sein muß!«

Danach wandte sich die Unterhaltung, ausgehend von den um vieles bequemeren Seereisen, ihrer Fußstütze zu. »Aber warum nennt man das einen Pfropfen Käse?« fragte sie.

»Wohl eher einen Käse aus Pfropfen, Madam«, sagte Jack. »Käse deshalb, weil es ein Zylinder ist, etwa wie ein großer Stilton, und Pfropfen, weil der Bezug mit Werg gefüllt ist. Sie haben doch bestimmt schon gesehen, wie ein Jäger sein Gewehr lädt?« Clarissa verbeugte sich zustimmend. »Zuerst kommt das Pulver hinein, dann die Kugel, und zuletzt stopft er mit dem Ladestock einen Pfropfen Werg fest, der alles zusammenhält, bis er die

Waffe abzufeuern wünscht. Genauso machen wir's bei unseren schweren Kanonen; nur sind diese Pfropfen natürlich viel größer.«

Wieder neigte Clarissa zustimmend den Kopf, doch Stephen gewann den Eindruck, daß ihre Stimme, hätte sie gesprochen, von der gleichen unnatürlichen Gezwungenheit gewesen wäre wie die Martins.

»Aber da wir gerade davon reden«, fuhr Jack fort, den Blick wohlwollend auf den östlichen Horizont gerichtet, wo bald Christmas Island auftauchen mußte, falls seine beiden Chronometer, seine Mondbeobachtung und seine Mittagsposition korrekt gewesen waren. »Da wir gerade davon reden: Ich glaube fast, Sie haben diesen Vorgang noch nie gesehen, weil Sie dann immer unter Deck waren. Wir wollen morgen ein Zielschießen veranstalten, und falls Ihnen das Zusehen Freude machen würde, kommen Sie doch bitte an Deck. Sie können alles genau beobachten, wenn Sie sich mittschiffs an die Querreling stellen. Obwohl Ihnen die Explosionen vielleicht weniger zusagen werden. Ich weiß, daß die elegante Weiblichkeit«, er lächelte, »es nicht immer schätzt, wenn man auch nur eine Hühnerflinte in ihrer Nähe abfeuert.«

»Ach Gott, Sir«, sagte Clarissa, »ich bin wirklich nicht elegant oder weiblich genug, um beim Knall einer Flinte zu erschrecken. Und bei Ihren Schießübungen würde ich morgen sehr gern zusehen. Aber jetzt sollte ich wohl gehen und mich um meinen Mann kümmern. Er hat mir eigens aufgetragen, ihn frühzeitig vor Beginn seiner Wache zu wecken.« Sie stand auf; die Herren verbeugten sich. Gerade als sie im Niedergang verschwand, kam der Ruf aus dem Ausguck: »Land in Sicht! An Deck: Land an Steuerbord voraus!« Und für seine Kameraden in der Takelage fügte der Ausguckposten sehr viel leiser hinzu: »Bloß 'ne lange niedrige Insel mit noch mehr von diesen beschissenen Palmen.«

Früh am Montag morgen, als die Sonnenstrahlen noch so schräg über die lange, gleichmäßige Dünung strichen, daß ihre gerundeten, im Abstand von zweihundert Metern heranrollenden Kämme gut zu erkennen waren, obwohl sie binnen kurzem im Gewirr der kleinen Oberflächenwellen untergehen würden, ließ Kapitän Aubrey die Bramsegel setzen. Die nach oben hastenden Toppgasten überrannten fast Stephen und Martin, die sich im Besanmars duckten und ihre Ferngläser über die Reling achteraus richteten, auf das schnell verschwindende Land und die Wolke von Vögeln darüber.

»Ich habe gehört, daß es sich um ein riesiges Atoll handelt«, sagte Stephen. »Riesig und unglaublich vielgestalt. Wenn wir noch höher klettern, können wir es vielleicht ganz überblicken oder zumindest einen Ausschnitt des Saumriffs.«

»Es widerstrebt mir, die Leute bei der Arbeit zu stören«, entgegnete Martin.

Stephen sah auf, als die Toppgasten wieder niederenterten, wobei sich die äußeren von den Rahnocken an ihren Leinen wie Affen auf die Plattform schwangen, und verfolgte seinen Vorschlag nicht weiter. »Wir sind fast die ganze Nacht daran entlanggesegelt«, sagte er. »Und obwohl die Lagune an jeder beliebigen Stelle kaum einen Musketenschuß breit ist, beläuft sich das insgesamt doch auf eine enorme Fläche mit einer zweifellos ebenso enormen Vielfalt an Tieren und Pflanzen; wir haben von weitem ja nur die Palmen, die Vögel und niedriges Gebüsch gesehen. Aber wer weiß schon, welch interessante Raubtiere dort leben, welch überraschende Parasiten die Tiere haben, ganz zu schweigen von den noch unbeschriebenen Mollusken, Insekten, Spinnenartigen … Da könnte es sogar einige steinzeitliche Säugetiere geben oder eine seltsame Fledermausart – allesamt dazu geeignet, uns ewigen Ruhm zu verschaffen. Aber werden wir sie jemals sehen? Nein, Sir. Das werden wir nicht. Alsbald wird dieses

Schiff sich von der Insel abwenden, den Wind einfangen und Stunden – wohlgemerkt: *Stunden* – damit zubringen, die leere See zu bombardieren, unter dem Vorwand, daß die Köpfe der Matrosen durchgepustet werden müßten, während in Wahrheit doch nur die Vögel erschreckt werden. Nie käme es ihnen in den Sinn, auch nur fünf Minuten lang innezuhalten, damit wir wenigstens einen Ringelwurm auflesen können.«

Stephen wußte, daß er sich wiederholte, daß er das gleiche schon über viele, viele Inseln und ferne unbewohnte Küsten gesagt hatte, an denen sie vorbeigesegelt waren; er wußte, daß er Martin damit langweilte. Trotzdem ärgerte ihn das tolerante Lächeln seines Kollegen, obzwar sofort unterdrückt, ganz gewaltig.

Nach dem Dinner – sie speisten allein – sagte er zu Jack: »Gestern beim Frühstück, als du mir von deiner ersten Zeit auf See erzähltest, habe ich Hobbes zitiert.«

»Den gelehrten Kauz, der Kadetten als gemein, brutal und beschränkt bezeichnete?«

»Na ja, eigentlich sprach er vom Leben der Menschen, vom primitiven, nicht verfeinerten Leben. Ich war es, der seine Worte auslieh und sie auf die jungen Herrchen anwandte.«

»Sehr treffend anwandte.«

»Gewiß. Doch später sagte mir mein Gewissen, daß meine Worte nicht nur unziemlich, sondern auch unzutreffend gewesen waren. Heute morgen schlug ich die Textstelle nach, und natürlich hatte mein Gewissen recht – hätte es sich jemals geirrt? –, denn ich hatte die Worte *einsam* und *arm* weggelassen. ›Einsam, arm, gemein, brutal und beschränkt‹, so hat er sich ausgedrückt. Und obwohl arm korrekt gewesen sein mag ...«

»Korrektissimo«, sagte Jack.

»So hatte doch *einsam* nicht das geringste zu tun mit dem überfüllten Logis deiner Kindheit. Mein falsches Zitat war also nichts weiter als einer dieser überstürzten, wertlosen Versuche, geistreich zu sein, die mich bei anderen so abstoßen. Ich erwähne das nicht, um an die eigene Brust zu schlagen und *mea culpa* zu schreien, sondern um dir zu berichten, daß ich auf derselben Seite eine Behauptung von Hobbes fand – dieses gelehrten Kauzes, wie du ihn zu Recht nennst –, wonach Ruhmsucht nach dem Konkurrenzdenken und der Verklemmtheit der dritthäufigste Anlaß zum Streit ist, so daß Bagatellen wie ein Wort, ein Lächeln, eine kleine Meinungsverschiedenheit oder irgendein anderes Zeichen der Abwertung schon ausreichen, um Gewalt heraufzubeschwören. Nein, sogar Vernichtung. Natürlich hatte ich diese Stelle schon vorher gelesen, aber ihre volle Bedeutung war mir bis heute entgangen, als eine ähnliche Bagatelle ...«

»Herein«, rief Jack.

»Eine Empfehlung von Kapitän Pullings, Sir«, meldete Reade, »und er meint, Sie wollten es sofort wissen, wenn die Ziele fertig sind.«

Die fertigen Ziele waren Flöße aus leeren Pökelfässern und alten Planken oder Brettern, die man dem Zimmermann hatte entreißen können, und jedes trug einen Stock mit bunter Flagge. Auch die Stückmannschaften standen bereit, wie schon die ganze Zeit, seit des Kommandanten Einladung an Clarissa bis zum Vorschiff kolportiert und auf Anfrage vom Zimmermann bestätigt worden war. Daraufhin waren der Stückmeister und seine Gehilfen ins vordere Magazin verschwunden, hatten unter umfangreichen Vorsichtsmaßnahmen im dafür bestimmten Raum eine Laterne entzündet, saßen nun nebenan und füllten in ihrem Schein, der durch die doppelt verglasten Fenster fiel, die Kartuschen: Säckchen aus steifem Flanell und in der Größe so bemessen, daß sie die richtige Menge Pulver aufnehmen konnten.

Jede Stückmannschaft brannte natürlich darauf, ihre Nachbarn oder sogar alle anderen an Bord zu übertreffen; doch wollten sie vor allem ihren Skipper besänftigen:

einmal weil es angenehmer war, unter einem Kommandanten zu dienen, der nicht mehr auspeitschen oder die Grogration streichen ließ, vor allem aber, weil sie ihm ehrlich zugetan waren und seine Wertschätzung zurückgewinnen wollten, denn alle erkannten bereitwillig seine überlegene Seemannschaft an und bewunderten seinen Einsatz im Kampf. Deshalb hatten die Stückführer und ihre Crews während der ganzen zweiten Hundewache am Sonntag und in der knappen Freizeit, die ihnen am Montag zwischen Vormittags- und Nachmittagswache blieb, ihre Kanonen geschniegelt und getrimmt, hatten sichergestellt, daß kein Block klemmte, daß die Kratzer, Wischer, Ansetzer und Handspaken wirklich da waren, wo sie hingehörten, hatten die ohnehin glatten Kugeln nochmals poliert und die aufgemalten Namen über den Stückpforten vorsichtig saubergewischt: *Towser, Nancy Dawson, Spitfire, Revenge* ... So wurden die Stücke kontrolliert und nochmals kontrolliert, und zwar nacheinander von jedem Mitglied der Stückmannschaft, vom zuständigen Fähnrich, vom verantwortlichen Offizier und natürlich vom Stückmeister Mr. Smith persönlich: alle von den Zwölfpfündern auf dem Batteriedeck über die langen Neuner hinter ihren Jagdpforten im Vorschiff bis zu den vierundzwanziger Karronaden auf dem Achterdeck.

Deshalb war niemand überrascht oder unvorbereitet, als nach dem Trommelwirbel und Mrs. Oakes' Erscheinen an der Querreling Kapitän Aubrey nur der Form halber: »Ruhe! Gebt acht!« in die atemlose Stille rief und dann: »Werft die Stücke los!« Er schloß mit: »Mr. Bulkeley, machen Sie weiter.«

Danach brauchte es keine speziellen Befehle mehr. Der Bootsmann und seine Gehilfen schoben das erste Floß über die Bugreling, warteten, bis es eine gute Viertelmeile achteraus in Lee schwamm, und setzten das zweite Floß aus. So ging es weiter, bis alle fünf Zielflöße eine Kette nach Südwesten bildeten. Währenddessen war die *Sur-*

prise unter dichtgeholten Mars- und Bramsegeln gelaufen; nun ließ Jack nach kurzer Denkpause das Schiff wenden und abfallen, bis der Wind raum achterlich von Backbord einkam. Die Segeltrimmer, die seine Absicht errieten, verließen wortlos ihre Kanonen und warfen sich auf Brassen, Halsen und Schoten, bis sich die Fregatte auf ihrem neuen Kurs stabilisiert hatte. Dann belegten sie alle Leinen und kehrten wie selbstverständlich auf ihre Stationen zurück, ohne daß ein lautes Wort gefallen wäre.

Auf diesem raum achterlichen Kurs gab es viel weniger Geräusche in der Takelage, viel weniger von der Bugwelle und fast keine von den nachlaufenden Seen. Die meisten Männer arbeiteten mit nacktem Oberkörper; wer einen Zopf trug, hatte ihn eingerollt, und viele hatten sich rote oder schwarze Halstücher um den Kopf gebunden. Sie standen oder knieten in der vorgeschriebenen Haltung – jeder Pulvergast mit seiner Kartuschenbox hinter der ihm zugewiesenen Kanone, aber nach Backbord zurückgetreten; die Richtschützen mit Handspaken oder Kuhfüßen seitlich davon an der Bordwand; die Entermannschaft mit ihren Macheten und Pistolen unbeweglich wie Statuen, ebenso der Löschtrupp mit seinen Eimern; der Zündgast kniete in sicherer Entfernung von der mörderischen Rückstoßbahn; der Stückführer spähte grimmig am Rohr entlang nach draußen, bis das Ziel in Sicht kam, eine Viertelmeile entfernt an Steuerbord voraus; da gab er seiner Crew gemurmelte Anweisungen über Seiten- und Höhenwinkel. Und die ganze Zeit trieben Rauchfäden von den Luntenzubern quer übers Deck.

»Von vorn nach achtern«, rief Jack, als das erste Ziel in Reichweite kam. »Hört ihr? Von vorn nach achtern!«

Die Zündgasten griffen hinter sich, packten eine Lunte und knieten sich wieder neben den Stückführer, die Asche von der Glut blasend.

»Einen Strich nach Steuerbord«, befahl Jack dem Rudergänger und dann viel lauter: »Von vorn nach achtern –

Feuer!« Die angestaute Spannung löste sich, als der Stückführer der Bugkanone mit der dargereichten Lunte quer übers Zündgatt strich und die Kanone mit ohrenbetäubendem Krachen feuerte, wobei sie zur Gänze vom Deck hochsprang und mit erschreckender Gewalt zurückstieß. Noch bevor die dicken Brocktaue sie abbremsten, wurde das Aufkreischen der Lafette und das Knallen der Taljen schon vom Krachen ihrer Nachbarin übertönt. In schneller Folge wanderte der Donner die Batterie entlang nach achtern, immer wieder stachen orangerote Mündungsblitze durch die Rauchschwaden, und zuletzt bellten die Achterdeckkarronaden, mit ihrer ganz anderen Tonlage die Kanonade beschließend. Der Wind trieb den Rauch nach Lee davon, deshalb konnte man bei den letzten Detonationen erkennen, wie die Kugeln im kochenden Wasser rund um die Flöße weiße Fontänen aufwarfen oder in gewaltigen Sätzen die Wellenkämme touchierten, auf die Ziele zu oder darüber hinaus schießend. Schon wurden die vorderen Kanonen ausgewischt und nachgeladen. Aber noch bevor sie mit dem üblichen Poltern eine nach der anderen wieder ausgefahren wurden, hörte Jack ein Klatschen, das in seinen noch betäubten Ohren irgendwie fern und dünn klang. Er wandte sich um und blickte in Clarissas begeistertes Gesicht. Die Augen dunkel vor Erregung, rief sie: »Oh, wie herrlich! Oh, welch glorreiches Schauspiel!«

Jack sagte: »Das war nur eine laufende Salve, um die Verbände zu schonen, keine gleichzeitige Breitseite. Gleich geht's wieder los.«

»Wie schade, daß Dr. Maturin nicht hier ist. Ein so großartiges ...« Ihr fehlten die Worte.

»Gleich« bedeutete in diesem Fall zwei volle Minuten nach dem ersten Schuß, was ein gemächliches Tempo war, verglichen mit den drei akkuraten Breitseiten in drei Minuten, acht Sekunden, welche die *Surprise* in jenen Tagen abgefeuert hatte, als sie noch mit erstklassig geschulten

Kriegsschiffsmatrosen bemannt gewesen war. Jetzt aber hatte sie viele lässige Freibeuter in ihrer Crew, die keinen Sold bekamen, sondern sich die Ausbeute der Reise nach Abzug der Unkosten teilten. Deshalb haßten sie nichts so sehr wie Verschwendung und waren nicht dazu zu bringen, diese Unkosten noch zu erhöhen, indem sie mit Schießpulver für achtzehn Pence das Pfund so leichtsinnig um sich ballerten, als bekäme man's gratis und vom König bezahlt. In den meisten Fällen hatte Jack die Stückmannschaften gemischt, damit es nicht zu Eifersüchteleien kam. Doch *Sudden Death* zum Beispiel wurde ausschließlich von den Sethianern der Fregatte bemannt, Freibeuter und Mitglieder einer Sekte in Shelmerston: ausgezeichnete Seeleute, enthaltsam und verläßlich, aber noch unwilliger als die meisten, auch nur einen Schuß zu vergeuden, und sehr bedächtig beim Zielen. Trotzdem schafften sie es, ihre Kugeln mitten zwischen die Floßreste zu jagen, indem sie die Rohre so weit nach achtern richteten wie irgend möglich.

»Das war eine gestotterte Salve, fürchte ich«, sagte Jack zu Mrs. Oakes. »Die nächste wird bestimmt besser.«

Sie wurden besser, viel besser: Nur eine Minute, vierzig Sekunden vergingen zwischen den Salven, wobei die erste das Floß in weiß sprudelndem Tumult hoch übers Wasser hob und die zweite seine Trümmer in alle Richtungen jagte. »Sichert die Kanonen!« überschrie Jack den Jubel – Clarissas Stimme schrillte genauso laut wie die Reades – und führte das Schiff quer über den Kurs der Flöße, damit die nächsten beiden von der Backbordbatterie beschossen werden konnten, an der sich schon die zweiten Stückführer zu schaffen machten.

Von Lee aus zu feuern bedeutete, daß die Schußbahn der Kugel noch genauer berechnet werden konnte, deshalb wandte sich Jack nach dem Befehl: »Sichert die Kanonen!« nicht ohne Stolz an Clarissa, um sie zu fragen, wie es ihr gefallen hätte. »Oh, Sir«, rief sie, »ich bin ganz heiser vom Jubeln und halb betäubt von den Donnerschlägen. Mein Gott, ich hatte ja keine Ahnung, wie großmächtig ... Was für ein schrecklicher, was für ein glorreicher Anblick muß eine Seeschlacht sein! Wie der Tag des Jüngsten Gerichts.« Und nach einer Pause: »Bitte sagen Sie, was haben Sie mit dem fünften Floß vor?«

»Das, Madam, ist für die Jagdkanonen im Bug.« Wohlwollend blickte er ihr ins Gesicht, das vor ehrlicher Begeisterung glühte – noch nie hatte er sie so lebendig oder auch nur halb so hübsch gesehen –, und einen Augenblick war er versucht, sie mit nach vorn zu nehmen, damit sie den komplizierten Vorgang des Abfeuerns beobachten konnte. Aber dann zögerte er, verwarf den Impuls als unangebracht und schritt auf dem Seitendeck, über den Köpfen der schwitzenden, sich vergnügt mit ihren Kanonen abrackernden, immer noch viel zu laut schwatzenden Crew in der Kuhl nach vorn. Alle prahlten mit ihrer unglaublichen Treffsicherheit und Schnelligkeit, zügelten sich aber, wenn der Kommandant oben vorbeiging.

Die Jagdkanonen auf dem Vordeck wurden bei der Marine »lange Messingneuner« genannt. In Wahrheit bestanden sie aus Bronze, nicht aus Messing, aber letzteres Wort beflügelte die Leute so sehr, daß sie ständig daran herumpolierten und den höchsten Glanz erzielten, dessen Bronze fähig war. Die langen Rohre wurden mit neun Pfund schweren Kugeln geladen und schossen so genau, wie ein gegossener, nicht gezogener Lauf nur schießen konnte. Beide gehörten Jack: Die eine hatte er in Sydney gekauft, die andere besaß er schon so lange, daß er sie ganz genau kannte: ihr Bocken, ihre besondere Treffsicherheit ab der dritten und bis zur zwölften Kugel, nach der sie eine Pause zum Abkühlen brauchte; wurde ihr die verweigert, war sie imstande, im Hochspringen alle Taljen zu zerreißen.

Beide, Jack ebenso wie Tom Pullings, liebten es, eine Kanone abzufeuern. Jeder hatte seine eigene, handverlesene Stückmannschaft und war sein eigener Richtschütze. Und jetzt feuerte jeder dreimal. Weil Jack seinen Freund Pullings selbst ausgebildet hatte, als dieser auf seinem ersten Schiff noch ein langbeiniger Fähnrich gewesen war, glich sich auch ihr Stil: zuerst ein Schuß zum Maßnehmen, zwar genau auf der Linie zum Ziel, aber ein bißchen zu lang; der nächste etwas zu kurz; aber dann zerfetzte Jacks dritter Schuß die Fässer, und Pullings' dritter zischte aufspritzend durch die Trümmer. Weil das Schiff kaum stampfte und den Schwell von der Seite nahm, so daß sein Rollen die nach vorn feuernden Bugkanonen nur wenig beeinträchtigte, war das bei einer Distanz von fünfhundert Metern, die auch noch rasch abnahm, keine artilleristische Rekordleistung. Aber die beiden Schützen waren höchst zufrieden mit sich und die Leute begeistert. Mrs. Oakes' Gratulation hätte nicht freudiger klingen können, und in der ganzen Aufregung riskierten West und Davidge ein: »Glückwunsch zu Ihren Treffern, Sir.«

Rein nach der Uhr, nicht nach Aktivität und Emotion gemessen, hatte dies alles nicht sonderlich lange gedauert, und so konnten noch kurz vor Sonnenuntergang alle Mann nach achtern gerufen werden. Als sie sich in ihrer üblichen lockeren Haltung versammelt hatten, musterte der Kommandant sie mit einem so wohlwollenden Blick, wie er ihnen schon viele Tage und Nächte nicht mehr vergönnt gewesen war, und hob mit kräftiger Stimme zu sprechen an: »Kameraden, jetzt sind unsere Kanonen also aufgewärmt und frisch geladen. Feuchtes Pulver in Kartuschen, die ausgetauscht werden müßten, haben wir nicht mehr zu fürchten. Und das ist gut so, weil wir sie in zwei, drei Tagen vielleicht brauchen werden. Nun will ich euch über die Lage aufklären. Auf Moahu, unserem Bestimmungsort, wurde ein britisches Schiff und seine Crew von den Eingeborenen festgesetzt, und dabei half ihnen ein verbündeter amerikanischer Freibeuter, die *Franklin*, ein Vollschiff mit zweiundzwanzig Neunpfündern und französischer Besatzung. Die Insel dient einigen englischen Pelzhändlern auf der Nootka-Kanton-Route und gewissen Südsee-Walfängern als Stützpunkt, weshalb der Freibeuter sich wahrscheinlich noch mehr Beute erhofft. Wie ihr in Annamuka gehört habt, hätte er beinahe schon die *Daisy* erwischt. Deshalb müssen wir diesem Spuk ein Ende machen. Als wir die *Diane* aus St. Martin herausgeholt haben, konnte ich euch vorher genau sagen, wie sie verankert war. Diesmal kann ich das nicht, aber der Skipper der *Daisy* hat mir eine Karte der Zufahrten und des Hafens gezeichnet. Ich denke, wir gehen am besten an der *Franklin* längsseits und entern sie im Schutz der Rauchwolken.«

Die *Surprise*-Veteranen, die mit konzentrierter Aufmerksamkeit zugehört hatten, nickten nachdrücklich und ließen ein zustimmendes Knurren hören, akzentuiert mit Ausrufen wie: »Sehr richtig, Kumpel!« oder: »Jawohl, wir entern sie im Rauch, ha, ha!«

»Aber wir wollen keinen Ärger«, fuhr Jack fort. »Keiner von uns soll eins über den Schädel kriegen, wenn sich das vermeiden läßt. Weil sich die Franzosen über den Anblick eines Walfängers, ob nun englisch oder amerikanisch, bestimmt freuen werden, ist es die beste Taktik, wenn wir einfach reinsegeln und möglichst so aussehen wie einer. Natürlich könnte das mit dem Reinsegeln nicht ganz klappen: Vielleicht haben sie zu beiden Seiten der Enge Kanonen aufgestellt, und vielleicht durchschauen sie auch unsere List. Kann sein, wir müssen auf andere Art mit ihnen fertig werden. Jedenfalls wollen wir jetzt als erstes unsere *Surprise* in einen Walfänger verwandeln. Ihr wißt bestimmt noch, wie wir mal eine blaue spanische Bark aus ihr gemacht haben. Und das hat sehr gut geklappt.« Allgemeines Gelächter und der Ausruf: »Herrgott, was haben wir geschwitzt!« Jack fuhr fort: »Ich weiß, daß früher mindestens ein Dutzend von euch dem

Wal auf der Grönlandfahrt oder in der Südsee nachgestellt haben. Diese Leute bestimmen jetzt drei von den erfahrensten Schlauköpfen aus ihrer Mitte, die uns helfen sollen, den Kahn in einen friedlichen Walfänger zu verwandeln, in einen schäbigen, abgekämpften, unterbemannten Walfänger, dem man ansieht, daß er mindestens drei Jahre lang ununterbrochen auf See war.«

NEUNTES KAPITEL

~~~

Ein alter, schäbiger, abgekämpfter Walfänger mit einem Krähennest in der Takelage, mit Arbeitsgerät an Deck und schmuddliger Bordwand hielt auf Pabay zu, den nordöstlichen Hafen in Kalahuas Teil von Moahu; unter einem einzigen, mit blauen Flicken ausgebesserten Fockmarssegel kam er mit Mühe gegen den Ebbstrom voran.

Im Krähennest stand der abgerissene Skipper, einen runden schwarzen Quäkerhut auf dem Kopf, neben sich seinen unrasierten Ersten. Beide studierten den Wind und die Entfernung zwischen den beiden Landzungen, welche die Zufahrt flankierten. »Entkommen sollten wir mit zwei Kreuzschlägen bei Stillwasser oder beginnender Ebbe«, sagte Jack, und dann starrten sie wieder zum fernen Ende der Zufahrt, wo die breite, geschützte Bucht enger wurde, bevor sie sich zum Hafen selbst erweiterte.

»Gleich sollten wir jetzt die Enge überblicken können, Sir«, sagte Pullings.

Jack nickte. »Und ich sehe weder links noch rechts Anzeichen für eine Batterie.« Nach unten rief er: »Mr. West, drehen Sie in den Wind, und lassen Sie den Anker fallen.«

»Ich sehe aber auch keinen Freibeuter«, ergänzte Pullings. »Der plumpe runde Kahn dicht unter Land, wo der Bach mündet, ist ein typischer Nootka-Pelzhändler.«

Wieder nickte Jack. Er hatte das Fahrzeug schon einige

Zeit im Fernglas studiert. »Das muß die *Truelove* sein«, sagte er nach einer Pause. »Als Wainwright von hier verschwand, war sie dort drüben trockengefallen. Inzwischen müssen sie das Leck repariert haben. Sie hat die Rahen gekreuzt, die Segel angeschlagen und liegt tief im Wasser. Garantiert sind Proviant und Trinkwasser schon an Bord.«

»Die Insel ist der beste Beweis für Dr. Falconers These«, sagte Stephen, der mit Martin im Besantopp hockte. »Insgesamt vulkanischen Ursprungs und hier und da mit Korallen bewachsen, die auch den Rand des Riffs bilden. Dieser Berg dort hinter den gezackten Hügeln, dieser stumpfe Kegel, weist bestimmt einen Krater auf. Zweifellos ist es der Vulkan, den er erforschen wollte. Über seinem Gipfel hängt sogar noch ein Rauchwölkchen.«

»Ganz recht. Außerdem läßt die Üppigkeit der Vegetation auf fruchtbaren Lavaboden schließen. Sehen Sie sich bloß diesen undurchdringlichen Wald an! Nein, nicht ganz undurchdringlich, ich kann eine Straße erkennen, die dem Bachlauf folgt.«

»Und diese Bodenformation, abwechselnd Koralle und schwarze Lava, spricht für wiederholte Eruptionen.«

»Man hört auch von unterseeischen Ausbrüchen gewaltiger Stärke.«

»Island, sagt Sir Joseph Banks, ist nicht nur mit so bemerkenswerten Vögeln wie dem Geierfalken, der Harlekinente und beiden Thorshühnchen gesegnet, sondern auch mit beachtlicher Vulkantätigkeit, und das zu jeder Jahreszeit.«

»Dieses Dorf hat etwas an sich, das mir nicht gefällt«, sagte Jack. »Laut Wainwright war es damals voller Menschen, sogar übervölkert, aber jetzt lassen sich sehr wenige blicken. Und zwar ausschließlich Frauen und Kinder, nur hier und da ein alter Mann. Die Kanus sind alle an Land, die meisten sogar hoch auf den Strand gezogen.«

Pullings dachte noch darüber nach und auch über das Fehlen der zum Trocknen aufgehängten Fischernetze, als zwei junge Mädchen, unterstützt von einer Horde Kinder, einen kleinen Katamaran durch den Sand ins Wasser schoben und abstießen. Die beiden Mädchen handhabten das riesige Segel sehr gekonnt, gingen hart an den Wind und kamen ungewöhnlich schnell näher.

Jack stemmte sich aus dem Krähennest hoch, worauf die Bramstenge ominös knarrte. »Wahrschau, Sir!« rief Pullings. Jack runzelte die Stirn, ließ sich vorsichtig zur Marssaling hinab, griff nach einem festen Backstag und sauste wie ein gezähmter Meteor daran hinunter, mit einem Plumps und fast versengten Handflächen auf dem Achterdeck landend. »Owen zu mir«, befahl er, und als dieser erschien: »Owen, prei das Kanu auf polynesisch an, wenn es in der Enge ist. Aber sehr höflich.«

»Sehr höflich, jawohl, Sir.« Doch blieb ihm keine Zeit für Höflichkeiten, denn die Mädchen riefen sie auf ihre freundliche polynesische Art als erste an, lächelten zu ihnen hinauf und winkten mit der freien Hand.

»Lade sie ein, an Bord zu kommen«, sagte Jack. »Sprich von Federn und bunten Tüchern.«

Nettigkeiten wurden ausgetauscht, die Mädchen schienen belustigt zu sein und in Versuchung geführt, trafen aber trotzdem keine Anstalten, an Deck zu klettern. Allerdings machten die wenigen Matrosen, die sich blicken ließen, auch einen äußerst unappetitlichen Eindruck. Immerhin blieben sie lange genug, um das Schiff dreimal zu umrunden, wobei sie ihr Boot so geschickt handhabten, daß es eine Augenweide war. Auch beantworteten sie Owens Fragen.

»Wo ist die *Franklin*?«

»Macht Jagd auf ein Schiff.«

»Wo sind all eure Männer?«

»Im Krieg. Kalahua will die Königin Puolani fressen. Er hat die Kanone mitgenommen.«

Dem dritten Satz, schrill und gleichzeitig gerufen, folgten noch einige Worte, die aber schon vom Wind verweht wurden, weil die Mädchen bereits davonsegelten. Doch schienen sie zu besagen, daß die Ankömmlinge ihre Landsleute (denn die *Surprise* segelte jetzt unter amerikanischer Flagge) in Eeahu vorfinden würden, sobald sie das gejagte Schiff erbeutet hätten.

»Die *Truelove* setzt ein Boot aus, Sir«, meldete Pullings.

Einen Kutter mit acht Riemen. Und obwohl einige der Männer, die ihn zu Wasser ließen, eindeutig Seeleute waren, galt das nicht für die Leute, die nach ihnen hineinkletterten und in Richtung der *Surprise* pullten. Eine Weile musterte Jack sie und ihr Schiff, ihr spärlich bemanntes Schiff, dann rief er: »Mr. West, machen Sie alle Boote klar, damit sie sofort ausgesetzt werden können.« Und in den Niedergang: »Mr. Davidge, halten Sie sich bereit.« Davidge befehligte den Landetrupp, der sich bewaffnet und auf jeden Notfall vorbereitet unter Deck zusammendrängte und fast erstickte.

Dann ließ Jack den Anker lichten, die Schot ihres Segels wieder fieren und segelte weiter auf die Enge zu, wobei er aufmerksam das Terrain zwischen Dorf und Fußhügeln im Auge behielt, dort, wo der Bach sich dem Hafen entgegenwand.

Als der Kutter auf Rufweite herangekommen war, erhob sich ein Mann im Heck, fiel um, stand wieder auf, stützte sich auf die Schulter des Bootsführers an der Pinne und rief: »Welches Schiff ist das?« Mit breit verzerrtem Mund bemühte er sich dabei um einen amerikanischen Akzent.

»Die *Titus Oates*. Wo ist Mr. Dutourd?«

»Auf der Jagd. In drei oder vier Tagen treffen wir uns wieder in Eeahu. Habt ihr Tabak? Oder Wein?«

»Na klar. Kommt an Bord.« Selbst am Ruder stehend, segelte Jack zunächst an dem Kutter vorbei und drehte dann so, daß die *Surprise* zwischen dem Boot und der Küste lag. Zum Steuermannsmaat, einem der wenigen Männer an Deck, sagte er leise: »Sobald sie festmachen, setzen wir unsere richtige Flagge.« Das war reine Spitzfindigkeit, denn ihre Flagge, die genau zum Land hin auswehen würde, war dann weder von der *Truelove* aus noch von dem an den Luvrüsten festgemachten Kutter zu erkennen. Aber die Formalitäten mußten gewahrt werden.

Der Mann, der sie angerufen hatte, kletterte mit drei anderen unbeholfen an Bord. Alle trugen Pistolen im Gürtel. Das waren keine Seeleute: Die Segeltuchbahnen, welche die meisten Kanonen der Fregatte verhüllten, machten sie nicht stutzig, ebensowenig ihr Walfanggerät, das näherer Betrachtung niemals standgehalten hätte.

»Der Liberator hat versprochen, daß wir bald Wein und Tabak kriegen.« Der Anführer rang sich ein freundliches Lächeln ab.

»Mr. West«, sagte Jack, »bitte richten Sie Mr. Davidge aus, daß diese Herren anständig versorgt werden sollen.« Und sehr viel leiser: »Fußfesseln in der Vorpiek wären das richtige für sie. Begleite sie, Bonden«, fügte er hinzu für den Fall, daß West ihn nicht verstanden hatte.

In Wahrheit war jedem an Bord sonnenklar, nur nicht den jämmerlichen weißen oder halbweißen Söldnern, was Kapitän Aubrey im Sinn hatte; selbst Stephen und Martin, die soeben aus dem Besantopp herabgestiegen kamen, durchschauten ihn. Als Jack Bonden mit selbstzufriedenem Grinsen zurückkehren sah und halblaut sagte: »Doktor, bitte bringen Sie dieses Scheusal da unten dazu, ebenfalls an Bord zu kommen«, bedurfte es deshalb keiner langen Erklärungen. Auf französisch schlug Stephen vor, daß der Mann vorsichtig heraufklettern und einen Matrosen mitbringen solle, der ihm helfen könnte, eine schwere Last ins Boot zu schaffen. Dabei deutete er auf den Schlagmann, der schon längere Zeit aufmerksam nach oben gestarrt, heimlich genickt und gestikuliert hatte, denn er glaubte, in ihm einen früheren Patienten wiederzuerkennen. Der Söldner ließ sich nicht lange bitten und kletterte, gefolgt von seinem Schlagmann, an Deck. Letzterer hatte kaum vor dem Achterdeck salutiert, da versetzte er auch schon dem Franzosen einen so gewaltigen Fußtritt, daß dieser gegen das Ankerspill taumelte. Und als hätten sie das wochenlang geübt, bemächtigte sich Bonden sofort seiner Pistole. Der Seemann zog den Hut und wandte sich an Jack:»William Hoskins, Sir, ehemals Waffenmeistersgehilfe auf der *Polychrest*. Jetzt zur *Truelove* gehörig.«

»Bin herzlich froh, dich wiederzusehen, Hoskins.« Jack schüttelte ihm die Hand. »Sag, gibt's noch viele Franzosen auf der *Truelove*?«

»Ungefähr 'n Dutzend, Sir. Als die anderen mit Kalahua in den Krieg zogen, wurden sie zurückgelassen, um uns zur Arbeit anzutreiben und die Eingeborenen am Stehlen zu hindern. Sie haben uns verspottet und mißhandelt.«

»Sind die anderen im Boot auch von der *Truelove*?«

»Alle bis auf den Bootssteurer, Sir. Aber ich schätze, den haben sie inzwischen abgemurkst, Sir. Er hat unseren Skipper umgebracht, das Schwein.«

Jack warf einen Blick über die Reling, und tatsächlich waren die Trueloves schon eifrig dabei, den Bootssteurer lautlos zu ertränken. Aus Pflichtbewußtsein rief Jack hinunter: »Hört auf damit«, und sie gehorchten. Geschmeidig wie Katzen kletterten sie an Deck, um sich mit einem Becher Grog bewirten zu lassen. »Wir ha'm gleich gesehn, daß ihr keine richt'gen Walfänger nich seid«, sagte der eine zu Killick. »Aber ha'm wir die Sauhunde was merken lassen? Nee, Kumpel, ha'm wir nich.«

Inzwischen hatte die *Surprise* auch das Vormarssegel gesetzt und hielt auf den südlichen Teil des Hafens zu, auf einen Ankerplatz dicht unter Land. Den Kutter schleppte sie dabei längsseits mit, während ihre eigenen Boote klar zum sofortigen Aussetzen waren. »Mr. Davidge«, sagte Jack, »es ist entscheidend wichtig, daß Sie noch vor den

Franzosen von der *Truelove* die Straße dort erreichen, die neben dem Bach in die Hügel führt. Sobald wir ihnen unsere Kanonen zeigen, werden sie sich mit Sicherheit davonmachen, und falls sie zu Kalahua stoßen, sind wir erledigt. Er ist mit seiner Streitmacht nur einen Tagesmarsch entfernt – vielleicht nicht mal so weit, weil er eine Kanone mitschleppt.«

Selbst auf einer so gut gedrillten Fregatte wie der *Surprise* benötigte die Ausführung des Befehls: »Die Boote bemannen und aussetzen« mindestens fünfundzwanzig Minuten, weil das System der Taljen, die zu den Nocken der Fock- und Großrah führten, so unhandlich war. Die Barkasse lag kaum im Wasser, da wurden die Franzosen drüben auf der *Truelove* mißtrauisch. Mit Bündeln beladen, sammelten sie sich an Land und zogen südwärts durchs Dorf, am Bach entlang. Die Barkasse und der blaue Kutter waren jedoch schon voll besetzt, deshalb rief Jack hinunter: »Brechen Sie auf, Mr. Davidge, und tun Sie alles, um sie aufzuhalten, bis der Rest Ihrer Leute nachkommt.«

»Ich werde mein Bestes geben, Sir.« Lächelnd blickte Davidge zu ihm auf. »Abstoßen! Rudert an!«

Die beiden Boote preschten zur Küste und glitten hoch auf den Strand; die Männer drängten heraus, ihre Musketen über den Kopf haltend, und waren im nächsten Augenblick zwischen den Baumfarnen verschwunden.

Als auch der zweite Kutter und die Gig unterwegs waren, hastete Jack in den Fockmars hinauf. Der breite Farngürtel ging über in hohes Grasland mit verstreuten Büschen und kleinen, aber dichten Baumgruppen voller Lianen. Hin und wieder tauchte Davidges Trupp dazwischen auf, noch in Formation, aber bereits weit auseinandergezogen. Die Männer an der Spitze bemühten sich, mit dem auffallend agilen Leutnant Schritt zu halten, während ihre Bajonette und die Entermesser, mit denen sie auf die Schlingpflanzen einhackten, in der Sonne blitzten.

Auch die Franzosen verfielen nun in Laufschritt und warfen ihre Bündel weg, nicht aber ihre Waffen. Wie Davidge strebten sie offenbar der Stelle zu, wo der Bach in einer engen Klamm aus den Hügeln hervorbrach. Und obwohl der Landeplatz der Boote etwa gleich weit von der Schlucht entfernt lag wie das Dorf, waren die Franzosen doch im Vorteil, denn sie benutzten die für die Kanone gerodete Straße.

»Trotzdem«, murmelte Jack und ballte die Fäuste, »wir haben eine halbe Stunde Vorsprung.« Die Schützenreihe zog sich noch weiter auseinander, weil Davidge wie ein Vollblut vorwärts preschte: Zwar rannte er nicht um sein Leben, wohl aber um alles, was sein Dasein lebenswert machte. Der zweite Trupp war inzwischen gelandet und trabte auf dem bereits ausgetretenen Pfad hinterher, die Baumfarne zum Schwanken bringend. »O nein, nein!« rief Jack aus, als einige Nachzügler das Gros einzuholen versuchten, indem sie eine Abkürzung durch eine dornige Senke einschlugen. »O Gott, ich hätte doch mitgehen sollen.« Er beugte sich über die Reling und wollte schon hinunterrufen, daß Pullings einen Weitschuß auf die Franzosen abfeuern sollte, machte sich aber klar, daß der Knall nur anspornend auf sie wirken und mehr Schaden als Nutzen anrichten würde.

Die Leute von der *Surprise* hatten nun besser gangbares Terrain erreicht, und die beiden Marschsäulen strebten rasch aufeinander zu. Davidge erreichte den Bach; mit einem Satz sprang er darüber, erklomm das andere Ufer und baute sich mit dem Säbel in der Hand am Eingang zur Schlucht auf, das Gesicht den vordersten drei Franzosen zugekehrt. Er hieb den ersten nieder und erschoß den zweiten, aber der dritte schlug ihn mit dem Musketenkolben zu Boden. Von dem Augenblick an ließen sich keine Einzelaktionen mehr unterscheiden: Mehr Briten quollen über den Bach, mehr Franzosen warfen sich rennend ins Getümmel. Staubwolken stiegen auf, raubten

Jack die Sicht auf die Schlucht, auf den Nahkampf Mann gegen Mann. Anhaltendes Musketengeknatter drang zu ihm und verstärkte sich noch, als der zweite Trupp den Franzosen in den Rücken fiel und die noch nicht ins Handgemenge Verwickelten oder die wenigen Umkehrer ausschaltete.

Der Lärm verklang; der Staub setzte sich. Und es wurde klar, daß Davidges Männer gesiegt hatten. Jack legte sein Schiff neben die *Truelove*, ging mit Stephen, Martin und Owen als Dolmetscher in der Jolle an Land und marschierte auf der Straße zügig zur Schlucht. Er blieb schweigsam und fühlte sich so ausgelaugt, als hätte er selbst mitgekämpft.

Es war nur eine kleine Gruppe, die ihnen entgegenkam: Männer aus Davidges Abteilung, die seine Leiche trugen.

»Ist sonst noch jemand gefallen?« fragte Jack.

»Harry Weaver hat's erwischt, Sir«, antwortete Paget, der Vormann des Fockmasts. »William Brymer, George Young und Bob Stewart sind so schwer verletzt, daß wir sie nicht transportieren konnten. Und ein paar Leichtverwundete werden von ihren Kameraden hinunter zu den Booten geführt.«

»Sind überlebende Franzosen entkommen?«

»Es gab keine Überlebenden, Sir.«

Bei Hochwasser war alles unter Kontrolle: Die Verwundeten waren versorgt, die Trueloves, die sich in einer *puuhonua* versteckt hatten, einer von so strengen Tabus geschützten Hütte, daß sogar Kalahua den Franzosen jeden Zutritt verwehrt hatte, waren eingesammelt worden. Danach hatte sich die *Surprise*, gefolgt von der *Truelove*, quer über den Hafen auf die nördliche Seite der Enge gewarpt und wartete jetzt auf das Einsetzen der Ebbe, um sich von ihr hinausschieben zu lassen.

Jack blickte auf, als Stephen in die Kajüte trat. »Wie geht es deinen Patienten?« fragte er.

»Verhältnismäßig gut, danke. An einem Punkt fürchtete ich um Stewarts Bein – griff schon nach der Knochensäge –, aber jetzt glaube ich, daß wir's mit Gottes Hilfe retten können. Der Rest sind unkomplizierte Schnitt- oder Stichwunden. Und ein paar arme Kerls von der *Truelove* sind in schlimmer Verfassung. Ist noch Kaffee in der Kanne?«

»Wahrscheinlich. Ich hatte keinen Appetit darauf, und jetzt ist er kalt, fürchte ich.« Schweigend schenkte sich Stephen eine Tasse ein. Er wußte, wie sehr es Jack haßte, einem Gefecht zusehen zu müssen, ohne daran teilnehmen zu können, wie er über Befehle nachgrübelte, die er hätte geben sollen – optimale Befehle, die ihm ohne eigene Verluste den Sieg gesichert hätten. »Immerhin habe ich auch ein paar gute Neuigkeiten für dich«, fuhr Jack fort. »Einer von den Trueloves aus der *puuhonua* stammt von den Sandwich-Inseln – ein Häuptlingssohn namens Tapia, intelligent, spricht ungewöhnlich gut englisch und kennt diese Weltgegend sehr genau. Er war es auch, der den anderen die Zuflucht zeigte, als sie nach dem Mord an ihrem Kapitän und dem Ersten fliehen mußten. Er sagt, daß er uns durch die Riffe lotsen kann, wenn wir – *falls* wir – hier herauskommen. Das erleichtert mich sehr, denn Wainwrights Karte ist zwar eine große Hilfe, aber in einer mondlosen Nacht die angegebenen Peilungen zu erkennen, wäre ein verflixt heikles Geschäft.«

»Sir«, Killick trat mit einem Tablett ein, »ich bringe Ihnen frischen Kaffee und Cognac.«

»Gott erhalte dich uns, Preserved Killick«, sagte Stephen. »Genau das kann ich jetzt gebrauchen. Dringend.«

»Und wünschen Euer Ehren auch heißes Wasser?«

»Das wäre vielleicht angebracht.« Stephen blickte auf seine Hände nieder, die braun waren von getrocknetem Blut. »Seltsam, meine Instrumente reinige ich fast immer, aber manchmal vergesse ich mich selbst.« Sauber gewaschen und abwechselnd heißen Kaffee und Cognac schlürfend, kam er auf ihr Thema zurück: »Kannst du mir erklären, Bruderherz, warum du dich durch die Nacht tasten solltest? Jeden Morgen geht doch die Sonne auf.«

»Wir haben keine Minute zu verlieren. Kalahua will am Freitag früh angreifen, ob seine Kanone nun rechtzeitig eintrifft oder nicht. Sein Gott hat ihm den Sieg versprochen.«

»Woher weißt du das?«

»Von Tapia. Und er weiß es von seiner Liebsten, die ihm Essen und Neuigkeiten in die *puuhonua* brachte. Wenn wir nicht mit dieser Ebbe und dem leichten Rückenwind auslaufen, werden wir entscheidende Tage verlieren – vielleicht sogar auf den nächsten Vollmond warten müssen. Was ich mir erhoffe, inständig erhoffe, das ist ein Eintreffen in Eeahu bis Mittwoch, wo ich Puolani vor dem Überfall warnen und ihr versprechen kann, daß wir sie gegen Kalahua und die *Franklin* verteidigen werden, wenn sie dafür König George anerkennt. Nur so bleibt uns mindestens ein Tag Zeit für die Vorbereitungen, um mit einem von beiden oder mit beiden fertig zu werden.«

»Also gut.« Stephen überlegte eine Weile, dann fragte er: »Was hast du über die *Franklin* erfahren?«

»Anscheinend hat Dutourd, der ja bekanntlich kein guter Seemann ist, jetzt einen erfahrenen Yankeeskipper. Das Schiff ist schnell, und er treibt seine Leute gnadenlos an. Natürlich ist sie mit ihren zweiundzwanzig Neunpfündern, also mit einer Breitseite von neunundneunzig Pfund, für die *Surprise* mit ihren hundertachtundsechzig Pfund, die Karronaden nicht mitgerechnet, kein ebenbürtiger Gegner. Aber wie du weißt, wird ein Seegefecht manchmal schon durch einen einzigen glückhaften Treffer entschieden, und mir wär's lieber, wir müßten es nicht mit allen gleichzeitig aufnehmen: mit ihr, vielleicht auch mit ihrer Prise und mit Kalahua. Übrigens hat Dutourd alle seine Matrosen von der *Truelove* abgezogen, deshalb hat er jetzt genug Leute, um seine Kanonen zu bedienen ... Herein!«

»Mit Ihrer Erlaubnis, Sir.« Es war Reade. »Mr. West läßt ausrichten, daß die Ebbe eingesetzt hat.«

Sie warteten, bis das leise Ziehen zur kräftigen Strömung angewachsen war, die um ihr Heck gurgelte und die Festmacher zum Land spannte, bis sie sich aus dem Wasser hoben und eine fast gerade, tropfende Linie bildeten; die Palmen, an denen sie belegt waren, neigten sich noch stärker. »Werft los«, rief Jack, und die beiden Schiffe glitten langsam durch die Enge.

Ihre umfangreichen Vorbereitungen – Schleppleine zu der draußen in der Bucht verankerten Barkasse, die notfalls den Bug herumziehen sollte, falls er verfiel; mit Stangen und Bootshaken bereitstehende Leute, die sie von den Felsen abhalten sollten; eine komplizierte Leinenverbindung zur *Truelove* – alle diese Vorsichtsmaßnahmen erwiesen sich als überflüssig: Beide Schiffe passierten die Engstelle mit zehn Meter Sicherheitsabstand und setzten danach blitzartig die Marssegel, um genug Fahrt für ihre erste Wende aufzunehmen. Die *Surprise* hatte nach wie vor ein bemerkenswert sauberes Unterwasserschiff und war schon immer wendig gewesen. So ging sie auch diesmal glatt durch den Wind. Doch als Jack zur tief weggeladenen *Truelove* mit ihrem völligen Bug zurückblickte, packte ihn die schreckliche Vorahnung, daß sie's nicht schaffen würde; dann würde Tom Pullings sie nach dem Werfen eines Leeankers herumziehen müssen – ein gefährliches Manöver –, denn für eine Halse hatten sie keinen Platz. Aber der kritische Augenblick ging vorbei und damit auch Jacks Besorgnis: Die Segel der *Truelove* füllten sich auf dem Backbordbug, sie schwang herum, und auf der *Surprise* hätte man in den Jubel der *Truelove* mit eingestimmt – schließlich war sie eine besonders wertvolle Prise –, hätte da nicht Davidges Leiche gelegen, eingenäht in eine Hängematte, mit vier Kanonenkugeln zu Füßen und bedeckt mit der Nationalflagge.

Mit dem nächsten Schlag ließen sie die Hafenzufahrt

hinter sich, obwohl die *Truelove* der Landspitze bis auf wenige Armlängen nahe kam. Tapias Freundin, die sie in ihrem Kanu begleitet hatte, verabschiedete sich, und er lotste die Fregatte, mit der *Truelove* im Gefolge, an der Landseite des Riffs entlang bis zum gewundenen Paß. Als sie auch den hinter sich gebracht hatten, drehten sie mit dem günstigen, stetigen Wind bei, und die Schiffsglocke glaste. Martin sprach die geziemenden, tief bewegenden Worte, Leute aus Davidges Abteilung feuerten drei Salven ab, und seine Leiche glitt über die Seite.

Sie nahmen wieder Fahrt auf, passierten zwei kleine Inseln mit ihren Saumriffen – Tapia nahm deren Peilungen anhand der dunklen Bergspitzen von Moahu –, und dann waren sie draußen auf der offenen See.

Oakes hatte die erste Wache, und in dieser Zeit kam Stephen an Deck, um frische Luft zu schöpfen. Denn im Lazarett roch es trotz der Windhutzen sehr unangenehm, nicht nur wegen der Hitze und der vielen Patienten, sondern auch weil zwei Leute von der *Truelove* erschreckend vernachlässigte und eiternde Wunden davongetragen hatten. Mit Clarissa, die im Schein der Hecklaterne saß, unterhielt sich Stephen eine Weile über die Brillanz der Sterne am tiefschwarzen Himmel und über das auffallend starke Meeresleuchten – ihr Kielwasser erstreckte sich als fahler Feuerpfad so weit achteraus, daß es mit der Bugwelle der *Truelove* verschmolz. Schließlich sagte Clarissa: »Oakes war tief bekümmert, daß er nicht zum Landetrupp gehörte. Und ich fürchte, Kapitän Aubrey haben die – die Verluste sehr schwer getroffen.«

»Das stimmt. Dennoch sollten Sie folgendes bedenken: Wenn Soldaten, die das Kämpfen von Jugend an gewohnt sind, so lange wie im Zivilleben um ihre Kameraden trauern würden, müßten sie vor Melancholie verrückt werden.«

Oakes kam zu ihnen nach achtern. »Ich wünsche Ihnen viel Freude an unserer Prise, Doktor. Seit wir sie übernommen haben, bin ich Ihnen ja kaum begegnet. Stimmt es, daß die Kanonen der *Truelove* alle vernagelt waren?«

»So heißt es: alle bis auf eine. Tapia hat mir erzählt, daß Kapitän Hardy und sein Erster gerade die letzte vernageln wollten, als sie von den Franzosen umgebracht wurden.«

»Wie vernagelt man denn eine Kanone?« erkundigte sich Clarissa.

»Man hämmert einen Nagel oder etwas Ähnliches ins Zündloch, damit das Feuer der Lunte die Pulverladung nicht erreicht. Die Kanone kann erst wieder schießen, wenn der Nagel entfernt ist.«

»Auf der *Truelove* nahmen sie anscheinend Stahlstifte, vor denen der Stückmeister der *Franklin* kapitulieren mußte. Er versuchte gerade, neue Zündlöcher zu bohren, als sie zur Jagd auf das Schiff ausliefen, das sie immer noch verfolgen.« Zwei Glasen. »Alles wohlauf«, riefen die Ausguckposten rundum, und Oakes ging nach vorn, um die Meldung des Steuermannsmaats: »Sechs Knoten, Sir, wenn's beliebt« entgegenzunehmen und die Zahl mit Kreide aufs Logbrett zu schreiben. »Ich weiß, es ist nicht gerade vornehm, über Geld zu reden«, sagte er nach seiner Rückkehr, »aber ich muß gestehen, die Prise hätte für Clarissa und mich zu keinem günstigeren Zeitpunkt kommen können.« Er sprach mit anrührendem Ernst, und im Licht der Hecklaterne bemerkte Stephen einen Ausdruck toleranter Zuneigung auf Clarissas Gesicht. »An Bord rechnen sich alle schon ihren Anteil aus. Der Kaufmannsschreiber von der *Truelove* hat ihnen den genauen Wert ihrer Ladung verraten, und Jemmy Ducks sagt, selbst den kleinen Mädchen stehen pro Kopf fast neun Pfund zu – jetzt schweben sie wie auf Wolken und denken sich Geschenke aus. Sie, Doktor, sollen einen weißgefütterten blauen Rock bekommen, egal was er kostet.«

»Gott segne sie dafür«, antwortete Stephen. »Aber ich wußte gar nicht, daß sie mit zur Besatzung gehören.«

»Doch, das tun sie, Sir. Der Kommandant hat sie schon vor langer Zeit als Schiffsjungen dritter Klasse eingestuft, damit Jemmy für sie Kostgeld bekommt und besänftigt ist.«

»Oh!« rief Clarissa aus. »Was – was ist das?« Sie hielt ein zappelndes, schleimiges Etwas in die Höhe.

»Ein fliegender Tintenfisch«, sagte Stephen. »Wenn Sie nachzählen, werden Sie feststellen, daß er zehn Beine hat.«

»Und wenn er fünfzig hätte, gäbe ihm das noch nicht das Recht, mein Kleid zu besudeln«, sagte sie relativ milde. »Fliegen Sie weiter, mein Herr.« Damit warf sie ihn über die Reling.

Unter einfach gerefften Marssegeln zogen sie bei der stetigen Backstagsbrise gemächlich dahin, saßen im Laternenschein wie auf einer hellen, von Dunkelheit umgebenen Insel und unterhielten sich entspannt eine halbe Stunde nach der anderen, während der Wind in der Takelage sang, die Blöcke rhythmisch knarrten und die rituellen Rufe rundum sich im vorgeschriebenen Zeitabstand wiederholten.

Als seine Wache halb um war, verabschiedete sich Oakes. »Es trifft sich gut, daß ich Sie unter vier Augen sprechen kann«, sagte Stephen zu Clarissa. »Ich wollte Sie nämlich fragen, ob Sie die Gelegenheit begrüßen würden, nach England zu reisen – nach Hause zurückzukehren.«

»Darüber habe ich noch gar nicht nachgedacht«, antwortete Clarissa. »Mein einziger Wunsch war, von Neusüdwales wegzukommen, nur weg. Wohin, das war mir egal. Die gegenwärtigen Umstände, so unbequem sie auch sein mögen, empfinde ich als ganz natürlich. Und wenn ich mir nicht soviel Mühe gegeben hätte, mich an Bord unbeliebt zu machen, wüßte ich nichts Schöneres, als immer so weiterzusegeln.«

»Konzentrieren Sie sich, meine Gute. Ich muß bald wieder ins Lazarett zurück. Nehmen wir mal an, Kapitän Aubrey schickt diese Prise unter dem Kommando von Mr. Oakes nach Hause – würden Sie sich freuen, England wiederzusehen?«

»Natürlich wäre ich gern wieder daheim. Aber, lieber Doktor, bedenken Sie doch: Ich wurde verbannt. Wenn ich vorzeitig auftauche, können sie mich ergreifen und wieder zurückschicken. Das würde ich nicht ertragen.«

»Nicht als verheiratete Frau, glaube ich. Und wenn Sie die St. James Street meiden, ist die Wahrscheinlichkeit, daß Sie erkannt werden, nicht größer, als daß ein Blitzschlag Sie trifft. Und selbst dann habe ich Gönner, die sozusagen als Blitzableiter wirken können. Ich spreche so offen mit Ihnen, Clarissa, weil ich Sie für eine diskrete, rechtschaffene Frau halte, die Freundschaft für mich empfindet, genau wie ich für Sie. Für eine Frau, die den Wert der Verschwiegenheit kennt. Falls Sie zurückkehren, gebe ich Ihnen einen Brief an einen Freund von mir mit, der am Shepherd Market wohnt, einen gütigen, anständigen Mann, der gern all das hören würde, was Sie mir erzählt haben – und mehr. In dem unwahrscheinlichen Fall, daß man Sie aufgreift, kann er Sie garantiert beschützen.«

Nach langem Schweigen sagte Clarissa: »Natürlich wäre ich viel lieber in England als irgendwo sonst. Aber wovon sollte ich dort leben? Wie Sie wissen, bekommt ein Fähnrich an Land keinen Halbsold. Und zu Mutter Abbott könnte ich nicht zurück, jetzt nicht mehr.«

»Nein, nein, auf keinen Fall. Das kommt überhaupt nicht in Frage. Aber Kapitän Aubrey besitzt einigen Einfluß bei der Admiralität und mein Freund noch viel mehr. Falls beide zusammen es nicht schaffen, Oakes ein neues Schiff zu besorgen, vor allem wenn er das Leutnantsexamen bestanden hat, könnten Sie ihm eine Weile den Haushalt führen. Falls die beiden jedoch Erfolg haben, tja, dann fühlen Sie sich vielleicht genauso einsam wie meine Frau, wenn ich auf See bin, und Sie könnten ihr Gesellschaft leisten. Sie lebt in einem riesengroßen Haus in der Grafschaft – na ja, wie immer die Grafschaft hinter Portsmouth auch heißt. Das Haus ist viel zu groß für eine einsame Frau, und sie hat nur unsere kleine Brigid, ein paar Diener und die Pferde als Gesellschaft. Sie züchtet Araber.« Er merkte, daß er geschwätzig wurde. Doch Clarissa machte sich sichtlich Sorgen und hörte ihm nur halb zu.

»Ja«, sagte sie. »Aber angenommen, ich hätte in der Botany Bay etwas Schlimmes getan ... Angenommen, ich hätte ein Kapitalverbrechen begangen – zum Beispiel ein Baby im Brunnen ertränkt ... Angenommen, daß man deshalb meine Flucht nach England gemeldet hat – würde ich dann nicht zurückgeschickt und dort vor Gericht gestellt werden?«

»Hören Sie, meine Liebe, mit ›angenommen daß‹ können Sie ganz Paris in eine Flasche zaubern. Der Schutz, den ich Ihnen anbiete, wird Sie bei einiger Zurückhaltung Ihrerseits vor der Strafe für die verschiedensten Sünden bewahren, darunter auch Todsünden ... Doch hier kommt Padeen, hol ihn der Teufel, und ich muß gehen. Denken Sie über meine Worte nach, aber sprechen Sie mit niemandem darüber: Der ganze Vorschlag ist rein hypothetisch, zumal ich den Kommandanten vielleicht gar nicht dazu überreden kann. Bewahren Sie absolutes Stillschweigen, und lassen Sie mich morgen früh nur mit einem Blick Ihre Entscheidung wissen. Oder kommen Sie zur Untersuchung, falls Sie Zeit haben. Ich gehe jetzt. Gott befohlen.«

Erst am nächsten Tag erschien er wieder auf dem Achterdeck. Es war ein strahlender Morgen, die Sonne stand schon hoch, und an Steuerbord querab erstreckte sich eine grüne Küste, die vor Eeahu in einer Landspitze auslief. Tapia stand im Fockmars und lotste das Schiff durch eine Lücke im südöstlichen Riff. »Ab jetzt ist alles klar voraus, Sir«, rief er herunter. »Neun Faden Wassertiefe, bis sich die Bucht vor uns öffnet.« Er kletterte an Deck und unterhielt sich wieder mit den beiden Kanus, die ihnen schon eine Zeitlang folgten. Jack bemerkte, daß die Jolle mit dem Waffenmeister von der *Truelove* abstieß. »Laßt die Fock etwas killen«, befahl er, um die Fahrt der Fregatte zu verringern. Aber er hätte es sich sparen können: Die aufmerksame Crew hatte seinen Befehl schon vorweggenommen.

»Jetzt wird der Kaffee wieder kalt«, raunzte Killick. »Und den Tintenfisch kann ich bestimmt wegschmeißen.«

Pullings kam quer übers Deck heran und lüftete den Hut. »Mr. Smith läßt Ihnen ausrichten, daß alle Kanonen der *Truelove* wieder funktionieren«, sagte er. Schmunzelnd trat der Waffenmeister näher und hielt Jack in einem Tuch eine Handvoll ölglänzender Stahlstifte hin, in deren dickeres Ende ein Gewinde gefräst war. »Den Trick hab ich auf der alten *Illustrious* gelernt«, sagte er grinsend.

»Gut gemacht, Rogers«, lobte Jack. »Sehr gut gemacht ... Guten Morgen, Doktor. Sie kommen gerade zur rechten Zeit: Es gibt gebackenen Tintenfisch zum Frühstück.«

Als die Tintenfische vertilgt, die geziemenden Erkundigungen nach dem Zustand der Patienten angestellt und beantwortet waren und eine Kanne frischer Kaffee vor ihnen stand, sagte Jack leise: »Es könnte bedeuten, das Schicksal herauszufordern, wenn ich über die Maßnahmen *nach* einer Schlacht spreche, die noch gar nicht geschlagen ist. Doch manche Dinge muß man wie Preventerstage vorher bereithalten, auch wenn sie im Ernstfall später nicht gebraucht werden. Deshalb laß mich folgendes sagen: Die Probleme in der Offiziersmesse wären am besten zu bereinigen, wenn ich Oakes mit der Prise heimschicke. Aber was würde seine Frau dazu sagen? Ich will dieser guten, bescheidenen jungen Frau nicht die Rückkehr befehlen, obwohl sie vielleicht gar nicht gehen möchte. Du kennst sie viel besser als ich. Was hältst du davon?«

»Noch kann ich das nicht sagen. Aber ich sehe sie nachher und werde versuchen, es herauszufinden. Wann hast du vor zu landen?«

»Erst nach dem Dinner. Ich lasse die Kanus zum Schwatzen längsseits kommen, damit sie Königin Puolani über uns und unsere Pläne ins Bild setzen können. Wir dürfen sie nicht unvorbereitet überfallen – es ist gräßlich, wenn eine ganze Wagenladung voller Gäste vor deiner Tür vorfährt, grinsend herausspringt und ins Haus stürmt, während die Teppiche auf der Klopfstange hängen, ein Großreinemachen stattfindet, die Kinder kreischen, du selbst nach einem Einlauf nicht vom Klo runterkommst und deine Frau nach Pompey gefahren ist, auf der Suche nach einer neuen Köchin.«

Die Königin sollte nicht unvorbereitet überrascht werden, ebensowenig wie die *Surprise* und ihre Besatzung. Die Achterdeckskarronaden, so viel leichter als die langen Kanonen und auf kurze Distanz viel mörderischer, waren schon bereit für den Transport an Land, ebenso wie Pulver und Geschosse, überwiegend Kartätschenkanister von je vierundzwanzig Pfund Gewicht. Die für den Seedienst geschwärzten Musketen wurden noch dunkler gestrichen, weil der angeborene Drang der Matrosen, alles blitzblank zu polieren, sie über Gebühr hatte glänzen lassen, wie Jack schon in Pabay aufgefallen war. In Anbetracht des vor ihm liegenden Terrains und der Auskünfte von Tapia machte er sich berechtigte Hoffnungen, seine Gegner in einen Hinterhalt locken zu können. Piken, Bajonette, Enterbeile und -messer, Pistolen und andere Mordwerkzeuge lagen ordentlich gestapelt auf der einen Seite, in Erwartung des Befehls zur Landung. Auf der anderen warteten Verbände, Schienen, chirurgische Nadeln und gewachste Fäden aus Seide oder Hanf. Und natürlich spielte auch der zivile Sektor eine wichtige Rolle: Eine geräumige Truhe aus Sandelholz enthielt Geschenke – einen großen Spiegel, Federn, gemusterten Stoff, Kristallkaraffen –, und in Jacks Tasche steckte eine Goldmedaille mit dem Porträt von König George an einem himmelblauen Seidenband. Die Offiziere kannten die Bedeutung, die Polynesier allen Rangabzeichen beimaßen, und hielten silberverzierte Schnallenschuhe, weiße Strümpfe, makellose Kniehosen, prächtige Paraderöcke und ihre Zweispitze bereit, während die Bootscrew des Kommandanten ihre Uniformen herrichtete: weiße Hosen, hellblaue Jäckchen mit Messingknöpfen und enge schwarze Pumps, die ihnen Höllenqualen bereiten würden, weil ihre Füße durch den wochenlangen bloßen Kontakt mit dem Deck breitgetreten waren. Wegen der Hitze und aus Sorge vor Beschmutzung wurde die ganze Pracht jedoch erst angelegt, als die *Surprise*, gefolgt von der *Truelove* und begleitet von vielen Kanus, vor Eeahu auf fünf Faden Wassertiefe beidrehte und ihre prächtigen bunten Flaggen entfaltete.

Während der langen Vorbereitungszeit hatte Clarissa Stephen aufgesucht und sich zunächst mit ihm über ihre Gesundheit unterhalten, weil sich beide scheuten, gleich an das Thema vom Vortag anzuknüpfen. »Heute bin ich mit Ihnen so zufrieden wie noch nie zuvor«, sagte Stephen. »Wir können das Quecksilber absetzen, und damit sollte auch der von Ihnen erwähnte leichte Ausfluß aufhören. Wie Sie wissen, war es ein Mittel gegen das von Ihnen so gefürchtete Übel, aber Dr. Redfern lag mit seiner Diagnose völlig richtig, und ich habe es nur verordnet, um gegen die Beschwerden vorzugehen, die Sie bei Ihrer ersten Konsultation erwähnten. Es hat seinen Zweck erfüllt. Aber ich denke, wir sollten mit Eisen und Chinarinde noch eine Weile fortfahren, um die Besserung Ihres Allgemeinbefindens zu konsolidieren.«

»Ich danke Ihnen von Herzen für Ihre große Fürsorge,

lieber Doktor«, sagte sie und saß eine Weile mit im Schoß gefalteten Händen da, ehe sie schließlich fortfuhr: »Sie haben mir nahegelegt, über meine Rückkehr nach England nachzudenken, und das habe ich getan. Falls sich eine Möglichkeit dazu ergibt, würde ich sie sehr gern wahrnehmen.«

»Das höre ich mit Freuden, meine Liebe. Die Möglichkeit ist bereits gegeben, denn heute morgen beim Frühstück sprach Kapitän Aubrey über seine Absicht, die *Truelove* unter dem Befehl Ihres Mannes heimzuschicken. Er zögerte nur Ihretwegen, weil er nicht wußte, ob Sie das begrüßen würden. Ich war mir jedoch Ihrer Zustimmung so sicher, daß ich den Brief an meinen Freund schon vorbereitet habe. Sein Name ist Blaine, Sir Joseph Blaine, und er arbeitet für die Regierung. Ich muß mich dafür entschuldigen, daß ich den Brief versiegelt habe, doch das ist notwendig, um seine Echtheit zu beweisen. Ich habe darin nichts über Ihre Kindheit und Jugend erwähnt, nur daß Sie für Mutter Abbott die Bücher führten – er kennt das Etablissement ebenfalls – und viel über die Vorgänge im Haus erfuhren.«

»Haben Sie ihm mitgeteilt, weshalb ich in die Botany Bay verbannt wurde?«

»Nur daß ein Mitglied von Black's – Sir Joseph ist dort ebenfalls eingeschrieben – für Sie gutgesagt hat. Das reicht. Er ist die Diskretion in Person, Sie haben von ihm keine lästigen Fragen zu befürchten, überhaupt keine Fragen zu Ihrer Person. Er wird vollauf zufrieden sein, wenn Sie ihm all das berichten, was Sie mir über Wray, Ledward und deren Freunde erzählt haben. Und hier«, er hielt ein Päckchen hoch, »habe ich ein Sortiment Käfer für ihn. Er ist leidenschaftlich interessiert an Käfern, nichts könnte Sie besser bei ihm einführen. Sie ekeln sich doch nicht vor Käfern, meine Liebe?«

»Überhaupt nicht. Ich habe ihnen manchmal sogar geholfen, Steine zu erklettern, aber immer vergeblich.«

»Sehr schön. Ich hasse es, wenn Frauen kreischen: ›Oh, ein Käfer! Oh, eine Schlange! Oh, eine Maus!‹ und möchte ihnen dann am liebsten die dummen, affektierten Köpfe zusammenschlagen. Jetzt aber, meine Liebe, werden sich die Dinge hier gleich so schnell entwickeln, daß uns keine Zeit mehr bleibt für ein ruhiges Gespräch. Deshalb lassen Sie mich Ihnen noch einiges Wichtige sagen: Sie werden gewiß über Batavia reisen, wo man die Prise schätzen und verkaufen wird, und danach werden Sie mit Ihrem Mann auf einen Indienfahrer aus Kanton gehen. Hier ist ein Schreiben an meinen Bankier in Batavia, der Sie mit genügend Geld für eine relativ komfortable Überfahrt ausstatten wird. Und da die Ostindienfahrer ihre Passagiere gewöhnlich an der Themse anlanden, gebe ich Ihnen hier noch einen Scheck auf meine schändliche Londoner Bank, mit dem Sie versorgt sind, bis Mr. Oakes seinen Sold und seinen Prisenanteil ausgezahlt bekommt.«

»Wie unendlich gütig ...«

»Nicht doch, meine Liebe, ein kleines Darlehen unter Freunden ist nicht der Rede wert. Hier haben Sie noch eine Notiz für Mrs. Broad, die im Freibezirk des Savoy eine gemütliche Pension führt: Von ihr habe ich Ihnen schon erzählt. Sie täten gut daran, bei ihr zu wohnen und durch Boten eine Nachricht an Sir Joseph Blaine zu schicken, in der Sie ihn um ein abendliches Gespräch bitten. Dazu sollten Sie dann in einer Mietdroschke fahren. Von ihm haben Sie nichts zu befürchten: Er weiß weibliche Reize zu schätzen, ist aber kein Lüstling. Vergessen Sie nur die Käfer nicht, Clarissa. Und schließlich ist hier noch ein Brief an meine Frau. Falls Mr. Oakes sein Leutnantspatent und ein Schiff erhält, womit ich sicher rechne, wird Diana Sie wahrscheinlich bitten, bei ihr zu wohnen, bis wir von See heimkehren ... Es widerstrebt mir, über Mr. Oakes' Diskretion zu sprechen ...«

»Darüber machen Sie sich nur keine Sorgen«, sagte

Clarissa mit einem heimlichen Lächeln. »Erstens weiß er von alldem nichts, absolut *nichts*, und zweitens ...«

Ihre restlichen Worte wurden verschluckt von einem gewaltigen Gebrüll über ihren Köpfen, vom Schrillen der Bootsmannspfeifen und dem Getrappel vieler Füße. »Jesus, Maria und Joseph!« rief Stephen aus. Er riß sich die Segeltuchschuhe und -hose vom Leib und stieg in die bereitgelegten feinen Breeches. Sie stopfte ihm hinten das Hemd in die Hose und verschnürte den Bund, faltete das Halstuch und steckte es fest, legte ihm den Säbelgurt über die Schulter, hielt ihm seinen besten, aber immer noch furchtbar schäbigen Rock hin, rückte seine Perücke gerade und reichte ihm den Hut. »Gott segne Sie, meine Liebe«, keuchte er und hastete an Deck, wo eine mächtige Stimme dröhnte: »Tod und Teufel, wo bleibt der Doktor? Kann mir denn niemand diesen Doktor beischaffen?«

Durch die Reihen der großen, doppelrümpfigen Kriegskanus pullten sie an Land, Jack und Pullings im goldenen Funkeln ihrer Litzen und Epauletten, die anderen in der jeweils angemessenen Staffage, und wurden mit einer würdevollen Zeremonie empfangen. Die *Truelove* war zwar eine alte Bekannte, doch so etwas wie die *Surprise* hatte man in diesen Gewässern noch nie gesehen: mit dem Krähennest eines Walfängers im Mast, aber ohne ein einziges Fangboot an Deck und mit viel zu vielen Kanonen.

Nebeneinander schritten Jack und Pullings, gefolgt von Stephen, Martin, Oakes und Adams, von Bonden mit der Sandelholztruhe und Tapia als Übersetzer, durch ein Spalier älterer Männer mit ernsten Gesichtern und Palmwedeln in den Händen vom Strand auf eine große Halle ohne feste Wände zu. Darin saß eine Frau auf einer breiten Bank, welche die ganze Länge des Gebäudes einnahm. Sie trug einen prächtigen Umhang aus bunten Federn, während die anderen neben ihr, alte und junge Männer, Frauen und Mädchen, bis zur Taille nackt waren.

Als sie bis auf zehn Meter heran waren, trat ein uralter Mann vor, reich tätowiert und mit einem weißen Knochen in der Nasenscheidewand, und reichte Jack den belaubten Zweig eines Brotfruchtbaums. Die Männer des Spaliers warfen ihre Palmwedel zu Boden, und Tapia erklärte: »Das ist ein Zeichen des Friedens. Wenn Sie Ihren Zweig obenauf legen, zeigen Sie damit, daß auch Sie in Frieden kommen.« Feierlich legte Jack seinen Zweig auf die Palmwedel. Die Frau erhob sich, breitschultrig und so groß wie Jack, aber nicht annähernd so beleibt. »Das ist Königin Puolani«, sagte Tapia und streifte sein Hemd ab. Den Hut unterm linken Arm, ein Bein elegant vorgestreckt, verbeugte sich Jack. Sie trat vor, schüttelte ihm nach europäischer Art die Hand – ihr Druck war fest und trocken – und führte ihn auf den freien Platz neben sich. In der Reihenfolge ihres Rangs stellte er seine Begleiter vor, und sie begrüßte jeden einzelnen mit einer Neigung des Kopfes und einem freundlichen Willkommenslächeln. Ihr Gesicht war ebenmäßig, nicht dunkler als das einer Italienerin und kaum tätowiert. Sie mochte dreißig oder fünfunddreißig Jahre alt sein. Rund vierzig Insulaner, Männer und Frauen, saßen in dem luftigen Raum überall verteilt, und als die Ankömmlinge ebenfalls Platz genommen hatten, folgte ein Austausch von Komplimenten. Eine Mahlzeit wurde vorgeschlagen; Jack bat um Dispens – sie hätten gerade gegessen –, akzeptierte aber mit Zeichen der Freude den angebotenen Kavatrunk. Während die Schalen herumgereicht wurden, rief er nach den Geschenken. Sie wurden wohlwollend akzeptiert, besonders die kleinen Federbündel, die er auf Tapias geflüsterten Rat hin den Tanten und Kusinen des Hauses offerierte. Puolani selbst und ihre Berater waren offensichtlich zu nervös, als daß sie den Perlen oder sogar den Spiegeln viel Aufmerksamkeit gewidmet hätten. Auch wurde im Verlauf der Unterhaltung ersichtlich, daß sie viele ihrer Fragen nur der Form halber stellte. Nach dem, was ihre Leute von den Freunden auf der *Truelove* und aus anderen Quellen erfahren hatten, konnte sie sich die Ereignisse zusammenreimen und fragte meist nur aus Höflichkeit.

Schließlich entließ sie die meisten Zuschauer, wobei sie manche über den ganzen Platz, andere bis zur Schwelle begleitete und wieder andere nur mit einem freundlichen Lächeln verabschiedete. Nun war die Versammlung auf sechs reduziert: Puolani und zwei ihrer Ratgeber, Jack, Stephen und Tapia.

Als Jack sagte: »Kalahua steht kurz davor, Sie mit Hilfe der Amerikaner anzugreifen«, antwortete sie: »Das wissen wir. Inzwischen hat er die Quelle des Oratonga erreicht, das ist der Fluß, der in unsere Bucht mündet. Er hat siebenunddreißig Weiße mit Musketen dabei und eine Kanone – eine Kanone! Sie könnten übermorgen früh hier sein.«

»Das habe ich gehört«, sagte Jack. »Was die Kanone betrifft, so hat er sie vielleicht bergauf gezerrt, aber ohne Straße kann er sie niemals bergab schaffen; nichts ist an Land so schwerfällig wie Schiffsartillerie. Aber selbst wenn es ihm gelingt, ist sie keine große Bedrohung. Wir haben viel mehr Kanonen als er, größere und bessere. Und viel mehr Musketen. Ich muß Ihnen mitteilen, Madam – Tapia, formuliere das so höflich, wie du nur kannst, hörst du? –, daß die Amerikaner Feinde meines Königs sind: Unsere beiden Staaten befinden sich im Krieg. Wir können Sie vor ihnen und vor Kalahua, der meine Landsleute mißhandelt hat, beschützen, falls Sie den Schutz des englischen Königs akzeptieren – ist das korrekt ausgedrückt, Stephen? – und versprechen, ihm eine treue, liebende Verbündete zu sein.«

Die Gesichter der Polynesier erhellten sich beträchtlich. Puolani wechselte einige Worte mit den alten Häuptlingen, wandte sich danach mit leuchtenden Augen und glühenden Wangen – ihr Erröten war nicht zu übersehen – an Jack und sagte: »Ich heiße den Schutz des englischen

Königs willkommen. Und ich werde ihm eine treue, liebevolle Verbündete sein: so treu und liebevoll wie meinem eigenen Ehemann.« Tapia übersetzte die letzten Worte, die vielleicht als nachträglicher Einfall hinzugefügt waren, in auffallend trockenem Ton. Und Puolanis Ratgeber blickten zu Boden. »Was ist sie doch für ein prachtvolles Weib«, dachte Jack. Laut sagte er: »Also gut, dann ist das geregelt. Gestatten Sie, daß ich Ihnen ein Abbild Ihres Beschützers überreiche.« Er zog die goldglänzende Medaille hervor und hängte sie ihr nach einer Pause für die Übersetzung um den gebeugten Nacken. »Und nun, Madam«, damit erhob er sich, sie mit respektvoller Bewunderung betrachtend, »sollte ich wohl mit Ihren Kriegshäuptlingen sprechen. Dann können wir anfangen, unsere Kanonen an Land zu schaffen und andere Vorbereitungen zu treffen. Wir haben keine Zeit zu verlieren.«

Und sie verloren keine Zeit. Bei Sonnenuntergang waren beide Schiffe vor der Bucht vermurt, in Lee der südlichen Landzunge, auf gutem Ankergrund und außer Sicht von den Hügeln, über die Kalahua kommen mußte. Und obwohl ihre Bettungen schon vorbereitet waren, sollten die Karronaden selbst erst nach Einbruch der Dunkelheit an Land geschafft werden, für den Fall, daß eine Vorhut ihrer auf dem offenen Strand gewahr wurde, ehe sie das schützende Gebüsch erreichten. Bis Sonnenuntergang hatte Jack auch die traditionellen Schlachtfelder inspiziert, drei Lichtungen an der einzigen Straße, auf der eine größere Truppeneinheit die Berge überqueren konnte, besonders eine Einheit mit einer Kanone im Schlepp.

»Es tut mir so leid, daß du bei deinen Patienten bleiben mußtest«, sagte er, als er endlich in seiner Achterkajüte entspannte, vor sich eine Schale mit Obst gegen seinen Durst. »Die Vögel hätten dich fasziniert. Da war einer mit einem Schnabel ...«

»Das allein hätte schon den Ausflug gelohnt.«

»Ein gelber Vogel mit einem riesigen Schnabel in Sichelform. Und viele andere. Du wärst begeistert gewesen. Aber du kannst sie ja später studieren. Also, kurz gesagt, es gibt an Land drei mögliche Schlachtfelder. Das erste ist eine grasbewachsene Ebene zwischen den letzten steilen Berghängen und den Pflanzungen: Dort erwarten die Krieger des Südens gewöhnlich die aus dem Norden. In Reihen aufgestellt, werfen sie ihre Speere und Schleudersteine und gehen dann nach altmodischer Art einzeln mit Keulen aufeinander los. Das Problem dort sind drei tabuisierte Haine. Wenn denen jemand bei Flucht oder Verfolgung auf Armeslänge nahe kommt, beschwört er für seine Partei die Niederlage herauf; dann muß seine Seele, zusammen mit den Seelen all seiner Verwandten, auf Ewigkeit in dem Vulkan dort oben schmoren.«

»Ist er noch aktiv?«

»Ich glaube, ja. Das nächste Schlachtfeld liegt ziemlich hoch und ist eine Schlucht von mehr als einer Kabellänge, mit bemerkenswert steilen Wänden. Sobald unsere Freunde hier erfahren, daß die Nordmänner kommen, schicken sie gewöhnlich ein Geschwader ihrer Kriegskanus nach Pabay hinauf – sie kämpfen auf See besser als an Land – während ein zweiter Trupp schleunigst zu dieser Schlucht marschiert und sie mit einer Feldsteinmauer abriegelt: Darin sind sie erstaunlich schnell und geschickt, und Steine liegen genug herum. Manchmal können sie diese Mauer halten, wenn es ausgesuchte Kämpfer sind. Manchmal werden sie aber auch überwältigt, zumal die Angreifer mit dem Abhang einen Geländevorteil haben. Doch selbst dann erleiden die Südländer keine großen Verluste, weil die Männer aus Pabay wegen der Kriegskanus bald nach Hause eilen müssen. Auf dem dritten Feld wurden bisher die wirklich entscheidenden Schlachten geschlagen. Es liegt noch höher in den Bergen und ist ein von Klippen eingerahmtes, wüstes Lavaplateau. Dort stinkt es verdammt unangenehm nach Schwefel, und

überall liegen noch weiße Knochen herum. Ich sah buchstäblich Hunderte von Schädeln. Vielleicht Tausende.«
»Darf ich fragen, was du vorhast?«
»Oh, ich wähle natürlich die Schlucht, ganz ohne Frage. Kalahua weiß, daß Puolani nicht ihre Kriegskanus nach Pabay schicken wird, weil die *Franklin* jederzeit auftauchen könnte. So kann er seine gesamte Streitmacht einsetzen, die Mauer im Handumdrehen demolieren, falls er seine Kanone bis dahin mitgeschleppt hat, und in jedem Fall ohne Angst um Pabay weiter vorstoßen. Hier ist eine Skizze der Schlucht: etwa zweihundert Meter lang und zwanzig breit, genug Platz für Kalahua und seine gesamte Streitmacht. Mein Plan ist es – ich muß wiederholen, daß die Südländer erstaunlich geschickte Maurer sind –, hier am nördlichen Eingang zur Schlucht und hinter Mauern verborgen zwei Karronaden aufzustellen. Vier weitere kommen ans südliche Ende der Schlucht, ähnlich versteckt und so plaziert, daß zwei der Länge nach und zwei, ähnlich wie die am Eingang, diagonal in die Schlucht feuern können. Nur mit einem kleinen Winkel, aber doch ausreichend, um das ganze Terrain zu bestreichen. Ich werde einige wenige von Puolanis Männern noch vor der Schlucht postieren. Sobald Kalahua anrückt, sollen sie ihn ein bißchen stören, damit er seine Leute zusammenzieht, und danach wie der Blitz zu uns zurückrennen, wodurch sie die Nordmänner geschlossen in die Schlucht locken. Wenn alle drin sind, eröffnen die Karronaden am Eingang das Feuer. Dann drückt seine nördliche Nachhut hart gegen das eigene Gros, und unsere Geschütze am südlichen Ende beginnen zu schießen.«
»Bleibt den Nordmännern kein Fluchtweg?«
»Keiner.«
»Ich habe es für einen militärischen Grundsatz gehalten, daß man dem Feind immer eine Rückzugslinie offenlassen soll.«
»Vielleicht gilt das für die Infanterie. Aber von der Ma-

rine wird erwartet, daß sie erobert, versenkt, verbrennt und vernichtet. Bitte schau nicht so niedergeschlagen drein, Stephen. Schließlich bekommt der Angreifer mit seiner Niederlage nur das, was er verdient. Außerdem kann er jederzeit um Gnade bitten.«

Als Stephen ins Lazarett zurückgekehrt war, schickte Jack nach Oakes und sagte: »Nehmen Sie Platz, Mr. Oakes. Wie Sie wissen, werden wir uns morgen darauf vorbereiten, Königin Puolani gegen die Leute aus Pabay und die Amerikaner zu unterstützen. Kapitän Pullings, ich, Mr. West und die meisten Unteroffiziere gehen dazu an Land und werden wahrscheinlich auch dort übernachten, irgendwo oben in den Bergen. Sie bleiben hier und haben den Befehl an Bord, genau wie Mr. Reade auf der Prise. Sollte während meiner Abwesenheit der amerikanische Freibeuter *Franklin* auftauchen und in die Bucht einlaufen wollen, setzen Sie unsere Flagge und greifen ihn an, aber erst, wenn die Distanz eine Viertelmeile oder weniger beträgt. Ich lasse Ihnen genug Leute da, um die Batterie einer Seite zu bemannen, sowie den Stückmeistersgehilfen zur Unterstützung. Falls Sie, was wahrscheinlicher ist, die Anker nicht lichten können, sondern slippen müssen, dann sichern Sie die Trosse sorgfältig mit einer Boje. Sollte sich die *Franklin* zurückziehen, darf sie nicht weiter verfolgt werden als bis zur Verbindungslinie zwischen den beiden Landspitzen. Diesen Punkt kann ich gar nicht strikt genug betonen, Mr. Oakes. Noch Fragen?«

»Nein, Sir. Aber darf ich erwähnen, Sir, mit allem Respekt erwähnen, daß mir in Pabay keine Chance vergönnt war, mich auszuzeichnen. Keine einzige Chance, um – um Ihre Wertschätzung zurückzugewinnen.«

»Nein. Stimmt, ich habe es ihnen verübelt, daß Sie Mrs. Oakes an Bord geschmuggelt haben. Aber da Sie sich seither als tüchtiger Seemann und guter Offizier erwiesen haben, schätze ich Ihre Fähigkeiten hoch genug ein, um Sie zum Prisenkommandanten der *Truelove* zu ernennen. Falls

Sie sich das zutrauen und hier alles nach Wunsch verläuft, werden Sie Order erhalten, mit ihr nach Batavia zu segeln, wo sie bestimmt verkauft werden kann.«

»Oh, Sir«, rief Oakes aus, »ich weiß gar nicht, wie ich Ihnen danken soll – ich will's gleich Clarissa erzählen – das heißt, falls Sie erlauben, Sir. In Navigation kenne ich mich ziemlich gut aus, und ich glaube auch, daß ich ein Schiff manövrieren kann – natürlich nicht so gut wie Sie, Sir, aber doch gut genug.«

»Das sollte nicht schwerfallen. Die *Truelove* ist grundsolide, und Sie werden vom Monsun profitieren. Wenn hier alles klappt, werde ich Sie zum Leutnant auf Zeit befördern. Sie werden zwar etwas unterbemannt sein, aber ich gebe Ihnen ein paar unserer Steuerleute mit, Slade und Gorges zum Beispiel, die eine Wache führen und ein Besteck errechnen können. Dazu die drei französischen Gefangenen – die können zumindest an einer Leine hieven. Außerdem zahle ich Ihnen einen Vorschuß auf Ihren Sold und das Prisengeld aus, damit bestreiten Sie die Passage von Batavia nach England. Und jetzt sollten Sie, auch wenn alles noch von unserem Erfolg hier abhängt, besser auf die *Truelove* gehen, um sich mit ihr und der Crew vertraut zu machen.«

»Darf ich zuerst meiner Frau davon berichten?« fragte Oakes, der ein freudiges Grinsen kaum unterdrücken konnte.

»Unbedingt. Meine besten Empfehlungen an Mrs. Oakes, und lassen Sie Mr. Reade wissen, daß ich ihn sprechen möchte.«

Bei Dunkelheit kehrten die Beiboote zurück, nachdem sie das schwerste Kriegsmaterial angelandet hatten. Sie wurden eingesetzt, und als auch die Jolle innerhalb der Barkasse sicher verstaut war – denn die Musketenschützen und die Stückmannschaften sollten im Morgengrauen vorsichtshalber von Puolanis Kanus abgeholt werden –, meldete West Vollzug an Pullings, worauf dieser Jack darüber ins Bild setzte, daß alle Mann bis auf zwei der hartnäckigsten Lüstlinge an Bord zurückgekehrt waren.

»Sehr schön«, sagte Jack und begab sich ausgehungert unter Deck.

Beim Abendessen unterbrach er seine energische Attacke auf die Fischpastete lange genug, um festzustellen: »Ich habe gerade die Überraschung meines Lebens hinter mir. Vorhin teilte ich Oakes mit, daß ich ihn zum Leutnant auf Zeit befördern und ihm die *Truelove* überantworten will, falls am Freitag alles klargeht. Er war erstaunt. Baß erstaunt und entzückt. Seine Frau hat ihm offenbar nicht die geringsten Andeutungen gemacht. Und doch muß sie es seit Stunden gewußt haben, schon seit deiner Befragung.«

»Diese Frau ist ein Juwel«, antwortete Stephen. »Sie hat meine ganze Wertschätzung.«

Kopfschüttelnd widmete sich Jack wieder der Pastete. Schließlich lehnte er sich zurück und sagte: »Ich habe dich noch gar nicht nach deinem Eindruck von Puolani gefragt.«

»Mir scheint sie eine prachtvolle, wahrhaft königliche Frau zu sein: eine Juno, auch mit deren großen, ausdrucksvollen Augen. Nur hoffentlich ohne ihr unberechenbares Temperament.«

»Jedenfalls ist sie sehr fürsorglich. Sie wies ihre Leute an, für mich ein Quartier zu bauen, aber ich sagte ihr, daß ich morgen oben bei den Kanonen übernachten muß.« Eine Pause für den Pudding, dann fuhr er fort: »Außerdem habe ich dir noch gar nicht berichtet, wie sehr mich die Kriegshäuptlinge und ihre Leute beeindruckt haben – sie sind professionell bis in die Fingerspitzen und äußerst diszipliniert, dabei nicht im geringsten eifersüchtig auf ihre Marine, wie es bei uns so oft der Fall ist. Jeden meiner Vorschläge haben sie bereitwillig aufgegriffen. Kaum hatte ich erwähnt, daß für dich ein Verbandsplatz eingerichtet werden muß, da begannen sie ihn auch schon zu bauen, auf einem praktischen schattigen Plateau, eine halbe Stunde vor der Schlucht.«

»*Vor* der Schlucht?«

»Ja. Gefangene zu machen ist bei ihnen nicht üblich, doch das kann ich nicht ändern. Ich erwarte ein großes Blutbad. Aber aus Humanität kann ich eine Schlacht dieser Art auch nicht für eine Minute unterbrechen.«

»Hast du jemals erlebt, daß ich mich in eine Schlacht eingemischt hätte?«

»Nein. Ich habe jedoch den starken Verdacht, daß du ein weiches Herz besitzt. In diesem Fall bist du am vorgesehenen Ort viel besser aufgehoben, eben auf einem Verbandsplatz weit hinter den Linien, vergleichbar dem Lazarett an Bord eines Kriegsschiffes.«

Auf ebendiesem Verbandsplatz verbrachten Jack, Stephen, Pullings, West und Adams die Nacht zum Freitag. Sie erreichten ihn auf einem breiten, gut ausgetretenen Pfad, der nach zerquetschtem Laub roch, weil kurz zuvor die Karronaden hier herauf transportiert worden waren: gedrungene Nahdistanzwaffen, auf dieser Strecke und diesem Abhang noch relativ einfach zu bewegen, denn sie wogen nur eine halbe Tonne, ein Drittel von Kalahuas Kanone.

Und hier war es auch, wo Stephen bei Tagesanbruch erwachte. Seine Gefährten waren, so leise wie bei Seeleuten auf Nachtwache üblich, bereits aufgebrochen. Auch die meisten Krieger waren ihnen gefolgt, doch als er in der offenen Tür stand und dem Gezwitscher der Vögel rundum lauschte, kamen noch mehr Insulaner den Pfad heraufgehastet, braune, heitere Riesen, einige in Mattenpanzern und alle mit Speeren, Keulen und Schwertern aus Hartholz bewaffnet, deren Schneiden mit Haizähnen besetzt waren. Im Vorbeilaufen riefen und winkten sie ihm lächelnd zu.

Als der letzte verschwunden war, mit Riesenschritten Anschluß suchend, um den Kampf nicht zu versäumen, ließ sich Stephen im Schein der aufgehenden Sonne neben der Tür nieder. Bis auf ein gelegentliches Kreischen hier und da verstummte der Gesang der Vögel (alles in allem waren sie kein sonderlich melodischer Chor gewesen), und schließlich schaffte es Padeen, ein Zündholz anzureißen, ein Feuer zu entfachen und den Kaffee aufzuwärmen.

Ein Vogelschwarm flog dicht an Stephen vorbei, einige davon wahrscheinlich Kolibris. Immer noch wartete er, vor allem auf sein Gehör angewiesen, denn zu sehen gab es nicht viel. In der letzten Nacht waren Kalahuas Lagerfeuer deutlich zu erkennen gewesen, nur eine Stunde Fußmarsch von der Schlucht entfernt. Dort mußten die Nordmänner und die weißen Söldner eintreffen, noch ehe die Sonne eine Handbreit höher gestiegen war, auch wenn sie durch ihre Kanone behindert wurden.

Ab und zu blickte Stephen über die unendliche Weite der See, die erst am messerscharfen Horizont endete, zur Sonne auf. Er versuchte, an die vielgerühmte Königin Puolani zu denken: Es hieß, ihr verstorbener Ehemann und Mitregent hätte sich als Mann von minderen Kräften erwiesen, weshalb sie ihn bei einer ebensolchen Schlacht in die vorderste Reihe befohlen hätte. Dann versuchte er es mit Gedichten. Aber jene, die er gut kannte und leicht aufsagen konnte, verdrängten nicht das Bild der engen, zweihundert mal zwanzig Meter messenden Todesfalle vor seinem geistigen Auge: gedrängt voller Menschen, die von hinten, von vorn und diagonal von Kanonenkugeln niedergemäht wurden. Die 24-Pfünder-Karronaden verschossen bestimmt Kartätschen, also zweihundert Eisenkugeln bei jeder Entladung. Und sie wurden von Experten bedient, die in weniger als einer Minute feuern, nachladen, zielen und wieder feuern konnten. Binnen fünf Minuten würden die sechs Karronaden also mindestens sechstausend mörderische Geschosse in die zusammengedrängten Leiber schicken.

Mit seiner rauhen, unmelodischen Stimme sang Stephen alte gregorianische Kirchenlieder, die besser zur Ablenkung taugten. Er hatte gerade ein *Benedictus* in dorischer Tonart erreicht und wappnete sich für ein hohes *Qui venit*, als ihn ein helles, scharfes Bellen verstummen ließ: die Stimme der Karronaden. Erst ein fast gleichzeitiges, vierfaches Knallen und danach zwei weitere Detonationen, vom Echo weitgehend verwischt. Und noch einmal diese vier schnellen Hammerschläge. Dann Stille.

Mit Padeen stand er da und starrte zu den Bergen hoch. Von fern hörten sie unartikuliertes Gebrüll, mehr nicht. Und die Vögel, die erschreckt aus den Bäumen aufgeflogen waren, ließen sich wieder nieder. Vielleicht hatten sich die Kämpfenden ineinander verbissen; vielleicht waren die Karronaden überrannt worden.

Die Zeit verstrich jetzt etwas schneller, und schließlich erklangen Schritte auf dem Pfad. Ein junger, langbeiniger Mann hetzte an ihnen vorbei bergab, offenbar ein Bote mit guten Neuigkeiten, denn sein ganzes Gesicht strahlte vor Freude. Im Vorbeirennen rief er ihnen etwas zu: Sieg, zweifellos Sieg.

Mehrere Minuten später erschienen zwei weitere Männer, der erste ein Polynesier, der zweite ein Europäer. An den Haaren trugen beide menschliche Köpfe mit weit aufgerissenen Augen, in denen beim ersten Empörung stand, beim zweiten nur völlige Leere.

Dann erscholl laut und deutlich, wahrscheinlich von einem Luftwirbel herangeweht, der Ruf: »Eins, zwei, drei – hievt!« Eindeutig kam eine Karronade den Pfad herunter. Lange bevor sie den Verbandsplatz erreichte, war das Gelächter und Geschwätz von Musketenschützen zu hören, und sowie sie in Sicht kamen, rief Stephen einem von ihnen zu: »Wilton, sind viele unserer Leute verwundet?«

»Kein einziger, soweit ich weiß. Stimmt's nicht, Bob?«

»Stimmt haargenau, Kumpel. Und auch kein Insulaner.«

»Aber diese armen, hilflosen Kerls in der Schlucht«, ergänzte ihr Vormann, ein alter Bordgenosse Stephens und deshalb zur freien Rede ermächtigt. »Gott steh uns bei, Sir, das war blutiger Massenmord.«

Inzwischen wimmelte der ganze Abhang von Eingeborenen, die Dutzende, den Karronaden verschlossene Pfade kannten; die meisten trugen Beute: Waffen, Matten, Schmuckstücke, abgeschnittene Ohren.

Zuletzt kam auch Jack um die Biegung, mit einem irgendwie verschreckten Bonden auf den Fersen. Stephen ging ihm den Pfad hinauf entgegen und fragte: »Darf ich dir zu einem Sieg gratulieren?«

»Ja, danke, Stephen«, antwortete Jack mit schiefem Lächeln.

»Gibt es Verwundete zu versorgen?«

»Alle, die nicht wegrannten, sind inzwischen tot, Bruderherz. Wollen wir diesen Seitenweg einschlagen? Er führt bergab zum Eeahu-Fluß. Tom kümmert sich um die Karronaden. Bonden, du hilfst Padeen mit dem medizinischen Gerät, ja?«

Sie bogen nach links auf einen Pfad ab, der durch ein Farndickicht zu einem kleinen, glucksenden Bach führte. Noch war der Weg zu schmal und steil für eine Unterhaltung. Erst als sie den Bach dort überquert hatten, wo er einen kleinen Tümpel bildete, fanden sie Platz unter einem großen, weit ausladenden Baum. Jack kniete am Ufer nieder, wusch sich Gesicht und Hände und trank durstig. »Bei Gott, jetzt geht's mir schon besser«, sagte er und ließ sich auf eine bemooste Wurzel sinken. »Willst du wissen, wie es uns ergangen ist?«

»Ich fürchte, es belastet dich, schon jetzt darüber zu sprechen.«

»Das stimmt. Aber solche Dinge gehen schnell vorbei, weißt du. Also, unser Plan hat hervorragend funktioniert, praktisch wie nach dem Textbuch. Sie waren ziemlich müde, weil sie fast die ganze Strecke bergauf marschiert waren, ihre Kanone mitschleppten und herzlich wenig Proviant dabeihatten. Und unseren jungen Männern, die sie am jenseitigen Ausgang provozieren und in die Schlucht locken sollten, blieb reichlich Zeit, hinter die Karronaden zurückzurennen und ihnen freies Schußfeld zu lassen. Ich hätte nie gedacht, daß Kartätschen soviel Schaden anrichten können. Zugegeben, die Franzosen hielten sich recht tapfer, sprangen und krochen über die Leichen nach vorn. Aber sie wurden mit zwei Salven niedergemäht. Selbst dann noch sammelten sich Kalahuas Leute und griffen brüllend an, wobei einige vor der letzten Salve fast die Kanonen erreicht hätten. Danach stellten wir das Feuer ein, und wer noch laufen konnte, der floh, verfolgt von einigen Puolanis – nicht vielen, und sie werden sie auch nicht lange jagen, versicherten mir die Häuptlinge, nicht in dem unwegsamen Gelände. Natürlich eroberten wir ihre Kanone, und ich wette, Puolani wird sie binnen kurzem nach unten schaffen lassen.« Nach einer Pause fuhr er fort: »Wir haben nur zehn Kartätschen abgeschossen, Stephen, aber sie haben ein Blutbad angerichtet wie bei einem Flottengefecht. Und obwohl sich unsere Matrosen natürlich freuten, rief kaum jemand hurra. Der Jubel pflanzte sich auch nicht fort.«

»Daraus schließe ich, daß du nicht, wie ursprünglich geplant, den südlichen Ausgang der Schlucht abgeriegelt hast? Also konnten doch einige entkommen?«

»Abgeriegelt? O nein, das wäre nicht sinnvoll gewesen. Als ich davon sprach, wollte ich dir nur eine Gänsehaut einjagen, so wie du mir mit deinen chirurgischen Horrorgeschichten. Ich glaube wirklich, Stephen, daß du es manchmal gar nicht merkst, wenn ich ein Späßchen mache.«

Dies war ein erstes Zeichen dafür, daß sich seine Niedergeschlagenheit zumindest oberflächlich aufhellte. Bis sie sich ihren mühseligen und manchmal in die Irre führenden Weg zu Puolanis Dorf hinunter erkämpft hatten, war er wieder uneingeschränkt imstande, auf ihre hocherfreute und triumphierende Begrüßung angemessen zu reagieren. Man hatte ihn auf dem Hauptweg durch die Zuckerrohrfelder erwartet, wo Triumphbögen aus Laub mit jeweils zwei Karronaden darunter aufgestellt waren. Die Königin führte ihn auf einem Seitenpfad zum ersten zurück und danach unter dem ohrenbetäubenden Jubel und dem Dröhnen der hölzernen Trommeln durch die Mitte aller drei Bögen. Er wurde von einer Gruppe zur anderen geleitet – Tapia, den man aus dem Gedränge herbeischaffte, erklärte ihm, dies seien die einzelnen Familien des Stammes –, und nacheinander warfen sich alle vor ihm zu Boden, allerdings nicht so flach zu Boden, daß man nicht noch ihre entzückten Gesichter gesehen hätte.

Der Stamm bestand aus unendlich vielen Familien, und die immer wiederkehrenden Zeremonien, das pausenlose Dröhnen der Trommeln und Röhren der Muschelhörner, die rückhaltlose Freundlichkeit und Zuneigung Puolanis und die Heiterkeit des Tages – strahlendblauer Himmel, weiße Wattewölkchen, die stetig aus Nordost heranzogen, und der heiße, durch eine würzig duftende Brise gemilderte Sonnenschein – legten sich wie eine Barriere zwischen das Blutbad des Morgens und die Gegenwart, so daß er in froher Erwartung der bevorstehenden Festlichkeiten Puolanis Halle betrat. Bei seinem Eintritt erhob sich die ganze festlich gekleidete Gesellschaft. Erstaunt erkannte er darunter Stephen, Pullings, West und Adams, alle in prächtigen Federumhängen. Und während er noch dastand, legte ihm Puolani ebenfalls ein solches Cape um die Schultern, von oben bis unten aus karmesinroten Federn gefertigt. Mit allen Anzeichen höchster Zufriedenheit strich sie es glatt und machte dabei eine vertrauliche Bemerkung. »Sie sagt, der Umhang gehörte früher einem ihrer Onkel, der jetzt ein Gott ist«, übersetzte Tapia.

»Jedem Gott müßte ein solcher Mantel schmeicheln«,

antwortete Jack. »Um wieviel mehr also einem gewöhnlichen Sterblichen.«

»Er ist ein Geschenk«, flüsterte Tapia.

Jack wandte sich ihr wieder zu, verbeugte sich und versicherte sie seiner tiefen Dankbarkeit. Bescheiden blickte Puolani zu Boden, eine bei ihr ungewohnte Reaktion, und winkte ihn dann auf einen Platz an ihrer rechten Seite. Links von ihr saß ein gelbgefiederter Pullings und neben Jack sein Freund Stephen in Blauschwarz. Ihm flüsterte Jack zu: »Bist du hungrig? Ich jedenfalls bin plötzlich so ausgehungert wie noch nie in meinem Leben.« Dann erkannte er gegenüber Tapia, der sich leise mit einem prächtig tätowierten Häuptling unterhielt, und sagte: »Tapia, bitte frag den Häuptling, ob wir Bonden in einem Kanu zum Schiff schicken können, damit er Mr. Oakes berichten kann, daß alles gutgegangen ist und daß die Boote morgen früh zurückkommen. Ich schlafe an Land.«

Puolanis Großvater hatte irgendwoher drei kupferne Kombüsenkessel erworben, die jedoch selten benutzt wurden. Denn fast alle Polynesier bereiteten ihre Mahlzeiten in Erdöfen zu, wo sie die in Blätter gewickelten Gerichte auf erhitzten Steinen garten. Doch jetzt wurden diese drei wie pures Gold glänzenden Kessel von starken Männern herbeigetragen und auf Feuerstellen vor dem Haus gesetzt. Von ihnen ging ein so ungemein appetitlicher Duft aus, daß Jack krampfhaft schlucken mußte. Um sich abzulenken, ließ er der Königin über Tapia sagen, wie sehr er den geordneten Aufbau der Versammlung bewunderte: Rechts vor dem Haus saß die Steuerbordwache in genauer Rangfolge, links die Backbordwache, alle mit Blumenkränzen geschmückt, während sich hinter ihnen, den ganzen Platz einnehmend, die Dorfbewohner drängten. Und überall waren Helfer mit Essensvorbereitungen beschäftigt.

Mit den Kupferkesseln hatten offenbar auch sieben

Porzellanschüsseln Moahu erreicht, und diese wurden jetzt auf kleinen Kissen vor der Königin, vor Jack, Stephen, Pullings, West, Adams und vor einem uralten Häuptling hingestellt, zusammen mit Löffeln und gestampftem Taro auf Holztabletts. Die Muschelhörner stießen dreimal einen lauten Tusch aus. Diener stellten sich neben die Kessel und blickten ihre Königin erwartungsvoll an. »Links Schildkröte, in der Mitte Fisch und rechts Fleisch«, flüsterte Tapia. Die Königin lächelte Jack an, der zurücklächelnd erwiderte: »Für mich bitte Fleisch, Madam.«

Die Schüsseln wurden der Reihe nach gefüllt: Die Königin hatte sich für Fisch entschieden, aber fast alle Offiziere der *Surprise* wählten Fleisch. Doch die Speisen waren noch kochend heiß, und während sie am Taro pickten und in den Schüsseln rührten, bemerkte Stephen in seiner die unverkennbare Spirale eines menschlichen Ohrs. Er wandte sich an Tapia: »Bitte sag der Königin, daß Menschenfleisch für uns tabu ist.«

»Aber es ist von Kalahua und dem französischen Häuptling«, erwiderte Tapia.

»Trotzdem.« Stephen lehnte sich zurück und warnte hinter Puolanis Rücken, diesmal um vieles lauter: »Kapitän Pullings, Mr. West: Das ist verbotenes Fleisch.«

Als die Nachricht Puolani erreichte, lachte sie fröhlich auf, tauschte ihre Schüssel mit Jack und versicherte ihm, daß seine Leute nichts zu befürchten hätten: Ihnen war Schweinefleisch serviert worden, das wiederum für sie selbst tabu war – so viele Tabus, ergänzte sie, immer noch lächelnd.

Tatsächlich gab es so viele Tabus – persönliche, nationale oder vom Stamm verhängte –, und alle so eng mit dem Leben der Insel verwoben, daß dieser kleine Zwischenfall fast unbemerkt blieb und jedenfalls bei Puolani keine Verlegenheit hervorrief. Ungestört ging das Fest weiter, und die Seeleute fanden ihren Appetit bald wieder. Nach Fisch und Schildkröte – dem besten Schildkrötengericht der Südsee – folgten Geflügel, auf polynesische Art zubereitet, Hundebraten, Eier und fette Spanferkel. Zu allem trank man Unmengen von Kava, das der Häuptling austeilte, ein viel stärkeres Gebräu als sonst üblich.

Das üppige Festessen nahm lange Zeit in Anspruch und wurde begleitet von Gesang, Flötenspiel und Trommeln verschiedenster Tonhöhe, aber auch von einer Art Harfe und einer Lyra. Und als sie sogar das Obst kaum noch hinunterbekamen, begann der Tanz.

Er bestand aus einigen der exakt ausgeführten Schrittfolgen und Drehungen, die sie schon auf Annamuka weit im Süden gesehen hatten, und wurde mit Applaus quittiert. Doch war dieser Beifall bei weitem nicht so laut und begeistert wie jener nach dem beträchtlich freizügigeren Hula, den eine Reihe junger Frauen mit viel Geschick, Grazie und Enthusiasmus vorführten.

»Zum Glück ist Martin nicht hier«, flüsterte Stephen Jack ins Ohr. »Er hätte diese lasziven Stellungen und auffordernden Blicke niemals billigen können.«

»Vielleicht nicht«, antwortete Jack. »Ich für meinen Teil habe nichts dagegen.«

West schien der gleichen Meinung zu sein. Zwar war ihm der Appetit nachhaltiger als den meisten verdorben worden, nämlich durch den Anblick eines Ringfingers des Franzosen in seiner Schüssel, doch davon hatte er sich inzwischen erholt. Fasziniert beugte er sich vor und starrte mit leidenschaftlichem Interesse die zweite Tänzerin von links an.

Jack hatte nichts dagegen, beileibe nicht. Doch die Müdigkeit stieg mit solcher Macht in ihm auf, daß er es schon seit einiger Zeit nicht mehr wagte, die Augen zu schließen, aus Sorge, er könnte in Schlaf fallen, in tiefen, tiefen Schlaf. Er unterdrückte ein Gähnen und blickte heimlich zu dem anregenden Kavakessel hinüber – auch der

Mundschenk war allzu fasziniert vom Tanz des zweiten Mädchens von links. Puolani bemerkte Jacks Blick und füllte entschuldigend seine Schale, ihm freundlich Trost zusprechend.

Wieder röhrten die Muschelhörner laut und lange. Unter donnerndem Applaus zogen sich die Tänzerinnen zurück, gefolgt von den Beifallspfiffen und dem Jubel der britischen Matrosen. Überrascht sah Jack, daß der Sonnenrand schon den Horizont berührte. Endlich kehrte Stille ein, und eine fast zweieinhalb Meter hohe Gestalt, von Kopf bis Fuß in ein Korbgeflecht gehüllt, trat vor die Königin hin. Der Riese wurde von zwei Trommlern begleitet, der eine dumpf, der andere schrill, und nachdem drei Wirbel erklungen waren, brach er mit durchdringendem Falsett in eine Litanei von überraschender Lautstärke aus, dabei einen Rhythmus intonierend, dem viele seiner Zuhörer offenbar folgen konnten, denn sie nickten und wippten alle gleichzeitig, der sich aber weder Jack noch Stephen mitteilte. Tapia flüsterte: »Er sagt alle Ahnen der Königin auf, bis weit, weit zurück in die Geschichte.« Immer wieder versuchte Jack, in den Takt zu kommen, und immer wieder ließ ihn seine Aufmerksamkeit im Stich, so daß er von vorn beginnen mußte. Er schloß die Augen, um sich besser konzentrieren zu können, und das war sein Verhängnis.

Aufs höchste verwirrt, erwachte er und mußte feststellen, daß die ganze Runde ihn anlächelte. Die Gestalt im Korbgeflecht war verschwunden, schon glühten die Feuer rot durchs einbrechende Zwielicht.

Zwei kräftige Männer hoben ihn sanft auf die Füße und halfen ihm zur Tür. Auf der Schwelle wandte er sich wie im Traum noch einmal um und machte seinen Kratzfuß. Sehr freundlich erwiderte Puolani die Verbeugung. Später umgab ihn nur noch warme Dunkelheit und die Fürsorge kundiger Hände. Sie nahmen ihm den Federumhang von den Schultern, er schlüpfte aus seinen Kleidern, und dann drückten ihn dieselben Hände auf eine wundervoll bequeme, lange und weiche Couch in der Hütte, die man für ihn errichtet hatte.

Ihm kam es so vor, als wäre er noch nie im Leben so müde gewesen, hätte noch nie so abgrundtief geschlafen. Und doch erwachte er mit klarem, erfrischtem Kopf, ohne Dumpfheit oder Desorientierung. Er wußte mit der typischen Gewißheit des Seemanns, daß die Mittelwache ihrem Ende zuging und daß der Gezeitenwechsel bevorstand. Er wußte auch, daß noch jemand im Raum war. Als er sich aufsetzte, drückte ihn ein kräftiger Arm wieder zurück, ein warmer, parfümierter Arm. Darüber war er weder sonderlich überrascht – vielleicht hatte er diesen Duft schon in halbwachem Zustand gerochen – noch im geringsten empört. Sein Herz begann schneller zu schlagen, und er rückte beiseite, machte ihr Platz.

Erstes Tageslicht fiel durch die Tür, als er Tom Pullings aufgeregt flüstern hörte: »Sir, Sir, entschuldigen Sie bitte, Sir. Aber die *Franklin* steht draußen vor der Bucht. Sir, Sir...«

»Reg dich ab, Tom«, murmelte er und stieg in seine Kleider. Puolani neben ihm schlief noch flach auf dem Rücken, mit in den Nacken gesunkenem Kopf und halboffenem Mund, ein Bild entspannter Schönheit. Er glitt durch die Tür, und sie liefen zum Strand. Bis auf einige Fischer lag das Dorf noch im Schlaf. Oakes hatte ihnen die Beiboote gesandt, und die zweite Karronade rollte bereits auf den Rundhölzern zum Wasser.

»Mr. Oakes läßt gehorsamst melden, Sir«, sagte Bonden, »daß die *Franklin* bei Tagesanbruch im Westen gesichtet wurde. Sie hielt Kurs in die Bucht, wurde mißtrauisch, setzte die unteren Segel und kommt jetzt mit Südwestkurs schnell näher. Sie muß jeden Augenblick die Landspitze runden, Sir. Außerdem schickt Ihnen Mr. Oakes diese Trommel hier, Sir.«

»Sehr schön, Bonden. Watkins, das Trommelsignal zum Gefecht. Doktor, Mr. Adams, folgen Sie mir. Kapitän Pullings, machen Sie weiter.«

Als ihre Jolle über die Bucht zur Fregatte pullte, kam die *Franklin* in Sicht: lang und niedrig, unverkennbar ein Freibeuter. Sie war mißtrauisch, aber nicht ausgesprochen alarmiert – keine Bramsegel gesetzt, und noch nicht mal das für die Nacht eingebundene Reff aus den Marssegeln geschüttelt.

Jack fühlte sich pudelwohl, als er die Bordwand seines Schiffes erklomm. »Guten Morgen, Mr. Oakes«, sagte er. »Das haben Sie sehr gut gemacht.« Und zu Killicks Gehilfen (denn Killick selbst war noch an Land): »Frühstück in zwanzig Minuten.« Der kurz nach ihm an Deck eingetroffene Mr. Adams bekam Order, Mr Oakes' Einsatzbefehl auszustellen und die entworfenen Depeschen ins reine zu schreiben. Mit einem Blick zur Küste stellte Jack fest, daß seine eben noch verschlafenen Leute jetzt wie zielbewußte Bienen herumschwirrten. Zufrieden warf er Hemd und Hose über den Spillkopf und sprang mit dem Kopf voran ins klare, tiefe Wasser.

Auch nach dem Frühstück wirkte die *Franklin* immer noch unentschlossen, denn sie zog ein Flaggensignal auf, das ihre Landsleute zweifellos verstanden hätten: ein Signal, auf das der im Täuschen erfahrene Jack mit einer sinnlosen Flaggenkombination antwortete, die aber so ruckartig halb auf- und wieder niedergeholt wurde, als sei die Flaggleine vertörnt. So gewannen sie kostbare Minuten.

Die Karronaden und ihre Munition kehrten mit unglaublicher Geschwindigkeit zurück, mitten in ein scheinbar hoffnungsloses Chaos: Männer, die der *Truelove* beim Loswerfen geholfen hatten, schwärmten über die Bordwand herauf, schwere Lasten wurden an Deck gehievt, die Boote binnenbords geschwungen. Doch bald klärte sich alles, und Pullings berichtete: »Alle Mann haben sich zurückgemeldet, Sir, und der Bootsmannsstuhl ist aufgeriggt.« Jack wandte sich an Oakes. »Hier ist Ihr Einsatzbefehl, Mr. Oakes«, sagte er, »und der dicke Umschlag enthält alle notwendigen Papiere. Wenn also Mrs. Oakes soweit ist, sollten Sie auf Ihr Schiff übersetzen.«

Clarissa wandte sich an der Reling um und sagte mit ihrer hohen, klaren Stimme: »Sir, bitte lassen Sie mich Ihnen für Ihre große Güte von Herzen danken. Das werde ich Ihnen niemals vergessen.«

Er antwortete: »Sie waren uns herzlich willkommen an Bord. Ich wünsche Ihnen beiden eine erfolgreiche Reise, und bitte grüßen Sie England von mir.«

Sie wandte sich Stephen zu. Er küßte sie auf beide Wangen, sagte: »Gott befohlen, meine Liebe«, und half ihr in den Bootsmannsstuhl, der sie im Beiboot der *Truelove* absetzte. Dann sah er zu, wie das Ehepaar drüben an Bord ging, und hörte den Befehl: »Ein dreimaliges Hurra für die *Surprise*!«

»Hurra, hurra, hurra!« scholl es herüber, mit aller Inbrunst und der höchsten Lautstärke, zu der die gerettete Crew fähig war.

»Dreimal Hurra für die *Truelove*!« befahl Jack. Die Besatzung der *Surprise* hielt in ihrer Arbeit kurz inne und brüllte aus voller Kehle: »Hurra, hurra, hurra!«, denn viele mochten Oakes gut leiden, und alle hingen zärtlich an ihrer Prise. Langsam nahm die *Truelove* Fahrt auf. An ihrer Heckreling erschien Clarissa und winkte Stephen zu.

»Alle Mann zum Ankermanöver!« rief Jack und sagte wie nebenbei zu Pullings: »Das Krähennest können wir unterwegs abschlagen.«

Nachdenklich stand Stephen da, während sich das Ankerspill hinter ihm unter dem üblichen Singsang klickend drehte. Die Anker kamen im Takt der Befehle und unvermeidlichen Bestätigungen aus dem Wasser. Und plötzlich merkte Stephen, daß sich auch die Fregatte in Bewegung gesetzt hatte, flott ihre Segel setzte und immer schneller nach Osten davonzog, hinter ihrer flüchtenden Beute her. Die Distanz zur *Truelove* wuchs erschreckend schnell an, und noch ehe er sich darauf gefaßt machen konnte, war sie nicht mehr als ein anonymes Schiff weit draußen auf See. Und jeder menschliche Kontakt war abgerissen.

ERKLÄRUNG DER SEEMÄNNISCHEN FACHAUSDRÜCKE

Abendschuß – abendlicher Warnschuß aus einer Schiffskanone, der das Ende des normalen Tagdienstes und das Aufziehen der Schiffswachen ankündigt
abfallen – von der Richtung wegdrehen, aus der der Wind kommt
achteraus – Richtungsangabe für alles, was sich hinter dem Heck bewegt oder befindet
achterlich – der hintere Sektor von querab auf der einen Seite übers Heck bis querab auf der anderen Seite (z. B. achterlicher Wind)
achtern – hinten an Bord
Admiralsränge – die Königliche Marine der Zeit kannte bis 1864 bei den Flaggoffizieren neben den Dienstgraden Admiral, Vizeadmiral und Konteradmiral auch noch die Unterscheidung nach Eskadronen, und zwar in den Farben des Union Jacks (Rot, Blau, Weiß, in dieser Reihenfolge), so daß innerhalb desselben Dienstgrades z. B. der Admiral der Roten vor dem Admiral der Blauen und dem der Weißen stand
anbrassen – die Brassen durchsetzen
anluven – auf die Richtung zudrehen, aus der der Wind kommt
auf und nieder (Anker) – mit senkrechter Trosse, klar zum Bergen

Back – Vorschiff
Backbord – in Fahrtrichtung links
backen und banken – Hauptmahlzeit an Bord einnehmen
backsetzen – Segel, zum Beispiel beim Wenden, in Luv geschotet lassen, so daß der Wind gegen die eigentliche Leeseite weht; erzeugt ein Drehmoment
Bagienrah – (auch Kreuzrah) unterste Rah am Kreuz-(Besan)mast
Bändsel – dünnes Tau
Bargholz – eine Art Stoßdämpfer oder Scheuerleiste aus Holz am Rumpf eines Schiffes

Barkasse – breit und wuchtig gebautes zweimastiges Beiboot für schwere Lasten und bis zu hundert Personen
Battle of St. Vincent – Seeschlacht am portugiesischen Kap St. Vinzenz 1797, bei der eine englische Flotte eine überlegene spanische Flotte besiegte. Der spätere Admiral Nelson eroberte dabei zwei spanische Schiffe.
Baum – Rundholz an der Unterkante des Segels
bekalmt – in der Flaute liegend
bekleeden – umkleiden zum Schutz gegen Durchscheuern
belegen – befestigen, sichern
Besantopp – Spitze des Besanmastes
Besteck – nautische Standortbestimmung nach Länge und Breite
Bilge – tiefster Hohlraum im Rumpf
Blackjack – Krug aus geteertem Leder für Bier und Grog
Blinde – an einer Rah des Bugspriets gesetztes Zusatzsegel
Block – Gehäuse mit eingebauter(n) Rolle(n) zur Führung von Tauwerk
Bramrah – das oberste (reguläre) Rundholz am Mast, an dem das Bramsegel angeschlagen ist
Bramsegel – oberstes (reguläres) Rahsegel
Brassen – Leinen, die eine Rah in die gewünschte Richtung bringen
Brigg – 1) Kanonen- oder Kriegsbrigg, 18./19. Jahrhundert, zwei rahgetakelte Masten, etwa zwanzig Kanonen; 2) zweimastiges Handelsschiff
Brocktau – Sicherungstau am hinteren Ende der Kanonenlafette, um diese beim Rückstoß aufzufangen
Bugspriet – den Bug überragende kurze, kräftige Spiere
Bulin – Leine, mit der das Luvliek eines Segels am Wind nach vorn gespannt wird
Bumboot – Händlerboot mit Waren oder Dirnen

Chips – Spitzname für Schiffszimmermann in der Royal Navy, vgl. engl. Chip = Span
Crew – (engl.) Besatzung, Mannschaft

Dalben – Duckdalben: in den Hafengrund gerammte Pfahlgruppe zum Festmachen von Schiffen
Davit – einfacher Bordkran mit Taljen
Decksoffizier – Unteroffizier
Dhau – arabisches Handelsschiff von 150 bis 200 Tonnen Ladekapazität mit Lateinertakelage und einem Mast; auch allgemein als Bezeichnung für alle arabischen Handelsschiffe gebraucht
Dollbord – oberer Rand der Seitenwände eines Bootes
Dory – einfaches, stapelbares Fischerboot
Dregganker, auch Draggen – eiserner kleiner Anker mit Haken, dient als Wurf- oder Suchanker
Drehbasse – leichtes, schwenkbares Geschütz, meist für Schrotladung
Ducht – Sitzbank
dwars – quer

Eselshaupt – Teil der Marssaling
Etmal – die von Mittag bis Mittag zurückgelegte Strecke

Faden – (Längenmaß) das, was man mit beiden Armen fassen kann; sechs Fuß oder 1,83 Meter
Fall – 1) Leine zum Setzen der Segel; 2) Neigung des Mastes zur Senkrechten in Längsschiffrichtung
Farthing – kleinste englische Kupfermünze, seit 1971 nicht mehr gültig, im Wert von ¼ Penny
Fender – Stoßschutz an Schiffen
fieren – (Tau) ablaufen lassen, nachlassen
Finknetze – Netze oder Taschen am Schanzkleid zur Aufnahme der zusammengerollten Hängematten (Kugelfang)
Flieger – Zusatzsegel

Foksel – von f'c'sle, englisch forecastle (Vorderkastell, Back): Aufbau, Deck oder Quartier auf dem Vorschiff
Fregatte – (historisch) schnelles Kriegsschiff mit drei rahgetakelten Masten und 28 bis 44 Kanonen, operierte häufig unabhängig
Freibeuter – s. Kaper
Fuß – (Längenmaß) 30,5 Zentimeter
Fußpferd – unterhalb der Rah verlaufende Leine als Halt für die Füße

Galeote – bewaffnetes Ruderfahrzeug mit etwa 20 Riemen, wurde im Mittelmeer als Aufklärungsschiff benutzt
Gat/Gatt – Öffnung, Raum im Schiff
Geitau – aufholbare Leine zum Reffen eines Rahsegels
Gestirnshöhe – Winkel eines Gestirns über dem Horizont
Gig – (maritim) leichtes Beiboot, acht bis neun Meter lang, vor allem für den Kommandanten
gissen – eine nach Zeit und Strecke geschätzte, aber nicht exakte Schiffsposition ermitteln
Glasen – Anschlagen der Schiffsglocke beim halbstündlichen Umdrehen der gläsernen Sanduhr
Glorreicher Erster Juni – am 1. Juni 1794 schlug eine britische Flotte im Nordatlantik westlich der bretonischen Küste unter Admiral Lord Howe eine französische Flotte und erbeutete sechs feindliche Schiffe
Gording – Leine zum Aufholen (Hochziehen) eines Rahsegels
Gräting – Gitter aus Holzleisten
Großmast – Haupt- oder mittlerer Mast
Guinee – englische Goldmünze aus den Jahren zwischen 1663 und 1816 im Wert von 21 Shilling, also mehr als ein Pfund. Ursprünglich geprägt für den Afrikahandel (daher der Name)

halber Wind – quer einkommender Wind

halsen – mit dem Heck durch den Wind drehen
Heckducht – Sitzbank im Heck
H.M.S – His/Her Majesty's Ship, Schiff Seiner/Ihrer Majestät; seit 1789 verwendete Abkürzung, die ein Kriegsschiff der Royal Navy bezeichnet
Huk – Landspitze
Hulk – ausgedientes, für Kasernen- und Magazinzwecke verwendetes Schiff; alter Segelschiffrumpf ohne Takelage
Hüttendeck – begehbares Dach des Aufbaus (Hütte) auf dem Achterdeck

Jemmy Bungs – Matrose, der für die Vorräte in der Schiffslast zuständig ist (Seemannssprache)
Jolle – kleines, einmastiges Beiboot
Judasohr – erste Planke nach dem Vorsteven
Jungfer – (auch Jungfernblock) runde Holzscheibe mit Löchern darin zum Durchsetzen von Tauen

Kabel – (nautisches Längenmaß) rund 185 Meter = $^1/_{10}$ Seemeile
Kabelgatt – Stauraum für selten benutztes Tauwerk
Kabine – Wohnraum eines Passagiers
Kajüte – Wohnraum des Kommandanten
Kammer – Wohnraum eines Offiziers
Kaper – auch Freibeuter oder Korsar; auf eigene Faust operierendes privates Kriegsschiff mit staatlicher Lizenz (Kaperbrief) zum Aufbringen von Handelsschiffen verfeindeter Nationen
Kattdavit – eine Art Bordkran oder Flaschenzug im Bug des Schiffes zum Einholen des Ankers an Bord ohne Beschädigung der Schiffswand
killen – flattern
Kimm – sichtbarer Horizont
Klampen – festverbolzter Beschlag aus Holz oder Metall zum Belegen von Tauwerk
Klüverbaum – über den Bug(spriet) hinausragende Spiere für den Fug der vorderen Segel

Knie – gebogenes Bauteil im Spannengerüst
Knoten – (Geschwindigkeitsangabe) eine Seemeile pro Stunde
Korvette – (historisch) schnelles, dreimastiges, vollgetakeltes Kriegsschiff
Kuhl – offenes Deck, zum Teil mit Kanonen an beiden Seiten, eingefaßt von den beiden Seitendecks sowie von Vor- und Achterdeck
Kutter – 1) Segelschiff mit einmastiger Gaffeltakelage; 2) Beiboot auf Kriegsschiffen mit Ruder- und/oder Segelantrieb; 3) Fisch-Kutter: kleineres Fischereifahrzeug mit Segelantrieb

Ladebord – hölzernes Gestell zum Schutz des Rumpfes beim Laden
Landfall – erstes Insichtkommen von Land
Last – 1) Gewicht; 2) Frachtraum an Bord
League – (historisch) bei der britischen Marine 5,56 Kilometer; sonst zwischen 3,9 und 7,4 Kilometer
Lee – die vom Wind abgewandte Seite; die Richtung, in die der Wind weht
Leichter – zum Be- und Entladen von Seeschiffen bestimmtes offenes Hafenfahrzeug
lenzen – Wasser über Bord befördern
Liek – Kante des Segels
Linienschiff – Kampfschiff von tausend bis dreitausend Tonnen Verdrängung mit bis zu einhundertzwanzig Kanonen in zwei bis vier Batteriedecks, das im Seegefecht in der Schlachtlinie mitsegelt
Luv – die dem Wind zugewandte Seite; die Richtung, aus der der Wind kommt

Marssegel – mittlere Segeletage
Mastbacken – (meist) verschiebbare hölzerne Seitenholme am Mast
Master – siehe Segelmeister

Mondsegel – höchstes, zusätzliches Rahsegel

Moses – auch Mosesboot; kleines flaches Ruderboot, das in Westindien zum Transport von Waren im Hafen verwendet wurde, besonders zum Verladen von Zucker auf die Handelssegler

Muringtonne – stark und mehrfach verankerte Hafenboje zum Festmachen großer Schiffe

Niedergang – hüttenartig überwölbter Eingang oder Treppe zu einem tieferliegenden Deck

Nock – Ende einer Spiere

Orlop/Orlopdeck – Deck unterhalb der Wasserlinie

Persenning – geteerte und dadurch wasserdichte Plane aus Segeltuch

Pinasse – einfach besegeltes, meist gerudertes, schmales Beiboot, zehn bis zwölf Meter lang

Pinne – Ruderpinne; (meist) waagerechter Hebel zur Betätigung des Ruders

Pint – (Hohlmaß) ein Pint = 20 Flüssigunzen. 1 Flüssigunze = ca. 0,03 Liter

Plicht – (auch Cockpit) unter Decksebene liegender Arbeits- und Sitzraum; historisch: Aufenthaltsraum jüngerer Offiziere; Verbandsplatz an Bord

Pompey – seemännischer Spitzname für die Hafenstadt Portsmouth am Ärmelkanal, damals wie heute einer der wichtigsten britischen Militärhäfen; Herkunft unbekannt

Poop/Poopdeck – siehe Hüttendeck

Preventer – Leine zur vorübergehenden seitlichen Abstützung eines Masts oder einer Stenge

Prise – erbeutetes Schiff

Pudding – Roly-Poly und Spotted Dog: beliebte Nachspeisen; erstere eine Art Strudel, letztere ein Korinthenpudding (daher der Name »Gefleckter Hund«)

Pulverschapp – Munitionsmagazin; wegen Explosionsgefahr besonders gesicherter Raum im Bauch des Schiffes

Pütting – Rüsteisen zur unteren Aufnahme des Wantenzugs
Pütz – Eimer, oft aus Segeltuch

Quartermaster – Steuermannsmaat

Rah – bewegliches Querholz am Mast zum Anschlagen der Segel
rank – kippelig, instabil; Gegensatz: steif
raum – (Richtungsangabe) von schräg hinten
raumen – (Wind) mehr nach achtern umspringen
reffen – Segelfläche verkleinern
Riemen – Ruder zur Fortbewegung eines Bootes
Rigg – Antriebseinheit eines Segelschiffs mit allem stehenden und laufenden Gut einschließlich Masten und Spieren
Royals – oberste, zusätzliche Segeletage am Mast
Ruder – Steuerrad
Rüsten – Beschlag am Rumpf zur Befestigung der Wanten

Saling – Querstrebe am Mast zum Ausspreizen der Wanten
Schaluppe – (historisch) auch (Kanonen-)Slup: kleineres, zweimastiges Kriegsschiff; größeres Beiboot
Schandeck oder Schandeckel – die äußerste Planke der Deckbeplankung, die auf den Spanten aufliegt und sich der Form des Schiffes anpaßt
Schanzkleid – Brüstung an der Deckskante
Schapp – kleiner Schrankraum (Spind) an Bord
Schießen der Sonne – Bestimmung der Mittagsbreite, das heißt Fixierung des genauen Sonnenstands um 12 Uhr mittags zur Ermittlung der geographischen Breite der Schiffsposition
Schoner – Segelschiffstyp, der längsschiffs stehende Gaffelsegel führt (keine vollgetakelten Masten)
Schot – Leine zum Einstellen der Segel

Schott – hölzerne (Quer-)Wand, oft entfernbar
Schratsegel – Segel, dessen Unterkante in Längsrichtung steht
Schwabber – Marineslang für Feudel beziehungsweise Mop
Schwichtungsleine – schräge Halteleine vom Mast zur Rah
schwojen – hin- und herschwingen
Seemeile – (Längenmaß) 1,852 Kilometer
Segelmeister – dem Kommandanten beigegebener Unteroffizier, zuständig für Navigation, Segelführung und Seemannschaft
Seite pfeifen – Zeremonie beim Betreten oder Verlassen eines Schiffes durch seinen Kommandanten oder andere Offiziere gleichen oder höheren Ranges
Skiff – schlankes, leichtes Einmannboot
Skysegel – zusätzliches Segel über der Royalsegeletage
Slup – (historisch) Marine-, Kriegs- oder Kanonenslup, 20 bis 35 Meter lang, bis zu zwanzig Kanonen mittleren Kalibers, zwei Masten mit kombinierter Rah- und Schratbesegelung
Soldatenloch – Öffnung in der Plattform der Marssaling, durch die Scharfschützen leichter hinaufklettern können
Spant – rippenähnlicher Bauteil zur Aussteifung des Rumpfes
Speigatt – Abflußöffnung am Fuß des Schanzkleids
Spiere – seemännische Bezeichnung für Stangen und Rundhölzer aller Art
Spill – Winde zum Aufspulen von Leinen, Trossen usw.
Spillspaken – Sprossen aus Holz oder Eisen, die als Hebel verwendet werden, um das Ankerspill zu drehen
Spleiß – handgefertigte Verbindung von Tauen
Spriet – Stange zum Ausspreizen eines Segels

Sprietsegel – viereckiges Schratsegel, das am Mast angeschlagen ist und mit einer Spiere (»Spriet«) ausgespreizt wird
Springstropp – kurze Zusatzleine
Squarerigger – rahgetakeltes Schiff
Stag – Tau zur Abstützung des Mastes nach vorn und hinten
Stander – dreieckiger oder ausgezackter Flaggenwimpel, als Kommandozeichen im Masttopp gehißt
ständig machen – im Wasser auf der Stelle halten
Stek – seemännischer Knoten
Stell – eine Garnitur Segel
Stelling – (Hänge-)Gerüst für Außenbordarbeiten
Steuerbord – in Fahrtrichtung rechts
Steven – die den Rumpf vorn und achtern begrenzenden, schrägen oder senkrechten Planken
Strich – 11,25 Grad; Unterteilung der (alten) Kompaßrose
Stück – historische Bezeichnung für Kanone

Takelage – siehe Rigg
Takelung – das Prinzip der Takelage, je nach Schiffstyp
Talje – Flaschenzug
Tender – Versorgungsschiff, Beiboot
Topp – Spitze (eines Mastes usw.)
Toppgast – Vollmatrose, besonders geschult für die Arbeit in der Takelage
Toppnant – eine Rah oder Spiere nach oben haltendes Tau
Tory – eine der beiden Parteien im britischen Parlament, heute Bezeichnung für konservative Partei, damals Vertretung des niederen Landadels und von Teilen des Hochadels

Unze – (Gewichtsmaß) = ca. 30 Gramm. 1 Flüssigunze (Hohlmaß) = ca. 0,03 Liter = 1/20 Pint

Ushant – engl. Seemannsbezeichnung für die Ile d'Ouessant und das gleichnamige Kap vor der bretonischen Küste im Nordwesten Frankreichs; einer der wichtigsten Navigationspunkte für die Seefahrt der Zeit.

Vollschiff – Segelschiff mit Rahsegeln an mindestens drei Masten
voll und bei – Stellung der Segel am Wind, bei der sie optimal ziehen
Vorläufer – Anholtau: Leine oder Kette zum Einholen eines schweren Taus

Wahrschau! – warnender Ausruf
Want – Tau zur seitlichen Abstützung des Masts
warpen – einen Anker mit einem Beiboot ausbringen, um das Schiff an der Trosse zum Anker zu verholen
Waschbord – hochstehende Planke an Deck zum Schutz vor überkommendem Wasser
Webeleinen – leiterartige Querleinen zwischen den Wanten
wenden – mit dem Bug durch den Wind drehen
Whigs – im 18. und 19. Jahrhundert zweite Partei im britischen Parlament; Vertretung der Wirtschafts- und Finanzinteressen, liberale Ausprägung
Wuhling – 1) Umwicklung eines Rundholzes mit einem Tau oder einer Kette zur Verstärkung und zum Zusammenhalten; 2) Gewirr, Unordnung

Vollkapitän – Kommandant eines größeren britischen Kriegsschiffes, dessen Name auf der Kapitänsliste der Royal Navy steht – im Unterschied zu Leutnants zur See und Kapitänleutnants, die kleinere Einheiten befehligen

Yard – (Längenmaß) 0,914 Meter

Zeising – kurzes, handliches Stück Tauwerk, das beispielsweise zum Festbinden der Segel dient
Zoll – (Längenmaß) 2,54 Zentimeter
Zurring – sichere Befestigung mittels dünner Leine (Bändsel)